A GERAÇÃO ANSIOSA

JONATHAN HAIDT

A geração ansiosa

Como a infância hiperconectada está causando uma epidemia de transtornos mentais

Tradução
Lígia Azevedo

6ª reimpressão

Companhia Das Letras

Grafia atualizada segundo o Acordo Ortográfico da Língua Portuguesa de 1990, que entrou em vigor no Brasil em 2009.

Título original
The Anxious Generation: How the Great Rewiring of Childhood Is Causing an Epidemic of Mental Illness

Capa e ilustração de capa
Eduardo Foresti/ Foresti Design

Preparação
Maria Emilia Bender

Índice remissivo
Probo Poletti

Revisão
Clara Diament
Natália Mori

Dados Internacionais de Catalogação na Publicação (CIP)
(Câmara Brasileira do Livro, SP, Brasil)

Haidt, Jonathan
A geração ansiosa : Como a infância hiperconectada está causando uma epidemia de transtornos mentais / Jonathan Haidt ; tradução Lígia Azevedo. — 1ª ed. — São Paulo : Companhia das Letras, 2024.

Título original: The Anxious Generation: How the Great Rewiring of Childhood Is Causing an Epidemic of Mental Illness.
Bibliografia.
ISBN 978-85-359-3853-1

1. Ansiedade - Aspectos psicológicos 2. Conectividade 3. Crianças - Aspectos psicológicos 4. Psicologia 5. Transtornos mentais I. Título.

24-207098 CDD-152.46

Índice para catálogo sistemático:
1. Ansiedade : Psicologia 152.46

Eliane de Freitas Leite — Bibliotecária — CRB-8/8415

EDITORA SCHWARCZ S.A.
Rua Bandeira Paulista, 702, cj. 32
04532-002 — São Paulo — SP
Telefone: (11) 3707-3500
www.companhiadasletras.com.br
www.blogdacompanhia.com.br
facebook.com/companhiadasletras
instagram.com/companhiadasletras
x.com/cialetras

Aos professores e diretores das escolas P.S. 3, LAB Middle School,
Baruch Middle School e Brooklyn Technical High School,
que dedicam sua vida à educação das crianças, incluindo meus filhos.

Sumário

Introdução

Crescendo em Marte

Imagine que, quando sua filha mais velha completa 10 anos, um bilionário visionário que você nunca viu na vida a escolhe para integrar a primeira colônia humana em Marte. Seu desempenho escolar — e uma análise de seu genoma, que você não lembra ter autorizado — a habilitou à empreitada. Ela se inscreveu para a missão sem o seu conhecimento, porque é apaixonada pelo espaço sideral — e porque todos os amigos se inscreveram também. Sua filha implora para que você a deixe ir.

Antes de dizer não, você topa se inteirar do assunto. E então descobre que estão recrutando crianças porque elas, mais que os adultos, se adaptam melhor às condições extraordinárias de Marte, sobretudo à gravidade mais baixa. Se elas passarem pela puberdade e pelo consequente estirão de crescimento enquanto estiverem em Marte, o corpo delas estará adaptado ao planeta em caráter permanente, à diferença dos colonizadores que chegassem já adultos. Ou pelo menos em teoria. Não se sabe se crianças adaptadas a Marte poderiam retornar à Terra.

E você descobre outros motivos para ter medo. Primeiro, a radiação. A flora e a fauna terrestres evoluíram sob o escudo protetor da magnetosfera, que bloqueia ou desvia a maior parte do vento solar, dos raios cósmicos e de outros fluxos de partículas nocivas que bombardeiam nosso planeta. Uma vez que Marte carece de escudo semelhante, um número muito mais elevado de íons chegaria ao DNA das células do corpo de sua filha. Foram construídos escudos protetores para a colônia em Marte, com base em estudos sobre astronautas adultos que desenvolveram um risco ligeiramente mais alto de câncer depois de passar um ano no espaço.[1] No entanto, crianças correm um risco ainda maior, pois suas células estão em desenvolvimento e se diversificam mais rapidamente, o que acarretaria um nível mais alto de dano celular. Será que isso foi levado em conta? Será que conduziram pesquisas interessadas na segurança das crianças? Até onde você sabe, não.

E ainda tem a questão da gravidade. A evolução otimizou a estrutura de cada criatura ao longo de eras considerando a força gravitacional de nosso planeta. A partir do nascimento, os ossos, as juntas, os músculos e o sistema cardiovascular de cada criatura se desenvolvem em resposta à força de atração unidirecional e invariável da gravidade. Remover essa atração constante afetaria profundamente nosso corpo. Os músculos de astronautas adultos que viveram meses na imponderabilidade do espaço se tornaram mais fracos, e seus ossos, menos densos. Os fluidos corporais se concentraram onde não deveriam, como na cavidade craniana, aumentando a pressão sobre os globos oculares e alterando sua forma.[2] Marte tem gravidade, mas apenas 38% da que vivenciamos na Terra. Crianças criadas num ambiente com a gravidade baixa de Marte estariam sujeitas a desenvolver deformidades no esqueleto, no coração, nos olhos e no cérebro. Será que essa vulnerabilidade das crianças foi levada em conta? Até onde você sabe, não.

Você deixaria sua filha ir?

Claro que não. Você se dá conta de que é uma ideia absolutamente insana — enviar a Marte crianças que talvez nunca voltem à Terra. Como um pai ou uma mãe poderiam permitir isso? A empresa por trás do projeto tem pressa, porque precisa fincar sua bandeira em Marte antes da concorrência. Seus líderes parecem não saber nada do desenvolvimento infantil e não dão sinais de se importar com a segurança das crianças. Pior ainda: *a empresa não exige comprovação da autorização dos pais.* Basta a criança clicar numa caixinha dizendo que seus responsáveis estão de acordo e pronto, ela já pode embarcar.

Nenhuma empresa poderia afastar nossos filhos de nós e colocá-los em risco sem nosso consentimento, ou teria que encarar as consequências. Certo?

Na virada do milênio, empresas de tecnologia instaladas na Costa Oeste dos Estados Unidos desenvolveram um conjunto de produtos revolucionários que tiravam partido do rápido crescimento da internet. Diante dessas tecnologias, o clima geral era de otimismo; esses produtos tornavam a vida mais fácil, mais divertida e mais produtiva. Alguns favoreciam a aproximação das pessoas e a comunicação entre elas, sugerindo que seriam uma bênção para o número cada vez maior de democracias emergentes no mundo. Parecia o despertar de uma nova era, logo depois da queda da Cortina de Ferro. Os fundadores dessas empresas eram aclamados como heróis, gênios, benfeitores mundiais, que, como Prometeu, traziam dádivas dos deuses para a humanidade.

No entanto, a indústria da tecnologia estava transformando não apenas a vida dos adultos, mas também a dos jovens. É verdade que desde os anos 1950 crianças e adolescentes viam bastante televisão, porém as novas tecnologias eram muito mais portáteis, personalizadas e envolventes que tudo o que havia vindo antes. Os pais descobriram isso cedo, como eu, em 2008, quando meu filho de 2 anos aprendeu a lógica toca e arrasta do meu primeiro iPhone. Muitos pais ficaram aliviados ao perceber que um smartphone ou tablet podia manter a criança entretida, feliz e quietinha ao longo de horas. Era seguro? Ninguém sabia, mas, como todo mundo estava usando, presumia-se que fosse.

As empresas de tecnologia haviam feito poucas pesquisas, quando não nenhuma, acerca dos efeitos de seus produtos sobre a saúde mental de crianças e adolescentes, e não compartilharam informações com pesquisadores que começaram a estudar a questão. Confrontadas com cada vez mais evidências de que seus produtos eram prejudiciais aos jovens, a maioria optou por negar, tergiversar ou apelar para campanhas de relações públicas.[3] As empresas que pretendiam aumentar ao máximo o "engajamento" dos jovens se valendo de estratégias psicológicas se revelaram as maiores transgressoras. Fisgavam as crianças em estágios vulneráveis do desenvolvimento, quando seu cérebro se reconfigurava rapidamente em resposta aos estímulos. As redes sociais, por exemplo, causavam maior dano em meninas, e empresas de jogos on-line e sites de pornografia afetavam com mais contundência os meninos.[4] Ao desenvolver um fluxo sem filtro e em tempo real de conteúdo viciante que entrava pelos olhos e ouvidos das crianças, e ao substituir o aspecto físico na socialização, essas empresas reconfiguraram a infância e transformaram o desenvolvimento humano em uma escala quase inimaginável. O período mais intenso de mudança foi entre 2010 e 2015, embora a história que vou contar se inicie com a escalada da criação temerosa e superprotetora dos anos 1980, passe pela pandemia de covid e se estenda até hoje.

Que limites legais impusemos a essas empresas de tecnologia? Nos Estados Unidos, que acabaram por estabelecer o padrão para a maioria dos outros países, a principal barreira é a Children's Online Privacy Protection Act [Lei de proteção da privacidade das crianças na internet], ou Coppa, na sigla em inglês, promulgada em 1998: crianças com menos de 13 anos precisam da autorização dos pais para assinar um contrato com uma empresa (os termos de serviço) e assim ceder seus dados e alguns de seus direitos ao abrir uma conta. Na prática, isso estabelece a "maioridade na internet" aos 13 anos, por motivos que pouco têm a ver com a segurança ou a saúde mental das crianças.[5] Mas a lei não exige que as empresas comprovem a idade; basta a criança clicar na caixinha confirmando que tem a idade permitida (ou use uma data de nascimento falsa) e ela pode acessar praticamente toda a internet sem o conhecimento ou a autorização dos pais. Na verdade, 40% das crianças americanas com menos de 13 anos criaram uma conta no Instagram.[6] Mesmo assim, desde 1998 não houve nenhuma alteração nas leis federais relativas ao tema. (O Reino Unido e alguns estados americanos começaram a se mexer.)[7]

Algumas dessas empresas se comportam como a indústria do tabaco e do vape, que desenvolvem seus produtos para ser altamente viciantes e depois contornam as leis que limitam a propaganda para menores de idade. Também podemos compará-las às petrolíferas que se opuseram à proibição da gasolina com chumbo. Em meados do século XX, acumularam-se evidências de que as centenas de toneladas de chumbo liberadas *anualmente* para a atmosfera, levando em conta apenas os motoristas nos Estados Unidos, interferiam no desenvolvimento cerebral de dezenas de milhares de crianças, prejudicando seu desenvolvimento cognitivo e agravando o comportamento antissocial. Ainda assim, as petrolíferas continuaram a produzir e a comercializar gasolina com chumbo.[8]

É claro que há uma enorme diferença entre as grandes fabricantes de cigarros de meados do século XX e as empresas de mídias sociais de hoje, que comercializam produtos úteis para adultos, que os ajudam a encontrar informações, trabalho, amigos, amor e sexo, facilitando a vida das mais diversas formas. A maioria de nós ficaria feliz em viver em um mundo sem cigarro; as redes sociais, por outro lado, são muito mais valiosas, úteis e até mesmo queridas pelos adultos. Algumas pessoas se viciam nessas redes ou em outras atividades on-line, porém, assim como no caso do cigarro, do álcool ou dos jogos em geral, elas são livres para tomar as próprias decisões.

O mesmo não acontece com menores de idade. Embora as partes do cérebro que buscam recompensa se consolidem depressa, o córtex pré-frontal — indispensável para o autocontrole, a recompensa diferida e a resistência à tentação — não opera em sua capacidade total até os vinte e poucos anos, e pré-adolescentes estão em um ponto ainda mais vulnerável do desenvolvimento. Com a entrada na puberdade, eles costumam se sentir socialmente inseguros, suscetíveis à pressão dos pares e atraídos com facilidade por qualquer atividade que pareça oferecer validação social. Não permitimos que pré-adolescentes comprem cigarro, álcool ou frequentem cassinos. Os custos de utilizar redes sociais são particularmente altos na adolescência, em comparação com a vida adulta, e os benefícios são mínimos. Vamos deixar que as crianças cresçam na Terra, antes de mandá-las para Marte.

Este livro conta a história da geração nascida depois de 1995,[9] popularmente conhecida como geração Z, aquela que se segue aos millennials (nascidos entre 1981 e 1995). Alguns afirmam que crianças nascidas depois de 2010 já fazem parte da geração alfa, porém não acredito que possamos estabelecer o fim da geração Z — a geração ansiosa — antes de mudarmos as condições que vêm tornando os jovens ansiosos dessa maneira.[10]

Graças ao trabalho revolucionário da psicóloga social Jean Twenge, sabemos que as diferenças entre as gerações vão além dos *eventos* que as crianças vivenciam (como guerras e depressões) e incluem *mudanças nas tecnologias* que elas usam (rádio, depois televisão, depois computadores, depois internet, depois smartphones).[11] As pessoas mais velhas da geração Z entraram na puberdade por volta de 2009, quando várias tendências tecnológicas convergiram: a rápida expansão da banda larga na década de 2000, a chegada do iPhone em 2007 e a nova era de redes sociais hiperviralizadas — iniciada em 2009, com os botões de "curtir" e "compartilhar" (ou "retuitar"), que transformaram a dinâmica social do mundo on-line. Antes de 2009, a principal função das redes era manter contato com amigos — elas tinham menos recursos de feedback instantâneo que geravam repercussões, o que significava que eram muito menos tóxicas do que hoje.[12]

Uma quarta tendência teve início poucos anos atrás, com um impacto muito maior nas meninas do que nos meninos: o aumento no número de publicações de selfies, depois que as câmeras frontais passaram a ser acopladas aos smartphones (2010) e o Facebook comprou o Instagram (2012), o que fez sua popularidade explodir. Ampliou-se o número de adolescentes postando, para seus pares e desconhecidos, imagens e vídeos cuidadosamente elaborados e selecionados de sua vida, não apenas para serem vistos, mas julgados.

A geração Z foi a primeira a passar pela puberdade com um portal no bolso, que os afastava das pessoas próximas e os atraía para um universo alternativo empolgante, viciante, instável e — como vou mostrar — inadequado a crianças e adolescentes. Ser socialmente bem-sucedido nesse universo exigia que eles dedicassem grande parte de sua consciência — o tempo todo — a gerenciar o que viria a se tornar sua marca na internet. Isso agora era necessário para que fossem aceitos por seus pares, o que é vital na adolescência, e para evitar o linchamento na internet, o maior pesadelo da adolescência. Os adolescentes da geração Z se viram obrigados a passar muitas horas de seus dias navegando pelas publicações felizes e reluzentes de amigos, conhecidos e desconhecidos. Assistiram a um número cada vez maior de vídeos criados por usuários e empresas de entretenimento transmitidos por streaming, oferecidos a eles por reprodução automática e por algoritmos projetados para mantê-los conectados o máximo possível. Os adolescentes da geração Z passaram muito menos tempo brincando, conversando, tendo contato com seus amigos e parentes, ou até mesmo fazendo contato visual com eles, o que reduziu suas interações sociais corporificadas e essenciais para o bom desenvolvimento humano.

Os membros da geração Z são, portanto, cobaias de uma maneira radicalmente nova de crescer e que é muito distante das interações em comunidades pequenas no mundo real a partir das quais os humanos evoluíram. Podemos chamar esse fenômeno de Grande Reconfiguração da Infância. É como se eles fossem a primeira geração a crescer em Marte.

A Grande Reconfiguração não envolve apenas mudanças na tecnologia que moldaram os dias e a mente das crianças. Há uma segunda história, que é a da guinada bem-intencionada porém desastrosa em direção à superproteção das crianças e à restrição de sua autonomia no mundo real. Crianças precisam brincar livres para se desenvolver. Isso é evidente em todas as espécies mamíferas. Os pequenos desafios e reveses que surgem nesse universo restrito do brincar são uma vacina que prepara as crianças para encarar desafios maiores depois. No entanto, por diferentes motivos históricos e sociológicos, o brincar livre entrou em declínio nos anos 1980, com uma queda acelerada na década de 1990. Adultos nos Estados Unidos, no Reino Unido e no Canadá começaram a temer cada vez mais que, se deixassem os filhos andar na rua sem supervisão, eles seriam alvo de sequestradores e predadores sexuais. O ocaso do brincar não supervisionado ao ar livre coincidiu com a ascensão do computador pessoal como um meio mais convidativo para passar o tempo livre.*

Proponho o fim dos anos 1980 como o começo da transição de uma "infância baseada no brincar" para uma "infância baseada no celular", uma transição que só terminou em meados da década de 2010, quando adolescentes passaram a ter o próprio smartphone. Uso o termo "celular" em seu sentido mais amplo, incluindo todos os aparelhos eletrônicos pessoais com acesso à internet que vieram a preencher o tempo dos jovens, incluindo laptops, tablets, jogos on-line e, o mais importante, smartphones com milhões de aplicativos.

Quando falo em uma "infância" baseada no brincar ou no celular, também uso o termo "infância" de forma ampla, com a intenção de incluir tanto crianças quanto adolescentes (para não ter que escrever "infância e

* Há indícios sólidos de que as tendências de superproteção, uso de tecnologias e saúde mental que descrevo tenham acontecido de maneira bastante parecida e ao mesmo tempo em todos os países da anglosfera: Estados Unidos, Reino Unido, Canadá, Austrália e Nova Zelândia (ver Rausch e Haidt, mar. 2023). Acredito que elas estejam presentes na maior parte do mundo ocidental desenvolvido, embora com variações baseadas em nível de individualismo, integração social e outras variáveis culturais. Estou reunindo estudos de outras partes do mundo e escreverei sobre as tendências nesses países na *After Babel*, minha newsletter na plataforma Substack.

adolescência centradas no celular"). Especialistas na psicologia do desenvolvimento costumam considerar que o início da puberdade é a transição da infância para a adolescência, porém, como a puberdade chega em idades diferentes em crianças diferentes, e como nas décadas recentes ela tem se adiantado, a adolescência hoje não compreende mais os anos que compreendia antes.[13] Neste livro, adotaremos a seguinte classificação:

- **Crianças:** 0 a 12 anos
- **Adolescentes:** 10 a 20 anos
- **Menores:** menores de 18 anos

A sobreposição entre crianças e adolescentes é intencional: quem tem entre 10 e 12 anos está entre a infância e a adolescência, e por isso muitas vezes é chamado de pré-adolescente. Nessa faixa, brinca-se como as crianças mais novas, no entanto as complexidades sociais e psicológicas da adolescência começam a se desenvolver.

Conforme avançou a transição da infância baseada no brincar para a infância baseada no celular, muitas crianças e adolescentes se mostraram perfeitamente felizes em ficar dentro de casa, na internet, mas, no processo, deixaram de se expor aos desafios físicos e de experiência social de que todos os mamíferos jovens precisam para desenvolver habilidades básicas, superar medos inatos e se preparar para depender menos dos pais. Interações virtuais com pares não compensam totalmente a perda dessas experiências. Mais que isso: aqueles cujo tempo livre e cuja vida social migraram para a internet se viram navegando cada vez mais em espaços adultos, consumindo conteúdos adultos e interagindo com adultos de maneiras muitas vezes prejudiciais a menores. Assim, mesmo com os pais se esforçando para limitar os riscos e a liberdade no mundo real, de modo geral, e muitas vezes sem consciência, eles concederam independência total no mundo virtual, em parte porque a maioria tinha dificuldade de compreender o que se passava ali, e mais ainda de saber o que restringir e de como fazê-lo.

A afirmação central destas páginas é que essas duas tendências — *superproteção no mundo real e subproteção no mundo virtual* — são as principais responsáveis por tornar as crianças nascidas depois de 1995 a geração ansiosa.

Alguns avisos sobre a terminologia. Quando falo "mundo real", estou me referindo a relacionamentos e interações sociais caracterizados por quatro traços característicos há milhões de anos:

1. São *corporificados*, ou seja, usamos nosso corpo para nos comunicar, temos consciência do corpo dos outros e respondemos ao corpo dos outros de modo tanto consciente quanto inconsciente.
2. São *síncronos*, ou seja, acontecem ao mesmo tempo, com sutilezas relacionadas a timing e revezamento.
3. Envolvem primariamente *comunicação um para um* ou *um para alguns*, com apenas uma interação acontecendo em determinado momento.
4. Ocorrem dentro de comunidades *com custo de entrada e saída*, de modo que as pessoas se sentem fortemente motivadas a investir em relacionamentos e a se reconciliarem umas com as outras em caso de rachas.

Por outro lado, quando falo de "mundo virtual", estou me referindo a relacionamentos e interações sociais representados por quatro traços característicos há apenas algumas décadas:

1. São *descorporificados*, ou seja, nenhum corpo é necessário, basta a linguagem. A outra parte pode ser (e já é) uma inteligência artificial (IA).
2. São altamente *assíncronos*, ou seja, acontecem através de publica-

ções baseadas em textos e comentários. (Já uma ligação por vídeo é síncrona.)

3. Envolvem um número substancial de *comunicações um para muitos*, transmitindo para um público potencialmente vasto. Múltiplas interações podem ocorrer em paralelo.
4. Ocorrem dentro de comunidades *sem custo de entrada e saída*, de modo que as pessoas podem simplesmente bloquear outras ou sair quando não estão satisfeitas. Em geral, as comunidades têm vida curta e os relacionamentos muitas vezes são descartáveis.

Na prática, os limites se confundem. Minha família é bastante mundo real, embora usemos ligações por vídeo, mensagens de texto e e-mails para manter o contato. De modo análogo, a interação entre dois cientistas do século XVIII que se comunicavam apenas por cartas seria mais parecida com um relacionamento virtual. O fator-chave é o comprometimento exigido para fazer o relacionamento funcionar. Quando as pessoas são criadas em comunidades das quais não podem escapar com facilidade, fazem aquilo que nossos ancestrais fizeram ao longo de milhões de anos: aprendem a gerenciar relacionamentos e a gerenciar a si mesmas e a suas emoções com o intuito de preservar esses relacionamentos tão preciosos. Com certeza há muitas comunidades na internet que encontraram maneiras de criar compromissos interpessoais e uma sensação de pertencimento fortes, porém no geral, quando crianças são criadas em múltiplas redes mutantes, em que não há necessidade de usar o nome verdadeiro e das quais é possível sair apertando um simples botão, elas ficam menos propensas a desenvolver tais habilidades.

O livro está dividido em quatro partes, que explicam: as tendências de saúde mental entre adolescentes desde 2010 (Parte I); a natureza da infância e como a arruinamos (Parte II); os prejuízos decorrentes dessa nova infância baseada no celular (Parte III), e o que devemos fazer para reverter os danos em nossas famílias, escolas e sociedades (Parte IV). É possível mudar, se agirmos juntos.

A Parte I consiste em um único capítulo que expõe os fatos relacionados ao declínio da saúde mental e do bem-estar dos adolescentes no século XXI, mostrando o impacto devastador da mudança acelerada para a infância baseada no celular. O declínio da saúde mental é indicado por um aumento acentuado nos índices de ansiedade, depressão e automutilação desde o começo da década de 2010, com maior impacto nas meninas. Nos meninos, foi um pouco diferente. A piora em geral foi menor (a não ser nos números de suicídios), e às vezes começa um pouco mais cedo.

A Parte II oferece o contexto. As origens da crise de saúde mental da década de 2010 remontam à ascensão do medo e da superproteção nos anos 1990. Mostro como os smartphones e a superproteção agiram como "inibidores de experiência", que dificultaram que crianças e adolescentes tivessem o tipo de experiência social corporificada de que mais precisavam, de brincadeiras mais arriscadas a aprendizado cultural, ritos de passagem a afeições românticas.

Na Parte III, apresento pesquisas que mostram que uma infância baseada no celular prejudica o desenvolvimento infantil de muitas formas. Descrevo quatro prejuízos fundamentais: privação de sono, privação social, fragmentação da atenção e vício. Então me concentro nas meninas*

* Uma explicação sobre gênero: meninas e meninos usam plataformas diferentes (em geral) de maneiras diferentes, e apresentam padrões diferentes de saúde mental e transtornos mentais, por isso uma boa parte deste livro (em particular os capítulos 6 e 7) observa tendências e processos em meninas e meninos separadamente. Vale notar que um número cada vez maior de jovens da geração Z se identifica como não binárie. Vários estudos indicam que a saúde mental da juventude não binárie é ainda pior que a de seus pares que se identificam como do gênero masculino ou feminino (ver Price-Feeney et al., 2020). As pesquisas sobre esse grupo permanecem escassas, tanto em termos históricos quanto na atualidade, e espero que estudos futuros explorem como essas tecnologias afetam especificamente a juventude não binárie. A maior parte das pesquisas que cito se aplica a todos os adolescentes. Por exemplo, os quatro prejuízos fundamentais os afetam independentemente de gênero.

para mostrar que o uso das redes sociais não apenas está *correlacionado* a transtornos mentais, mas é sua *causa*, e exponho evidências empíricas das inúmeras maneiras como isso acontece. Explico como a saúde mental dos meninos se deteriora seguindo uma lógica um pouco diferente. Mostro como a Grande Reconfiguração contribuiu para uma incidência maior do que se convenciona chamar em inglês de *failure to launch* — também conhecida como síndrome de Peter Pan —, a dificuldade de fazer a transição da adolescência para a vida adulta e as responsabilidades associadas a ela. Encerro a Parte III com reflexões sobre como uma vida baseada no celular transforma a todos nós — crianças, adolescentes e adultos —, enfraquecendo-nos num plano que só consigo descrever como espiritual. Também discuto seis práticas espirituais antigas que podem nos ajudar a viver melhor nos dias de hoje.

Na Parte IV, exponho o que podemos e devemos fazer no momento. Sugiro, com base em pesquisas, o que empresas de tecnologia, governos, escolas e pais podem fazer para escapar dos vários "problemas de ação coletiva" — armadilhas que cientistas sociais vêm estudando há muito e que envolvem custos elevados para indivíduos que atuam de maneira isolada, com escolha de ações mais benéficas para todos no longo prazo quando uma ação conjunta é coordenada.

Como professor de cursos de graduação e pós-graduação na Universidade de Nova York (NYU), e como alguém que faz palestras em escolas de ensino médio e outras instituições de ensino superior, descobri que a geração Z tem diversos pontos fortes que poderão ajudá-la a promover uma mudança positiva. O primeiro é que esses jovens não recorrem à negação. Eles querem se tornar mais capazes e mais saudáveis, e a maioria está aberta a novas maneiras de interagir. O segundo é que eles querem promover mudanças sistêmicas para criar um mundo mais justo e solidário, e pretendem se organizar para fazê-lo (por meio das redes sociais). No último ano, cada vez mais jovens vêm atentando às maneiras como a indústria da tecnologia os explora. Conforme se organizarem e inovarem, eles encontrarão soluções que ultrapassam as propostas aqui sugeridas, e as colocarão em prática.

Sou especializado em psicologia social, e não em psicologia clínica ou nas redes sociais. No entanto, o colapso da saúde mental dos adolescentes é um tema urgente e complexo que não temos como compreender da perspectiva de uma única disciplina. Moral, emoção e cultura são meus focos de estudo. Ao longo de minha trajetória, entrei em contato com ferramentas e pontos de vista que podem contribuir para o estudo do desenvolvimento infantil e da saúde mental dos adolescentes.

Atuo no campo da psicologia positiva desde seus primórdios, no fim dos anos 1990, quando investiguei a fundo as causas da felicidade. Meu primeiro livro, *A hipótese da felicidade*, examina dez "grandes verdades" que antigas culturas ocidentais e orientais descobriram a respeito de como levar uma vida próspera.

Quando era professor de psicologia na Universidade da Virgínia (até 2011), eu ministrava um curso chamado Flourishing, e hoje dou algumas versões dele na Stern School of Business — escola de administração da NYU —, para alunos de graduação ou do MBA. Observei os índices crescentes de ansiedade e vício relacionados a aparelhos eletrônicos conforme meus alunos, de millennials com celulares simples, passaram a membros da geração Z com smartphones. Aprendi muito com a franqueza deles ao abordar seus desafios de saúde mental e seu relacionamento com a tecnologia.

Meu segundo livro, *A mente moralista*, apresenta minha pesquisa sobre os fundamentos psicológicos da moralidade evoluída. Investigo os motivos pelos quais pessoas boas são segregadas por política e religião, dando especial atenção às suas necessidades de se vincularem a comunidades morais que lhes ofereçam a sensação de um propósito e um sentido comuns. Esse trabalho me preparou para ver como as redes sociais on-line, que podem ajudar adultos a atingir seus objetivos, talvez não sejam substitutos eficazes para as comunidades do mundo real em que as crianças foram originadas, moldadas e criadas por centenas de milhares de anos.

No entanto, foi meu terceiro livro que me conduziu diretamente ao estudo da saúde mental dos adolescentes. Meu amigo Greg Lukianoff esteve entre os primeiros a perceber que alguma coisa havia mudado muito de repente nos campi universitários, com os alunos começando a apresentar o mesmíssimo padrão de pensamento distorcido que ele havia aprendido a identificar e evitar quando estudou terapia cognitivo-comportamental (TCC), após uma crise de depressão grave em 2007. Greg é advogado e presidente da Fundação para os Direitos Individuais e a Expressão (Fire, na sigla em inglês para Foundation for Individual Rights and Expression), que há muito ajuda alunos a se defenderem da censura da administração dos campi. Em 2014, ele estranhou que os alunos começaram a solicitar às instituições que os defendessem de livros e palestrantes que os fizessem se sentir "inseguros". Greg supôs que, de alguma maneira, as universidades estivessem *ensinando* os alunos a apresentar distorções cognitivas, como catastrofização, pensamento dicotômico e raciocínio emocional, e que isso poderia estar *causando* depressão e ansiedade. Em agosto de 2015, apresentamos essa ideia em um ensaio na *Atlantic* intitulado "The Coddling of the American Mind" [A superproteção da mente americana].

Acertamos apenas em parte: alguns cursos universitários e novas tendências acadêmicas[14] estavam de fato ensinando distorções cognitivas sem perceberem. No entanto, em 2017, evidenciou-se que o aumento dos índices de depressão e ansiedade ocorria em muitos países, entre adolescentes de nível de escolaridade, classe social e raça diferentes. Na média, pessoas nascidas após 1996 eram psicologicamente diferentes daquelas nascidas mesmo que poucos anos antes.

Decidimos transformar o artigo publicado pela *Atlantic* em um livro com o mesmo título. Nele, analisamos as causas da crise de saúde mental, levando em conta *iGen*, livro de Jean Twenge publicado em 2017. Na época, no entanto, quase todos os indícios eram correlacionais: logo depois que ganhavam um iPhone, os adolescentes começavam a se sentir mais deprimidos. Os usuários mais assíduos eram também os mais deprimidos, enquanto aqueles que dedicavam mais tempo a atividades ao vivo, participando de equipes esportivas ou comunidades religiosas, por exemplo, eram mais saudáveis.[15] Entretanto, considerando que correlação não é prova de causalidade, alertamos os pais a não tomarem medidas drásticas com base nas pesquisas existentes até então.

Quando escrevo este livro, em 2023, há muito mais pesquisas disponíveis — tanto experimentais quanto correlacionais — que comprovam os danos que as redes sociais provocam em adolescentes, em especial meninas na puberdade.[16] Também descobri, durante a pesquisa, que as causas do problema são mais amplas do que eu acreditava de início. Não é apenas uma questão de smartphones e redes; tem a ver com uma transformação histórica e sem precedentes da infância humana. Uma transformação que afeta meninos e meninas.

Temos mais de um século de experiência em tornar o mundo real seguro para as crianças. Os automóveis se popularizaram no início do século XX, e dezenas de milhares de crianças morreram até que os Estados Unidos instituíram a obrigatoriedade do cinto de segurança (nos anos 1960) e do uso da cadeirinha (nos anos 1980).[17] Quando eu estava no ensino médio, no fim dos anos 1970, muitos colegas fumavam, e cigarros podiam ser comprados facilmente em máquinas automáticas. Elas acabaram sendo proibidas, e fumantes passaram a ter que comprar cigarros de atendentes que poderiam comprovar sua idade.[18]

Ao longo de muitas décadas, encontramos maneiras de proteger as crianças, enquanto aos adultos era permitido fazer o que bem entendessem. Então criamos um mundo virtual que satisfizesse os caprichos momentâneos dos adultos e deixamos as crianças praticamente indefesas. Agora, somam-se indícios de que a infância baseada no celular está corroendo a saúde mental de nossas crianças e culminando em isolamento social e uma infelicidade profunda. Vamos deixar que isso aconteça? Ou, como ocorreu no século XX, vamos encarar que às vezes precisamos proteger as crianças mesmo que isso represente incômodos para os adultos?

Apresentarei muitas ideias de reformas na Parte IV, todas com o objetivo de reverter os dois maiores erros que cometemos: proteger excessivamente as crianças no mundo real (onde elas precisam aprender a partir das várias experiências diretas) e deixá-las desprotegidas na internet (onde elas ficam particularmente vulneráveis na puberdade). Minhas sugestões se baseiam nas pesquisas apresentadas nas primeiras três partes deste livro. Como suas conclusões são complexas e algumas inclusive alvo de controvérsia entre pesquisadores, tenho certeza de que estarei errado em alguns pontos, portanto farei o meu melhor para corrigi-los por meio da atualização do suplemento deste livro na internet (disponível, em inglês, em: <anxiousgeneration.com/supplement>). Não obstante, há quatro reformas tão importantes e em que tenho tamanha confiança que vou chamá-las de fundamentais. Elas forneceriam a base para uma infância mais saudável na era digital:

1. *Nada de smartphone antes do nono ano.* Os pais devem adiar o acesso à internet 24 horas por dia, dando aos filhos apenas *celulares básicos* (com aplicativos limitados e sem navegador de internet) antes do nono ano escolar (por volta dos 14 anos).
2. *Nada de redes sociais antes dos dezesseis.* As crianças devem passar pelo período mais vulnerável do desenvolvimento cerebral sem ter acesso a um fluxo sem filtro de comparações sociais e influenciadores escolhidos por algoritmos.
3. *Nada de celular na escola.* Durante todo o período de aula, em todas as escolas, desde o ensino fundamental até o médio, os alunos devem deixar trancados celulares, smartwatches e quaisquer outros

dispositivos pessoais que possam enviar ou receber mensagens. Só assim sua atenção estará disponível para se concentrar nos colegas e professores.

4. *Muito mais brincar não supervisionado e independência na infância.* É assim que as crianças desenvolvem naturalmente habilidades sociais, superam a ansiedade e se tornam jovens adultos autônomos.

Não seria difícil implementar essas quatro reformas, se muitos de nós as puséssemos em prática ao mesmo tempo. O custo é quase zero. E elas funcionariam mesmo sem a ajuda dos legisladores. Se a maioria dos pais e das escolas numa comunidade se comprometesse, acredito que em dois anos veríamos uma melhora substancial na saúde dos adolescentes. Considerando que a inteligência artificial (IA) e a computação espacial (como os óculos de realidade virtual Vision Pro da Apple) estão prestes a tornar o mundo virtual muito mais imersivo e viciante, acho melhor começarmos hoje.

Enquanto escrevia *A hipótese da felicidade*, meu respeito pela sabedoria antiga e pelas descobertas das gerações que vieram antes de nós só cresceu. Como os grandes pensadores nos aconselhariam a lidar com nossa vida centrada no celular? Eles nos diriam para abandonar os dispositivos e recuperar o controle de nossa mente. Cito Epiteto, que no século I lamentava a tendência humana a deixar que suas emoções fossem controladas por outros: "Se seu corpo fosse entregue a outra pessoa, você sem dúvida faria objeção. Então por que não se envergonha de deixar sua mente vulnerável a quem quer que o critique, a ponto de provocar confusão e desconcerto imediatos?".[19]

Qualquer pessoa que fica verificando se a mencionam nas redes sociais ou que já ficou obcecada pelo que foi publicado a seu respeito compreenderá a preocupação de Epiteto. Mesmo quem é raramente citado ou criticado, e fica só passando pelo feed infinito que retrata o que os outros estão fazendo, do que estão reclamando e o que está acontecendo, vai se identificar com o que Marco Aurélio aconselhou a si próprio no século II:

> Não desperdice o que lhe resta de tempo se preocupando com os outros — a menos que afete o bem comum. Isso o impedirá de fazer qualquer coisa de útil. Você se ocupará em excesso do que fulano está fazendo, e por quê, e o que está dizendo, e no que está pensando, e o que está tramando, e todas as outras coisas que o desconcertam e o impedem de se concentrar em sua própria mente.[20]

Adultos da geração X e gerações anteriores não apresentam um aumento nos índices de depressão clínica ou transtorno de ansiedade desde 2010,[21] porém as novas tecnologias e suas incessantes interrupções e distrações deixam muitos de nós irritados, dispersos e exaustos. Com a IA generativa permitindo a fabricação de fotos, vídeos e notícias super-realistas, a vida na internet provavelmente vai se tornar muito mais confusa.[22] Mas não precisa ser assim: podemos recuperar o controle de nossa mente.

Este livro não é apenas para pais, professores e aqueles que cuidam de crianças ou se importam com elas. É para qualquer um que queira compreender como a reconfiguração da consciência e das relações humanas mais rápida da história tornou mais difícil para todos pensar, concentrar-se, esquecer-se de si mesmo o bastante para se importar com os outros e construir relacionamentos próximos.

A geração ansiosa é sobre restabelecer uma vida humana para os seres humanos de todas as gerações.

PARTE I

A ONDA GIGANTE

1. O aumento repentino do sofrimento

Quando converso com pais de adolescentes, o assunto muitas vezes gira em torno de smartphones, redes sociais e jogos on-line. As histórias tendem a recair em alguns padrões comuns, como o "conflito constante": pais tentam estabelecer regras e limites, porém são tantos os dispositivos, tantas as discussões sobre por que determinadas regras precisam ser flexibilizadas e tantas as maneiras de contorná-las que a vida familiar passa a ser dominada por discordâncias quanto ao uso da tecnologia. Manter rituais familiares e conexões humanas básicas pode ser como tentar resistir a uma onda gigante, capaz de levar consigo tanto pais quanto filhos.

As questões da maioria dos pais com quem converso não se concentram em um transtorno mental diagnosticado. O que há é uma preocupação constante de que o que está acontecendo não é natural, e os filhos estão perdendo alguma coisa — na verdade, quase tudo — por causa das intermináveis horas que passam na internet.

Às vezes, no entanto, as histórias são mais pesadas. Alguns pais sentem que perderam os filhos. Em Boston, certa mãe me contou dos esforços dela e do marido para manter Emily, sua filha de 14 anos, longe do Instagram,[1] cujos efeitos nocivos sobre ela eram visíveis. Para controlar o acesso da menina à rede social, experimentaram programas que monitoravam e limitavam o uso dos aplicativos no celular, o que fez da vida familiar uma disputa constante. Emily sempre encontrava uma maneira de burlar as restrições, e em um momento de crise chegou a pegar o celular da mãe, desativar o software de monitoramento e, o que foi mais perturbador, ameaçou se matar se os pais voltassem a ativá-lo. A mãe dela me disse:

> Parece que o único meio de tirar as redes sociais e o smartphone da vida dela é nos mudarmos para uma ilha deserta. Todo verão, Emily passa seis semanas em um acampamento sem celulares e eletrônicos em geral. Sempre que vamos buscá-la, ela parece ter voltado ao normal. Mas, assim que retoma o uso do celular, a inquietação e o mau humor voltam. No ano passado, deixei Emily dois meses sem smartphone, só com um celular simples, e ela voltou a ser quem era antes.

As histórias com meninos em geral envolvem jogos on-line (e às vezes pornografia), e não redes sociais, principalmente quando eles passam a jogar o tempo todo, e não só de vez em quando. Um marceneiro me contou que seu filho de 14 anos, James, que tem um transtorno do espectro autista de nível 1, estava indo bem na escola antes da pandemia de covid, e no judô. No entanto, quando ele tinha 11 anos, as escolas foram fechadas e os pais lhe compraram um PlayStation, porque o garoto precisava fazer alguma coisa enquanto estava confinado em casa.

A princípio, o video game até trouxe benefícios — James gostou de jogar e de poder se conectar com outras pessoas. No entanto, quando o menino começou a jogar Fortnite por longos períodos, seu comportamento mudou. "Foi então que a depressão, a raiva e a indolência vieram com tudo. Ele começou a ficar descompensado com a gente", o pai me contou. Em uma tentativa de lidar com a mudança repentina de comportamento, o casal tirou todos os eletrônicos da vida do filho. O menino demonstrou sintomas de abstinência, incluindo irritabilidade e agressividade, e se recusava a sair do quarto. Embora os sintomas tenham ficado mais brandos após alguns dias, os pais se sentiam encurralados: "Tentamos limitar o uso do video game, mas ele não tem amigos, fora os da internet, então até onde podemos ir?".

Independentemente do padrão ou da gravidade, o ponto comum de todas as histórias é a sensação de encurralamento e impotência dos pais. A maioria deles não quer que os filhos tenham uma infância baseada no celular, porém de alguma maneira o mundo se reconfigurou de tal forma que os pais que resistem condenam seus filhos ao isolamento social.

Neste capítulo, apresentarei evidências de que há algo maior acontecendo, que alguma coisa mudou na vida dos jovens no início dos anos 2010 e acarretou uma deterioração de sua saúde mental. Antes de partir para os dados, porém, quero dividir com você histórias de pais que sentem que seus filhos foram arrebatados deles e agora tentam recuperá-los.

A ONDA COMEÇA A SE FORMAR

Não havia muitos indícios de uma crise iminente de saúde mental na adolescência nos anos 2000.[2] Então, de repente, no início da década de 2010, as coisas mudaram. Cada caso de transtorno mental tem muitas causas, sempre com uma combinação complexa de genes, experiências na infância e fatores sociológicos. Vou me concentrar nos motivos pelos quais os índices de transtornos mentais da geração Z (e de millennials mais novos) cresceram em muitos países entre 2010 e 2015, enquanto as gerações anteriores não foram igualmente afetadas. Por que houve um aumento internacional sincronizado nos índices de ansiedade e depressão entre adolescentes?

Greg e eu terminamos de escrever *The Coddling of the American Mind* [A superproteção da mente americana] no início de 2018. A Figura 1.1, baseada em um gráfico incluído nesse livro, com dados de 2016, foi atualizada para mostrar o que aconteceu desde então. Todo ano o governo americano conduz uma pesquisa com adolescentes, perguntando questões relacionadas a uso de drogas e saúde mental — por exemplo: você já passou um longo período sentindo "tristeza, vazio ou depressão", ou "perdeu o interesse pelas coisas de que costumava gostar"? Considera-se altamente provável que aqueles que respondem sim a mais de cinco das nove perguntas sobre sintomas de depressão grave tenham passado por um "episódio depressivo maior" no ano anterior.

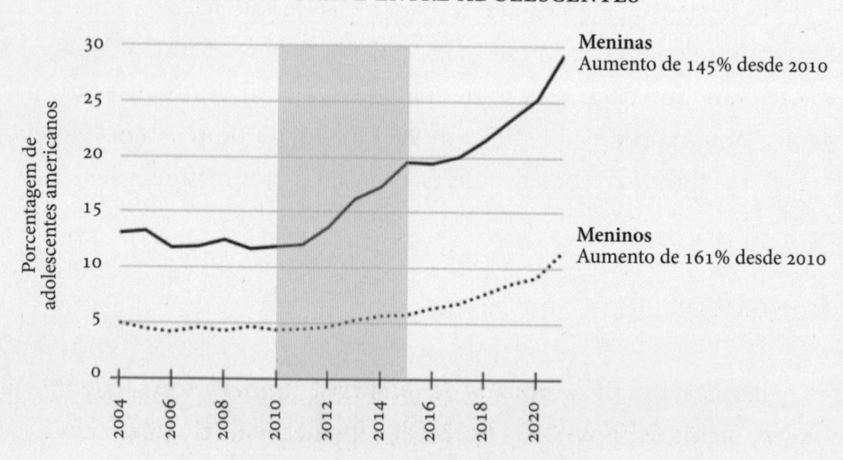

FIGURA 1.1. *Porcentagem de adolescentes americanos (entre 12 e 17 anos) que tiveram pelo menos um episódio depressivo maior no ano anterior, conforme autorrelato a partir de uma lista de sintomas. Figura 7.1 do livro* The Coddling of the American Mind, *atualizada com dados posteriores a 2016.* (FONTE: National Survey on Drug Use and Health.)[4]

Observa-se um aumento repentino e bastante significativo de episódios depressivos maiores iniciados por volta de 2012. (Na Figura 1.1, e na maioria dos gráficos a seguir, acrescentei um sombreado entre 2010 e 2015 para que fique mais fácil visualizar se alguma coisa mudou ou não nesse período, que compreende o que chamo de Grande Reconfiguração.) O aumento entre meninas foi muito maior que o aumento entre meninos em termos *absolutos* (no número de casos adicionais desde 2010), de modo que essa linha se assemelha mais à forma de um taco de hóquei. No entanto, os meninos começam em um nível mais baixo que o das meninas, portanto, em termos *relativos* (a mudança percentual desde 2010, que sempre usarei como base), o aumento foi parecido em ambos os sexos — por volta de 150%. Em outras palavras, a depressão se tornou *duas vezes e meia mais presente*. Esse aumento foi observado em todas as raças e classes sociais.[3] Parte dos dados de 2020 foi coletada antes e parte depois do isolamento social devido à pandemia de covid, e àquela altura uma em cada quatro adolescentes americanas havia passado por um episódio depressivo maior no ano anterior. Também fica visível que as coisas pioraram em 2021; as linhas se inclinam de maneira mais acentuada depois de 2020. No entanto, a parte mais significativa desse aumento ocorreu antes da pandemia.

A NATUREZA DA ONDA

O que aconteceu aos adolescentes no início da década de 2010? Precisamos entender *quem* está sofrendo *do quê*, e a partir de *quando*. Responder a essas perguntas com precisão é de extrema importância para identificar as causas da onda e possíveis maneiras de revertê-la. Foi isso que minha equipe se propôs a fazer, e este capítulo explicará em detalhes como chegamos a nossas conclusões.

Encontramos pistas importantes para a resolução desse mistério observando mais dados sobre a saúde mental dos adolescentes.[5] A primeira delas é que o aumento está concentrado em transtornos relacionados a ansiedade e depressão, que recaem na mesma categoria psiquiátrica: a dos *transtornos internalizantes*. Trata-se de transtornos nos quais a pessoa sente uma forte angústia e vivencia os sintomas *internamente*. Quem tem um transtorno internalizante sente emoções como ansiedade, medo, tristeza e desesperança. Rumina as coisas. Muitas vezes evita o envolvimento social.

Já os transtornos externalizantes são aqueles em que a pessoa sente uma forte angústia e direciona os sintomas e as reações a outras pessoas, ou seja, ao *exterior*. Entre eles estão desvios de conduta, dificuldade em lidar com a raiva, tendências violentas e necessidade de correr riscos. Em diferentes idades, culturas e países, meninas e mulheres apresentam índices mais altos de transtornos internalizantes, enquanto meninos e homens apresentam índices mais altos de transtornos externalizantes.[6] Dito isso, os dois sexos sofrem de ambos e têm manifestado mais transtornos internalizantes e menos transtornos externalizantes desde o início da década de 2010.[7]

Na Figura 1.2, que mostra a porcentagem de universitários que afirmaram ter recebido diagnóstico de um profissional da área da saúde mental, é possível ver a explosão do número de transtornos internalizantes. Os dados são de pesquisas padronizadas realizadas por universidades americanas e reunidos pela American College Health Association [Associação Americana de Saúde Universitária], ou ACHA, na sigla em inglês.[8] As linhas que indicam depressão e ansiedade já partem de um nível muito mais alto que as de outros diagnósticos, então sofrem um aumento maior que as outras em termos tanto relativos quanto absolutos. Quase todos os aumentos nos índices de transtornos mentais em campi universitários na década de 2010 decorrem do aumento nos índices de ansiedade e/ou depressão.[9]

A segunda pista é o aumento concentrado na geração Z, além de alguns millennials mais jovens. Isso pode ser observado na Figura 1.3, que mostra a porcentagem de entrevistados de quatro grupos etários que relataram ter se sentido nervosos "na maior parte do tempo" ou "o tempo todo" no mês anterior. Não há uma tendência clara em nenhum dos grupos antes de 2012, quando há um aumento drástico no grupo mais jovem (no qual a geração Z começa a entrar em 2014). Também há um aumento no segundo grupo mais jovem (composto sobretudo de millennials), embora não na mesma medida, e os dois grupos mais velhos se mantêm relativa-

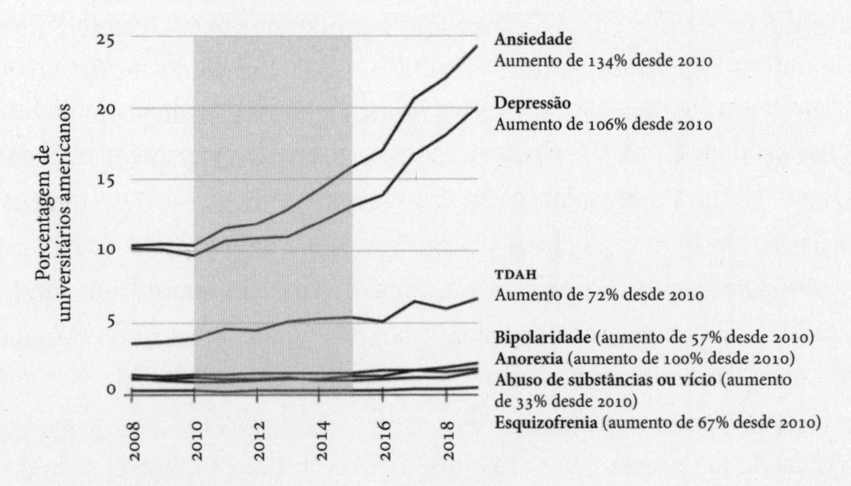

FIGURA 1.2. *Porcentagem de universitários americanos com transtornos mentais severos. Os diagnósticos de vários transtornos mentais em universitários tiveram um aumento na década de 2010, principalmente os de ansiedade e depressão.* (FONTE: American College Health Association.)[10]

mente estáveis, com uma leve ascensão entre a geração X (nascida entre 1965 e 1980) e um leve declínio entre os baby boomers (nascidos entre 1946 e 1964).

O QUE É ANSIEDADE?

A ansiedade está relacionada ao medo, porém não é a mesma coisa. A quinta edição revisada do *Manual diagnóstico e estatístico de transtornos mentais* (*DSM-5-TR*) define medo como "reação emocional a uma ameaça iminente, seja real ou percebida, enquanto a ansiedade é a antecipação de uma ameaça futura".[11] Ambos podem ser reações saudáveis à realidade, porém quando excessivos podem se tornar transtornos.

A ansiedade e os transtornos associados a ela parecem ser o transtorno mental que define os jovens de hoje. Em meio a uma variedade de diagnósticos de saúde mental, os de ansiedade foram os que mais cresceram, seguidos dos de depressão, como se vê na Figura 1.2. Um estudo de 2022 com mais de 37 mil alunos cursando o ensino médio em Wisconsin apontou um salto na prevalência da ansiedade de 34% em 2012 para 44% em 2018, com aumentos maiores entre adolescentes mulheres e LGBTQIAP+.[12] Em um estudo de 2023 com universitários americanos, 37% dos entrevistados relataram sentir ansiedade "sempre" ou "na maior parte do tempo", enquanto outros 31% relataram se sentir assim "cerca de metade do tempo". Isso significa que apenas *um terço dos universitários* disse sentir ansiedade em menos da metade do tempo ou nunca.[13]

O medo talvez seja a emoção mais importante para a sobrevivência no reino animal. Num mundo cheio de predadores, quem reage rapidamente tem maiores chances de transmitir seus genes. Na verdade, responder depressa a ameaças é tão importante que o cérebro dos mamíferos pode reagir

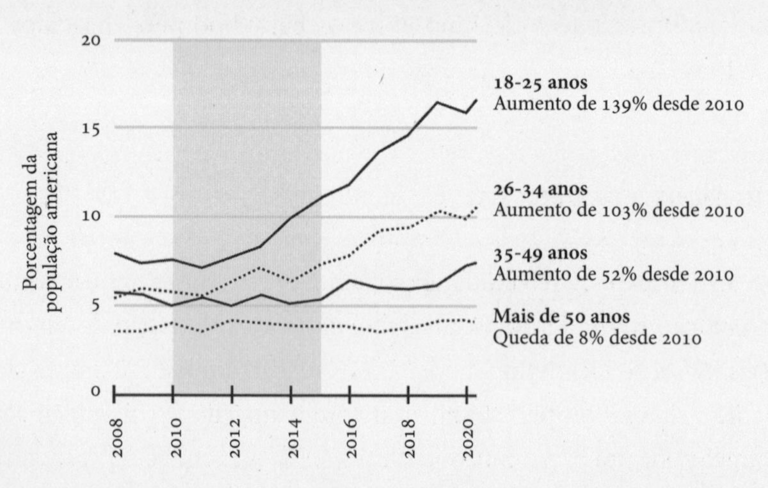

FIGURA 1.3. *Porcentagem de americanos adultos que relatam maior nível de ansiedade divididos por faixa etária.* (FONTE: National Survey on Drug Use and Health.)[14]

ao medo antes mesmo que as informações de seus olhos cheguem aos centros visuais na parte posterior do cérebro para ser totalmente processadas.[15] É por isso que sentimos uma onda de medo ou saímos da frente de um carro antes mesmo de estar conscientes do que vemos. O medo é um alarme conectado a um sistema de resposta rápida. Quando a ameaça passa, o alarme para de tocar, os hormônios do estresse param de circular e a sensação de medo se esvai.

Embora o medo acione todo o sistema de resposta no momento do perigo, a ansiedade desencadeia partes desse mesmo sistema quando uma ameaça é percebida como possível. É saudável sentir ansiedade e ficar alerta quando você se encontra numa situação na qual o perigo pode estar mesmo à espreita. No entanto, quando nosso alarme é ativado com frequência por eventos corriqueiros — incluindo muitos que não representam uma ameaça real —, ficamos num estado de angústia constante. É assim que a ansiedade comum, saudável e temporária se transforma em transtorno de ansiedade.

Também é importante frisar que nosso alarme não é apenas um dispositivo que evoluiu como uma resposta a ameaças físicas. Nossa vantagem evolutiva veio de um cérebro maior e de uma capacidade de constituir grupos sociais fortes, o que nos deixou especialmente sintonizados a ameaças *sociais*, como passar vergonha ou ser excluído. Muitas pessoas — em especial adolescentes — se preocupam com a ameaça da "morte social" mais do que com a morte física.

A ansiedade afeta o corpo e a mente de várias maneiras. Ela pode se manifestar no corpo como uma tensão ou um aperto, ou como um desconforto no abdome e na cavidade torácica.[16] Emocionalmente, a ansiedade é vivenciada como medo, preocupação e, passado um tempo, exaustão. Em termos cognitivos, muitas vezes fica difícil pensar com clareza, e a pessoa mergulha na ruminação improdutiva ou no tipo de distorção de pensamento que é o foco da terapia cognitivo-comportamental (TCC), como catastrofização, generalização e pensamento dicotômico. Esses padrões de pensamento distorcidos muitas vezes provocam sintomas físicos desconfortáveis em pessoas com transtorno de ansiedade, que por sua vez levam a sentimentos de medo e preocupação, que por seu turno desencadeiam mais pensamentos ansiosos, perpetuando um círculo vicioso.

O segundo transtorno psicológico mais comum entre os jovens de hoje é a depressão, como fica claro na Figura 1.2. A categoria psiquiátrica principal nesse caso é o transtorno depressivo maior (TDM). Seus dois sintomas-chave são: humor depressivo (sensação de tristeza, vazio, desesperança) e perda de interesse ou prazer na maioria das atividades, ou em todas elas.[17] "Quão aborrecidos, insulsos, triviais e inúteis me parecem todos os usos deste mundo", diz Hamlet,[18] imediatamente após lamentar a proibição de Deus ao suicídio. Para um diagnóstico de TDM, esses sintomas devem aparecer de maneira consistente ao longo de pelo menos duas semanas. Eles são muitas vezes acompanhados por sintomas físicos, incluindo perda ou ganho de peso, diminuição ou aumento significativos no número de horas de sono e fadiga. E por confusão mental, inclusive dificuldade de se concentrar, insistência nas próprias transgressões ou falhas (o que causa sentimentos de culpa) e as muitas distorções cognitivas que a TCC procura compensar. Pessoas com um transtorno depressivo têm maior propensão a ideação suicida, porque parece que seu sofrimento nunca terá fim, e a morte é um fim por si só.

Um traço da depressão muito importante para nós, aqui, é sua conexão com os relacionamentos sociais. As pessoas têm maior propensão a sofrer de depressão quando se tornam (ou se sentem) menos conectadas socialmente, e a depressão, por sua vez, faz com que elas tenham menor capacidade e interesse de buscar essa conexão. Como no caso da ansiedade, ocorre um círculo vicioso. Por isso, ao longo deste livro, darei atenção especial à amizade e aos relacionamentos sociais. Veremos como uma infância baseada no brincar os fortalece, enquanto uma infância baseada no celular os enfraquece.

Não tenho uma tendência geral à ansiedade ou à depressão, no entanto sofri de ansiedade prolongada, e em três momentos da minha vida tive que ser medicado. Uma vez, fui inclusive diagnosticado com um transtorno depressivo maior. Portanto, até certo ponto, me identifico com essa condição pela qual tantos jovens estão passando. Sei que adolescentes com transtorno de ansiedade ou depressão não podem simplesmente "sair dessa" ou "ser mais fortes". Ambos os transtornos são causados por uma combinação de genes (o que significa que algumas pessoas têm uma predisposição maior a eles), padrões de pensamento (que podem ser aprendidos e desaprendidos) e condições sociais ou ambientais. No entanto, como os genes não mudaram entre 2010 e 2015, precisamos descobrir quais padrões e condições sociais e ambientais se alteraram a ponto de originar a atual onda gigante de ansiedade e depressão.

NÃO É REAL, É?

Muitos especialistas em saúde mental a princípio se mostraram céticos quanto a esses aumentos significativos nos índices de ansiedade e depressão de fato refletirem aumentos reais nos índices de transtornos mentais. No dia seguinte à publicação do livro *The Coddling of the American Mind*, saiu um artigo de opinião no *New York Times* com a manchete "The Big Myth About Teenage Anxiety" [O grande mito da ansiedade adolescente],[19] no qual um psiquiatra fazia várias objeções importantes ao que via como um pânico moral crescente envolvendo smartphones e adolescentes. Ele ressaltava que a maioria dos estudos que demonstravam um aumento dos transtornos mentais se baseava em "autorrelatos", como os dados da Figura 1.2. Mudança nos autorrelatos não implica necessariamente mudança nos índices subjacentes de transtornos mentais. Talvez os jovens só apresentassem maior disposição a se autodiagnosticar ou a falar abertamente sobre seus sintomas. Talvez eles estivessem confundindo sintomas leves de ansiedade com um transtorno mental.

O ceticismo do psiquiatra era justificado? Ele sem dúvida estava certo no sentido de que precisamos considerar múltiplos indicadores para saber se um transtorno mental está de fato em alta. Uma boa maneira de fazer

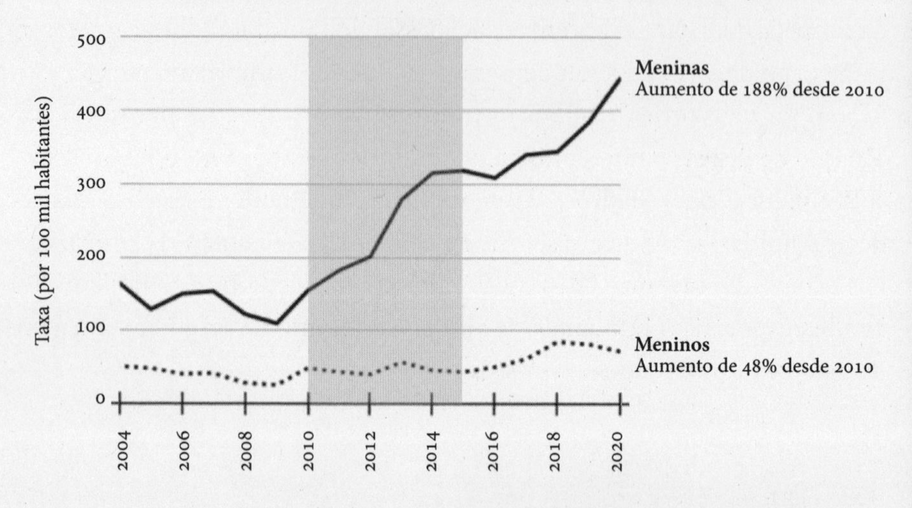

FIGURA 1.4. *Taxa de atendimentos em prontos-socorros hospitalares nos Estados Unidos decorrentes de automutilação não fatal, computados a cada 100 mil meninas ou meninos entre 10 e 14 anos.* (FONTE: Centros de Controle e Prevenção de Doenças dos Estados Unidos, Centro Nacional de Prevenção e Controle de Lesões.)[20]

isso é buscar alterações em dados que não se baseiam no autorrelato. Por exemplo, muitos estudos mapeiam alterações no número de adolescentes que recebem anualmente atendimento psiquiátrico de emergência ou que dão entrada no hospital por terem se automutilado. Isso inclui tanto tentativas de suicídio, mais comumente por overdose de medicamentos, ou o que chamamos automutilação não suicida (AMNS), que muitas vezes envolve a automutilação sem intenção de morrer. A Figura 1.4 mostra os dados de entrada em prontos-socorros nos Estados Unidos, que revelam um padrão de aumento dos índices de depressão similar ao que vimos na Figura 1.1, principalmente nas meninas.

O número de entradas em pronto-socorro em decorrência de automutilação quase *triplicou* em meninas entre 10 e 14 anos entre 2010 e 2020. Considerando adolescentes mais velhas (entre 15 e 19 anos), ele dobrou, e considerando mulheres com mais de 24 anos ele *diminuiu* durante o mesmo período (ver suplemento on-line).[21] Portanto, o que quer que tenha acontecido no início da década de 2010, *teve um maior impacto em pré-adolescentes e adolescentes mais novas que em qualquer outro grupo.* Essa é uma pista importantíssima. A automutilação intencional na Figura 1.4 inclui tanto tentativas de suicídio fracassadas, que indicam altíssimos níveis de angústia e desesperança, como a automutilação não suicida (por exemplo, cortar-se). A última é mais bem compreendida como um comportamento de enfrentamento a que algumas pessoas (em especial meninas e mulheres jovens) recorrem para lidar com ansiedade e depressão debilitantes.

O suicídio adolescente nos Estados Unidos em geral apresenta uma tendência similar a depressão, ansiedade e automutilação, embora o período de crescimento rápido tenha se iniciado alguns anos antes. A Figura 1.5 mostra a taxa de suicídios ocorridos anualmente, na população americana,

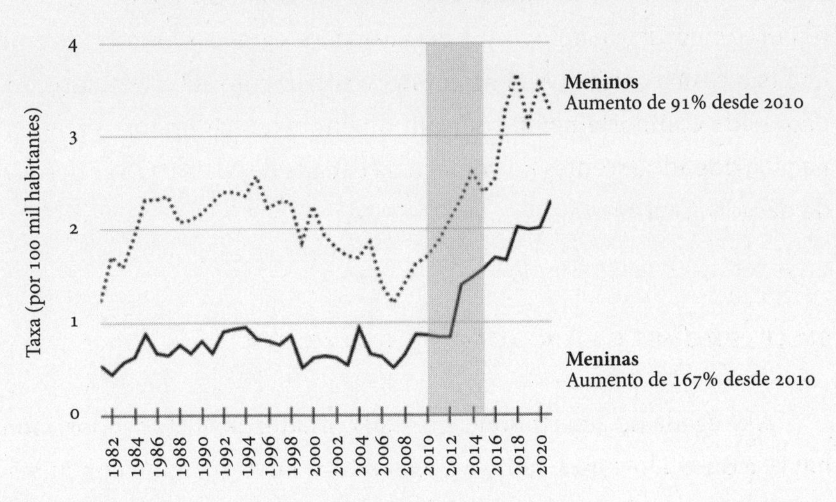

FIGURA 1.5. *Taxa de suicídio entre adolescentes americanos entre 10 e 14 anos.* (FONTE: Centros de Controle e Prevenção de Doenças dos Estados Unidos, Centro Nacional de Prevenção e Controle de Lesões.)[22]

a cada 100 mil crianças entre 10 e 14 anos.[23] Nas nações ocidentais a taxa de suicídio é quase sempre mais alta entre meninos que entre meninas, enquanto as taxas de tentativa de suicídio e de automutilação não suicida são mais altas entre as meninas, como vimos.[24]

A Figura 1.5 mostra que a taxa de suicídio de adolescentes meninas começou a subir em 2008, com um aumento mais significativo em 2012, depois de ter variado dentro de uma faixa limitada desde os anos 1980. De 2010 a 2021, esse número aumentou 167%. Essa é outra pista que nos leva a perguntar: *o que mudou na vida das pré-adolescentes e adolescentes mais novas no início da década de 2010?*

O aumento acelerado do número de suicídios e de casos de automutilação, em conjunto com os estudos baseados em autorrelatos que apontam para um aumento nos índices de ansiedade e depressão, é uma tréplica importante àqueles que se mostraram céticos quanto à existência de uma crise de saúde mental. Não digo que o aumento nos índices de ansiedade e depressão não esteja *nem um pouco* relacionado à maior disposição em relatar essas condições (o que é uma coisa boa) ou ao fato de alguns adolescentes terem começado a patologizar uma ansiedade e um desconforto normais (o que não é uma coisa boa). Entretanto, o sofrimento autorrelatado e as mudanças de comportamento indicam que houve uma importante alteração na vida dos adolescentes no começo da década de 2010, e talvez desde o fim da década anterior.

SMARTPHONES E A CRIAÇÃO DA GERAÇÃO Z

A chegada do smartphone, em 2007, mudou a vida de todos. Como já havia acontecido com o rádio e a televisão, o novo aparelho conquistou rapidamente a nação e o mundo. A Figura 1.6 mostra a porcentagem de lares americanos que adquiriu tecnologias de comunicação variadas ao longo do último século. Essas novas tecnologias se espalharam depressa, sempre de-

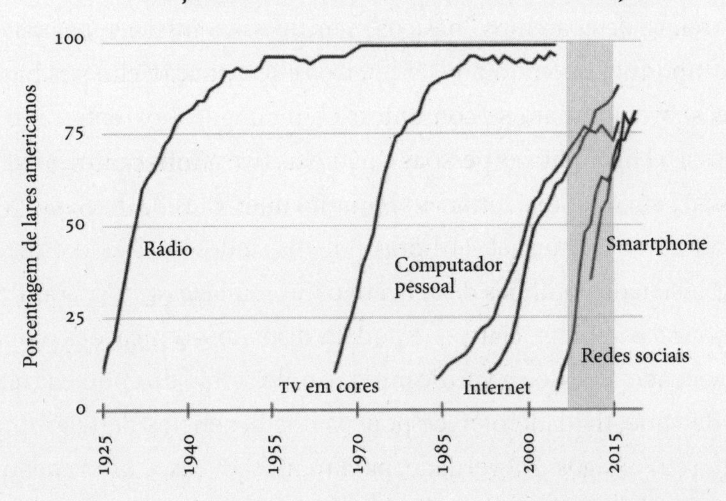

FIGURA 1.6. *Porcentagem de lares americanos utilizando tecnologias específicas. O smartphone foi adotado mais rapidamente que qualquer outra tecnologia de comunicação na história.* (FONTE: Our World in Data.)[25]

pois de uma fase inicial na qual a linha pareceu subir quase em ângulo reto. Essa é a década em que "todo mundo" parece tê-las adquirido.

A Figura 1.6 revela um dado importante sobre a era da internet: ela veio em duas ondas. Os anos 1990 presenciaram um crescimento rápido da tecnologia do computador pessoal e do acesso à internet (via modem, na época), sendo que até 2001 ambos podiam ser encontrados na maioria dos lares. Nos dez anos seguintes, houve um declínio na saúde mental dos adolescentes.[26] Os millennials, que cresceram durante a primeira onda, eram ligeiramente mais felizes, na média, que os adolescentes da geração X. A segunda onda envolveu o recrudescimento acelerado das tecnologias das redes e do smartphone, que por volta de 2012-3 já estavam presentes na maioria dos lares. Foi então que a saúde mental das meninas começou a declinar, e que a saúde mental dos meninos se alterou de maneiras mais difusas.

É claro que adolescentes tinham celulares desde o fim dos anos 1990, porém se tratava de aparelhos "básicos", sem acesso à internet, os mais populares do tipo flip, que podiam ser abertos e fechados. Celulares básicos eram úteis sobretudo para se comunicar com amigos e parentes, um por vez. Era possível ligar para as pessoas e mandar mensagens por meio de um teclado físico simples. Smartphones são muito diferentes. Com eles, o usuário está conectado à internet 24 horas por dia, todos os dias da semana; podem ser instalados milhões de aplicativos, e assim eles se tornaram rapidamente o lar das redes sociais, que podem disparar notificações o dia inteiro, convocando a pessoa a verificar o que todos estão dizendo e fazendo. Esse tipo de conectividade oferece poucos dos benefícios de falar diretamente com seus amigos. Na verdade, para muitos jovens, é um veneno.[27]

Há muitas fontes de dados relativos aos primórdios do smartphone. Um relatório de 2012 do Pew Research revelou que 77% dos adolescentes americanos tinham celular em 2011, porém *apenas 23% tinham smartphone.*[28] Ou seja, a maior parte deles precisava de um computador para entrar nas redes sociais. Com frequência, era o computador dos pais ou da família, de modo que seu acesso e sua privacidade eram limitados, e fora de casa não havia uma maneira fácil de navegar na internet. Foi nessa época que os laptops se popularizaram nos Estados Unidos, assim como a internet banda larga, de modo que alguns adolescentes passaram a ter maior acesso à internet mesmo antes de conseguir um smartphone.

Foi só com seu próprio smartphone, no entanto, que eles puderam ficar on-line *o tempo todo*, mesmo longe de casa. Em 2016, de acordo com uma pesquisa com pais americanos conduzida pela organização sem fins lucrativos Common Sense Media, *79% dos adolescentes tinham um smartphone*, assim como 28% das crianças entre 8 e 12 anos.[29]

Com o smartphone, os adolescentes começaram a dedicar mais tempo ao mundo virtual. Um relatório de 2015, também da Common Sense, mostrou que adolescentes com um perfil em rede social relatavam passar cerca de duas horas por dia nas redes, e no geral adolescentes relatavam passar uma média de quase sete horas por dia de seu tempo livre (sem contar a escola e a lição de casa) com telas, o que incluía jogar on-line e ver Netflix, YouTube e sites pornográficos.[30] Um relatório de 2015 do Pew Research[31] confirmou esses números: um em cada quatro adolescentes dizia ficar "quase o tempo todo" on-line. Até 2022, esse número quase dobrou, chegando a 46%.[32]

Essa porcentagem de "quase o tempo todo" é assustadora, e talvez seja a chave para explicar o colapso repentino da saúde mental dos adolescentes. Um número assim elevado sugere que mesmo quando a geração Z não está no celular e *dá a impressão* de agir no mundo real, como na escola, durante a refeição ou mesmo em conversas, parte substancial de sua atenção está monitorando ou se preocupando (ou ficando ansiosa) com eventos no metaverso social. Como Sherry Turkle, professora do Instituto de Tecnologia de Massachusetts (MIT), escreveu em 2015 sobre os smartphones: "Estamos sempre em outro lugar".[33] Trata-se de uma transformação profunda da consciência e dos relacionamentos, e ocorreu, no caso dos adolescentes americanos, entre 2010 e 2015. Esse foi o nascimento da infância baseada no celular, que marca o fim definitivo da infância baseada no brincar.

Um detalhe importante dessa história: em junho de 2010, foi lançado o iPhone 4,[34] o primeiro iPhone com câmera frontal, o que facilitou tirar fotos e gravar vídeos de si mesmo. A primeira câmera frontal da Samsung foi a do Galaxy S, lançado no mesmo mês. No mesmo ano, o Instagram foi criado para ser usado apenas em smartphones. Nos primeiros anos, não havia como instalá-lo em um desktop ou laptop.[35] Ele teve uma base pequena de usuários até 2012, quando foi comprado pelo Facebook. Então cresceu rapidamente (de 10 milhões perto do fim de 2011[36] para 90 milhões no começo de 2013[37]). Portanto, podemos dizer que o smartphone e o ecossistema de redes sociais baseadas em selfies que conhecemos hoje surgiram em 2012, com a compra do Instagram pelo Facebook e a introdução da câmera frontal. Em 2012, muitas adolescentes deviam sentir que "todo mundo" tinha um smartphone e um perfil no Instagram, e todo mundo estava se comparando com todo mundo.

Ao longo dos anos seguintes, o ecossistema de redes se tornou ainda mais atraente com a introdução de "filtros" cada vez mais poderosos e de softwares de edição acoplados ao Instagram ou através de aplicativos externos, como o Facetune. Com filtro ou não, o reflexo que cada menina via no espelho ficava cada vez menos atraente em relação às outras que via na tela.

Enquanto a vida social das meninas era transferida para as redes, os meninos se escondiam cada vez mais no mundo virtual, em meio a uma variedade de atividades digitais, em especial jogos imersivos com multijogadores on-line, YouTube, Reddit e pornografia pesada — todos agora disponíveis a qualquer hora, em qualquer lugar, de graça e bem ali em seus smartphones.

Com tantas atividades virtuais novas e empolgantes, muitos adolescentes (e adultos) perderam a capacidade de estar totalmente presentes em companhia das pessoas à sua volta, o que mudou a vida social para todos, inclusive a pequena minoria que não usava essas plataformas. É por isso que me refiro ao período entre 2010 e 2015 como a Grande Reconfiguração da Infância. No decorrer de apenas cinco anos, padrões sociais, modelos de comportamento, emoções e padrões de atividade física e até mesmo de sono dos adolescentes foram fundamentalmente alterados. Em 2013, o cotidiano, a consciência e os relacionamentos sociais de adolescentes de 13 anos com iPhones (ou seja, pessoas que nasceram em 2000) foram profundamente diferentes daqueles de 13 anos com celulares simples em 2007 (que nasceram em 1994).

A ANSIEDADE E A DEPRESSÃO DELES NÃO SÃO JUSTIFICADAS?

Quando apresento essas descobertas, alguém sempre reage argumentando: "É claro que a geração Z é deprimida. Veja só o estado do mundo no século XXI! Primeiro o Onze de Setembro, depois as guerras no Afeganistão e no Iraque, depois a crise financeira mundial. Eles estão crescendo em uma época de aquecimento global, ataques a tiros em escolas, polarização política, desigualdade e dívidas estudantis cada vez maiores. Você diz que 2012 foi o ano da virada? Foi o ano do ataque à escola Sandy Hook!".[38]

É assim que o livro *Generation Disaster* [Geração desastre], de 2021, explica os problemas de saúde mental da geração Z.[39] No entanto, embora eu concorde que o século XXI tenha começado mal, o momento não justifica que a geração Z seja ansiosa e deprimida *por causa de* fatos objetivos relacionados a ameaças nacionais ou globais crescentes.

Mesmo que aceitássemos a premissa de que os eventos desde o Onze de Setembro até a crise financeira mundial tiveram um efeito significativo sobre a saúde mental dos adolescentes, os maiores afetados teriam sido os millennials (nascidos entre 1981 e 1995), que viram uma infância feliz destroçada, com menos perspectivas de ascensão social. No entanto, isso *não* aconteceu; os índices de transtornos mentais dessas pessoas não pioraram na adolescência. Além disso, se a crise financeira e outras preocupações econômicas tivessem contribuído de maneira decisiva, a saúde mental dos adolescentes americanos teria decaído em 2009, o ano mais sombrio da crise financeira, e teria melhorado na década de 2010, quando a taxa de desemprego diminuiu, o mercado de ações voltou a subir e a economia, a se aquecer. Nenhuma dessas tendências é confirmada pelos dados. Na Figura 1.7, sobrepus a Figura 1.1, sobre depressão na adolescência, a um gráfico da taxa de desemprego nos Estados Unidos, que atingiu o ápice em 2008 e 2009, no início da crise, com demissão em massa nas empresas. A partir de então, o desemprego viu um longo e constante declínio, de 2010 a 2019, atingindo o recorde negativo histórico de 3,6%, no começo de 2019.

Simplesmente não há como atribuir o aumento da depressão e da ansiedade nos adolescentes a qualquer evento ou tendência econômica de que eu tenha conhecimento. Também é difícil entender por que uma crise econômica atingiria mais as meninas que os meninos, e as pré-adolescentes mais que quaisquer outras.

DEPRESSÃO ADOLESCENTE × DESEMPREGO ADULTO

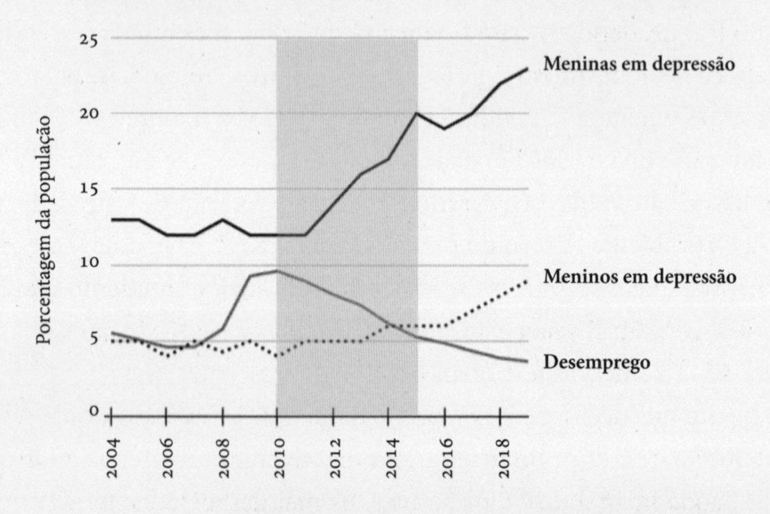

FIGURA 1.7. *A taxa de desemprego nos Estados Unidos (porcentagem de adultos desempregados no mercado de trabalho) caiu continuamente enquanto a crise de saúde mental entre os adolescentes se agravava.* (FONTES: U.S. Bureau of Labor Statistics e National Survey on Drug Use and Health.)[40]

Uma explicação que ouço com frequência é que a geração Z é ansiosa e deprimida por causa da mudança climática, que afetará sua vida mais que a das gerações anteriores. Não nego a legitimidade dessa preocupação, porém quero apontar que, historicamente, ameaças iminentes a uma nação ou a uma geração (em contraposição a ameaças ao indivíduo) não aumentaram os índices de transtornos mentais. Quando países são atacados, seja por forças militares ou por terroristas, em geral seus cidadãos reforçam seu senso de patriotismo e se aproximam uns dos outros. Eles ficam imbuídos de um forte sentido de propósito, a taxa de suicídio cai,[41] e, décadas depois, experimentos em laboratório demonstram que os adolescentes do início da guerra apresentam níveis mais altos de confiança e cooperação.[42] Quando os jovens se mobilizaram em torno de uma causa política, da oposição à Guerra do Vietnã nos anos 1960 aos precoces períodos de pico do ativismo climático nos anos 1970 e 1990, eles se viram *energizados*, e não desanimados ou deprimidos. Cada geração cresce durante um desastre ou sob a ameaça de um desastre iminente, da Grande Depressão e a Segunda Guerra Mundial a ameaças de aniquilação nuclear, degradação ambiental, superpopulação ou uma dívida nacional elevadíssima. As pessoas não ficam deprimidas quando encaram ameaças coletivamente, e sim quando se sentem isoladas, solitárias ou inúteis. Como demonstrarei em capítulos posteriores, foi isso que a Grande Reconfiguração fez com a geração Z.

A ansiedade coletiva pode unir as pessoas e motivá-las a agir, e a ação coletiva é empolgante, em especial quando se participa dela. Pesquisadores descobriram que, nas gerações anteriores, aqueles que se envolveram no ativismo político eram mais felizes e tinham mais energia que a média. "Há algo no ativismo em si que promove o bem-estar", disse Tim Kasser, coautor de um estudo de 2009 sobre universitários, ativismo e *flourishing*.[43] No entanto, estudos mais recentes de jovens ativistas, incluindo ativistas climáticos, descobriram o oposto: quem é politicamente ativo hoje em geral tem uma saúde mental *pior*.[44] Ameaças e riscos sempre assombraram o futuro, porém a reação dos jovens de hoje, com o ativismo se concentrando sobretudo no mundo virtual, parece afetá-los de maneira muito diferente em comparação às gerações anteriores, cujo ativismo se dava sobretudo no mundo real.

A hipótese da mudança climática também não explica algumas das particularidades demográficas do caso em questão. Por que em geral vemos os maiores aumentos relativos dos índices de ansiedade e depressão entre meninas pré-adolescentes? Uma maior conscientização da questão do clima não afetaria mais os adolescentes mais velhos e universitários, que têm maior conhecimento dos eventos políticos e mundiais? Ela também é falha temporalmente: por que houve uma queda mais acentuada em tantos países no início da década de 2010? Greta Thunberg, ativista climática sueca nascida em 2003, pode ter mobilizado jovens de todo o mundo, porém só discursou na Conferência das Nações Unidas sobre as Mudanças Climáticas em 2018.

Talvez tudo pareça estar ruindo, porém sentíamos a mesma coisa na minha juventude, nos anos 1970, e na juventude dos meus pais, nos anos 1930. A história da humanidade é assim. Se os eventos mundiais desempenharam um papel na crise de saúde mental de hoje, não é porque eles pioraram de repente, por volta de 2012, e sim porque de repente os eventos mundiais entravam nos cérebros adolescentes através dos smartphones, não como reportagens, mas como publicações nas redes sociais em que outros jovens expressavam suas emoções sobre o mundo em colapso, emoções que nas redes se tornam contagiosas.

POR TODA A ANGLOSFERA

Uma estratégia para determinar se os eventos recentes foram responsáveis pelo aumento da ansiedade e da depressão entre os adolescentes americanos é compará-los aos adolescentes de outros países que vivenciaram outros eventos recentes e eram culturalmente distantes dos Estados Unidos. A seguir, faço isso com uma variedade de países: alguns culturalmente parecidos, mas com eventos diferentes em seus noticiários recentes, como Canadá e Reino Unido; aqueles com língua e cultura diferentes, como os países nórdicos; e 37 países de todo o mundo que participaram de uma pesquisa com adolescentes de 15 anos a cada três anos. Como demonstrarei, todos apresentam um padrão e um ponto de virada similares, contribuindo para a tese de que houve uma mudança no início da década de 2010.

Vamos começar pelo Canadá, que tem uma cultura muito parecida com a dos Estados Unidos, mas sem muitos de nossos traços sociológicos e econômicos potencialmente prejudiciais, como nosso nível elevado de insegurança econômica. Diferente dos Estados Unidos, o Canadá não enfrenta guerras frequentes e tem baixos índices de criminalidade. Além disso, o país não sofreu muito com os efeitos da crise financeira mundial.[45] No entanto, mesmo com todas essas vantagens, houve um declínio na saúde mental dos adolescentes no Canadá na mesma época e na mesma medida em que ocorreu o declínio nos Estados Unidos.[46]

A Figura 1.8 mostra a porcentagem de meninas e mulheres canadenses que relataram ter uma saúde mental "excelente" ou "muito boa". Se os dados só tivessem sido reunidos até 2009, a conclusão seria que o grupo mais jovem (entre 15 e 30 anos) era o mais feliz, e não haveria motivo para preocupação. No entanto, em 2011, a linha das mulheres mais jovens começou a cair e depois despencou, enquanto a linha das mais velhas (com mais de 47 anos) praticamente não se alterou. O gráfico para meninos e homens obedece ao mesmo padrão, com um declínio menor. (Você pode encontrar esse gráfico e muitos outros no suplemento on-line, com um documento separado para cada capítulo deste livro.)

Como nos Estados Unidos, mudanças no comportamento correspon-

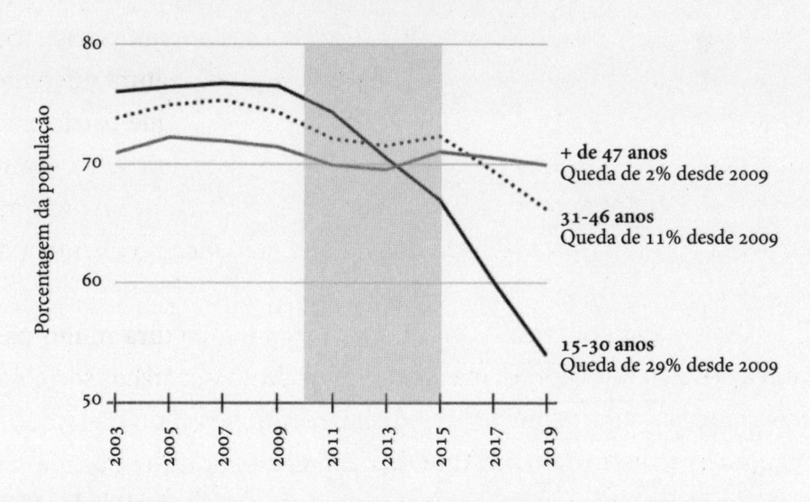

FIGURA 1.8. *Porcentagem de meninas e mulheres em Ontário, no Canadá, que relatam ter a saúde mental "excelente" ou "muito boa".* (FONTE: D. Garriguet [2021], Portrait of Youth in Canada: Data Report.)[47]

dem a mudanças na saúde mental autorrelatada. Quando verificamos o número de atendimentos psiquiátricos de emergência para automutilação entre adolescentes canadenses, encontramos quase o mesmíssimo padrão da Figura 1.4 envolvendo adolescentes americanos.[48]

O mesmo ocorre no Reino Unido, um pouco mais distante culturalmente dos Estados Unidos que o Canadá. Seus adolescentes sofrem da mesma maneira e no mesmo momento que os americanos. Os índices de ansiedade e depressão sobem no início da década de 2010, principalmente entre as meninas.[49] De novo, observamos o mesmo aumento repentino nos dados comportamentais. A Figura 1.9 mostra a taxa em que os adolescentes britânicos se feriram deliberadamente, de acordo com um estudo dos registros médicos. Como no Canadá e nos Estados Unidos, aconteceu alguma coisa no início da década de 2010 que causou um aumento repentino e muito significativo de automutilação entre adolescentes.[50]

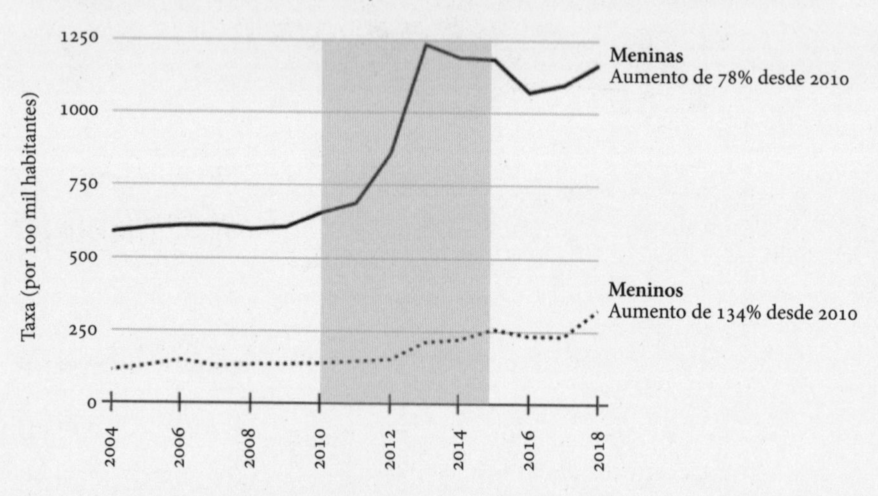

FIGURA 1.9. *Episódios de automutilação entre adolescentes britânicos de 13 a 16 anos.* (FONTE: Cybulski et al., 2021, extraído de dois bancos de dados de registros médicos britânicos mantendo o anonimato.)[51]

Observamos tendências similares nos outros principais países da anglosfera, incluindo Irlanda, Nova Zelândia e Austrália.[52] A Figura 1.10, por exemplo, mostra a frequência com que os adolescentes e jovens adultos australianos foram atendidos em hospitais por emergências psiquiátricas. Como em outros países da anglosfera, caso os dados parassem de ser reunidos em 2010, antes do início da Grande Reconfiguração, não haveria nada digno de nota, porém em 2015 os adolescentes enfrentavam graves problemas.

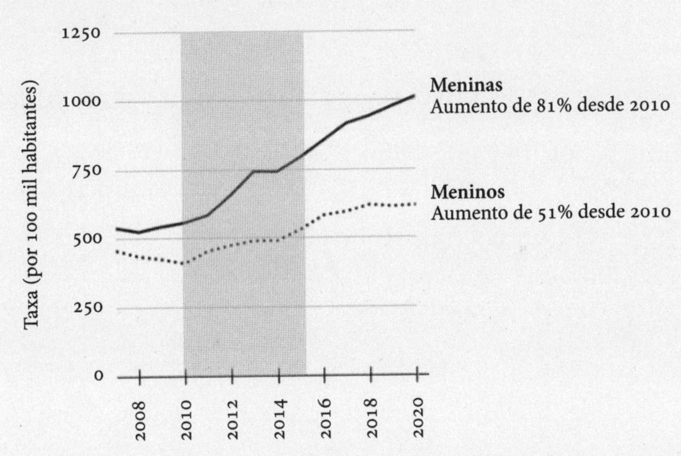

FIGURA 1.10. *Taxa em que jovens australianos entre 12 e 24 anos foram hospitalizados por motivos de saúde mental.* (FONTE: Australia's Health 2022 Data Insights.)[53]

NO RESTO DO MUNDO

Em 2020, contratei Zach Rausch (nascido em 1994, quando a geração millennial estava chegando ao fim), terminando um mestrado em psicologia, como assistente de pesquisa em regime de meio período. Ele logo começou a trabalhar em período integral, como meu parceiro na pesquisa para este livro, reunindo dados sobre saúde mental no mundo todo e publicando vários relatórios aprofundados na *After Babel*, minha newsletter na plataforma Substack (criada justamente para testar ideias para este livro e para o próximo). Zach examinou os cinco países nórdicos e encontrou os mesmos padrões presentes nos cinco países da anglosfera. A Figura 1.11 mostra a porcentagem de adolescentes na Finlândia, Suécia, Dinamarca, Noruega e Islândia que relataram níveis elevados de sofrimento psicológico em 2002 e 2018.[54] O padrão é indistinguível daqueles encontrados repetidamente em países da anglosfera: se for feito um corte em 2010, antes da Grande Reconfiguração, não há motivo de preocupação. Quando se consideram os dados até 2015, no entanto, as coisas mudam de maneira drástica.

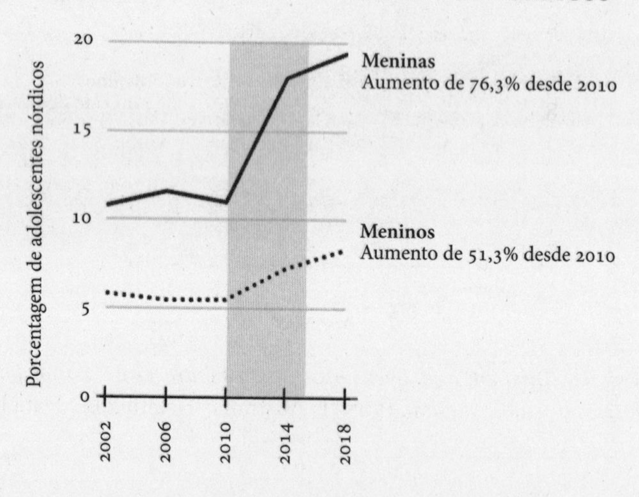

FIGURA 1.11. *Porcentagem de jovens nórdicos entre 11 e 15 anos com sofrimento psicológico elevado.* (FONTE: Dados do Health Behaviour in School-Age Children Survey.)[55]

E quanto ao mundo além da riqueza da anglosfera e dos países nórdicos? Há vários estudos mundiais sobre a saúde mental *adulta*, mas poucos sobre a *adolescente*.[56] Existe, porém, uma pesquisa educacional chamada

Program for International Student Assessment [Programa internacional de avaliação de estudantes], ou Pisa, na sigla em inglês. Desde 2000, a cada três anos o Pisa entrevista milhares de jovens de 15 anos e seus pais em cada um dos 37 países participantes. Além de centenas de perguntas sobre seu progresso escolar e a vida doméstica, há seis perguntas sobre como se sentem em relação à escola. Pede-se que os alunos digam o quanto concordam com frases como "Me sinto só na escola", "Me sinto deslocado/a (ou excluído/a) na escola" e "Faço amigos com facilidade na escola" (sendo que a pontuação da última era inversa).[57]

Jean Twenge e eu analisamos as respostas dessas seis perguntas e a pontuação agregada desde 2000 nesses 37 países.[58] A Figura 1.12 mostra as tendências em quatro grandes grupos. Após uma estabilidade relativa de 2000 a 2012, os relatos de solidão e dificuldade de fazer amigos na escola

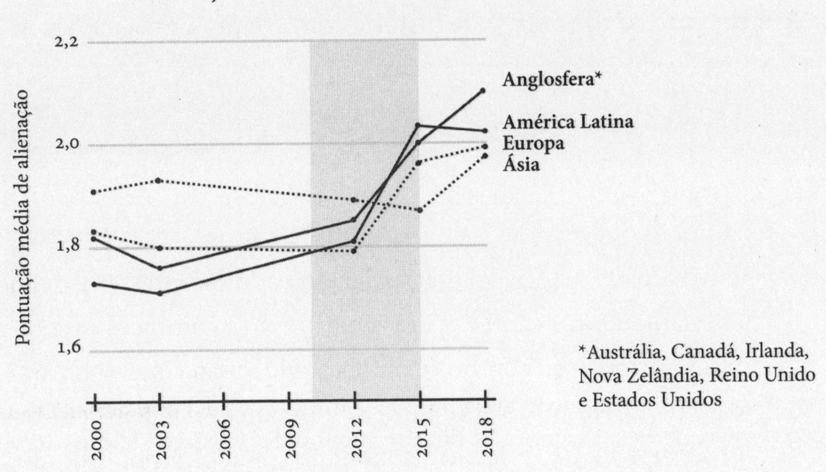

FIGURA 1.12. *Pontuação de alienação escolar no mundo ao longo do tempo, entre alunos de 15 anos. Repare que o aumento na solidão escolar ocorre em todas as regiões com exceção da Ásia, principalmente entre 2012 e 2015. (As perguntas não foram feitas nas pesquisas de 2006 e 2009.) A pontuação varia de 1 (baixa alienação) a 4 (alta alienação).* (FONTE: Twenge, Haidt et al., 2021. Dados do Pisa.)[59]

aumentaram em todos os grupos, com exceção da Ásia. Em todo o mundo ocidental, parece que assim que começaram a levar smartphones para a escola e a usar redes sociais com regularidade, inclusive durante os intervalos entre as aulas, os alunos relatavam maior dificuldade de se relacionar uns com os outros. Estavam "sempre em outro lugar".

A crise financeira mundial de 2008 não pode ter causado esse aumento global na década de 2010, tampouco os ataques a tiros em escolas americanas ou a situação política nos Estados Unidos. A única teoria plausível que encontrei para explicar o declínio internacional da saúde mental dos adolescentes foi a repentina e gigantesca mudança na tecnologia que eles usavam para se relacionar uns com os outros.[60]

As crianças nascidas no fim dos anos 1990 foram a primeira geração da história a passar pela puberdade no mundo virtual. Quando demos smartphones à geração Z no início da década de 2010, realizamos o maior experimento não controlado da história com crianças. Foi como se as tivéssemos mandado a Marte para crescer.

RESUMINDO

- Entre 2010 e 2015, a vida social dos adolescentes americanos foi amplamente transferida para smartphones com acesso contínuo a redes sociais, jogos on-line e outras atividades na internet. Essa Grande Reconfiguração da Infância, argumento, foi a principal razão da onda gigante de transtornos mentais em adolescentes do início da década de 2010.
- A primeira geração de americanos que entraram na puberdade com acesso a smartphones (e a toda a internet) apresenta maiores índices de ansiedade, depressão, automutilação e suicídio. Nós a chamamos

de geração Z, e ela veio depois dos millennials, que em sua maior parte já haviam saído da puberdade quando a Grande Reconfiguração teve início, em 2010.

- Essa onda gigante de ansiedade, depressão e automutilação impactou mais as meninas que os meninos, e mais ainda as pré-adolescentes.
- A crise de saúde mental também atingiu os meninos. Seus índices de depressão e ansiedade também aumentaram de maneira considerável, embora em geral não tanto quanto os das meninas. O uso da tecnologia pelos meninos e as dificuldades que enfrentam em termos de saúde mental são um pouco diferentes do caso das meninas, como demonstrarei no capítulo 7.
- A taxa de suicídio de adolescentes começou a aumentar por volta de 2008 nos Estados Unidos, e cresceu muito mais na década seguinte.
- O aumento no nível de sofrimento não se limitou aos Estados Unidos. O mesmo padrão é visível mais ou menos na mesma época entre adolescentes de Reino Unido, Canadá e outros países da anglosfera, e nos cinco países nórdicos. A sensação de alienação na escola aumentou depois de 2012 em todo o mundo ocidental. Em países não ocidentais, não há tantos dados disponíveis, e os padrões são menos claros.[61]
- Nenhuma outra teoria conseguiu explicar por que os índices de ansiedade e depressão aumentaram entre os adolescentes em tantos países, ao mesmo tempo e da mesma maneira. É claro que outros fatores contribuíram para o declínio da saúde mental, porém o agravamento sem precedentes entre 2010 e 2015 não pode ser explicado pela crise financeira mundial ou por quaisquer eventos que tenham ocorrido nos Estados Unidos ou em outros países em particular.

Como exatamente a infância baseada no celular interfere no desenvolvimento infantil ou exacerba os transtornos mentais? Para responder a essa pergunta, precisamos primeiro refletir sobre o que é a infância e o que as crianças precisam fazer para se tornarem adultos saudáveis no futuro. Esse é o objetivo da Parte II deste livro. Vamos compreender o contexto em que se deu a Grande Reconfiguração: o fim gradual da infância baseada no brincar, que teve início nos anos 1980.

PARTE II

O PANO DE FUNDO: O DECLÍNIO DA INFÂNCIA BASEADA NO BRINCAR

2. O que as crianças precisam fazer na infância

Imagine que você pega no sono em 28 de junho de 2007 — o dia anterior ao lançamento do iPhone nos Estados Unidos. E, como Rip Van Winkle, protagonista do conto homônimo de 1819 de Washington Irving, acorda dez anos depois e olha em volta. O mundo físico lhe parece basicamente o mesmo, porém as pessoas se comportam de um modo estranho. Quase todas carregam na mão um retângulo pequeno de vidro e metal, e sempre que param de se locomover se curvam para olhar para ele. Elas fazem isso assim que se sentam no metrô, entram no elevador ou em alguma fila. Um silêncio sinistro domina os espaços públicos — até mesmo bebês ficam quietinhos, como que hipnotizados pelos retângulos. Quando você ouve uma pessoa falando, em geral é sozinha, usando tampões de ouvido brancos.

Emprestei esse experimento mental do meu colaborador Tobias Rose-Stockwell e de seu maravilhoso livro *Outrage Machine* [Máquina da indignação]. Tobias usa esse cenário para tratar da transformação do mundo *adulto*. No entanto, o experimento mental se aplica de maneira ainda mais potente ao mundo da infância e da adolescência. Em 2007, adolescentes e muitos pré-adolescentes passavam um bom tempo digitando mensagens em seus celulares, porém digitar naquela época era trabalhoso (você tinha que apertar quatro vezes o 7 para escrever um S). A maioria das mensagens ia para uma única pessoa por vez, e a maioria dos adolescentes usava seus aparelhos simples para combinar de se encontrar pessoalmente. Ninguém queria ficar três horas seguidas trocando mensagens. Depois da Grande Reconfiguração, entretanto, passou a ser comum eles dedicarem a maior parte de suas horas despertos interagindo com um smartphone, consumindo conteúdo de amigos e desconhecidos, jogando no celular, vendo vídeos e publicando nas redes sociais. Em 2015, os adolescentes já tinham muito menos tempo e motivação de se encontrar ao vivo.[1]

O que acontece com o desenvolvimento da criança e do adolescente quando a vida diária — sobretudo a vida social — se reconfigura de maneira assim radical? A nova infância baseada no celular será capaz de alterar a interação complexa entre desenvolvimento biológico, psicológico e cultural? Será capaz de impedir as crianças de fazer algumas das coisas indispensáveis para se tornarem adultos saudáveis, felizes, competentes e bem-sucedidos? Para responder a essas perguntas, precisamos voltar algumas páginas dessa narrativa e avaliar cinco características da infância humana.

O PROLONGAMENTO DA INFÂNCIA

Eis um fato curioso sobre os seres humanos: nossas crianças crescem rápido, depois devagar, depois rápido. Comparando a curva humana de crescimento à dos chimpanzés, é possível ver que eles crescem em um ritmo constante até atingir a maturidade sexual e então se reproduzem.[2] Por que não? Se a evolução é uma questão de aumentar seu número de descendentes, não seria melhor chegar à fase da reprodução o mais rápido possível?

No entanto, as crianças humanas demoram. Elas têm um crescimento acelerado nos dois primeiros anos, então o ritmo diminui pelos sete a dez anos seguintes, aí vem outro surto de crescimento rápido na puberdade, antes que o crescimento se encerre alguns anos depois. O cérebro humano, no entanto, já atingiu 90% de seu tamanho adulto quando a criança tem cerca de 5 anos.[3] Quando o *Homo sapiens* surgiu, seus filhos eram criaturas de cérebro grande e corpo pequeno e frágil que corriam pela floresta praticamente implorando aos predadores que os devorassem. Como foi que evoluímos para ter uma infância assim longa e arriscada?

Para começar, evoluímos como criaturas culturais entre 1 milhão e 3 milhões de anos atrás, mais ou menos quando nosso gênero — *Homo* — surgiu, a partir de espécies hominídeas anteriores. A cultura, que inclui a produção de ferramentas, alterou de maneira profunda nosso percurso evolutivo. Para dar apenas um exemplo: quando começamos a usar o fogo para cozinhar alimentos, nossa mandíbula e nossos intestinos puderam ter um tamanho reduzido, porque comida cozida é muito mais fácil de mastigar e digerir. Nosso cérebro se tornou maior porque não era o mais rápido ou o mais forte que vencia a corrida da sobrevivência, e sim o mais apto ao aprendizado. Nossa característica que mudou o planeta foi a capacidade a *aprender uns com os outros* e de acessar a sabedoria comum preservada por nossos ancestrais e nossa comunidade. Os chimpanzés quase não fazem isso.[4] A infância humana foi prolongada para dar às crianças tempo para aprender.

A corrida evolutiva para *aprender mais* fez com que alcançar a puberdade o mais rápido possível fosse uma desvantagem adaptativa. Agora, havia um benefício em desacelerar o ritmo. O cérebro não cresce muito de tamanho no fim da infância, porém se concentra em criar novas conexões e se desfazer das antigas. Conforme as crianças buscam novas experiências e praticam múltiplas habilidades, os neurônios e as sinapses pouco utilizados se deterioram, enquanto as conexões frequentes se solidificam e aceleram. Em outras palavras, a evolução forneceu aos humanos uma infância prolongada, que permite um longo período de aprendizado do conhecimento acumulado da sociedade — uma espécie de aprendizado cultural, durante a adolescência, antes que o sujeito seja visto e tratado como adulto.

No entanto, a evolução não só prolongou a infância para tornar *possível* o aprendizado, como instituiu três fortes motivações para agir de modo a tornar o aprendizado *fácil e provável*: brincar livre, sintonização e aprendizagem social. Na infância baseada no brincar, a norma reinante era: depois da aula, as crianças brincavam juntas, sem supervisão, de uma maneira que permitia que essas motivações fossem satisfeitas. Na transição para a infância baseada no celular os desenvolvedores de smartphones, sistemas de jogos, redes sociais e outras tecnologias viciantes atraíram as crianças para o mundo virtual, onde elas não colhiam todos os benefícios de agir em nome dessas três motivações.

BRINCAR LIVRE

Brincar é o trabalho da infância,[5] e todos os jovens mamíferos têm o mesmo trabalho: preparar o cérebro brincando com vigor e frequência. Centenas de estudos com jovens ratos, macacos e humanos demonstram que mamíferos jovens *querem* brincar, *precisam* brincar e sofrem prejuízos sociais, cognitivos e emocionais quando são privados disso.[6]

Ao brincar, jovens mamíferos aprendem as habilidades necessárias para se tornarem adultos bem-sucedidos, e da forma como os neurônios mais gostam: a partir de atividades que se repetem, contam com feedback indicando se houve sucesso ou fracasso, e são realizadas em um ambiente de baixo risco. Filhotes de gato atacam desajeitados a ponta de um novelo, o que desencadeia circuitos especializados em seu córtex visual que evoluíram para despertar seu interesse por qualquer coisa que se assemelhe à cauda de um rato. Gradualmente, depois de muitos ataques de brincadeira, eles se tornam matadores de ratos muito habilidosos. Crianças humanas pequenas correm desajeitadas e sobem, descem e entram em tudo o que puderem, até que se tornam hábeis em se locomover em um ambiente natural complexo. Depois de dominar essa habilidade básica, elas seguem para jogos mais avançados ao estilo predador e presa, envolvendo vários participantes, como pega-pega e esconde-esconde. Conforme as crianças crescem, a brincadeira verbal — fofocar, provocar, fazer piada — serve como um curso avançado de nuances, sinais não verbais e reparação instantânea de relacionamentos, quando dizem alguma coisa que não produz o efeito desejado. Com o tempo, as crianças desenvolvem as habilidades sociais necessárias para a vida em uma sociedade democrática, incluindo ter o controle de si próprias, tomar decisões coletivamente e aceitar resultados mesmo quando lhes são desfavoráveis. Peter Gray, especialista em psicologia do desenvolvimento do Boston College e renomado pesquisador, diz que "o brincar exige a supressão do impulso à dominação e permite a formação de laços de cooperação duradouros".[7]

Gray define o "brincar livre" como a "atividade livremente escolhida e dirigida por seus participantes, e levada a cabo por si só, sem a intenção consciente de atingir fins distintos da atividade em si".[8] A brincadeira física, ao ar livre, com crianças de idades variadas, é a forma de brincar mais saudável, natural e benéfica que existe. O brincar com algum grau de risco físico é essencial, porque ensina as crianças a cuidar de si próprias e umas das outras.[9] Elas só podem aprender a *não* se machucar em situações em que poderiam se machucar, como lutando com um amigo, brincando de espadachim ou negociando o uso da gangorra com outra criança — se o fracasso da negociação puder causar dor ou constrangimento. Quando pais, professores ou treinadores se envolvem, a atividade se torna menos livre, menos brincadeira, menos benéfica. Em geral os adultos tendem a dirigir e proteger.

Um aspecto-chave do brincar livre é que *os erros em geral não acarretam um custo elevado.* Todo mundo é desajeitado a princípio, e todo mundo comete erros diariamente. Aos poucos, a partir de tentativa e erro, e com feedback direto dos colegas, os alunos dos ensinos infantil e fundamental 1 se preparam para a maior complexidade social do ensino fundamental 2. Não é a lição de casa que os prepara, tampouco as aulas sobre como lidar com as emoções. Aulas conduzidas por adultos podem fornecer informações úteis, porém elas não são suficientes para moldar um cérebro em desenvolvimento. Quem desempenha esse papel é a brincadeira. E a terapia cognitivo-comportamental nos ensina que a experiência, e não as informações, é a chave para o desenvolvimento emocional. É no brincar não supervisionado, conduzido por elas próprias, que as crianças aprendem a superar hematomas, a lidar com suas emoções, a compreender as emoções das outras crianças, se revezar, resolver conflitos e jogar limpo. Crianças são intrinsecamente motivadas a adquirir essas habilidades, porque querem ser incluídas nas brincadeiras e que a diversão continue.

É por isso que o termo "infância baseada no brincar" é central para a minha argumentação, por oposição a "infância baseada no celular". A infância baseada no brincar é aquela em que as crianças passam a maior parte de seu tempo livre brincando com amigos no mundo real, da maneira como defini na introdução: corporificada, síncrona, um para um ou um para alguns, e em grupos ou comunidades em que há custo de entrada ou de saída, portanto, investimento nas relações. Era assim a infância entre os caçadores-coletores, de acordo com relatórios antropológicos reunidos por Gray,[10] o que significa que a infância humana evoluiu durante um longo período em que o desenvolvimento cerebral "esperava" um tempo enorme de brincar livre. É claro que muitas crianças tiveram (e algumas ainda têm) uma infância baseada no trabalho, a qual foi amplamente disseminada pela Revolução Industrial. E por isso em 1959 a Declaração dos Direitos da Criança listou o brincar como um direito básico humano: "A criança deverá ter ampla oportunidade de brincar e se divertir, visando aos mesmo propósitos da educação".[11]

Assim, fica claro o problema de adolescentes começarem a dedicar a maior parte de suas horas despertos no celular (e outras telas), sozinhos, vendo YouTube na reprodução automática ou rolando sem parar o feed infinito de Instagram, TikTok e outros aplicativos. Essas interações em geral apresentam os traços contrastantes do mundo virtual: são descorporificadas, assíncronas, de um para muitos, e ocorrem ou a sós ou em grupos virtuais de que é fácil entrar e sair.

Ainda que o conteúdo desses sites pudesse ser filtrado com o intuito de remover material prejudicial, o design viciante dessas plataformas reduz o tempo disponível para o brincar cara a cara no mundo real, a tal ponto que podemos nos referir a smartphones e tablets como *inibidores de experiências* nas mãos de crianças. É claro que um smartphone abre mundos de *novas* experiências, incluindo jogos on-line (que são uma forma de brincar) e relacionamentos de longa distância. No entanto, o custo disso é a redução do tipo de experiência que os humanos evoluíram para ter e de que necessitam em abundância para se tornar adultos socialmente funcionais. É como se entregássemos a nossas crianças iPads lotados de filmes sobre andar, mas os filmes fossem tão envolventes que as crianças nunca dedicassem o tempo ou o esforço necessário para de fato andar.

O modo como os jovens se utilizam das redes sociais em geral não se assemelha ao brincar livre. Na verdade, publicar e fazer comentários nas redes é o *oposto* da definição de Gray. A vida nas plataformas força os jovens a gerenciar sua própria marca, levando em conta as consequências sociais de cada foto, vídeo, comentário ou emoji. Cada ação não é necessariamente tomada "por si só". Na verdade, cada ação pública é, em certo grau, estratégica. Usando as palavras de Peter Gray, elas *têm* "a intenção consciente de atingir fins distintos da atividade em si". Passar o tempo nas redes pode ser prejudicial mesmo para crianças que nunca publicam nada, dada a comparação social crônica, dos padrões de beleza inatingíveis e da quantidade de tempo extraída do restante da vida.

Pesquisas mostram que o tempo fortuito com amigos despencou nos mesmíssimos anos em que os adolescentes trocaram os celulares básicos pelos smartphones — no início da década de 2010. A Figura 2.1 mostra a porcentagem de estudantes americanos (do oitavo ano do ensino fundamental e do primeiro e do terceiro do médio) que afirmaram encontrar os amigos "quase todo dia".

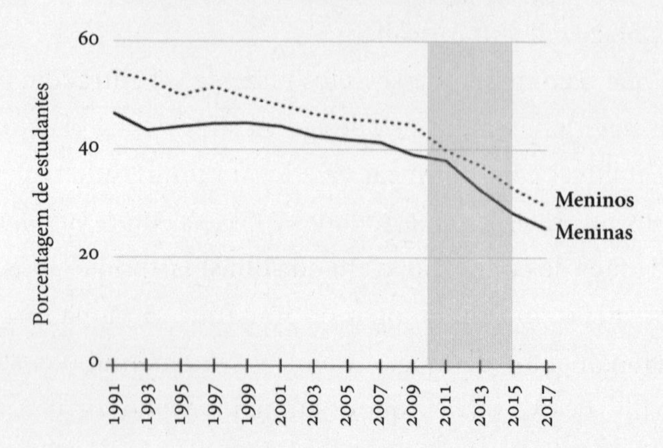

FIGURA 2.1. *Porcentagem de estudantes americanos (do oitavo ano do ensino fundamental e do primeiro e do terceiro do médio) que afirmam encontrar seus amigos fora da escola "quase todo dia".*[12] (FONTE: Monitoring the Future. Explico como uso essa fonte de dados importantes nas notas ao fim do livro.)[13]

Entre meninos e meninas houve um lento declínio nos anos 1990 e início dos 2000, que discutirei no próximo capítulo, seguido por uma queda mais rápida na década de 2010. Essa queda acelerada não é apenas *prova* da Grande Reconfiguração da Infância: ela *é* a Grande Reconfiguração da Infância. A Figura 2.1 mostra uma geração se distanciando do mundo real para mergulhar no virtual, em consequência da combinação de smartphones, redes sociais, jogos on-line com multijogadores e internet sem fio de alta velocidade.

SINTONIZAÇÃO

Crianças humanas são programadas para se conectarem umas às outras, em parte por meio da sintonização e da sincronização de seus movimentos e emoções com as demais. Antes mesmo de serem capazes de controlar os braços e as pernas, elas envolvem adultos em jogos de revezamento e de emoção compartilhada. Bebês respondem com gargalhadas capazes de desarmar qualquer adulto — que foram programados para reagir à fofura por meio de cuidados[14] — que se empenha para fazê-los rir. Isso cria um ciclo de feedback com reforço mútuo. Ainda nas primeiras semanas de vida os bebês têm controle muscular suficiente para imitar algumas expressões faciais, e as sucessivas trocas de olhares e caretas são um meio importante de promover o vínculo entre pais e filhos.[15]

Smartphones atrapalham a interação cara a cara, que é essencial. Uma pesquisa da Pew Research demonstrou que 17% dos pais americanos relatam se distrair *com frequência* com o celular quando passam tempo com os filhos, enquanto 52% disseram se distrair *às vezes*.[16] Embora novas tecnologias há muito distraiam pais dos filhos, os smartphones são especialmente eficazes quando se trata de interferir no vínculo entre eles. Com notificações o tempo todo, alguns pais dão mais atenção ao celular que aos filhos, mesmo se estão brincando juntos.

Muitas novas oportunidades de sintonização se abrem quando as crianças começam a falar. As conexões sociais com os pais e outros cuidadores se aprofundam. O revezamento e um bom timing são habilidades sociais essenciais, que começam a se desenvolver com essas interações simples: quanto devo esperar antes de fazer a próxima careta, ou de continuar a brincadeira? Cada pessoa aprende a ler a expressão facial e as emoções da outra para acertar. Isso que a psicologia do desenvolvimento chama de *reciprocidade contingente* se assemelha a um jogo de tênis ou pingue-pongue: as duas partes se revezam, é divertido e imprevisível, e o timing é essencial.

A prática da sintonização é tão importante para o desenvolvimento social quanto o movimento e o exercício são para o desenvolvimento físico. De acordo com o National Institute for Play:

> A sintonização constitui a base para a autorregulação emocional posterior. Crianças privadas dessa experiência social prazerosa, que envolve confiança mútua, muitas vezes enfrentam dificuldades emocionais e apresentam comportamento errático posteriormente. Elas podem ter dificuldade em formar

vínculos saudáveis na adolescência, e na vida adulta podem ser menos capazes de lidar com desafios inesperados, de regular emoções, de tomar decisões sensatas quando há risco envolvido, ou de aprender a negociar de modo eficaz conforme suas interações sociais se tornam cada vez mais complexas.[17]

Conforme crescem, as crianças vão além do revezamento e encontram prazer na perfeita sincronia, fazendo a mesma coisa ao mesmo tempo que a outra pessoa. As meninas, em especial, gostam de cantar, pular corda e fazer brincadeiras envolvendo rimas ou palmas juntas, nas quais os movimentos das mãos em alta velocidade são perfeitamente desempenhados por todas as partes, assim como as músicas são entoadas ao mesmo tempo. Tais brincadeiras não têm um objetivo explícito ou um vencedor. São prazerosas porque recorrem ao poder ancestral da sincronia para criar comunhão entre pessoas não relacionadas.

Antropólogos há muito perceberam que rituais coletivos são universais entre os humanos. Os exploradores europeus dos séculos XVI e XVII descobriram que, em todos os continentes, comunidades realizavam rituais em que todos se moviam juntos ao som de tambores, vozes ou música ritmada.[18] Dizia-se que esses rituais renovavam a confiança e reparavam relações sociais desgastadas. O grande sociólogo Émile Durkheim escreveu sobre a "eletricidade social" gerada por tais rituais,[19] os quais, ele acreditava, eram essenciais para promover a sensação de comunhão e pertencimento.

Muitos experimentos já demonstraram que o movimento síncrono tem os mesmíssimos efeitos. Em um estudo, foi pedido a pequenos grupos de universitários que pusessem fones de ouvido, segurassem uma caneca de cerveja e a balançassem ao ritmo da música que ouviam. Metade dos grupos fez isso em perfeita harmonia (porque estavam todos ouvindo a mesma música, ao mesmo tempo). Metade dos grupos fez isso fora de sincronia (porque a música que ouviam pelos fones não estava sincronizada). Depois, todos os grupos participaram de uma brincadeira em que um grupo ganhava mais dinheiro quando todos cooperavam ao longo de rodadas seguidas, porém qualquer membro podia ganhar mais dinheiro sozinho tomando uma decisão egoísta em qualquer rodada. Os membros de grupos que haviam se movimentado em sincronia confiavam mais uns nos outros, cooperavam mais e ganharam mais dinheiro do que aqueles que haviam se movimentado fora de sincronia.[20]

Interações e rituais síncronos, cara a cara e físicos, constituem uma parte ancestral, profunda e subvalorizada da evolução humana. Adultos desfrutam disso, e crianças precisam disso para um desenvolvimento saudável. No entanto, as principais redes sociais atraem as crianças com horas sem fim de interação *assíncrona*, que pode parecer mais trabalho que diversão. A maioria dos adolescentes tem perfil em várias plataformas, e aqueles que usam as redes com regularidade passam *duas horas por dia* ou mais apenas nelas.[21] Em 2014, quase um terço das adolescentes meninas passava *mais de vinte horas por semana* nas redes. É o equivalente a um trabalho de meio período, criando conteúdo para a plataforma e consumindo conteúdo criado por outros. Esse tempo não fica mais disponível para interagir pessoalmente com amigos. Com frequência, se trata de um trabalho desprovido de alegria, que muitos se sentem obrigados a fazer, com medo de "perder" alguma coisa ou de acabar excluído.[22] Para muitos, acaba se tornando um hábito, um gesto que fazem dezenas de vezes ao dia, sem nem pensar. Esse trabalho social cria conexões rasas, porque são assíncronas e públicas, diferentes de conversas cara a cara, ou de uma ligação telefônica ou chamada de vídeo privada. As interações também são descorporificadas; músculos quase não são utilizados, uma vez que elas envolvem apenas digitar e arrastar com o dedo. Somos criaturas físicas e corpóreas, que evoluíram para usar as mãos, expressões faciais e movimentos de cabeça na comunicação, e responder em tempo real a movimentos similares da outra pessoa. Em vez disso, a geração Z está aprendendo a escolher emojis.

A perda de sintonia é a segunda maneira como as redes sociais vêm alterando o curso da infância (além de desgastar o tecido social). Considerando o tempo que os jovens agora investem na interação assíncrona, em vez de encontrar os amigos pessoalmente, não é de admirar que tantos deles se sintam sós e em busca de conexão desde o começo da década de 2010.

Quando nossos ancestrais se tornaram criaturas culturais, surgiu uma nova pressão evolutiva, recompensando os que aprendiam melhor. Não estou falando de aprender melhor na escola, com livros e palestras, e sim de ser mais eficaz em ativar seu desejo inato de aprender *copiando* e em *escolher as pessoas certas* para copiar.

Talvez você pense que escolher um modelo de comportamento é simples. As crianças deveriam imitar os pais, não? Essa, no entanto, não é uma boa estratégia. Não há nenhum motivo para uma criança presumir que, por obra do acaso, os próprios pais são os adultos com mais habilidades da comunidade, então por que não ampliar o campo de busca? Fora que as crianças também precisam aprender a ser *crianças mais velhas* bem-sucedidas em sua comunidade, por isso ficam especialmente atentas a esses modelos.

De acordo com Rob Boyd e Pete Richerson, dois dos principais estudiosos da coevolução gene-cultura,[23] há várias "estratégias" que se sobressaíram ao longo de milhares de gerações e se tornaram parte de nossa evoluída propensão à cultura. As duas mais relevantes para nossa discussão sobre redes sociais são a do *viés de conformidade* e a do *viés de prestígio*.

O valor da conformidade é óbvio: fazer o que a maioria está fazendo é a estratégia mais segura em vários ambientes. Isso se torna ainda mais seguro quando você acaba de chegar a uma sociedade preexistente: como diz o ditado, quando em Roma, faça como os romanos. Assim, quando uma criança entra em uma escola nova, ela tende a imitar a maioria. Às vezes, chamamos isso de pressão dos pares, mas pode ocorrer mesmo quando ninguém está fazendo pressão nenhuma. Um nome mais preciso talvez seja "atração da conformidade". Quando as crianças americanas se transferem de uma escola de ensino fundamental 1 para uma escola de ensino fundamental 2 (por volta dos 11 anos), muitas vezes descobrem, como ocorreu com meus filhos, que a maior parte de seus colegas tem um perfil no Instagram, o que as faz querer um também. E, estando no Instagram, elas logo aprendem como a maioria das pessoas que seguem usa a plataforma, o que as incentiva a usá-la da mesma forma.

Na vida real, é necessário um tempo — muitas vezes semanas — para se ter uma boa ideia de quais são os comportamentos mais comuns, porque é preciso observar múltiplos grupos em múltiplos cenários. Nas redes, no entanto, uma criança pode passar por mil unidades de informações em uma hora (considerando três segundos por publicação), cada uma delas acompanhada de indícios numéricos (curtidas) e comentários que indicam se a publicação foi um sucesso ou um fracasso.

As redes sociais são, portanto, *a máquina de conformidade mais eficaz já inventada*. Elas podem definir o modelo mental do que é um comportamento aceitável para um adolescente em questão de horas, enquanto os pais talvez gastem anos em tentativas infrutíferas de fazer os filhos se sentarem direito ou pararem de choramingar. Os pais não têm como se aproveitar do poder do viés de conformidade, por isso com frequência não são páreo para o poder socializador das redes.[24]

Porém há uma importante estratégia de aprendizagem que vai além de copiar a maioria: identificar quem tem prestígio e imitar essa pessoa. O principal trabalho sobre o viés de prestígio foi conduzido por Joe Henrich,[25] estudioso da antropologia evolutiva que foi aluno de Rob Boyd. Henrich notou que as hierarquias sociais de primatas não humanos se baseavam na dominação — ou seja, na capacidade de infligir violência aos outros. Já os humanos têm um sistema alternativo de classificação baseado no *prestígio*, que é conferido voluntariamente àqueles que são percebidos como tendo atingido a excelência em uma área de atuação valorizada — no passado, caçar ou contar histórias, por exemplo.

Cada pessoa pode perceber excelência por si só, porém é mais eficiente confiar no julgamento dos outros. Se a maioria das pessoas diz que Frank é o melhor arqueiro da sua comunidade, e se você valoriza o tiro com arco, então Frank será seu modelo mesmo que você nunca o tenha visto atirar. Henrich argumenta que, se somos tão deferentes com pessoas de prestígio, se ficamos tão deslumbrados, é porque somos motivados a nos aproximar de pessoas de prestígio com o propósito de maximizar nosso aprendizado e, por tabela, aumentar nosso próprio prestígio. Pessoas de prestígio, por sua vez, permitem que alguns interessados se aproximem porque ter um séquito (um grupo de seguidores devotados) é, para a comunidade, um sinal confiável de seu status elevado.

Os desenvolvedores de plataformas do Vale do Silício tinham consciência desse sistema psicológico quando quantificaram e exibiram o sucesso de cada publicação (com curtidas, compartilhamentos, retuítes, comentários) e de cada usuário, cujos seguidores ganharam a literal alcunha de "seguidores" na terminologia das redes. Sean Parker, um líder dos primórdios do Facebook, admitiu em uma entrevista de 2017 que o objetivo dos fundadores do Facebook e do Instagram era criar "um ciclo de feedback de validação social [...] exatamente o tipo de coisa que um hacker como eu criaria, porque explora uma vulnerabilidade na psicologia humana".[26] No entanto, quando os programadores quantificaram o prestígio com base em cliques alheios, também hackearam nossa psicologia de maneiras desastrosas para o desenvolvimento social dos jovens. Nas redes sociais, a ligação ancestral entre excelência e prestígio é mais frágil que nunca, por isso, ao seguir influenciadores que se tornaram famosos pelo que fazem no mundo virtual, os jovens muitas vezes aprendem maneiras de falar, de se comportar e de manifestar suas emoções que podem não funcionar a seu favor no trabalho, no ambiente familiar e no mundo real em geral.

A ascensão dos meios de comunicação em massa no século XX deu início à dissociação entre excelência e prestígio. A expressão "famoso por ser famoso" se tornou popular nos anos 1960, quando passou a ser possível uma pessoa comum assumir uma posição de destaque na consciência coletiva não por algum feito importante, mas simplesmente por ter sido vista por milhões de pessoas na TV e depois terem falado dela nos noticiários.[27] A expressão foi depois aplicada à socialite e modelo Paris Hilton, no início dos anos 2000, embora sua fama ainda dependesse de cobertura por parte dos tabloides e veículos mainstream. Foi uma das estilistas de Paris Hilton — Kim Kardashian — que redefiniu a frase para a era das redes sociais.

Kardashian estabeleceu novos parâmetros para o prestígio com o vazamento de um vídeo íntimo na internet, seguido de um reality show na TV (*Keeping Up with the Kardashians*), o qual apresentou toda a sua família para o público. Em 2023, Kim tinha 364 milhões de seguidores no Instagram, e sua irmã Kylie tinha 400 milhões.

Redes sociais baseadas em prestígio talharam um dos mais importantes mecanismos de aprendizagem dos adolescentes, desviando seu tempo, sua atenção e seu comportamento imitador de uma variedade de modelos com quem eles teriam desenvolvido uma relação de mentoria que os ajudaria a ser bem-sucedidos em suas comunidades no mundo real. Em vez disso, a partir do início da década de 2010, milhões de meninas da geração Z focaram seus sistemas de aprendizagem mais poderosos em um reduzido número de mulheres jovens cujo principal talento parece ser conquistar seguidores para influenciar. Ao mesmo tempo, muitos meninos da geração Z focaram seus sistemas de aprendizagem social em influenciadores que ofereciam as próprias visões de masculinidade, também bastante extremas, e talvez até inaplicáveis à vida cotidiana dos jovens.

O CÉREBRO EXPECTANTE E PERÍODOS SENSÍVEIS

Ao longo do demorado aprendizado cultural na fase de crescimento lento da infância, e de crescimento acelerado da puberdade, as crianças expressam seu desejo de brincar, sintonizar-se com os outros e aprender socialmente de diferentes maneiras. O desenvolvimento cerebral saudável depende de viver as experiências certas na idade e na ordem certas.

Na verdade, o desenvolvimento cerebral em mamíferos e pássaros às vezes é chamado de "desenvolvimento expectante de experiência",[28] porque partes específicas do cérebro demonstram maior maleabilidade em períodos da vida em que é provável que o animal tenha um tipo específico de experiência. O exemplo mais claro é a existência de "períodos críticos", que são janelas de tempo nas quais um animal jovem *precisa* aprender determinadas coisas, ou será difícil ou impossível aprender depois. Patos, gansos e várias outras aves que também vivem na água ou na terra contam com um mecanismo de aprendizagem evoluído chamado estampagem, que indica aos filhotes qual adulto eles devem seguir. Eles seguirão qualquer objeto mais ou menos do tamanho da mãe em seu campo de visão por determinado número de horas depois de sair do ovo. Muitos livros de psicologia mostram a Figura 2.2, de Konrad Lorenz sendo seguido por uma fileira de filhotes de ganso, porque o etologista andou por entre eles durante o período crítico pós-eclosão. Pesquisas posteriores demonstraram que jovens gansos podem estabelecer outro vínculo depois que a janela se fecha, no entanto o primeiro objeto de sua estampagem continua atraindo-os fortemente.[29] Ele fica gravado em seu cérebro para sempre.

FIGURA 2.2. *Filhotes de ganso seguindo as botas de Konrad Lorenz.*[30]

Humanos têm poucos "períodos críticos" reais, com um limite de tempo inflexível, porém parecemos ter vários "períodos sensíveis" — períodos em que temos muita facilidade para aprender alguma coisa ou adquirir uma habilidade, e fora dos quais a mesma atividade se torna muito mais difícil.[31] O aprendizado de línguas é o caso mais claro. Crianças podem aprender várias línguas sem dificuldade, porém essa habilidade decai bruscamente ao longo dos primeiros anos da puberdade.[32] Quando uma família se muda para outro país, os filhos com menos de 12 anos logo falam como se fossem nativos, sem sotaque, enquanto os com mais de 14 provavelmente ouvirão pelo resto da vida a pergunta: "De onde você é?".

Parece haver um período sensível parecido para a aprendizagem cultural, que se fecha alguns anos depois — ainda durante a puberdade. A antropóloga japonesa Yasuko Minoura estudou filhos de executivos japoneses transferidos para a Califórnia, onde passaram alguns anos da década de 1970.[33] Ela queria saber em que idade os Estados Unidos moldavam o senso de si nessas crianças, os sentimentos e as formas de interagir com os amigos, mesmo depois que a família voltou ao Japão. Ela descobriu que isso ocorre entre 9 e 14-15 anos. As crianças que viveram alguns anos na Califórnia durante esse período sensível passaram a "se sentir americanas". As que voltaram ao Japão com 15 anos ou mais tiveram maior dificuldade em se readaptar, ou mesmo em "se sentirem japonesas". Os jovens que só chegaram aos Estados Unidos depois de completar 15 anos não enfrentaram o mesmo problema, porque nunca chegaram a se sentir americanos, e os que retornaram ao Japão bem antes dos 14 também foram capazes de se readaptar, porque ainda atravessavam o período sensível e podiam reaprender os modos japoneses. Minoura notou que, "durante o período sensível, um sistema de significado cultural para relações interpessoais parece se tornar uma parte saliente da identidade pessoal a que os jovens estão emocionalmente ligados".[34]

Então o que acontece com crianças americanas que em geral ganham seu primeiro smartphone com cerca de 11 anos e socializam nas culturas do Instagram, do TikTok, dos jogos on-line e da vida na internet pelo resto da adolescência? A introdução progressiva de experiências apropriadas para a idade, sintonizada com períodos sensíveis e compartilhada com pares da mesma idade, foi a norma na era da infância baseada no brincar. Entretanto, na infância baseada no celular, as crianças se veem envoltas num redemoinho de conteúdos e experiências adultas que não respeitam nenhuma ordem específica. Identidade, individualidade, emoções e relacionamentos — tudo isso será diferente se desenvolvido na internet, e não na vida real. O que é recompensado ou punido, a profundidade das amizades e o que é *desejável*, acima de tudo — tudo isso será determinado pelos milhares de publicações, comentários e reclamações que a criança vê toda semana. Qualquer criança que vivencie seu período sensível como usuária massiva de redes sociais será moldada pela cultura delas. Isso explica por que o estado de saúde mental da geração Z é tão pior que o dos millennials: essa foi a primeira geração a passar pela puberdade e o período sensível do aprendizado cultural com smartphones.

Essa hipótese sobre a puberdade não é apenas especulação minha; um estudo recente descobriu evidências diretas de que a puberdade é um período sensível a danos provocados pelas redes. Uma equipe liderada pela psicóloga Amy Orben analisou dois grandes conjuntos de dados britânicos e descobriu que a correlação negativa entre uso de redes sociais e satisfação com a vida era maior entre o grupo de 10 a 15 anos que entre o grupo de 16 a 21, ou qualquer outro.[35] Também conduziram um estudo longitudinal de porte, para aferir se adolescentes britânicos cujo uso das redes aumentava em um ano relatavam uma piora na saúde mental um ano depois. Para aqueles nos anos de pico da puberdade, que vêm um pouco mais cedo para as meninas, a resposta foi sim. Entre as meninas, a pior idade para o uso de redes sociais foi de 11 a 13; para os meninos, de 14 a 15.[36]

Esses resultados oferecem indícios claros de que o limite de 13 anos como idade mínima corrente (e não verificada) para criar um perfil nas redes é muito pouco. Crianças de 13 anos não deveriam estar expostas a publicações infinitas de influenciadores e outros desconhecidos, quando seu cérebro está tão aberto, buscando exemplos a seguir. Deveriam estar brincando, sincronizando, encontrando amigos ao vivo, e deixando espaço no fluxo de entrada por seus olhos e ouvidos para a aprendizagem social a partir dos pais, professores e outros modelos de seu círculo.

Com tudo isso, fica fácil entender as alterações em formato de cotovelo em muitos dos gráficos do capítulo anterior. A geração Z é a primeira a passar pela puberdade vidrada em smartphones e tablets, e a ter menos conversas ao vivo e aventuras presenciais com os amigos. Com a reconfiguração da infância — principalmente entre 2010 e 2015 —, os adolescentes se tornaram mais ansiosos, deprimidos e frágeis. Nessa nova infância baseada no celular, o brincar livre, a sintonização e os modelos locais de aprendizagem social foram substituídos por tempo de tela, interação assíncrona e influenciadores escolhidos por algoritmos. Em certo sentido, as crianças foram privadas da infância.

RESUMINDO

- A infância humana é muito diferente da infância de qualquer outro animal. O cérebro das crianças chega a 90% de seu tamanho por volta dos 5 anos, então o tempo de maturação é longo. Essa infância prolongada é uma adaptação para a aprendizagem cultural. A infância é a fase em que se aprendem as habilidades necessárias para o sucesso na própria cultura.
- O brincar livre é essencial para desenvolver habilidades sociais, como resolução de conflito, e habilidades físicas. No entanto, a infância baseada no brincar foi substituída por uma infância baseada no

celular, com crianças e adolescentes transferindo sua vida social e seu tempo livre para dispositivos conectados à internet.

- Brincando, as crianças aprendem a se conectar, sincronizar e revezar. Elas desfrutam da sintonização, da qual precisam em larga escala. A sintonização e a sincronia formam vínculos entre pares, grupos e comunidades. As redes sociais, por outro lado, são sobretudo assíncronas e performativas. Inibem a sintonização e deixam os usuários assíduos sedentos por conexão social.
- Crianças nascem com dois programas de aprendizagem que as ajudam a adquirir a cultura local. O viés de conformidade as motiva a copiar o que lhes parece ser mais comum. O viés de prestígio as motiva a copiar a pessoa que parece ser mais talentosa e respeitada. As redes sociais, que foram pensadas para promover engajamento, se apropriam da aprendizagem social e sufocam a cultura familiar e da comunidade, fazendo as crianças se concentrarem em influenciadores cujo valor é questionável.
- A aprendizagem social ocorre ao longo de toda a infância, porém há um período sensível para o aprendizado cultural, que vai mais ou menos dos 9 aos 15 anos. Lições aprendidas e identidades formadas nesses anos provavelmente causarão mais impacto do que em qualquer outra idade. Estamos falando dos anos da puberdade. Infelizmente, também é nessa época que a maioria dos adolescentes de países desenvolvidos ganha seu primeiro smartphone e migra sua vida social para a internet.

3. Modo descoberta e a necessidade de risco no brincar

Nas últimas décadas, os Estados Unidos e outros países ocidentais fizeram duas escolhas contraditórias em relação à segurança das crianças — ambas erradas. Decidimos que o mundo real apresentava tantos perigos que as crianças não deviam explorá-lo sem a supervisão de um adulto, embora os riscos em decorrência de crimes, violência, motoristas bêbados e da maior parte das outras fontes viessem despencando desde os anos 1990.[1] Ao mesmo tempo, imaginar e exigir formas de protegê-las na internet parecia ser trabalhoso demais, por isso as deixamos vagar livres na terra de ninguém do mundo virtual, repleto de ameaças.

Para dar um exemplo da nossa miopia: muitos pais morrem de medo de que seus filhos sejam vítimas de predadores sexuais. No entanto, esses criminosos hoje passam a maior parte do tempo no mundo virtual, porque a internet torna muito mais fácil se comunicar com crianças, e encontrar e compartilhar vídeos sexuais e violentos envolvendo menores de idade. Citando um artigo de 2019 do *New York Times*: "As empresas de tecnologia estão relatando um boom nas fotos e vídeos on-line de crianças sofrendo abuso sexual — um recorde de 45 milhões de imagens ilegais foi denunciado apenas no ano passado —, expondo um sistema prestes a ruir, incapaz de acompanhar os infratores".[2] Mais recentemente, em 2023, o *Wall Street Journal* publicou uma denúncia que mostrava como "o Instagram conecta pedófilos e os conduz a vendedores de conteúdo por meio de sistemas de recomendação especializados em relacionar pessoas que compartilham um interesse em determinado nicho".[3]

Outro exemplo: Isabel Hogben, uma menina de 14 anos de Rhode Island, escreveu um artigo no *Free Press* que demonstra como os pais americanos concentram suas forças nas ameaças erradas:

> Eu tinha 10 anos quando vi pornografia pela primeira vez. Caí no Pornhub por acaso, depois voltei por curiosidade. O site não verifica idade, não exige documento, nem pergunta se você tem mais de 18 anos. É fácil de encontrar, impossível de evitar e se tornou um rito de passagem frequente para jovens da minha idade. Onde estava minha mãe? No cômodo ao lado, garantindo que eu comesse frutas e vegetais de nove cores diferentes todos os dias. Ela era do tipo atenta e preocupada, beirava o exagero, e mesmo assim vi pornografia na internet. Como todos os meus amigos.

O texto de Hogben ilustra de maneira sucinta o princípio de que *estamos superprotegendo nossos filhos no mundo real e não os estamos protegendo o bastante na internet.* Se realmente queremos mantê-los seguros, é preciso adiar sua entrada no mundo virtual e deixá-los brincar no mundo real.

O brincar não supervisionado ao ar livre ensina as crianças a lidar com uma série de riscos e desafios. Desenvolver habilidades físicas, psicológicas e sociais deixa as crianças confiantes de que podem encarar novas situações, o que funciona como uma vacina contra a ansiedade. Neste capítulo, demonstro que uma infância humana saudável, com muita autonomia e brincar não supervisionado no mundo real, prepara o cérebro das crianças para operar no "modo descoberta", com um sistema de apego bem desenvolvido e a habilidade de lidar com os riscos do dia a dia. De modo inverso, quando, sob pressão social, os pais adotam o modelo moderno de superproteção dos filhos, o cérebro das crianças acaba operando no "modo defesa", com menos apego seguro e com habilidade reduzida de avaliar e encarar riscos. Explico o que esses termos significam e por que o modo descoberta é uma das chaves para ajudar a geração ansiosa.

MODO DESCOBERTA × MODO DEFESA

Os ambientes que moldaram a evolução hominídea ao longo dos últimos milhões de anos eram extremamente variáveis, com períodos de segurança e abundância se alternando com temporadas de escassez, perigo, seca e fome.[4] Nossos ancestrais precisavam de adaptações psicológicas que os ajudassem a sobreviver em ambos os cenários. Essa alternância de ambientes moldou e redefiniu redes cerebrais mais antigas em dois sistemas especializados para cada uma dessas situações. O sistema de *ativação* comportamental (BAS, na sigla em inglês para *behavioral activation system*) é acionado quando são detectadas oportunidades, como topar de repente com uma árvore lotada de cerejas maduras quando você e seu grupo estão com fome.[5] O corpo é inundado de emoções positivas e entusiasmo, a boca pode começar a salivar, e todos se preparam para agir. Darei a esse sistema um nome mais intuitivo: *modo descoberta*.[6]

Já o sistema de *inibição* comportamental (BIS, na sigla em inglês, para *behavioral inhibition system*) é acionado quando se detectam ameaças, como o rugido de um leopardo quando você está colhendo cerejas. Todos param o que estão fazendo. A fome passa conforme o corpo recebe uma descarga de hormônios do estresse e seu pensamento se volta exclusivamente para identificar a ameaça e encontrar maneiras de escapar. Vou me referir a esse sistema como *modo defesa*. Pessoas com ansiedade crônica vivem com esse modo ativado.

Juntos, os dois sistemas compõem um mecanismo de adaptação rápida a condições em transformação, como um termostato que pode ativar tanto o aquecedor quanto o ar-condicionado conforme a temperatura oscila. Entre as espécies, o modo de operação-padrão do sistema geral depende do histórico evolutivo do animal e do ambiente esperado. Animais que evoluíram com um baixo risco diário de morte repentina (como os predadores no topo da cadeia alimentar, ou herbívoros em uma ilha sem predadores) muitas vezes parecem serenos e confiantes. Não têm problemas em se aproximar dos humanos. Seu modo-padrão é o modo descoberta, embora possam acionar o modo defesa quando atacados. Por outro lado, animais como coelhos e cervos, que evoluíram na presença constante de predadores, são arredios; logo saem correndo. Seu modo-padrão é o modo defesa, mas se percebem que o ambiente é incomumente seguro, passam ao modo descoberta devagar e com hesitação.

Nos humanos (e em outros mamíferos altamente sociáveis, como cachorros), o modo-padrão contribui em muito para a personalidade individual. Pessoas (e cachorros) que vivem no modo descoberta (a não ser quando se sentem ameaçadas) são mais felizes, mais sociáveis e mais abertas a novas experiências. De modo inverso, pessoas (e cachorros) que vivem no modo defesa são mais defensivas e ansiosas, e vivenciam raros momentos de segurança percebida. Elas tendem a ver situações, pessoas e ideias novas como ameaças em potencial, mais que como oportunidades. Essa cautela crônica foi adaptativa em alguns ambientes antigos, e talvez ainda seja para crianças criadas em ambientes instáveis e violentos. No entanto, manter-se no modo defesa é um obstáculo à aprendizagem e ao crescimento nos ambientes fisicamente seguros que cercam a maioria das crianças dos países desenvolvidos de hoje.

O modo descoberta promove a aprendizagem e o crescimento. Se quisermos ajudar os jovens a se desenvolver — em casa, na escola e no trabalho —, deixá-los no modo descoberta talvez seja a maior contribuição que podemos fazer. Explicarei como as diferenças entre os modos podem ser vistas em estudantes universitários. A Figura 3.1 mostra como uma estudante poderia chegar à universidade se sua infância (e seus genes) a presenteasse com um cérebro no qual o padrão fosse o modo descoberta, e não o modo defesa. É óbvio que estudantes no modo descoberta se beneficiarão das oportunidades intelectuais e sociais que a universidade oferece e apresentarão um crescimento rápido. Estudantes que passam a maior parte do tempo no modo defesa aprenderão e crescerão menos.

DUAS MENTALIDADES BÁSICAS

MODO DESCOBERTA (BAS)	MODO DEFESA (BIS)
Busca identificar oportunidades	Busca identificar perigos
Mentalidade de criança em loja de doce	Mentalidade de escassez
Pensa por si	Agarra-se ao grupo
Me deixe crescer!	*Me mantenha em segurança!*

FIGURA 3.1. *Modo descoberta × modo defesa, para estudante entrando na universidade.*

Esse contraste explica a mudança repentina que ocorreu em muitos campi universitários por volta de 2014. A Figura 3.2 mostra como a distribuição de desafios se alterou conforme os primeiros membros da geração Z chegaram e os últimos millennials começaram a se formar. Os únicos transtornos que tiveram um aumento rápido foram os psicológicos, em sua esmagadora maioria ansiedade e depressão.

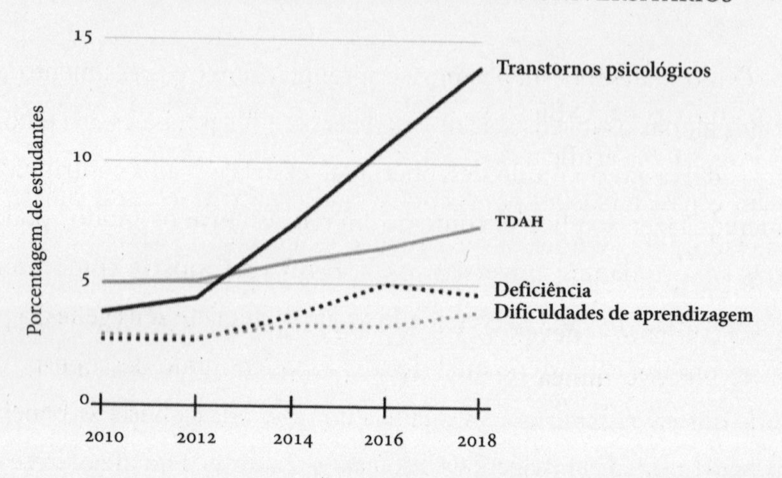

FIGURA 3.2. *Porcentagem de alunos de primeiro ano de faculdade que relatam diferentes tipos de transtornos e deficiências.* (FONTE: Pesquisa Anual dos Calouros, realizada pelo Higher Education Research Institute, da UCLA.)[7]

Assim que chegou aos campi, a geração Z lotou os centros de atendimento psicológico.[8] A cultura exuberante dos millennials operando no modo descoberta cedeu espaço à cultura muito mais ansiosa da geração Z, operando no modo defesa. Livros, palavras, palestras e ideias que em 2010 causavam pouca ou nenhuma controvérsia em 2015 eram vistos como prejudiciais, perigosos ou traumatizantes. Os alojamentos universitários americanos não são perfeitos, porém estão entre os ambientes mais seguros, receptivos e inclusivos criados para jovens adultos. No entanto, a cultura dos campi mudou por volta de 2015 não apenas nas universidades americanas, mas também nas britânicas[9] e canadenses.[10]

No restante deste capítulo, mostrarei como a infância baseada no brincar é o modo como a natureza configura nosso cérebro a tender para o modo descoberta, e como a infância baseada no celular direcionou uma geração de crianças para o modo defesa.

CRIANÇAS SÃO ANTIFRÁGEIS

No fim dos anos 1980, um experimento grandioso foi lançado no deserto do Arizona. O Biosfera 2 foi (e ainda é) a maior tentativa de construir um ecossistema artificial fechado, como prelúdio para que (um dia) se construam ecossistemas autossustentáveis no espaço sideral. O Biosfera 2 foi projetado para atender oito pessoas, que tentariam passar vários anos vivendo ali. Tudo — o oxigênio que respiravam, a água que bebiam e a comida que comiam — deveria ser gerado lá dentro.

O objetivo nunca foi atingido. A complexidade tanto das interações biológicas entre espécies como das interações sociais entre humanos se revelou inadministrável, porém os múltiplos fracassos ensinaram bastante coisa. Por exemplo, muitas das árvores plantadas para criar um ecossistema de floresta tropical cresceram rapidamente, mas caíram antes de atingir a maturidade. Não havia sido levado em conta que árvores precisam de vento para crescer da maneira apropriada. O vento faz a árvore se curvar, puxando as raízes do lado do qual ele sopra e comprimindo a madeira do lado oposto. Em resposta, o sistema de raízes se expande para fornecer uma âncora mais firme onde necessário, e as células comprimidas do tronco alteram sua estrutura de modo a se tornar mais fortes e firmes.

Essa estrutura celular alterada é chamada de madeira de reação. Árvores que, em seus estágios iniciais, são expostas a ventos fortes são capazes de suportar ventos ainda mais fortes quando totalmente crescidas. De modo inverso, árvores criadas numa estufa protegida às vezes não suportam o próprio peso e caem antes de atingir a maturidade.

A madeira de reação é uma metáfora perfeita para o caso das crianças, que também precisam ser alvo de fatores de estresse para se tornar adultos fortes. As árvores do Biosfera ilustram o conceito de "antifragilidade", termo cunhado por Nassim Nicholas Taleb, meu colega na NYU, em seu livro *Antifrágil: Coisas que se beneficiam com o caos*, de 2012. Taleb notou que algumas coisas, como taças de vinho, são frágeis. Protegemos coisas frágeis de choques e ameaças porque sabemos que elas não suportariam a menor intempérie — no caso das taças, serem derrubadas na mesa. Outras coisas são resilientes, como um copo plástico, que é capaz de suportar isso. No entanto, objetos resilientes não melhoram depois de serem derrubados; eles apenas não pioram.

Taleb cunhou o termo "antifrágil" para descrever coisas que *precisam* ser derrubadas de tempos em tempos para se tornarem mais fortes. Embora eu esteja falando de "coisas", há poucos objetos inanimados antifrágeis. Na verdade, a antifragilidade é uma propriedade comum a sistemas completos que foram projetados (pela evolução, ou às vezes por pessoas) para funcionar em um mundo imprevisível.[11] O sistema imunológico é o sistema mais antifrágil que há, porque *exige* exposição precoce a sujeira, parasitas e bactérias para se desenvolver na infância. Pais que tentam criar seus filhos em uma bolha de limpeza na verdade os prejudicam, impedindo o desenvolvimento de seu sistema imunológico antifrágil.

A dinâmica é a mesma em relação ao que vem sendo chamado de sistema imunológico psicológico[12] — a capacidade de uma criança de lidar, processar e superar frustrações, acidentes menores, provocações, exclusão, injustiças percebidas e conflitos normais sem passar horas ou dias se remoendo por dentro. É impossível viver com outros humanos sem conflitos e privações. Como os estoicos e budistas nos ensinaram muito tempo atrás, a felicidade não pode ser atingida eliminando todos os "gatilhos" da vida; ela vem de aprender a evitar que eventos externos a seu poder desencadeiem emoções negativas em nós. Na verdade, o melhor livro de criação dos filhos[13] que minha esposa e eu lemos quando as crianças eram pequenas nos incentivou a buscar oportunidades de frustrá-las diariamente, expondo e reforçando as contingências da vida: *Se quiser ver* Teletubbies, *precisa guardar seus brinquedos primeiro. Se continuar fazendo isso, vai ter que parar de brincar. Sim, sua irmã tem uma coisa que você não tem, isso às vezes acontece.*

Apesar das boas intenções, pais que tentam criar seus filhos numa bolha de satisfação, protegidos de frustração, consequências e emoções negativas, talvez os estejam prejudicando. Dessa maneira, eles podem estar impedindo o desenvolvimento de habilidades, autocontrole, tolerância à frustração e autogerenciamento emocional. Vários estudos apontaram que esse mimo ou superproteção e superenvolvimento está correlacionado a transtornos de ansiedade e baixa autoeficácia (que é a confiança interior de que você consegue fazer o que é preciso para atingir seus objetivos) posteriores, além de dificuldade de adaptação na universidade.[14]

Crianças são intrinsecamente antifrágeis, motivo pelo qual as superprotegidas têm maior probabilidade de se tornar adolescentes empacados no modo defesa. Nesse modo, suas chances de aprender são menores, eles têm menos amigos próximos, são mais ansiosos e sofrem mais com conversas e conflitos comuns.

CRIANÇAS ANTIFRÁGEIS PRECISAM DE BRINCADEIRAS ARRISCADAS PARA SE MANTER NO MODO DESCOBERTA

A antifragilidade é chave para resolver muitos quebra-cabeças relacionados ao desenvolvimento humano. Por exemplo: por que as crianças incluem riscos em suas brincadeiras? Por que assim que domina uma habilidade, como descer uma leve rampa de skate, a criança passa a uma rampa mais íngreme, depois uma escada, depois talvez um corrimão? Por que crianças escolhem atividades em que a possibilidade de se machucar é praticamente garantida, e as repetem? A resposta é conhecida dos pesquisadores da área há algum tempo. Como Ellen Sandseter e Leif Kennair, pesquisadores noruegueses, escreveram em 2010, experiências excitantes têm efeitos antifóbicos.[15]

Sandseter e Kennair partem de um fato intrigante há muito conhecido na psicologia clínica: a maior parte das fobias diz respeito a alguns animais ou situações que quase não matam ninguém, como cobras (mesmo as pequenas), lugares fechados, escuro, falar em público e altura. De modo inverso, pouquíssimas pessoas desenvolvem fobias a coisas que de fato matam hoje, como carros, opioides, facas, armas e fast food. Além disso, fobias em adultos raramente estão relacionadas a uma experiência negativa na infância.[16] Na verdade, crianças que caem de árvores muitas vezes se tornam os adultos com menos medo de subir em árvores.

Podemos resolver esse quebra-cabeça pelo ponto de vista evolutivo. As fobias comuns evoluíram ao longo de milhões de anos de vida como caçadores-coletores, e algumas (como a fobia a cobras) inclusive são compartilhadas por outros primatas. Temos uma "prontidão evoluída" a prestar atenção em algumas coisas, como cobras, e logo ficamos com medo depois de uma única experiência ruim, ou de ver outras pessoas do grupo com medo de cobras. No entanto, conforme a criança se expõe e adquire experiência e domínio, o medo em geral diminui.

À medida que as crianças se tornam mais competentes, também ficam mais *intrigadas* com algumas coisas que antes as assustavam. Elas podem abordá-las, recorrer a adultos e crianças mais velhas atrás de orientação, aprender a distinguir situações perigosas de situações menos perigosas, e uma hora acabam perdendo o medo. Nesse processo, o sentimento se transforma em emoção e triunfo. É possível ver essa transição no rosto de uma criança pequena quando ela estende a mão para tocar uma minhoca debaixo de uma pedra que você levantou em um passeio ao ar livre. A mistura de medo e fascinação que leva a um gritinho de encanto e aversão quando a criança recolhe o dedo, rindo. Ela conseguiu! Da próxima vez que vir uma minhoca, não vai ter tanto medo.

Enquanto eu escrevia este capítulo, no outono de 2022, minha família adotou um filhote de cachorro. Wilma é um animal de porte pequeno e pesava apenas três quilos quando começamos a levá-la para passear nas calçadas movimentadas de Nova York. A princípio, Wilma tinha um medo visível de tudo, inclusive dos cachorros maiores com que cruzávamos, chegando a ter dificuldade de relaxar para fazer o que precisava fazer na rua.

Com o tempo, ela se acostumou com a rua, e passei a deixá-la correr sem coleira com outros cachorros no parque, logo cedo. A princípio, ela também teve medo, porém o enfrentou de uma maneira que me deixou com a impressão de que havia lido Sandseter e Kennair. Wilma se aproximava devagar de cachorros muito maiores, mas fugia em disparada quando eles davam um passo em sua direção. Às vezes corria para mim, em busca de segurança, então sua configuração antifóbica entrava em ação. Sem desacelerar, ela contornava minhas pernas em alta velocidade e corria de novo na direção do cachorro maior, para mais uma brincadeira. Ela estava experimentando, em busca do equilíbrio entre alegria e medo para o qual estava pronta no momento. Alternando-se repetidamente entre o modo

FIGURA 3.3. *Wilma, aos sete meses, fazendo uma curva fechada quando sua corrida na direção de um pastor-alemão se transformou em uma corrida para longe dele. Em seguida, ela baixou a metade anterior do corpo, como quem quer brincar, e voltou a correr na direção do cachorro maior. O vídeo dessa interação está disponível no suplemento on-line.*

descoberta e o modo defesa, ela aprendeu a avaliar as intenções de outros cachorros e desenvolveu habilidades de participar de brincadeiras brutas e alegres, mesmo que às vezes acabasse caindo em meio à confusão de patas e rabos.

Crianças e filhotes procuram emoções fortes. Sentem necessidade delas, e precisam delas para superar seus medos de infância e configurar seu cérebro com o modo descoberta como padrão. Crianças precisam brincar no balanço e depois descer dele pulando. Precisam explorar florestas e ferros-velhos em busca de novidades e aventuras. Precisam gritar com os amigos enquanto assistem a um filme de terror ou andam na montanha-russa. No processo, desenvolvem várias habilidades, incluindo a capacidade de avaliar riscos sozinhas, agir da maneira apropriada quando deparam com eles e aprender que, mesmo que as coisas deem errado e mesmo que elas se machuquem, em geral são capazes de lidar com a situação sem precisar chamar um adulto.

Sandseter e Kennair definem a brincadeira arriscada como "formas de brincar excitantes e emocionantes que envolvem risco de ferimento físico". (Em um artigo de 2023 no qual expandem seu trabalho original, eles acrescentam que a brincadeira arriscada também exige elementos de incerteza.)[17] Segundo os pesquisadores, esse tipo de brincadeira em geral ocorre em ambientes abertos, durante o brincar livre, e não em atividades organizadas pelos adultos. As crianças escolhem se envolver em atividades que muitas vezes levam a ferimentos leves, como arranhões e hematomas.

Sandseter e Kennair analisaram os tipos de risco que as crianças buscam quando os adultos lhes dão liberdade, e encontraram seis: altura (como subir em árvores ou em brinquedos do parquinho), alta velocidade (no balanço ou no escorregador), ferramentas perigosas (como martelos e furadeiras), elementos perigosos (como fogo), brincadeiras de mão (como lutinha) e desaparecer (esconder-se, perambular, sujeitar-se a se perder ou se separar do grupo). Esses são os principais tipos de emoções fortes de que as crianças precisam. E elas são capazes de encontrá-las sozinhas, a menos

FIGURA 3.4. *Um parquinho excessivamente perigoso em Dallas, Texas (sem data).*[18]

que os adultos as impeçam — como fizemos nos anos 1990. Video games e jogos on-line não oferecem *nenhum* desses riscos, ainda que jogos como Fortnite mostrem avatares fazendo *tudo* isso.[19] Somos criaturas corporificadas; as crianças precisam aprender a administrar seu corpo no mundo físico antes de começar a passar horas no mundo virtual.

É possível ver crianças buscando risco e emoções fortes, juntas, em muitas fotos tiradas em parquinhos antes dos anos 1980.[20] Algumas delas, como a Figura 3.4, mostram parquinhos claramente perigosos *demais*. Se as crianças caíssem daquelas alturas, poderiam se ferir gravemente e talvez até quebrar o pescoço.

A Figura 3.5 mostra um gira-gira, que na minha opinião é o melhor brinquedo de parquinho já inventado. Ele exige cooperação para funcionar: quanto mais crianças brincam, mais rápido ele gira e mais gritos há, sendo que ambas as coisas amplificam as emoções. A força centrífuga pro-

FIGURA 3.5. *Um gira-gira, uma das principais atrações dos parquinhos norte-americanos nos anos 1970.*[21]

voca uma sensação física que não se consegue em nenhum outro lugar, o que torna o gira-gira educativo, além de uma experiência única. Também há uma alteração de consciência (tontura) para quem se deita no meio. E, para completar, o brinquedo oferece oportunidades infinitas de aumentar os riscos: por exemplo, você pode ficar de pé, dependurado ou brincar de bola enquanto ele gira.

Se você não tomar cuidado, pode se machucar no gira-gira, mas não muito, o que significa que receberá feedback imediato quanto à sua habilidade (ou falta dela) nos movimentos que executa. Você aprende a lidar com seu corpo e a manter a si mesmo e aos outros em segurança. Pesquisadores concluíram que o risco de ferimentos leves deve ser buscado, e não evitado, no projeto de parquinhos. O Reino Unido já está atuando nesse sentido, acrescentando materiais de construção, martelos e outras ferramentas (que devem ser usadas com a supervisão de um adulto).[22] Como uma pessoa muito perspicaz que trabalhava na administração de um acampamento de verão me disse uma vez: "Queremos hematomas, não cicatrizes".

Infelizmente, os gira-giras hoje são raros, porque apresentam *algum* risco, e em um país litigioso como os Estados Unidos isso implica um risco de processo judicial contra o responsável pelo parquinho. O declínio da brincadeira arriscada nos parquinhos americanos é visível desde os anos 1990. A Figura 3.6 mostra o tipo mais comum de estrutura dos parquinhos em que meus filhos brincavam em Nova York no início da década de 2010. É difícil se machucar nesse tipo de coisa, o que significa que as crianças não aprendem muito como *não* se machucar.

Essas estruturas ultrasseguras entretinham meus filhos aos 3 ou 4 anos de idade, porém aos 6 eles já buscavam emoções mais fortes, o que havia em Coney Island. Parques de diversão no mundo todo foram projetados

FIGURA 3.6. *Um parquinho excessivamente seguro, que oferece poucas oportunidades para crianças antifrágeis aprenderem a não se machucar.*[23]

FIGURA 3.7. *Coney Island, em Nova York, oferece uma gama variada de doses de emoção.*[24]

para oferecer às crianças dois dos seis tipos de risco elencados por Sandseter e Kennair: altura e alta velocidade. Os brinquedos proporcionam doses diferentes de medo e emoção (com risco de ferimento quase zero), e um dos principais assuntos da conversa no carro sempre que eu levava meus filhos e seus amigos a Coney Island era quem, naquele dia, ia experimentar qual brinquedo assustador.

Talvez sua primeira reação às fotos dos parquinhos antigos seja: "Já foram tarde!". Que pai ou mãe quer que seus filhos corram riscos? No entanto, eliminar o brincar arriscado ao ar livre acarreta muitos prejuízos. Enquanto escrevia este capítulo, conversei com Mariana Brussoni, que pesquisa o brincar na Universidade da Colúmbia Britânica. Ela me indicou estudos que demonstram que o risco de ferimento por hora de brincadeira física é *mais baixo* que o risco por hora praticando esportes sob a condução de um adulto, e ainda apresenta muito mais benefícios ao desenvolvimento (porque são as crianças que fazem as escolhas, definem as regras e garantem que elas sejam observadas, e resolvem os conflitos).[25] Brussoni está promovendo uma campanha para encorajar o brincar arriscado ao ar livre, porque no longo prazo ele desenvolve crianças mais saudáveis.[26] Nosso objetivo ao projetar os espaços onde as crianças brincam, segundo ela, deve ser "mantê-las tão seguras quanto necessário, e não tão seguras quanto possível".[27]

Brussoni, Sandseter e Kennair, e Peter Gray, todos pesquisadores do brincar, nos ajudam a ver que crianças antifrágeis *precisam* brincar com algum risco envolvido para desenvolver habilidades e superar ansiedades da infância. Como Wilma, minha cachorra, as crianças são as únicas que podem reajustar o nível de risco para o qual estão prontas a cada momento, enquanto afinam seu cérebro expectante de experiência. Como árvores jovens expostas ao vento, crianças expostas de maneira rotineira a pequenos riscos se tornarão adultos capazes de lidar com riscos muito maiores sem entrar em pânico. De maneira inversa, crianças criadas em estufas protegidas às vezes se veem incapacitadas pela ansiedade antes de atingir a maturidade.

Com frequência me perguntam por que incentivo pais a serem mais vigilantes e restritivos em relação às atividades on-line dos filhos quando há anos defendo que os pais precisam parar de supervisioná-los exageradamente e começar a lhes dar mais independência. As crianças não podem se tornar antifrágeis na internet também? Lá elas não estão sujeitas a reveses, fatores de estresse e desafios?

Vejo poucos indícios de que a infância baseada no celular promova a antifragilidade. A infância humana evoluiu no mundo real, e a mente das crianças "espera" os desafios do mundo real, que é corporificado, síncrono e de um para um ou de um para alguns, dentro de comunidades duradouras. Para o desenvolvimento físico, elas precisam brincar e correr riscos fisicamente. Disputas virtuais em um jogo on-line conferem pouco ou nenhum benefício físico. Para o desenvolvimento social, as crianças precisam aprender a arte de fazer amigos, que é corporificada; amigos fazem coisas juntos, e enquanto crianças se tocam, abraçam e lutam. Os erros envolvem um custo baixo e podem ser retificados em tempo real. Mais que isso: há sinais corporificados claros dessa retificação, como um pedido de desculpa com a expressão facial apropriada. Um sorriso, um tapinha nas costas ou um aperto de mão deixam claro para todo mundo que está tudo bem, que ambas as partes estão prontas para seguir em frente e continuar brincando, que ambas estão desenvolvendo sua capacidade de reparar um relacionamento. Já quando transferem seus relacionamentos sociais para o mundo virtual, os jovens se tornam descorporificados, assíncronos e às vezes descartáveis. Erros mínimos podem implicar um custo alto, em um mundo virtual, onde o conteúdo sobrevive para sempre e todos podem acessá-lo. Erros podem ser recebidos com crítica agressiva das mais variadas pessoas, com as quais não se tem o menor vínculo. Pedidos de desculpas costumam ser ridicularizados, e os sinais de reinclusão podem ser vagos ou confusos. Em vez de adquirir experiência no domínio social, a criança muitas vezes fica com uma sensação de incompetência social, perda de status e ansiedade em relação a interações futuras.

É por isso que não me contradigo quando defendo que os pais devem supervisionar menos no mundo real e mais no mundo virtual — sobretudo adiando o acesso a ele. A infância evoluiu na Terra, e a antifragilidade das crianças está ajustada às características terrenas. Pequenos erros promovem crescimento e aprendizagem. No entanto, quando criamos crianças em Marte, há um descompasso entre as necessidades delas e o que o ambiente oferece. Se uma criança cai em Marte e o visor de seu capacete espacial racha, a morte é instantânea. Marte não perdoa, e lá a vida exige o modo defesa. É claro que o mundo on-line não é nem de perto tão perigoso quanto Marte, mas, em ambos, erros pequenos podem acarretar custos enormes. As crianças não evoluíram para lidar com a viralidade, o anonimato, a instabilidade e o possível linchamento público do mundo virtual. Até mesmo adultos têm dificuldade em lidar com isso.

Nossos esforços protetores estão sendo mal direcionados. Deveríamos estar possibilitando às crianças mais treino no que precisam no mundo real e adiando sua entrada no mundo on-line, onde os benefícios são menores e as proteções quase não existem.

O COMEÇO DO FIM DA INFÂNCIA BASEADA NO BRINCAR

Com que idade você passou a ter liberdade? Quantos anos tinha quando seus pais deixaram você ir a pé sem companhia até a casa de um amigo ou de uma amiga, a uma distância de mais de quatrocentos metros? Quando eles permitiram que você e seus amigos saíssem juntos, para ir a um parque ou uma loja, sem supervisão? Fiz essa pergunta a dezenas de públicos, e sempre me daparo com as mesmas diferenças geracionais encontradas.

Primeiro, peço a todo mundo nascido antes de 1981 que levante a mão. Essas pessoas podem ser da geração X (nascida entre 1965 e 1980), baby boomers (nascidos entre 1946 e 1964) ou os últimos membros da chamada Geração Silenciosa (nascida entre 1928 e 1945). Então peço a essa parcela mais velha do público que reflita em silêncio sobre a idade em que começou a ter essas liberdades e depois diga em voz alta quando eu apontar para eles. Quase todo mundo grita 6, 7 ou 8, e às vezes tenho até dificuldade de continuar os trabalhos, porque essas pessoas começam a rir e a contar com carinho umas às outras as grandes aventuras que viviam com as outras crianças do bairro. Depois, peço que todo mundo que nasceu depois de 1996 (a geração Z) levante a mão. Quando peço que digam em voz alta a idade em que o mesmo ocorreu para eles, o contraste é notável. A maioria fala entre 10 e 12, com alguns poucos 8, 9, 13 e 14. (Os millennials em geral manifestam uma ampla variedade de idades intermediárias.)

Isso foi provado por pesquisas mais rigorosas. As crianças dos Estados Unidos,[28] do Canadá[29] e da Inglaterra[30] costumavam ir a pé até a escola, perambular pelos bairros vizinhos, inventar brincadeiras, entrar em conflitos e resolvê-los a partir do primeiro ou do segundo ano do ensino fundamental. Nos anos 1990, entretanto, a parentalidade passou por uma transformação nesses três países, tornando-se mais intensa, protetora e temerosa.

De maneira similar, estudos que aferem como os americanos passavam o tempo mostram uma mudança brusca nos anos 1990. As mulheres vinham ingressando cada vez mais no mercado de trabalho desde os anos 1970, de modo que passavam muito menos tempo em casa. No entanto, apesar do encurtamento do tempo disponível, mães e pais começaram a relatar passar muito *mais* tempo com os filhos, uma tendência que teve um início repentino em meados dos anos 1990. A Figura 3.8 mostra a alteração no número de horas por semana que mães disseram passar com seus filhos de 1965 a 2008. Até 1995, esse número se mantém constante ou sofre um ligeiro declínio, para mães com e sem diploma universitário, então dá um salto, especialmente entre mães com diploma universitário. O gráfico para

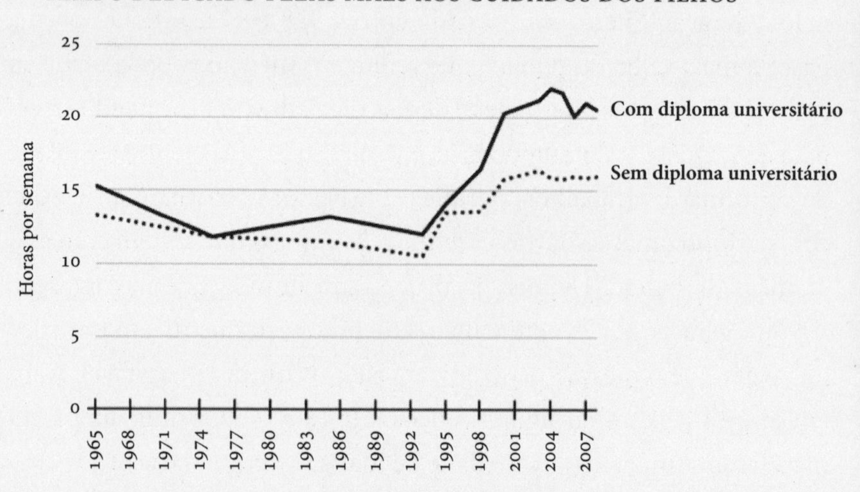

FIGURA 3.8. *O tempo dedicado pelas mães americanas aos cuidados dos filhos sofreu um aumento repentino em meados dos anos 1990 — o início da geração Z.* (FONTE: Ramey e Ramey, 2000.)[31]

os pais é bastante similar, mas com números menores (por volta de quatro horas por semana até 1995, e cerca de oito horas por semana em 2000).

Um estudo separado, que observou como as crianças passavam o tempo (segundo relato dos pais), descobriu que o tempo livre para brincar se reduziu entre 1981 e 1997.[32] Elas começaram a ficar mais tempo na escola e em outras atividades estruturadas (e supervisionadas pelos adultos) e menos tempo brincando ou vendo TV. (O mesmo ocorreu no Reino Unido.)[33] Por quê? Se as crianças tinham menos tempo para brincar, como de repente tinham *mais* tempo com os pais ocupados?

Os autores do estudo da Figura 3.8 sugerem que um fator que contribuiu para isso foi a atenção crescente que se observou nos anos 1990 à concorrência para entrar na universidade. Foi como se os pais americanos, em especial os 25% de maior renda, tivessem começado a pensar em seus (cada vez menos) filhos como carros de corrida preciosos e delicados, e em si próprios como a equipe que trabalhava incansavelmente para ajudá-los na corrida para entrar numa boa universidade.[34]

Essa teoria se encaixa com a pesquisa qualitativa feita nos anos 1990 pela socióloga Annette Lareau, cujo livro *Unequal Childhoods*[35] [Infâncias desiguais] se debruçou sobre as duas filosofias de criação básicas adotadas pelos pais americanos. A primeira filosofia, que ela chama de "cultivo orquestrado", era o modelo dominante entre as famílias de classes média e alta. Começava com a premissa de que filhos exigiam um grau extraordinário de cuidado e treinamento por parte dos adultos. Os pais tinham que comprar fitas VHS da Baby Einstein para aumentar o QI dos filhos (pesquisas posteriores demonstraram que essas fitas não serviam para nada[36]). A agenda das crianças precisava estar sempre lotada de atividades que os *pais* acreditavam ser enriquecedoras, como aprender mandarim ou ter aulas de reforço de matemática, mesmo quando essas atividades reduziam a autonomia e deixavam menos tempo para o brincar livre.

Entre a classe trabalhadora e a classe baixa, Lareau identificou outra abordagem, que chamou de criação via "crescimento natural". Nessa filosofia, crianças se comportam como crianças, e se você deixá-las ser crianças elas se tornam adultos competentes e responsáveis sem muita necessidade de pedir para segurar na mão dos pais. No entanto, um estudo recente das posturas em relação à criação dos filhos descobriu que, na década de 2010, muitos pais da classe trabalhadora haviam adotado a estratégia do cultivo orquestrado, incluindo um nível elevado de proteção do risco.[37]

A criação americana mudou nos anos 1990, primeiro entre pais com educação superior, depois mais amplamente. O medo de sequestro e abuso sexual já vinha crescendo desde os anos 1980, porém o padrão geral para os alunos de ensino infantil e fundamental até os anos 1980 ainda era brincar na rua, em grupos compostos de crianças de diferentes idades, e buscar emoções fortes e aventuras, resolver conflitos, correr riscos antifóbicos, desenvolver sua antifragilidade intrínseca, operar juntos no modo descoberta e voltar para casa quando estivesse começando a escurecer. Essas horas após a escola provavelmente eram muito mais valiosas para o desenvolvimento social e a saúde mental que qualquer coisa que acontecesse na escola (fora do intervalo).

A CRIAÇÃO TEMEROSA NA ANGLOSFERA

A perda rápida da autonomia na infância não foi, ao que parece, causada sobretudo pelo medo dos pais da concorrência para entrar nas melhores universidades. Esse medo pode ter contribuído para uma mudança de comportamento entre os americanos das classes média e alta, porém não explica por que pais no Canadá e na Inglaterra, países onde a preocupação com a entrada na universidade é muito menor, também promoveram simultaneamente as mesmas mudanças. Psicólogos e sociólogos identificaram muitos motivos que fizeram os pais restringir a autonomia das crianças nos anos 1980 e 1990, incluindo mudanças graduais na paisagem urbana, com as cidades se tornando cada vez mais centradas em carros e urbanizadas. Um fator relacionado é o declínio do senso de coesão social no fim do século XX, que por sua vez teve muitas causas. Quando as pessoas deixaram de conhecer seus vizinhos, elas não contavam mais com outros adultos para ficar de olho em seus filhos quando eles iam para a rua.[38] No entanto, talvez a mudança mais importante nos anos 1980 tenha sido o medo crescente entre os pais de que tudo e todos eram uma ameaça para seus filhos.[39]

Em 2001, Frank Furedi, sociólogo britânico, publicou um importante livro, *Paranoid Parenting: Why Ignoring the Experts May Be Best for Your Child* [Criação paranoica: por que ignorar os especialistas pode ser melhor para seu filho].[40] O livro inclui dezenas de histórias do Reino Unido que poderiam muito bem ter acontecido nos Estados Unidos de hoje, como a mãe que dirigiu horas atrás do ônibus escolar que levava seu filho em uma excursão, só para se certificar de que o menino chegaria em segurança.

O livro de Furedi é especialmente importante porque foi escrito por um sociólogo acadêmico, e não por um "especialista" em parentalidade. Ele analisa a mudança no comportamento dos pais como uma resposta às mudanças sociais, econômicas e tecnológicas dos anos 1980 e 1990: por exemplo, a ascensão da TV a cabo (e de canais transmitindo jornais 24 horas por dia) e sua capacidade de disseminar notícias que aterrorizam os pais; o aumento no número de mulheres trabalhando fora e o correspondente aumento de creches e contraturnos; e a influência crescente de "especialistas" na criação dos filhos, cujos conselhos não raro refletiam mais suas visões sociais e políticas que um consenso científico.

Furedi defende que um fator foi primordial para criar as condições para a guinada dos anos 1990 rumo à criação paranoica: "o colapso da solidariedade entre os adultos". Como ele explica:

> Em diferentes culturas e ao longo da história, mães e pais agiram com base na crença de que, se seus filhos se encrencassem, outros adultos — muitas vezes desconhecidos — ajudariam. Em muitas sociedades, os adultos sentem

que têm o dever de repreender os filhos de outras pessoas caso eles se comportem mal em público.

No entanto, na Inglaterra e nos Estados Unidos, os anos 1980 e 1990 viram notícias seguidas sobre adultos abusando de crianças, em creches e ligas esportivas, entre os escoteiros e a Igreja católica. Alguns casos eram mesmo horrorosos e envolviam instituições que haviam acobertado o abuso infantil por décadas para evitar as repercussões negativas. Outros não passavam de invenção e pânico moral[41] — em particular, aqueles em que funcionários de creches eram acusados de conduzir rituais satânicos ou sexuais bizarros. (As acusações foram feitas por crianças bem pequenas, que depois se descobriu terem dado respostas muito criativas às perguntas tendenciosas de adultos excessivamente zelosos.)[42]

Esses escândalos — reais e falsos — incentivaram o desenvolvimento de mecanismos mais eficazes de detecção e denúncia de abusadores, com o intuito de capturá-los e responsabilizar as instituições que os protegiam. O efeito colateral trágico, no entanto, foi uma sensação generalizada de que não se podia deixar crianças sozinhas com adultos. As crianças foram ensinadas a temer adultos desconhecidos, principalmente homens. De acordo com o Google Ngram Viewer, a primeira vez que o termo "*stranger danger*", que relaciona desconhecidos a perigo, apareceu em livros de língua em inglesa foi no início dos anos 1980; sua frequência se manteve até meados dos anos 1990, quando disparou. Ao mesmo tempo, adultos internalizaram a mensagem de que deviam se manter longe dos filhos dos outros, sem falar com eles ou repreendê-los se estivessem se comportando mal, sem se envolver.

No entanto, quando os adultos se afastam e deixam de ajudar os outros a criar seus filhos, os pais se veem sozinhos. Esse processo se torna mais difícil, envolve mais medo e exige mais tempo, principalmente para as mulheres, como vimos na Figura 3.8.

Furedi fez uma importante observação do escopo do problema: "A ideia de que criação responsável implica a supervisão contínua das crianças é especialmente anglo-americana".[43] Ele observou que na Europa, da Itália à Escandinávia, e em muitas outras partes do mundo, as crianças contavam com muito mais liberdade para brincar e explorar o mundo lá fora que nos Estados Unidos e no Reino Unido. Furedi citou um estudo que mostrava que pais na Alemanha e na Escandinávia eram muito mais propensos a deixar os filhos pequenos irem a pé para a escola que pais no Reino Unido, que se sentiam obrigados a levá-los de carro mesmo se a distância fosse curta.[44]

Foi essa ascensão da criação temerosa nos anos 1990 que fez com que nos anos 2000 não se vissem mais crianças desacompanhadas de adultos nos espaços públicos da anglosfera. Em praticamente todos os sentidos, as crianças estavam mais seguras em público do que haviam estado em muito tempo, em se tratando de ameaças de crime, abuso sexual e até mesmo motoristas bêbados, riscos muito mais comuns em décadas anteriores.[45] Quando crianças desacompanhadas viraram uma raridade, avistar uma passou a ser suficiente para que os vizinhos ligassem para a polícia e o Serviço de Proteção à Criança, o que às vezes terminava por encarcerar quem ousasse oferecer aos filhos a independência de que desfrutara trinta anos antes.[46]

Foi nesse mundo que a geração Z foi criada. Um mundo no qual adultos, escolas e outras instituições trabalharam juntas para ensinar às crianças que o mundo era perigoso e para impedi-las de vivenciar os riscos, conflitos e emoções fortes de que seu cérebro expectante de experiência precisava para superar a ansiedade e definir o modo descoberta como o padrão.[47]

SEGURISMO E DEFORMAÇÃO DE CONCEITO

O psicólogo australiano Nick Haslam cunhou o termo "deformação de conceito",[48] que se refere à expansão de conceitos psicológicos nas décadas recentes em duas direções: descendente (para aplicar a casos menores ou mais triviais) e externa (para abarcar fenômenos novos e não relacionados conceitualmente). Pode-se ver a deformação de conceito operando na expansão de termos como "vício", "trauma", "abuso" e "segurança". Durante a maior parte do século XX, a palavra "segurança" se referiu quase que exclusivamente à segurança física. Foi apenas no fim dos anos 1980 que o termo "segurança emocional" começou a aparecer com mais força no Google Ngram Viewer. De 1985 a 2010, início da Grande Reconfiguração, a frequência de ocorrência do termo ascendeu de maneira rápida e constante, em um aumento de 600%.[49]

Segurança física é bom, claro. Ninguém em sã consciência faz objeção ao uso do cinto de segurança ou à existência de alarmes de incêndio. O conceito de segurança psicológica também é importante, e se refere à crença compartilhada por um grupo de que seus membros não vão ser punidos ou humilhados por verbalizar seus pontos de vista, o que permite que as pessoas corram o risco de expor suas ideias e debatê-las.[50] A segurança psicológica está entre os melhores indicadores de uma cultura saudável no ambiente de trabalho. Membros de um grupo psicologicamente seguro podem discordar uns dos outros e criticar as ideias alheias de maneira respeitosa. Ideias podem inclusive ser vetadas. O que surgiu nos campi como segurança emocional, por outro lado, era um conceito muito mais amplo que passou a implicar: "Eu não deveria vivenciar emoções negativas por alguma coisa que uma pessoa disse ou fez. Tenho o direito de não ter nenhum gatilho acionado".

Em *The Coddling of the American Mind*, Greg e eu ressaltamos que a geração Z e muitos educadores e terapeutas deformaram o conceito de segurança a ponto de ele se tornar um valor universal e inquestionável. Usamos o termo "segurismo" para nos referir a

“Criamos um ambiente seguro e livre de julgamento, que garantirá que seu filho esteja despreparado para a vida real.”

FIGURA 3.9. *Charge de W. Haefeli publicada na* New Yorker.[51]

> uma cultura ou um sistema de valores no qual a segurança se tornou um valor sagrado, o que significa que as pessoas passaram a relutar em fazer trocas exigidas por outras preocupações práticas e morais. A “segurança” se sobrepõe a todo o resto, não importa quão improvável ou trivial seja o risco em potencial.[52]

Estudantes que foram criados com segurismo no parquinho às vezes esperavam que ele também estivesse presente nas salas de aula, nos dormitórios e no campus em geral.

É possível ver a influência abrangente e esmagadora do segurismo sobre o brincar na Figura 3.10, que me foi enviada de Berkeley, Califórnia, por alguém que conheço. A diretoria dessa escola de ensino fundamental não deixa as crianças brincarem de pega-pega sem a supervisão de um adulto, porque… e se houver uma disputa? E se alguém for excluído?

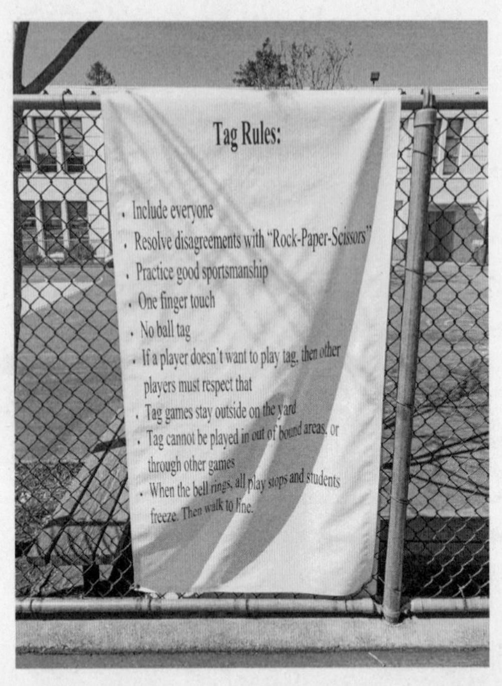

FIGURA 3.10. *Restrições ao brincar livre em uma escola de ensino fundamental em Berkeley, Califórnia.*[53] [*Regras do pega-pega: incluir a todos; resolver discordâncias com pedra, papel e tesoura; manter o espírito esportivo; tocar apenas com um dedo; não brincar com bola; se alguém não quiser brincar, os outros devem respeitar; não se pode brincar de pega-pega em outros locais, ou quando outras brincadeiras estiverem acontecendo; quando o sinal tocar, a brincadeira deve ser interrompida e os alunos devem parar onde estão, para depois formar fila.*]

A escola oferece mais instruções e proibições sem sentido para outras brincadeiras das crianças. Entre as regras para jogar a versão escolar de futebol americano, na qual os jogadores só precisam tocar quem estiver com a bola para interromper a jogada, há uma que diz: SÓ É PERMITIDO JOGAR SE HOUVER UM ADULTO SUPERVISIONANDO COMO ÁRBITRO. As diretorias parecem estar comprometidas em impedir o tipo de conflito inerente à interação humana, que ensinaria as crianças a lidar com as próprias questões e resolver diferenças, e prepará-las para a vida em uma sociedade democrática.

Os pais americanos perderam a confiança em seus concidadãos e nos próprios filhos de tal maneira que agora muitos apoiam a quase total eliminação da liberdade na infância. De acordo com um relatório de 2015 do Pew Research Center, na média, os pais acreditam que as crianças devem ter pelo menos 10 anos para brincar sem supervisão *no quintal de casa.*[54] Eles também dizem que as crianças devem ter pelo menos 12 anos para poder ficar em casa sozinhas *por uma hora, sem supervisão.* E que as crianças devem ter pelo menos 14 antes de poder *ir a um parquinho* sem supervisão. Esses pais incluem os mesmos membros da geração X ou baby boomers que afirmaram, com alegria e gratidão, que podiam sair de casa sozinhos aos 6, 7 ou 8 anos, em uma época muito mais perigosa.

ANTIFRAGILIDADE E O SISTEMA DE APEGO

Anteriormente, descrevi o modo descoberta e o modo defesa como partes de um sistema dinâmico para se adaptar rapidamente a mudanças nas condições, como um termostato. Esse sistema integra um sistema dinâmico maior chamado sistema de apego. Mamíferos são definidos pela inovação evolutiva de fêmeas parindo filhotes vivos (em vez de ovos) e depois produzindo leite para alimentá-los. Assim, bebês mamíferos passam por um longo período de dependência e vulnerabilidade, durante o qual devem atingir dois objetivos: (1) dominar as habilidades necessárias para a vida adulta e (2) não serem comidos. Em geral, a melhor maneira de evitar ser comido é se manter perto da mãe. No entanto, à medida que os mamíferos amadurecem, seu cérebro expectante de experiência precisa ser configurado praticando habilidades como correr, lutar e fazer amizade. É por isso que mamíferos jovens têm tanta motivação a se afastar da mãe para brincar, inclusive com risco.

O sistema psicológico que gerencia essas necessidades concorrentes é chamado de sistema de apego. Ele foi inicialmente descrito por John Bowlby, psicólogo britânico que estudou os efeitos de se separar crianças de seus

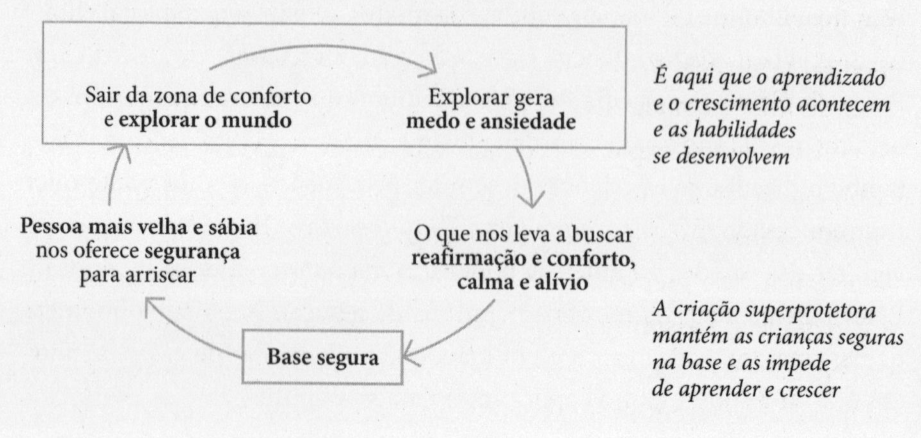

FIGURA 3.11. *O sistema de apego mamífero.*[55]

pais durante a Segunda Guerra Mundial. A Figura 3.11, elaborada pela psicóloga Deirdre Fay, é uma excelente ilustração do sistema de apego em ação.

Toda criança precisa de pelo menos um adulto que sirva como uma "base segura". Em geral, trata-se da mãe, porém também pode ser o pai, a avó, o avô, a babá ou qualquer adulto confiável que estará disponível para oferecer conforto e proteção. Se a segurança fosse o único objetivo da criança, ela se manteria "na base" por toda a infância. Não haveria necessidade de um sistema regulador complexo. No entanto, assim que começam a engatinhar, as crianças vão em direção a coisas que possam tocar, chupar ou explorar de alguma maneira. Elas precisam passar muito tempo no modo descoberta, porque é nesse modo que a aprendizagem e o ajuste fino neural se dão. Inevitavelmente, porém, alguma coisa dá errado. A criança cai e bate a cabeça; o gato bufa para ela; um desconhecido se aproxima. Nesse momento, ela entra no modo defesa e se apressa a voltar para a base, ou começa a chorar, que é sua maneira de fazer com que a base vá até ela.

Uma criança com apego seguro em geral se recompõe em poucos segundos ou minutos, retorna ao modo descoberta e parte atrás de mais aprendizagem. Esse processo acontece dezenas de vezes ao dia, centenas de vezes ao mês, e em alguns anos a criança se torna menos medrosa e mais propensa a querer explorar o mundo por conta própria — talvez indo à escola ou à casa de um amigo ou de uma amiga sem a companhia de um adulto.[56] À medida que se desenvolve, a criança é capaz de internalizar sua base segura. Não precisa mais da presença física da mãe ou do pai para se sentir apoiada, e assim aprende a enfrentar adversidades sozinha.

Na adolescência, começa a busca de relacionamentos românticos. Esses novos apegos reutilizam a arquitetura psicológica e os "modelos de trabalho internos" desenvolvidos durante a formação do vínculo com os pais. Os adolescentes se valerão desses modelos em seu apego a interesses amorosos e talvez depois a cônjuges. No entanto, crianças que foram mantidas na base e impedidas de fazer as excursões necessárias para o desenvolvimento da natureza antifrágil não terão passado tempo suficiente na zona de crescimento. Em consequência, talvez passem uma parte maior da vida no modo defesa e sejam mais dependentes da presença física dos pais, o que por sua vez reforça a superproteção deles, em um círculo vicioso.

Neste capítulo, esbocei como as coisas funcionam na teoria. Na prática, tudo relacionado à criação dos filhos é caótico, difícil de controlar e mais difícil ainda de prever. Crianças criadas em lares amorosos, que apoiam a autonomia, o brincar e o crescimento, também podem desenvolver transtornos de ansiedade; crianças criadas em lares superprotetores em geral se dão muito bem. Não existe uma maneira certa de criar os filhos; não existe um modelo para moldar a criança perfeita. Ainda assim, ter em mente alguns traços gerais da infância humana pode ajudar: crianças são antifrágeis, e portanto se beneficiam do brincar com risco e de uma base segura, que as ajudam a reativar o modo descoberta. E uma infância baseada no brincar tem muito mais chances de oferecer isso que uma infância baseada no celular.

RESUMINDO

- O cérebro humano conta com dois subsistemas que o fazem entrar em dois modos comuns: *o modo descoberta* (para abordar oportunidades) e *o modo defesa* (para se defender de ameaças). Jovens nascidos depois de 1995 têm mais chances de ficar presos ao modo defesa, comparados às pessoas nascidas antes disso. Eles estão sempre alertas à possibilidade de ameaças, em vez de sedentos por novas experiências, e são mais ansiosos.
- Por natureza, as crianças são antifrágeis. Assim como o sistema imunológico precisa ser exposto a germes e as árvores precisam ser expostas ao vento, as crianças precisam ser expostas a reveses, fracassos, choques e tropeços para se tornarem mais fortes e independentes. A superproteção interfere nesse desenvolvimento e torna as crianças mais propensas à fragilidade e ao medo na vida adulta.
- Crianças precisam de muito brincar livre para se desenvolver, e se beneficiam de brincadeiras físicas arriscadas, que têm efeitos antifóbicos. Elas buscam o nível de risco e emoções para os quais estão preparadas, e assim superam seus medos e desenvolvem habilidades. Correr riscos na internet talvez não tenha os mesmos efeitos antifóbicos.
- Nos anos 1980 e principalmente nos 1990, pais da anglosfera passaram a ser mais temerosos por diferentes motivos, incluindo mudanças no ecossistema midiático e na transmissão das notícias. Eles perderam a confiança uns nos outros e começaram a passar muito mais tempo supervisionando os próprios filhos e a criá-los no modo defesa, vendo riscos e ameaças em tudo.
- A exaltação da “segurança” acima de tudo é chamada de segurismo. Ela é perigosa porque dificulta que as crianças aprendam a cuidar de si mesmas e lidem com riscos, conflitos e frustrações.

- O sistema de apego evoluiu para ajudar mamíferos jovens a aprender as habilidades de que precisarão para chegar à vida adulta, com a presença de uma "base segura" à qual retornar quando se sentem ameaçados. A criação temerosa mantém as crianças na base por tempo demais, impedindo que vivenciem as experiências de que precisam para se fortalecer e desenvolver um estilo de apego seguro.
- Crianças têm mais chances de prosperar no mundo real com uma infância baseada no brincar. E têm menos chances de prosperar quando uma criação temerosa e uma infância baseada no celular as privam de oportunidades de crescimento.

4. Puberdade e as mudanças na transição para a vida adulta

De *O patinho feio* a *Uma lagarta muito comilona*, recorremos a histórias sobre a metamorfose animal para representar as emoções que sentimos ao acompanhar o crescimento e as mudanças pelas quais passam nossos filhos. A mudança no corpo humano passa longe de ser tão dramática quanto a das borboletas, no entanto aquela que ocorre em nossa mente é igualmente extraordinária. Se no processo de se transformar em borboletas as lagartas contam com pouca influência do mundo externo, a transição da criança humana para a vida adulta depende em parte de se ter o tipo certo de experiências no momento certo, pois são elas que vão conduzir a rápida reconfiguração do cérebro adolescente.

PUBERDADE, PLASTICIDADE E VULNERABILIDADE

Como mencionei no capítulo 2, o cérebro humano chega a 90% de seu tamanho adulto aos 5 anos de idade, momento em que conta com muito mais neurônios e sinapses do que na forma adulta. O desenvolvimento cerebral subsequente, portanto, mais do que uma questão de crescimento geral, é uma questão de poda seletiva de neurônios e sinapses, privilegiando aqueles utilizados com mais frequência. O pesquisador do cérebro Donald Hebb afirmou: "Neurônios que são ativados juntos se conectam",[1] ou seja, atividades que ativam repetidamente uma constelação de neurônios tornam esses neurônios mais conectados. Se uma criança passa pela puberdade praticando tiro ao alvo, pintando, jogando on-line ou verificando as redes sociais com frequência, essa atividade causará mudanças estruturais duradouras no cérebro, sobretudo se elas oferecerem recompensas. É assim que a experiência cultural modifica o cérebro, produzindo jovens adultos que se sentem americanos em vez de japoneses, ou cujo padrão é o modo descoberta, e não o modo defesa.

Um segundo tipo de mudança cerebral que ocorre na infância é chamado de mielinização, e se refere à cobertura dos axônios dos neurônios com bainhas isolantes compostas de uma substância rica em gordura, que acelera a transmissão através das conexões de longa distância nas constelações de neurônios. Esses processos lentos de poda e mielinização estão relacionados à grande troca do desenvolvimento cerebral humano: o cérebro da criança tem um enorme *potencial* (pode se desenvolver de muitas maneiras), mas pouca *habilidade* (não faz a maioria das coisas tão bem quanto o cérebro adulto). No entanto, com a poda e a mielinização, o cérebro da criança se torna mais eficiente, conforme se solidifica em sua configuração adulta. Esse processo de solidificação acontece em partes diferentes do cérebro em momentos distintos, e cada solidificação é potencialmente o fim de um período sensível. É como cimento endurecendo: se você escreve seu nome no cimento ainda muito úmido, ele logo desaparecerá; se esperar o cimento secar, não terá efeito nenhum sobre ele; mas se agir no momento certo da transição entre úmido e seco, seu nome ficará gravado ali para sempre.[2]

Como no início da puberdade a poda e a mielinização aceleram, mudanças na experiência das crianças ao longo desses anos podem ter efeitos amplos e duradouros.[3] Laurence Steinberg, que estuda a psicologia do desenvolvimento, apontou que a adolescência não é necessariamente um período mais estressante. Na verdade, é um período em que o cérebro fica *mais vulnerável* aos efeitos de fatores de estresse, o que pode predispor o adolescente a transtornos mentais, como ansiedade generalizada, depressão, transtornos alimentares e abuso de substâncias. E diz ainda:

> A suscetibilidade acentuada ao estresse na adolescência é um exemplo específico do fato de que a puberdade torna o cérebro mais maleável, ou "plástico". Isso faz da adolescência tanto um momento de risco (porque a plasticidade do cérebro aumenta as chances de que a exposição a experiências estressantes cause danos) quanto uma janela de oportunidade para a melhora do bem-estar e da saúde dos adolescentes (porque essa mesma plasticidade cerebral faz da adolescência um momento em que intervenções em favor da saúde mental podem ser mais eficazes).[4]

Portanto, durante a puberdade *deveríamos estar especialmente preocupados com o que as crianças vivenciam.* As condições físicas, incluindo nutrição, sono e atividade física, são importantes ao longo de toda a infância e adolescência, mas os primeiros anos dessa fase merecem uma atenção especial porque há um período sensível para a aprendizagem cultural e porque ele coincide com a reconfiguração acelerada do cérebro que tem início com a puberdade.

INIBIDORES DE EXPERIÊNCIA: SEGURISMO E SMARTPHONES

Diferente dos carnívoros, que evoluíram para obter quase todos os nutrientes de que necessitam da carne de outros animais, os humanos são onívoros. Precisamos consumir uma ampla variedade de alimentos para obter todos os minerais, vitaminas e fitonutrientes de que necessitamos.

Uma criança que come apenas alimentos brancos ou amarelos (macarrão, batata, frango) desenvolverá uma deficiência nutricional e terá maior risco de sofrer de doenças como escorbuto (causado por uma grave deficiência de vitamina C).

De maneira análoga, somos criaturas social e culturalmente adaptáveis, que precisam de uma ampla variedade de experiências sociais para nos tornarmos adultos flexíveis e socialmente hábeis. Como as crianças são antifrágeis, é essencial que essas experiências envolvam uma dose de medo, conflito e exclusão (embora não excessiva). O segurismo é um inibidor de experiência. Ele impede as crianças de obter a quantidade e a diversidade necessárias de experiências e desafios no mundo real.

De quanto estresse e desafio uma criança precisa para crescer? Steinberg afirma que "experiências estressantes" são "aquelas que podem causar danos". Escrevi a ele perguntando se concorda que as crianças são antifrágeis e precisam ser expostas a fatores de estresse de curto prazo — como ser excluídas da brincadeira um dia — para desenvolver resiliência e se fortalecer emocionalmente. Steinberg concordou que crianças são antifrágeis, e acrescentou duas observações a sua afirmação sobre experiências estressantes.

Primeiro, ele mostrou que o "estresse crônico", ou seja, aquele que dura dias, semanas ou mesmo anos, é muito pior que o "estresse agudo", que surge de repente mas é passageiro, como um conflito comum no parquinho. "Sob estresse crônico, é muito mais difícil se adaptar aos desafios, se recuperar deles e se fortalecer com eles", Steinberg escreveu. Seu segundo comentário foi: "Há um padrão em U invertido no relacionamento entre estresse e bem-estar. Um pouco de estresse é benéfico ao desenvolvimento, enquanto muito estresse, seja ele agudo ou crônico, é maléfico".

Americanos, britânicos e canadenses tentaram infelizmente remover os fatores de estresse e as dificuldades da vida das crianças a partir do início dos anos 1980. Muitos pais e escolas proibiram atividades que consideravam ter *qualquer* risco, não apenas de ferimentos físicos, mas também de dor emocional. O segurismo exige proibir praticamente qualquer atividade independente na infância, em especial ao ar livre (como jogar sem um adulto desempenhando o papel de árbitro), porque tais atividades podem ferir corpos e sentimentos.

O segurismo começou a ser imposto lentamente aos millennials nos anos 1980, e se acelerou nos anos 1990.[5] A rápida deterioração da saúde mental, no entanto, só teve início com a década de 2010 e se concentrou na geração Z, e não nos millennials.[6] Foi só com o acréscimo de um segundo inibidor de experiência — o smartphone — que os índices começaram a subir.

É claro que usar um smartphone é também uma experiência. Ele é um portal para o conhecimento infinito da Wikipédia, do YouTube e agora o ChatGPT. Conecta os jovens a comunidades de interesses específicos que vão desde panificação e livros a posicionamentos políticos extremos e anorexia. Um smartphone faz com que nenhum esforço seja necessário para que adolescentes mantenham contato com dezenas de indivíduos ao longo do dia e se juntem a outras pessoas para elogiar ou constranger outras.

Na verdade, smartphones e outros aparelhos digitais oferecem tantas experiências interessantes aos adolescentes e crianças que podem causar um problema sério: *reduzir o interesse em todas as formas de experiência que não envolvem telas.* Smartphones são como os cucos, que deixam seus ovos nos ninhos de outros pássaros. Os ovos de cuco eclodem antes dos outros, e o filhote de cuco imediatamente tira os outros ovos do ninho, com a intenção de receber toda a comida trazida pela mãe, alheia a isso. Um celular, tablet ou video game tem um efeito similar na vida de uma criança, afastando-a praticamente da maior parte das outras atividades. Ela passará muitas horas por dia sentada, numa espécie de transe, sem se movimentar (com exceção de um único dedo), ignorando tudo o que há além da tela. (É claro que o mesmo pode acontecer com os pais, a ponto de famílias inteiras ficarem "sozinhas juntas".)

Experiências em telas são menos valiosas que experiências de carne e osso? Quando estamos falando de crianças cujo cérebro evoluiu para esperar determinados tipos de experiências em determinadas idades, sim. Com certeza. A comunicação através de mensagens complementadas por emojis não vai desenvolver as partes do cérebro que se "espera" que sejam afinadas em conversas complementadas por expressões faciais, alterações no tom de voz, contato visual direto e linguagem corporal. Não podemos presumir que crianças e adolescentes desenvolvam habilidades sociais do nível dos adultos no mundo real quando suas interações sociais estão acontecendo em larga medida no mundo virtual.[7] Chamadas de vídeo síncronas são mais próximas de interações na vida real, porém ainda carecem da experiência corporificada.

Se quisermos que as crianças tenham uma puberdade saudável, precisamos afastá-las dos inibidores de experiência, para que possam acumular a ampla gama de vivências de que necessitam, incluindo os fatores de estresse do mundo real que suas mentes antifrágeis exigem para se configurar da maneira apropriada. Depois, devemos oferecer a elas um caminho claro para a vida adulta que conte com desafios, marcos, liberdades e responsabilidades cumulativas.

RITOS DE PASSAGEM

Em geral, ritos de passagem podem ser encontrados em listas de valores universais[8] e ementas de cursos de introdução à antropologia. Isso porque comunidades precisam de rituais que marquem a mudança no status das pessoas. É responsabilidade da comunidade conduzir esses ritos, que costumam estar relacionados a eventos da vida como nascimento (para receber um novo membro e uma nova mãe), casamento (para declarar publicamente uma nova unidade social) e morte (para reconhecer a partida de um membro e o sofrimentos das pessoas próximas). A maior parte das sociedades também realiza ritos de passagem formais na época da puberdade.

Apesar da enorme variedade de culturas humanas e papéis de gênero, há uma estrutura comum nos ritos relacionados à puberdade, porque todos tentam fazer o mesmo: transformar uma menina em uma mulher ou um menino em um homem que conta com o conhecimento, as habilidades e virtudes e a posição social para ser um membro efetivo da comunidade, que logo vai estar pronto para casar e ter filhos. Em 1909, o etnógrafo franco-holandês Arnold van Gennep disse que ritos de passagem no mundo todo conduzem a criança ao longo das mesmas três fases. Primeiro, há uma fase de *separação*, em que os jovens são afastados dos pais e de seus hábitos de infância. Depois, uma fase de *transição*, conduzida por adultos que não são os pais e que guiam os jovens por desafios e às vezes provações. Por fim, há uma fase de *reincorporação*, que em geral consiste numa celebração alegre da comunidade (incluindo os pais) ao receber os adolescentes de volta, agora como membros da sociedade adulta, embora eles muitas vezes continuem recebendo instrução e apoio por mais tempo.

Ritos de passagem sempre refletem a estrutura e os valores da sociedade adulta em que os adolescentes estão inseridos. Como até há pouco todas as sociedades eram altamente binárias, os ritos de passagem costumavam ser diferentes para cada sexo.

Os ritos para meninas em geral começavam logo depois da menarca, e com frequência tinham a intenção de prepará-las para a fertilidade e a maternidade. No Arizona, por exemplo, o povo apache ainda pratica a "dança do nascer do sol" depois que uma menina menstrua pela primeira vez. Essa menina é guiada por uma mulher mais velha (uma madrinha escolhida pela família) na construção de uma cabana temporária para ela, a alguma distância da aldeia. Essa é a fase da separação, e inclui banhar-se, lavar o cabelo e vestir uma roupa nova, tudo para enfatizar a purificação e a separação de qualquer vestígio da infância.[9]

A fase de transição envolve quatro dias de dança com movimentos predeterminados ao som de tambores e do canto das mulheres mais velhas. Essa representação ritual dramática é imbuída de um senso de sacralidade.

Ao fim da fase de transição, a menina é recebida alegremente como uma mulher adulta, e há um banquete e troca de presentes entre sua família e outras. Ela é reincorporada ao povoado e à sua família, porém agora com um novo papel, novas responsabilidades e novos conhecimentos.

Em sociedades tradicionais, os ritos de passagem dos meninos diferem dos ritos de passagem das meninas. Como os sinais da puberdade são menos óbvios nos meninos, tem-se maior flexibilidade em relação ao momento de realizar o ritual. Em muitas sociedades, todos os meninos de certa idade são iniciados em grupo — e as provações por que passarem criarão um vínculo entre eles. Sociedades que vivenciaram conflitos armados frequentes com grupos vizinhos costumavam desenvolver um éthos guerreiro entre os homens, de modo que nelas a fase de transição muitas vezes incluía a exigência de suportar dor física, por exemplo por meio de perfurações corporais para pendurar adornos ou circuncisão, com o intuito de testar e validar publicamente a masculinidade dos meninos. Em muitas sociedades indígenas norte-americanas, como a blackfoot, localizada nas Grandes Planícies, a fase de transição envolvia uma jornada espiritual na qual o menino precisava ir sozinho até um local sagrado escolhido pelos anciãos, onde passava quatro dias sem comer, rezando para os espíritos por uma visão ou revelação de seu propósito na vida e do papel que deveria desempenhar na comunidade.[10]

Sociedades que não estavam preparando seus meninos para a guerra tinham ritos de passagem muito diferentes. Em todas as comunidades judaicas, os meninos se tornam sujeitos às leis da Torá aos 13 anos, e um de seus principais deveres como homens judeus, tradicionalmente, é o estudo da Torá. O rito de passagem judaico — o bar mitsvá —, portanto, envolve um longo período de instrução por um rabino ou estudioso (que não seja o pai) até o grande dia em que o menino ocupa o lugar do rabino na cerimônia diurna do sabá para fazer a leitura em hebraico dos trechos da Torá e da Haftorá da semana.[11] Em algumas comunidades, o menino também faz um comentário sobre o que leu. É uma apresentação em público desafiadora, para um menino que em geral ainda parece uma criança.

No judaísmo, as meninas estão sujeitas aos mandamentos desde os 12 anos, provavelmente em um reconhecimento antigo de que elas entram na puberdade um ou dois anos antes dos meninos. Com exceção das congregações mais tradicionais, todas realizam uma cerimônia para as meninas idêntica ao bar mitsvá, chamada bat mitsvá (que significa "filha da lei", enquanto "bar" significa "filho"). Não é porque ritos de passagem costumavam ser separados por gênero que precisam continuar sendo até hoje.

O fato de que a maioria das sociedades costumava ter esses ritos parece sugerir que as sociedades seculares mais recentes podem estar perdendo algo importante quando abandonam ritos de passagem públicos e comunitários. Uma criança humana não se transforma em um adulto culturalmente funcional apenas através do amadurecimento biológico. As crianças se beneficiam de modelos (para a aprendizagem cultural), desafios (para estimular a antifragilidade), reconhecimento público de cada novo status (para alterar sua identidade social) e mentores que não são seus pais à medida que amadurecem e se tornam adultos competentes e prósperos. Há indícios de que as crianças *precisam* de ritos de passagem nos muito casos em que os próprios adolescentes criam de maneira espontânea ritos de iniciação que não são apoiados pelos adultos na cultura mais ampla. Na verdade, antropólogos dizem que tais ritos se dão justamente devido ao fracasso de uma sociedade em "oferecer cerimônias significativas de rito de passagem aos adolescentes".[12]

Tais construções talvez sejam mais marcantes entre grupos de meninos, especialmente quando eles precisam formar vínculos a fim de serem mais eficientes ao competir com outros grupos de meninos. Pense nos ritos de iniciação das fraternidades universitárias, sociedades secretas ou gangues de rua.[13] Quando meninos e jovens têm a liberdade de criar os próprios rituais, com frequência parece que pelo menos um deles fez um curso de introdução à antropologia. Eles criam espontaneamente rituais de separação, transição e incorporação (em grupos de pares) que nós, de fora, agrupamos sob o guarda-chuva do trote. No entanto, como esses rituais são criados com pouca ou nenhuma influência dos mais velhos, podem se tornar cruéis e perigosos. A cultura que nasce daí também pode ser perigosa para as mulheres quando esses jovens tentam demonstrar sua masculinidade aos pares de maneiras que as abusam e humilham.

As meninas também conduzem ritos de passagem, por exemplo quando uma irmandade universitária recruta novos membros. Esses ritos tendem a não incluir tanta dor física quanto os dos meninos, porém muitas vezes envolvem dor psicológica relacionada a beleza e sexualidade. Iniciadas relatam ter sido avaliadas, comparadas e constrangidas por seus traços físicos.[14]

Apesar da dor e da humilhação, muitos jovens se dispõem a participar desses ritos pela oportunidade de participar de um grupo social vinculante e fazer a transição da dependência dos pais na infância para a orientação pelos pares na juventude. Isso sugere uma necessidade profunda de pertencimento entre adolescentes, e de ritos e rituais que criam e expressam pertencimento. Podemos usar esse conhecimento para melhorar a transição dos adolescentes para a vida adulta?

POR QUE MUDAMOS A TRANSIÇÃO PARA A VIDA ADULTA?

Usei o estágio de crisálida como metáfora para a puberdade humana, porém, enquanto a lagarta se esconde e surge algumas semanas depois como borboleta, a criança humana passa pela transição para a puberdade em público e ao longo de anos. Historicamente, há inúmeros adultos, normas e rituais que ajudam essas crianças. No entanto, estudiosos identificam um desaparecimento dos ritos de passagem da adolescência nas sociedades industriais modernas, a partir do início do século XX. Tais ritos agora se restringem a tradições religiosas, como o bar mitsvá e o bat mitsvá para os judeus, as festas de 15 anos para meninas da tradição latina católica, e as cerimônias de crisma para adolescentes em muitas vertentes cristãs. É provável que esses ritos remanescentes se tornem cada vez menos transformadores, com as comunidades religiosas ganhando um papel gradualmente menos central na vida das crianças nas décadas mais recentes.[15]

Mesmo sem ritos de iniciação formais, as sociedades seculares modernas mantiveram alguns marcos de desenvolvimento até pouco tempo. Quem cresceu no mundo analógico dos Estados Unidos do século XX se lembra da época em que havia três transições de idade nacionalmente reconhecidas, que garantiam maior liberdade e exigiam mais maturidade:

- Aos 13 anos, os jovens eram considerados maduros para ir ao cinema sem os pais, porque a maioria dos filmes que eles queriam ver era para maiores de 13 anos.
- Aos 16 anos, na maioria dos estados, era permitido dirigir. Os carros eram quase sagrados para os adolescentes americanos, portanto esse era um marco importante, depois do qual um novo mundo de independência se abria. Era preciso aprender a dirigir com responsabilidade aos olhos do Estado e dos pais, ou esse privilégio era perdido.
- Aos 18 anos, os jovens eram considerados adultos. Podiam entrar em bares e comprar bebida alcoólica.[16] Também podiam comprar cigarro na maioria dos estados (embora não em todos) e votar, e os garotos eram obrigados a se alistar para um possível serviço militar. Os jovens acabavam o ensino médio em sua maioria com 18 anos, e para muitos esse era o fim da educação formal. Depois, esperava-se que os formandos entrassem na faculdade ou arranjassem um emprego. De um modo ou de outro, tratava-se de um rompimento importante com a infância e um grande passo rumo à vida adulta.

A idade costuma significar alguma coisa no mundo real. No entanto, agora que a vida é cada vez mais on-line, esse número passou a importar cada vez menos. O movimento em massa do mundo real para o virtual teve início com a ascensão da criação temerosa e o declínio gradual da infância baseada no brincar. Com a intensificação da superproteção e do segurismo nos anos 1990, os jovens começaram a se envolver menos em algumas das principais atividades adolescentes que costumavam ser associadas ao desenvolvimento, que muitas vezes exigiam um carro e permissão para ficar fora de casa, sem supervisão.

A Figura 4.1 mostra a porcentagem de alunos do último ano do ensino médio (que têm em média 18 anos) com carteira de motorista e que já haviam consumido álcool, tido um emprego ou feito sexo. Como se pode ver, a queda nesses números não teve início na década de 2010, e sim nos anos 1990 e início dos 2000.

Ao mesmo tempo que os adultos reduziam o acesso dos jovens ao mundo real, o mundo virtual se tornava mais acessível e atraente. Nos anos 1990, adolescentes millennials começaram a passar mais tempo em seus computadores conectados à internet, que se tornaram portáteis (com os laptops) e mais rápidos (com a internet banda larga). E, no mundo virtual,

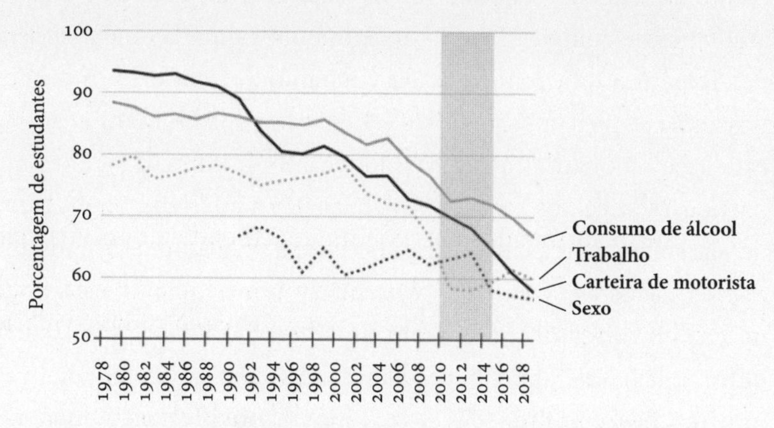

FIGURA 4.1. *A porcentagem de alunos de último ano do ensino médio que realizaram quatro atividades adultas vem caindo desde os anos 1990 ou início dos 2000, antes da Grande Reconfiguração, de 2010 a 2015.* (FONTES: Monitoring the Future e CDC Youth Risk Behavior Survey.)[17]

quase não importava a idade da pessoa. Assim que uma criança aprendia a usar o navegador, ganhava acesso ilimitado a tudo o que havia na rede. No início da década de 2010, assim que tiveram seus celulares básicos substituídos por smartphones, os adolescentes passaram a ter tudo isso disponível o tempo todo. Não existe equivalente às classificações etárias dos cinemas no mundo da internet. Redes sociais como Instagram, Snapchat e TikTok não verificam a idade mínima de 13 anos.[18] As crianças ficam livres para fazer o que querem, inclusive jogar jogos on-line e trocar mensagens e fotos com adultos desconhecidos. Sites de pornografia aceitam crianças, basta que elas cliquem na caixinha dizendo ter 18 anos ou mais. Sites de pornografia podem ensinar como fazer sexo anal muito antes de elas terem dado seu primeiro beijo.

Quando uma criança passa a usar a internet, não há nenhuma idade limite a partir da qual ela ganha mais autonomia ou direitos. Na internet, todo mundo tem a mesma idade, que não é nenhuma idade específica. Esse é um dos principais motivos pelos quais a adolescência baseada no celular não tem como atender as necessidades dos adolescentes.

Em resumo, os adultos estão franqueando à geração Z, muitas vezes com boas intenções, coisas que os impedem de vivenciar uma progressão amplamente compartilhada e socialmente validada da dependência da infância para a independência da vida adulta. Interferimos no crescimento dos adolescentes nos anos 1980 e 1990 quando eliminamos o risco na brincadeira e ampliamos a supervisão e o monitoramento adulto. Em contrapartida, oferecemos a eles acesso ilimitado à internet, removendo os limites de idade que marcavam o caminho para a vida adulta. Alguns anos depois, demos a seus irmãos mais novos smartphones quando eles ainda estavam no ensino fundamental 2. Com uma geração viciada em smartphones (e outras telas) *antes* da puberdade, restou pouco espaço em meio ao fluxo de informações entrando por seus olhos e ouvidos para mentores que os guiassem *durante* a puberdade em suas comunidades no mundo real. Eles encontraram apenas um rio infinito de experiências digitais, customizado para obter o máximo de cliques e receita de anúncios de cada criança, a ser consumido a sós no quarto. Os anos de "distanciamento social" e a transferência da vida para o on-line durante a pandemia de covid só pioraram a situação.

No entanto, não precisa ser assim.

CONSTRUINDO UMA ESCADA ENTRE A INFÂNCIA E A VIDA ADULTA

Um país grande, secular e diverso em termos de raça, religião e política talvez não seja capaz de criar ritos de passagem compartilhados com orientação moral, como a cerimônia do nascer do sol dos apaches. No entanto, apesar de nossas diferenças, todos queremos que nossos filhos se tornem adultos socialmente competentes e mentalmente saudáveis que conseguem cuidar de sua vida, sustentar-se e estabelecer laços românticos estáveis. Se concordamos com isso, não conseguiremos concordar quanto a normas que estabeleçam alguns dos passos no caminho? É importante ressaltar que se trataria sobretudo de normas, e não leis, que os pais poderiam escolher seguir ou ignorar. Envolver-se em rituais baseados em normas comuns e compartilhar marcos pode ser mais eficaz que as práticas que cada família inventa para si.

Para iniciar a conversa, sugiro nos concentrarmos em aniversários bienais entre as idades de 6 e 18 anos. Podemos tornar esses aniversários mais importantes, relacionando-os a novas liberdades e responsabilidades, e a aumentos significativos na mesada. Queremos que as crianças sintam que estão subindo uma escada com degraus claramente identificados, e não só tendo uma festa anual com jogos, bolo e presentes. Poderia ser mais ou menos assim:

6 anos: a idade da responsabilidade familiar. As crianças são formalmente reconhecidas como colaboradoras importantes para o lar, e não apenas dependentes. Elas poderiam, por exemplo, receber uma pequena lista de tarefas e algum dinheiro por semana relacionado à sua realização.[19]

8 anos: a idade da liberdade local. Dá-se às crianças a liberdade de brincar e se reunir em grupos sem a supervisão de adultos. Elas precisam demonstrar que podem cuidar umas das outras, e começam a realizar tarefas nas redondezas, se houver estabelecimentos a uma curta caminhada ou trajeto de bicicleta. Não receberão smartphones, apenas um celular ou relógio feito para crianças que lhes permita ligar ou mandar mensagem para um número pequeno de pessoas (como seus pais e irmãos).

10 anos: a idade da perambulação. Pré-adolescentes se tornam livres para vagar mais amplamente, talvez num raio equivalente àquele que seus pais podiam circular aos 8 ou 9 anos. Eles devem demonstrar bom senso e fazer mais para ajudar a família. Considerando sua mobilidade e responsabilidade maiores, um celular básico, com alguns aplicativos e sem acesso à internet, pode ser dado de aniversário. O contraturno da escola não deve ser majoritariamente preenchido por atividades de "enriquecimento" guiadas por adultos; as crianças precisam de tempo livre para encontrar os amigos cara a cara.

12 anos: a idade da aprendizagem. Nessa, que é a idade em que muitas sociedades conduzem seus ritos de iniciação, os adolescentes devem começar a encontrar mentores e modelos adultos além de seus pais. Também devem ser encorajados a começar a ganhar seu próprio dinheiro realizando tarefas para vizinhos e parentes, como varrer as folhas do jardim ou ajudar uma mãe da vizinhança com o filho pequeno. Eles ainda podem ser incentivados a passar mais tempo com parentes de confiança, sem a presença dos pais.

14 anos: a transição para o ensino médio. Ao completarem 14 anos, as crianças estão em meio à transição para o ensino médio, uma mudança importantíssima, que envolve mais independência e mais pressão acadêmica, de tempo e social. Atividades como o trabalho remunerado e equipes esportivas são boas maneiras de descobrir que o esforço traz recompensas tangíveis e prazerosas. Seria razoável estabelecer como norma nacional (e não lei) a entrada no ensino médio como a idade mínima para o primeiro smartphone.[20]

16 anos: o início da vida adulta na internet. Esse deve ser um ano importante em termos de independência, desde que antecedido de provas concretas de responsabilidade e crescimento. O Congresso americano precisa desfazer o erro cometido em 1998, quando determinou que 13 anos era a idade em que crianças podiam assinar contratos com corporações para abrir contas e entregar seus dados, mesmo sem o conhecimento ou consentimento dos pais. Acredito que essa idade deva ser alterada para 16 anos e confirmada. O aniversário de 16 anos se tornaria um marco importante, no qual diríamos aos adolescentes: "Agora você pode tirar sua carteira de motorista e assinar certos tipos de contratos sem necessidade do consentimento de seus responsáveis. Também pode abrir contas nas redes sociais". (Há bons argumentos para aguardar até os 18 anos, porém acredito que 16 deveria ser a idade *mínima* estabelecida por lei.)

18 anos: o início da maioridade legal. Esse aniversário preservaria toda a sua importância legal: a partir dele, o jovem poderá votar, se alistar, assinar todo tipo de contrato e tomar as próprias decisões. Como nos Estados Unidos ele ocorre perto da formatura no ensino médio, nos termos de Van Gennep, deveria ser tratado tanto como a *separação* da infância quanto como o início do período de *transição* para a próxima fase da vida.

21 anos: plena maioridade legal. Nos Estados Unidos e em muitos países, esse é o último aniversário com um significado em termos legais: permissão para comprar álcool e cigarro, entrar em cassinos e criar uma conta em sites de aposta esportiva. Aos 21 anos, o jovem se torna um adulto pleno aos olhos da lei.

Essas são minhas sugestões de caminho rumo à vida adulta em uma sociedade moderna secular. Seu ambiente pode ser diferente e seu filho pode precisar seguir outro caminho, numa velocidade diferente. Mas não devemos permitir que essas variações nos forcem a remover *todos* os marcos e deixar as crianças à deriva, sem padrões compartilhados ou liberdades e responsabilidades maiores de acordo com a idade. Crianças não se tornam adultos integralmente funcionais por conta própria. Devemos estabelecer alguns passos que possam seguir com o intuito de ajudá-los a chegar lá.

RESUMINDO

- O início da puberdade é o segundo período de reconfiguração cerebral mais rápida da vida, ficando atrás apenas dos primeiríssimos anos. A poda neural e a mielinização ocorrem a uma velocidade muito acelerada, guiada pelas experiências dos adolescentes. Deveríamos nos preocupar com essas experiências e impedir que sejam escolhidas por desconhecidos e algoritmos.
- O segurismo é um inibidor de experiência. Quando tornamos a segurança da criança um valor quase sagrado e não lhe permitimos correr riscos, impedimos que elas superem a ansiedade, aprendam a gerenciar riscos e a ter autonomia — habilidades essenciais para se tornarem adultos saudáveis e competentes.
- Smartphones também são inibidores de experiência. Depois que entram na vida da criança, afastam ou reduzem todas as outras formas de experiências não centradas em celulares, que é o tipo de que seus cérebros expectantes de experiência mais precisam.

- Ritos de passagem são conjuntos de experiências cuidadosamente selecionados por sociedades humanas para ajudar os adolescentes a fazer a transição para a vida adulta. Van Gennep salientou que, em geral, esses rituais têm uma fase de separação, uma de transformação e uma de reincorporação.
- Sociedades ocidentais eliminaram muitos ritos de passagem, e o mundo digital que se abriu nos anos 1990 acabou eliminando a maior parte dos marcos e obscurecendo o caminho para a vida adulta. Depois que as crianças começaram a passar muito ou a maior parte de seu tempo na internet, os estímulos a seu cérebro em desenvolvimento se tornaram torrentes não diferenciadas, sem classificação ou restrições etárias.
- Mesmo uma sociedade grande, diversa e secular (como os Estados Unidos ou o Reino Unido) pode concordar com um conjunto de marcos que estabelecem aumentos graduais nas liberdades e responsabilidades.

Assim, concluímos a Parte II deste livro, que apresentou os precedentes da Grande Reconfiguração da Infância ocorrida entre 2010 e 2015. Expliquei por que a infância humana conta com certas características únicas e por que uma infância baseada no brincar se encaixa tão bem com elas. Mostrei evidências de que a infância baseada no brincar entrou em declínio bem antes da chegada dos smartphones. Agora, avançaremos para a Parte III, na qual contarei o que aconteceu quando os adolescentes trocaram seus celulares básicos por smartphones, processo que teve início no fim da década de 2000 e se acelerou no início da seguinte. Apresentarei evidências de que essa nova infância baseada no celular é ruim para as crianças e adolescentes, e demonstrarei que seus danos vão muito além de uma piora na saúde mental.

PARTE III
A GRANDE RECONFIGURAÇÃO:
A ASCENSÃO DA INFÂNCIA BASEADA NO CELULAR

5. Os quatro prejuízos fundamentais: privação social, privação de sono, atenção fragmentada e vício

Em uma manhã de 2016, durante uma viagem de família a Vermont, minha filha de 6 anos estava jogando no meu iPad. Então ela me disse: "Papai, você pode tirar o iPad de mim? Estou tentando tirar os olhos dele, mas não consigo". Ela havia sido pega pelo *esquema de reforço de razão variável* gerenciado pelos desenvolvedores do jogo, a segunda maneira mais poderosa de controlar o comportamento de um animal, atrás apenas de implantar eletrodos em seu cérebro.

Em 1911, em um dos experimentos que fundamentaram a psicologia, Edward Thorndike trancou gatos famintos em "caixas-problema". Tratava-se de pequenas gaiolas das quais os animais poderiam escapar e se alimentar caso se comportassem de determinada maneira, por exemplo, puxando um anel preso a uma corrente que abria o trinco. Os gatos se debatiam, infelizes, tentando escapar, e uma hora acabavam solucionando o problema. E o que você acha que acontecia quando o mesmo gato voltava a ser colocado na mesma caixa? Sua primeira tentativa envolvia o anel? Não. Thorndike descobriu que, de novo, os gatos se debatiam, embora na média encontrassem a solução um pouco mais rápido agora, e um pouco mais rápido na vez seguinte, até chegar ao comportamento que lhes rendia sua fuga imediata. Havia sempre uma curva de aprendizagem, em vez de um momento em que o gato "entendia" o que precisava fazer, seguida por uma redução drástica no tempo marcado.

Foi assim que Thorndike descreveu a aprendizagem do gato: "Entre os muitos impulsos acidentais, o impulso que leva ao prazer se fortalece e fica gravado". Ele ainda disse que a aprendizagem animal é "a abertura, pelo uso, de um caminho no cérebro, e não as decisões de uma consciência racional".[1] Procure lembrar disso sempre que você vir alguém (incluindo você) fazendo movimentos repetitivos em uma tela sensível ao toque, como se em transe: "a abertura, pelo uso, de um caminho no cérebro".

Meu objetivo na Parte III deste livro é examinar as evidências dos prejuízos em diversas frentes causados pela Grande Reconfiguração. A rápida mudança de celulares básicos para smartphones com internet banda larga e aplicativos de redes sociais criou a infância baseada no celular, que abriu muitos novos caminhos no cérebro da geração Z. Neste capítulo, descrevo os quatro prejuízos fundamentais da nova infância baseada no celular, que impactam meninos e meninas de todas as idades: privação social, privação de sono, atenção fragmentada e vício. Depois, no capítulo 6, explico os principais motivos pelos quais as redes sociais têm sido especialmente prejudiciais para as meninas, incluindo a comparação social crônica e a agressão relacional. No capítulo 7, examino o que está dando errado para os meninos, cuja saúde mental não decaiu de maneira tão repentina quanto a das meninas, mas que há muitas décadas vêm se retirando do mundo real e investindo cada vez mais no mundo virtual. No capítulo 8, mostro que a Grande Reconfiguração incentiva hábitos exatamente opostos à sabedoria acumulada de tradições filosóficas e culturais de todo o mundo. Também vou mostrar como podemos recorrer a práticas espirituais antigas atrás de orientação sobre como viver nessa época tão confusa e opressiva. Antes, no entanto, preciso explicar o que é a infância baseada no celular e de onde ela veio.

Quando anunciou o primeiro iPhone, em junho de 2007, Steve Jobs o descreveu como "um iPod widescreen com controle por toque, um celular revolucionário, um inovador dispositivo de comunicação pela internet"[2]. A primeira versão era bastante simples, pelos padrões de hoje, e não tenho motivos para acreditar que fosse nociva à saúde mental. Comprei um em 2008 e descobri que era uma espécie de canivete-suíço, cheio de ferramentas às quais poderia recorrer quando necessário. Tinha até lanterna! O aparelho não fora pensado para ser viciante ou monopolizar minha atenção.

Isso logo mudou, com a introdução de kits de desenvolvimento de software, que passaram a permitir o download de aplicativos de terceiros. Esse movimento revolucionário culminou no lançamento da App Store pela Apple, em julho de 2008, com quinhentos aplicativos disponíveis. Em outubro de 2008, o Google fez o mesmo com o Android Market, que em 2012 foi expandido e ganhou o nome de Google Play. Em setembro de 2008, a App Store já tinha mais de 3 mil aplicativos, e em 2013, mais de 1 milhão.[3] O Google Play cresceu junto, chegando a 1 milhão de aplicativos em 2013.[4]

A abertura dos smartphones a terceiros culminou numa concorrência feroz entre empresas grandes e pequenas, no intuito de criar aplicativos mais atraentes. Os vencedores dessa corrida muitas vezes eram aqueles que adotavam o modelo "gratuito com anúncios", porque pouca gente se dispunha a pagar por um aplicativo que a concorrência oferecia de graça. A proliferação de aplicativos financiados por publicidade causou uma mudança na natureza do tempo gasto no smartphone. No início da década de 2010, nossos celulares transformaram-se de canivetes-suíços em plataformas nas quais as empresas competiam para ver quem conseguia manter a atenção dos olhos humanos por mais tempo.[5]

Aqueles com menor força de vontade e maior vulnerabilidade à manipulação eram, claro, as crianças e os adolescentes, cujo córtex pré-frontal ainda está em desenvolvimento. A forte atração das crianças por tela é visível desde o advento da televisão, porém elas não tinham como carregá-la quando iam para a escola, ou quando saíam para brincar. Antes do iPhone, as crianças tinham um tempo limitado de tela, de modo que sobrava tempo para o brincar e para conversas cara a cara. No entanto, com a explosão de aplicativos de smartphone como o Instagram bem quando os adolescentes e pré-adolescentes estavam passando de celulares básicos para smartphones, houve uma mudança qualitativa na natureza da infância. Em 2015, mais de 70% dos adolescentes americanos levavam consigo uma tela sensível ao toque,[6] e essas telas se tornaram muito melhores em capturar a atenção dos usuários, mesmo quando eles estivessem com amigos. É por isso que estabeleço o início da infância baseada no celular na década de 2010.

Como disse na introdução, uso o termo "baseada no celular" no sentido mais amplo, incluindo *todos os dispositivos conectados à internet*. No fim dos anos 2000 e no início da década de 2010, muitos desses aparelhos, em especial video games como PS3 e Xbox 360, ganharam acesso à internet, introduzindo anúncios e novos incentivos comerciais a plataformas que antes se encerravam em si. Como laptops com internet banda larga oferecem acesso a redes sociais, jogos on-line e plataformas de streaming grátis com vídeos produzidos por usuários (incluindo YouTube e sites pornográficos), também são parte da infância baseada no celular. O termo "infância" também é usado em seu sentido mais amplo, incluindo tanto a infância como a adolescência.

AS REDES SOCIAIS E SUAS TRANSFORMAÇÕES

As redes sociais evoluíram com o tempo,[7] porém há pelo menos quatro características comuns às plataformas: *perfis de usuários* (usuários podem criar perfis individuais onde compartilhar informações pessoais e interesses), *conteúdo gerado por usuários* (usuários podem criar e compartilhar para uma ampla audiência diversos conteúdos, incluindo textos, fotos, vídeos e links), *networking* (usuários podem se conectar com outros usuários, seguindo seu perfil, ficando amigos ou participando dos mesmos grupos) e *interatividade* (usuários interagem uns com os outros e com o conteúdo que compartilham; interações podem incluir curtir, comentar, compartilhar ou mandar mensagem privada). As plataformas de rede social mais comuns, como Facebook, Instagram, Twitter, Snapchat, TikTok, Reddit e LinkedIn, apresentam essas quatro características, assim como o YouTube (embora ele seja mais usado como biblioteca de vídeos) e a Twitch, popular plataforma de streaming de jogos on-line. Até mesmo os sites modernos de conteúdo adulto, como o OnlyFans, adotaram essas características. Já aplicativos de mensagens, como o WhatsApp e o Facebook Messenger, não contam com elas, e, embora certamente sejam sociais, não são considerados redes sociais.

Uma mudança transformacional na natureza das redes aconteceu por volta de 2010, tornando-as mais prejudiciais aos jovens. Nos primórdios de Facebook, Myspace e Friendster (todos fundados entre 2002 e 2004), chamávamos esses serviços de *sistemas de networking social*, porque tratavam principalmente de conectar indivíduos, como antigos colegas de ensino médio ou fãs de uma banda. No entanto, por volta de 2010, houve uma série de inovações que modificaram esses serviços.

Em primeiro lugar, e o mais importante, em 2009, o Facebook introduziu o "curtir", e o Twitter, o "retuíte", inovações imitadas por outras plataformas, tornando possível a disseminação viral de conteúdo. Essas inovações quantificavam o sucesso de cada publicação e incentivavam usuários a causar o máximo de impacto, o que às vezes implicava fazer comentários mais extremos ou expressar mais raiva e aversão.[8] Ao mesmo tempo, o Facebook começou a usar feeds de notícias selecionadas por algoritmo, logo seguido por outras plataformas, que escolhiam conteúdos com maiores chances de engajamento. As notificações na tela inicial do celular foram introduzidas em 2009, mantendo o usuário engajado o tempo todo. As lojas de aplicativos trouxeram novas plataformas baseadas em anúncios para os smartphones. As câmeras frontais (2010) facilitaram tirar fotos e vídeos de si mesmo. E a internet de alta velocidade se disseminou de maneira acelerada (atingindo 61% dos lares americanos em janeiro de 2010),[9] facilitando o consumo rápido de tudo.

No início da década de 2010, os sistemas de "networking" social que haviam sido (majoritariamente) estruturados para conectar pessoas se transformaram em "plataformas" de rede social, repensadas (majoritariamente) para incentivar performances públicas de um para muitos em busca de validação não só de amigos, mas de desconhecidos. Até usuários que não publicam ativamente são afetados pelas estruturas de incentivo desses aplicativos.[10]

Essas mudanças explicam por que a Grande Reconfiguração teve início por volta de 2010 e por que estava concluída em 2015. Crianças e adolescentes, que passavam cada vez mais tempo em casa, isolados pela mania nacional de superproteção, se voltaram cada vez mais para sua coleção cada vez maior de dispositivos com internet, que ofereciam recompensas cada vez mais atraentes e variadas. A infância baseada no brincar chegava ao fim; era o início da infância baseada no celular.

O CUSTO DE OPORTUNIDADE DA INFÂNCIA BASEADA NO CELULAR

Vamos supor que um vendedor de uma loja de eletrônicos lhe diz que tem um produto novo para entreter sua filha de 11 anos — mais até que a televisão —, sem efeitos colaterais de qualquer tipo, mas com benefícios mínimos além de entretenimento. Quanto esse produto valeria para você?

É impossível responder a essa pergunta sem saber o *custo de oportunidade*. Economistas definem esse termo como a perda de outros ganhos em potencial ao se escolher determinada alternativa. Vamos supor que você vai abrir um negócio e está pensando em desembolsar 2 mil dólares para fazer um curso de design gráfico em uma universidade local, para incrementar o material de marketing da empresa. Você não pode se perguntar apenas se folhetos e sites mais atraentes fariam com que os 2 mil investidos retornassem a você. É preciso considerar todas as outras coisas que você poderia ter feito com o dinheiro — e, talvez o mais importante, de que outra maneira você poderia ter contribuído para o negócio com o *tempo* que investiu no curso.

Assim, quando o vendedor diz que o produto é grátis, você deve se perguntar sobre o custo de oportunidade. Quanto tempo uma criança média dedica ao produto? Cerca de quarenta horas por semana, no caso de pré-adolescentes como sua filha, segundo ele. Entre 13 e 18 anos, mais para cinquenta horas por semana. Isso não faria você ir embora da loja?

Esse tempo — de seis a oito horas por dia — é o que os adolescentes dedicam a todas as atividades de lazer baseadas em telas.[11] É claro que crianças já passavam grande parte do tempo vendo TV e jogando videogame antes que os smartphones e a internet se tornassem parte de seu cotidiano. Estudos de longo prazo demonstraram que o adolescente americano médio assistia a um pouco menos de três horas diárias de TV no início dos anos 1990.[12] Com a maioria das famílias obtendo acesso à internet discada nessa década e à internet banda larga na seguinte, o tempo gasto em atividades na internet aumentou, enquanto diminuiu aquele vendo TV. As crianças também começaram a passar mais tempo jogando video game e menos lendo livros e revistas. Somando tudo, a Grande Reconfiguração e a ascensão da era da infância baseada no celular parecem ter *acrescentado* de duas a três horas de atividades baseadas em telas, na média, ao dia da criança. Esses números variam de acordo com classe social (são mais altos entre as famílias de baixa renda que entre as famílias de alta renda), raça (são mais altos entre as famílias negras e latinas que entre as famílias brancas e asiáticas)[13] e status de minoria sexual (são mais altos entre jovens LGBTQIAP+).[14]

Os esforços dos pesquisadores para medir o tempo de tela provavelmente erram para menos. Com uma pergunta ligeiramente diferente, o Pew Research descobriu que um terço dos adolescentes diz estar "quase sempre" em uma das principais redes,[15] e 45% dos adolescentes relataram usar a internet "quase sempre". Então mesmo que o adolescente médio relate "apenas" sete horas de lazer com telas por dia, considerando todo o tempo que eles passam *pensando* nas redes sociais enquanto fazem outras coisas no mundo real, dá para entender por que quase metade dos adolescentes diz ficar on-line quase o tempo todo. Isso significa cerca de dezesseis horas ao dia — 112 na semana — em que não estão totalmente presentes, independentemente do que estiver acontecendo à sua volta. Esse tipo de uso contínuo muitas vezes envolvendo duas ou três telas ao mesmo tempo não era possível antes que telas sensíveis ao toque coubessem nos bolsos das crianças. Ele tem implicações gigantescas na cognição, no vício e na abertura de caminhos no cérebro pelo uso, sobretudo durante o período sensível da puberdade.

Em *Walden*, sua reflexão de 1854 sobre uma vida simples, Henry David Thoreau escreveu: "O custo de algo é a quantidade do que chamo de vida que é exigida em troca, imediatamente ou no longo prazo".[16] Então qual era o custo de oportunidade para crianças e adolescentes quando eles começaram a passar seis, oito ou talvez até dezesseis horas diárias interagindo com seus dispositivos? Isso substituiu áreas da vida necessárias para o desenvolvimento saudável?

PRIMEIRO PREJUÍZO: PRIVAÇÃO SOCIAL

Crianças precisam de muito tempo para brincar umas com as outras, cara a cara, e assim promover o desenvolvimento social.[17] No entanto, como mostrei no capítulo 2, a porcentagem de alunos do último ano do ensino médio que diziam encontrar os amigos "quase todo dia" caiu vertiginosamente depois de 2009.

A diminuição do tempo passado com os amigos pode ser observada em mais detalhes na Figura 5.1, de um estudo sobre como os americanos de todas as idades passavam seu tempo.[18] O gráfico mostra o número de minutos diários em média que pessoas de diferentes faixas etárias passam com os amigos. Não chega a ser surpresa que a faixa mais jovem (15-24 anos) seja a que mais fica com os amigos, em comparação com as faixas mais velhas, cujos integrantes têm uma probabilidade maior de ser casados e trabalhar. A diferença era enorme no começo dos anos 2000, mas já estava diminuindo, e essa aproximação acelerou depois de 2013. Os dados de 2020 foram coletados após o início da pandemia de covid, o que explica a curva para baixo no último ano para as duas faixas mais velhas. No entanto, entre a faixa mais nova, não há curva em 2019. O declínio causado pelo primeiro ano de restrições em virtude da pandemia não foi maior que o do ano anterior à chegada da covid. Em 2020, começamos a dizer a todos que evitassem contato com qualquer um fora de sua "bolha", porém os membros da geração Z já vinham praticando o distanciamento social desde que ganharam seus primeiros smartphones.

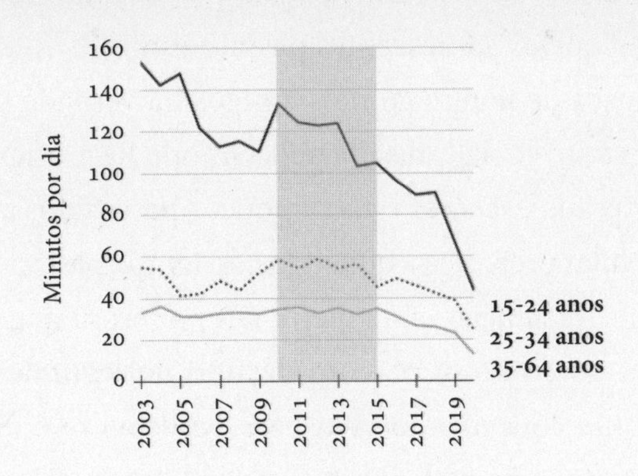

FIGURA 5.1. *Média diária de minutos passados com os amigos. Apenas a faixa mais jovem mostra uma queda brusca antes da coleta de dados de 2020, que foi realizada depois que as restrições relacionadas à pandemia de covid tiveram início.* (FONTE: American Time Use Study.)[19]

É claro que, na época, talvez os adolescentes não pensassem que estavam perdendo amigos; só pensavam que sua amizade estava passando da vida real para Instagram, Snapchat ou jogos on-line. Não dá no mesmo? Não. Como Jean Twenge demonstrou, adolescentes que passam mais tempo nas redes têm maiores chances de sofrer de depressão, ansiedade e outros transtornos, enquanto aqueles que passam mais tempo com grupos de jovens (praticando um esporte ou numa comunidade religiosa) têm uma saúde mental melhor.[20]

Faz sentido. Crianças precisam do brincar físico, cara a cara, síncrono e corporificado. O brincar mais saudável ocorre ao ar livre e inclui riscos físicos ocasionais e aventura e emoções fortes. Falar por FaceTime com amigos próximos é bom e se assemelha às antigas ligações telefônicas, com o acréscimo do visual. Já ficar sentado sozinho no quarto, consumindo um feed infinito de conteúdo alheio, ou jogar on-line sem parar, com um grupo sempre mutante de amigos e desconhecidos, ou publicar seu próprio conteúdo e aguardar que outras crianças (ou desconhecidos) curtam ou comentem, isso está tão distante do que as crianças precisam que essas atividades não podem ser consideradas novas formas saudáveis de interação adolescente — trata-se de alternativas que, por consumirem tantas horas, reduzem o tempo que os adolescentes passam juntos.

A queda brusca de tempo com os amigos na verdade faz com que *subestimemos* a privação social causada pela Grande Reconfiguração, porque, mesmo quando os adolescentes estão a poucos passos dos amigos, a infância baseada no celular prejudica a qualidade do tempo passado juntos. Smartphones atraem nossa atenção de maneira tão poderosa que mesmo se apenas vibrarem em nosso bolso por um décimo de segundo muitos de nós interromperão uma conversa ao vivo para verificar se é uma notificação importante. Em geral, não pedimos ao interlocutor que pare de falar; simplesmente pegamos o telefone e passamos um tempo mexendo nele, fazendo com que a pessoa conclua que é menos importante que qualquer notificação. Quando a pessoa com quem você está conversando pega o celular,[21] ou mesmo quando há um aparelho no seu campo de visão[22] (nem precisa ser o seu), a qualidade e a intimidade da interação social são reduzidas. Conforme as tecnologias baseadas em tela passarem de nossos bolsos para nossos pulsos, e de nossos headsets para nossos óculos de realidade virtual, nossa habilidade de prestar atenção plena nos outros provavelmente piorará ainda mais.

Ser ignorado é doloroso em qualquer idade. Agora imagine ser um adolescente e tentar descobrir quem você realmente é e onde se encaixa enquanto todo mundo te diz, indiretamente: "Você não é tão importante quanto as pessoas no meu telefone". E agora imagine ser uma criança. Em uma pesquisa de 2014 conduzida pela revista *Highlights* com crianças de 6 a 12 anos, 62% delas relataram que seus pais "com frequência" estavam "distraídos" quando falavam com eles.[23] Quando lhes perguntaram o motivo da distração, o celular foi a principal resposta. E os pais sabem que estão ignorando seus filhos. Em uma pesquisa de 2020 do Pew Research, 68% dos pais disseram que às vezes ou com frequência se distraíam com o telefone enquanto estavam com os filhos. Os números foram mais altos para pais mais jovens e com ensino superior completo.[24]

A Grande Reconfiguração devastou a vida social da geração Z ao conectá-la com o mundo todo e desconectá-la das pessoas a seu redor. Como um universitário canadense me escreveu:

> A geração Z é um grupo de pessoas incrivelmente isoladas. Nossas amizades são rasas, os relacionamentos românticos são supérfluos e ambos são mediados e governados em grande medida pelas redes sociais. [...] É fácil perceber que quase não existe um senso de comunidade no campus. Muitas vezes, chego mais cedo a uma aula e dou com trinta ou mais alunos sentados em completo silêncio, totalmente concentrados nos smartphones, com medo de falar e ser ouvidos pelos outros. Isso leva a ainda mais isolamento e um enfraquecimento da identidade e da confiança. Sei porque eu mesmo vivenciei isso.[25]

SEGUNDO PREJUÍZO: PRIVAÇÃO DE SONO

Há muito pais sofrem para fazer os filhos dormirem cedo quando há aula no dia seguinte, e os smartphones dificultam isso ainda mais. O padrão de sono natural se altera durante a puberdade.[26] Os adolescentes começam a se deitar mais tarde, porém, como suas manhãs durante a semana são ditadas pelo início da aula, não podem dormir até mais tarde. O que acontece é que a maioria simplesmente dorme menos do que seu cérebro e seu corpo precisam. É uma pena, porque o sono é vital para o bom desempenho na escola e na vida, sobretudo durante a puberdade, quando o cérebro se reconfigura ainda mais rápido do que nos anos anteriores. Adolescentes com privação de sono não conseguem se concentrar ou apresentar uma memória tão boa quanto adolescentes que dormem o suficiente.[27] Isso prejudica seu aprendizado e suas notas,[28] assim como seu tempo de reação, sua tomada de decisões e suas habilidades motoras, o que eleva o risco de acidentes.[29] Eles ficam mais irritáveis e ansiosos ao longo do dia, de modo que seus relacionamentos sofrem também. A privação de sono persistente afeta outros sistemas fisiológicos, o que pode levar a ganho de peso, imunossupressão e outros problemas de saúde.[30]

Adolescentes precisam de mais sono que adultos — pelo menos oito horas por noite, enquanto pré-adolescentes precisam de nove.[31] Em 2001, um proeminente especialista em sono escreveu: "quase todos [...], quando chegam à puberdade, se tornam zumbis, porque dormem muito pouco".[32] Na época, a privação de sono vinha aumentando já fazia uma década, como pode ser visto na Figura 5.2. Depois, ela se manteve estável até o início da década de 2010. E, após 2013, voltou a aumentar.

Será só coincidência, ou há indícios que ligam diretamente o aumento nos problemas de sono ao advento da infância baseada no celular? Há muitos indícios. Uma revisão de 36 estudos correlacionais encontrou associações significativas entre o uso elevado de redes e um sono ruim, e entre o

ADOLESCENTES QUE DORMEM MENOS DE SETE HORAS

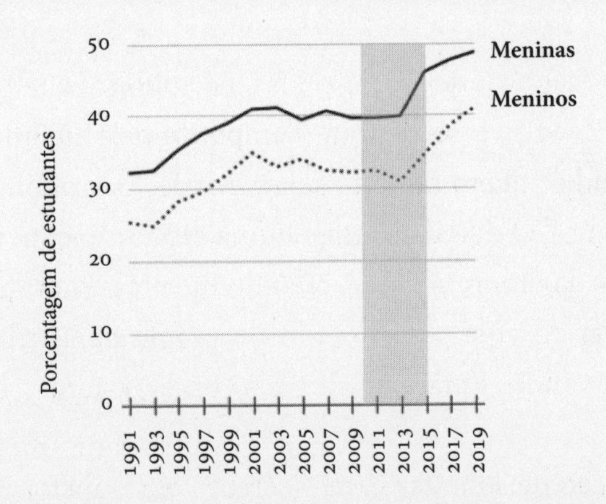

FIGURA 5.2. *Porcentagem de estudantes americanos (do oitavo ano do ensino fundamental e primeiro e terceiro anos do ensino médio) que têm menos de oito horas de sono na maioria das noites.* (FONTE: Monitoring the Future.)[33]

uso elevado de redes e piora na saúde mental.[34] Essa mesma revisão mostrou que o uso elevado de redes em determinado momento resultava em problemas de sono e uma piora na saúde mental posteriormente. Um experimento descobriu que adolescentes que restringiram o uso de telas ao longo de duas semanas depois das nove da noite quando tinham aula no dia seguinte apresentaram um tempo total de sono maior, foram dormir mais cedo e tiveram um desempenho melhor em uma tarefa que exigia atenção e reação rápida.[35] Outros experimentos, usando várias telas (incluindo leitores digitais, jogos on-line e computadores), descobriram que seu uso tarde da noite atrapalha o sono.[36] Assim, não se trata apenas de correlações, e sim de relações causais.

Faz sentido, inclusive intuitivamente. Em um estudo liderado por Jean Twenge abarcando um vasto conjunto de dados do Reino Unido, "o uso excessivo de telas foi associado a menor duração do sono, latência para o sono aumentada e mais despertares durante a noite".[37] Os distúrbios de sono foram maiores entre aqueles que usavam redes sociais ou acessavam a internet da cama.[38]

Não foram apenas as redes sociais nos smartphones que perturbaram o sono da geração Z; a privação de sono é ampliada pela facilidade de acesso a outras atividades altamente estimulantes no smartphone, incluindo jogar e ver streaming.[39] O CEO da Netflix, numa discussão com investidores sobre os resultados da empresa, disse, quando lhe perguntaram sobre seus concorrentes: "Quando você assiste a um programa na Netflix e se vicia nele, fica até tarde vendo. Então, no fim das contas, estamos competindo com o sono".[40]

O que a privação de sono faz com o cérebro em transformação acelerada dos adolescentes? Para responder a essa pergunta, podemos recorrer às descobertas do Adolescent Brain Cognitive Development Study [Estudo do desenvolvimento cognitivo do cérebro adolescente], que fez exames de imagem no cérebro de mais de 11 mil crianças de 9 e 10 anos de idade em 2016 e as seguiu em sua passagem pela puberdade e pela adolescência. Esses dados deram origem a centenas de artigos acadêmicos, e vários examinaram os efeitos da privação de sono. Por exemplo, um estudo de 2020 descobriu que uma perturbação maior do sono e um tempo total de sono menor estavam associados a uma pontuação de internalização maior (o que inclui depressão) e a uma pontuação de externalização maior (que inclui agressão e outras ações antissociais associadas com a falta de controle dos impulsos).[41] Também se descobriu que o nível da perturbação do sono no começo do estudo "previa de maneira significativa a depressão e os níveis de internalização e externalização um ano depois". Em outras palavras, quando você tem um sono truncado ou perturbado, as chances de depressão e problemas comportamentais são maiores. E os efeitos foram mais expressivos entre as meninas.

Em resumo, crianças e adolescentes precisam dormir muito para terem um desenvolvimento cerebral saudável e um nível de atenção e um humor satisfatórios no dia seguinte. Quando telas são permitidas no quarto, muitos as utilizam até tarde da noite — principalmente se tiverem uma tela pequena, que possa ser manipulada debaixo do cobertor. A piora do sono relacionada a telas provavelmente foi um fator que contribuiu para a grande onda de transtornos mentais na adolescência que varreu muitos países no início da década de 2010.

TERCEIRO PREJUÍZO: ATENÇÃO FRAGMENTADA

O conto "Harrison Bergeron", escrito por Kurt Vonnegut em 1961, se passa em um Estados Unidos futurístico e ultraigualitário, onde, por uma emenda constitucional, ninguém tem o direito de ser mais inteligente, bonito ou fisicamente capaz que os outros. O "nivelador geral" é o funcionário do governo encarregado de garantir a igualdade de habilidades e resultados. Pessoas com QI elevado precisam usar um fone de ouvido que a cada vinte segundos produz uma variedade de ruídos altos que têm o intuito de interromper o pensamento, o que reduz a inteligência da pessoa à inteligência funcional do cidadão médio.

Lembrei desse conto alguns anos atrás, quando comecei a conversar com meus alunos sobre o impacto dos celulares em sua produtividade. Desde o fim dos anos 1990, o envio de mensagens é o meio de comunicação básico dos jovens. Eles tiram o som, o que na prática significa que o aparelho vibra o tempo todo, sobretudo em virtude dos grupos de conversa. Mas a situação é muito pior do que eu imaginava. A maioria deles recebe notificações de dezenas de aplicativos, incluindo de mensagens (como WhatsApp), redes sociais (Instagram e Twitter) e uma variedade de sites que enviam alertas com as últimas notícias sobre política, esportes e a vida amorosa das celebridades. Meus alunos de MBA (que em sua maioria têm vinte e muitos anos) também usam aplicativos voltados para o trabalho, como o Slack. O celular da maioria deles também vibra toda vez que eles recebem um e-mail.

De acordo com um estudo,[42] somando os principais aplicativos sociais e de comunicação, o número médio de notificações por dia no celular de um jovem é 192. Assim, o adolescente médio, que agora dorme apenas sete horas por noite, recebe onze notificações a cada hora desperto, ou uma a cada cinco minutos. E isso considerando apenas os aplicativos relacionados a comunicação. Quando somadas as dezenas de outros aplicativos cujas notificações não foram desativadas, o número de interrupções é muito maior. E estamos falando do adolescente *médio*. Se nos concentrarmos em usuários assíduos, como meninas mais para o fim da adolescência, que usam aplicativos de mensagens e de redes sociais com muito mais frequência que qualquer outro grupo, chegamos ao absurdo de uma interrupção por minuto. Graças à indústria da tecnologia e sua concorrência voraz pelos recursos limitados da atenção adolescente, muitos outros membros da geração Z vivem agora na distopia de Kurt Vonnegut.

Em 1890, o grande psicólogo americano William James descreveu a atenção como "a posse pela mente, de forma clara e vívida, de um entre os aparentemente variados objetos ou linhas de pensamento possíveis. [...] Isso implica se afastar de algumas coisas para lidar de maneira mais eficaz com outras".[43] Atenção é a escolha que fazemos de nos manter em uma tarefa, um pensamento, um caminho mental, enquanto saídas atraentes nos chamam. Quando fracassamos em fazer essa escolha e nos permitimos desvios frequentes, acabamos "no estado confuso, atordoado e distraído" que James disse ser o oposto da atenção.

Manter o curso se tornou muito mais difícil depois que a internet chegou e grande parte da leitura foi transferida para ela. Cada hiperlink é uma saída, incitando-nos a abandonar a escolha que fizemos momentos antes. Em seu livro de 2010 *A geração superficial: O que a internet está fazendo com os nossos cérebros*, cujo título é bastante apropriado, Nicholas Carr lamenta a perda de sua própria capacidade de manter o rumo. A vida na internet mudou a maneira como seu cérebro buscava informação, mesmo quando ele estava tentando ler um livro físico. Sua capacidade de se concentrar e refletir foi reduzida, porque agora ele sentia necessidade de um fluxo constante de estímulos: "Antes, eu era um mergulhador no mar das palavras. Agora, corto a superfície, como um cara de jet ski".[44]

O livro de Carr trata da internet como vivenciada por ele através de computadores, nas décadas de 1990 e 2000. Carr às vezes menciona Blackberrys e iPhones, que haviam se popularizado poucos anos antes da publicação de *A geração superficial*. No entanto, um smartphone vibrando é muito mais atraente que um hiperlink passivo, muito mais fatal para a concentração. Cada aplicativo é uma saída, cada notificação é uma placa de neon piscando, convidando você a virar o volante: "Toque aqui e mostrarei o que alguém acabou de dizer a seu respeito!".

Se já é difícil para um adulto se manter comprometido com um caminho mental, isso é sempre muito mais desafiador para um adolescente, cujo córtex pré-frontal ainda está em desenvolvimento, limitando sua capacidade de dizer não a saídas. "A sensibilidade a estímulos sensoriais imediatamente excitantes caracteriza a atenção da infância e da juventude", escreveu James. A criança "parece pertencer menos a si do que a cada objeto que por acaso atrai sua atenção". Superar essa tendência a passar rapidamente por tudo é "a primeira coisa que os professores devem fazer". Por isso é tão importante as escolas proibirem celulares por completo, exigindo que eles passem o dia trancados.[45] Prender a atenção da criança com "estímulos sensoriais imediatamente excitantes" é o objetivo dos desenvolvedores de aplicativos, e eles são muito bons no que fazem.

Esse fluxo interminável de interrupções — a fragmentação constante da atenção — prejudica a capacidade do adolescente de pensar e pode deixar marcas permanentes em seu cérebro, que se reconfigura com rapidez. Muitos estudos apontam que alunos com acesso ao celular o utilizam durante a aula e prestam muito menos atenção nos professores.[46] A verdade é que não somos capazes de realizar várias tarefas ao mesmo tempo; o que fazemos é alternar nossa atenção entre elas, com bastante desperdício.[47]

Mesmo quando os alunos não verificam o celular, sua mera presença prejudica sua capacidade de pensar. Em um estudo, pesquisadores reuniram universitários em um laboratório e distribuíram as seguintes ordens aleatoriamente entre eles: (1) deixar bolsas e celulares na antessala do laboratório; (2) manter o celular consigo, guardado no bolso ou na bolsa; (3) deixar o celular na bancada ao seu lado. Depois, os universitários precisaram completar tarefas que testavam sua inteligência fluida e a capacidade de sua memória de trabalho, como solucionar problemas matemáticos enquanto mantinham em mente uma sequência de letras. Os universitários que tiveram o desempenho melhor foram aqueles que deixaram os celulares na antessala, e os que tiveram o desempenho pior foram aqueles que os mantiveram em seu campo de visão, enquanto aqueles com o celular no bolso ou na bolsa tiveram desempenho intermediário. O efeito foi maior em usuários assíduos. O título do artigo derivado dessa pesquisa é: "Brain Drain: The Mere Presence of One's Own Smartphone Reduces Available Cognitive Capacity" [Dreno cerebral: a mera presença do celular reduz a capacidade cognitiva disponível da pessoa].[48]

O acesso contínuo a um smartphone por adolescentes em uma fase tão sensível em termos de desenvolvimento pode interferir em sua capacidade de se concentrar, ainda em amadurecimento. Estudos mostram que adolescentes com transtorno do déficit de atenção com hiperatividade (TDAH) são usuários assíduos de smartphones e jogos on-line, e presume-se que pessoas com TDAH tenham maior propensão a procurar o estímulo de telas e o foco aumentado que pode ser encontrado em jogos on-line. Mas essa relação de causa pode ser invertida? Uma infância baseada no celular pode exacerbar sintomas preexistentes de TDAH?

Aparentemente, sim.[49] Um estudo longitudinal holandês descobriu que jovens que usavam as redes sociais de maneira mais problemática (ou seja, viciante) em determinado momento apresentavam sintomas de TDAH mais fortes que em outro momento.[50] Outro estudo, conduzido por um grupo diferente de pesquisadores holandeses, mas com um escopo semelhante, encontrou indícios de que o uso assíduo de várias mídias ao mesmo tempo causava problemas de atenção posteriores. Esse efeito causal, no entanto, foi observado apenas em pré-adolescentes (de 11 a 13 anos), e se revelou muito mais forte em meninas.[51]

O cérebro se desenvolve ao longo da infância, de maneira mais acelerada durante a puberdade. Uma das muitas habilidades que se espera que adolescentes desenvolvam no processo de sair do ensino fundamental para o médio é a "função executiva", que se refere à capacidade cada vez maior de traçar planos e fazer o necessário para colocá-los em prática. As habilidades de função executiva se desenvolvem devagar, porque se baseiam em grande parte no córtex pré-frontal, a última parte do cérebro a se reconfigurar durante a puberdade. Essas habilidades incluem autocontrole, concentração e a capacidade de resistir a distrações. A infância baseada no celular provavelmente interfere no desenvolvimento da função executiva.[52] Não posso dizer que o uso leve desses produtos seja prejudicial à atenção, porém para usuários assíduos os resultados são consistentemente piores, em parte porque, com frequência e em certo grau, trata-se de pessoas com um vício.

QUARTO PREJUÍZO: VÍCIO

Quando minha filha não conseguiu tirar os olhos do iPad, o que exatamente estava acontecendo com seu cérebro? Thorndike não tinha conhecimento dos neurotransmissores, porém acertou que a repetição de pequenos prazeres desempenhava um papel importante no estabelecimento de novos caminhos no cérebro. Agora que sabemos que, quando a uma ação se segue um resultado positivo (por exemplo, obtenção de comida, alívio da dor, conquista de um objetivo), certos circuitos cerebrais envolvidos com a aprendizagem liberam uma dose de dopamina — o neurotransmissor ligado de maneira mais central às sensações de prazer e dor. A liberação de dopamina provoca uma sensação boa, que nossa consciência registra. No entanto, não é uma recompensa passiva que nos satisfaz e reduz a fissura. Os circuitos de dopamina estão envolvidos no *desejo*, como em "isso foi ótimo, quero mais!". Quando você come uma batatinha, uma pequena dose de dopamina é liberada, que faz você querer uma segunda batatinha ainda mais do que queria a primeira.

É o mesmo mecanismo dos caça-níqueis: ganhar produz uma sensação boa, mas não do tipo que faz os viciados em jogo pegar o dinheiro e ir embora satisfeitos. O prazer na verdade os motiva a buscar mais. Isso também acontece com jogos on-line, redes sociais, sites de compras e outros aplicativos em que as pessoas gastam muito mais tempo ou dinheiro do que pretendiam, e de maneira rotineira. A base neural do vício comportamental em redes ou jogos on-line não é idêntica àquela do vício químico em cocaína ou opioides.[53] Ainda assim, todos envolvem dopamina, fissura, compulsão e a sensação que minha filha expressou: impotência, a despeito de um desejo consciente de agir. Isso não acontece por acaso. Os desenvolvedores desses aplicativos usam todos os truques da caixa de ferramentas dos psicólogos para prender os usuários tanto quanto os viciados em caça-níqueis.[54]

Para deixar claro, a grande maioria dos adolescentes que usam Instagram ou jogam Fortnite não é viciada; ainda assim, seus desejos estão sendo acessados e suas ações, manipuladas. Claro, muitos anunciantes buscam fazer exatamente isso, porém telas sensíveis ao toque e conexões de internet abriram inúmeras possibilidades para o emprego de técnicas behavioristas — que funcionam melhor com ciclos rápidos ou circuitos de comportamento e recompensa. B.J. Fogg, professor e pesquisador de Stanford, explorou essas possibilidades e em 2002 escreveu *Persuasive Technology: Using Computers to Change What We Think and Do* [Tecnologia persuasiva: usando computadores para mudar o que pensamos e fazemos]. Fogg também dava o curso Tecnologia Persuasiva, no qual ensinava a aplicar em humanos técnicas behavioristas antes usadas para treinar animais. Muitos de seus alunos foram trabalhar em empresas de rede social, ou mesmo as fundaram, como Mike Krieger, um dos criadores do Instagram.

Como produtos de formação de hábito fisgam adolescentes? Vamos imaginar uma menina de 12 anos, sentada em sua escrivaninha em casa, com dificuldade de entender o que é fotossíntese para a prova de ciências do dia seguinte. Como o Instagram pode atraí-la e prender sua atenção por uma hora? Desenvolvedores de aplicativos usam com frequência um processo em quatro passos que cria um circuito que se retroalimenta, como na Figura 5.3.

Os desenvolvedores usam o modelo gancho como guia para criar um ciclo e construir hábitos mais fortes em seus usuários.

O ciclo começa com um gatilho externo, como uma notificação de que

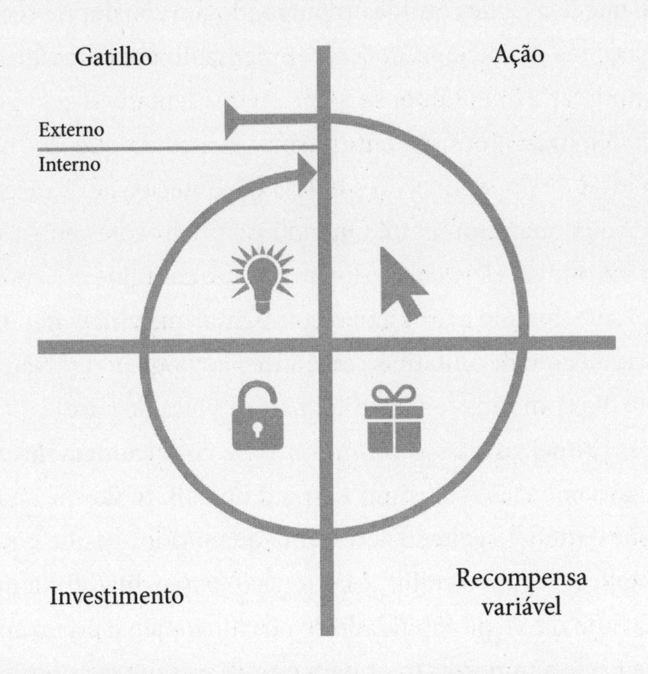

FIGURA 5.3. *O modelo gancho, a partir de* Hooked (Engajado): Como construir produtos e serviços formadores de hábitos, *de Nir Eyal. No livro, o autor alerta para as implicações éticas da má utilização do modelo, na seção "A moralidade da manipulação".*[55]

alguém fez um comentário em algum post da menina que tenta estudar para a prova. Esse é o passo 1, a saída que convida a pessoa a abandonar o caminho que estava seguindo. A notificação aparece no celular dela e automaticamente serve de gatilho para realizar uma ação (passo 2) que no passado foi recompensada: tocar o aviso para abrir o Instagram. A ação leva a um evento prazeroso, porém nem sempre, e esse é o passo 3: a recompensa variável. Talvez a menina encontre um elogio ou uma expressão de amizade, talvez não.

Essa foi uma descoberta-chave do behaviorismo: é melhor não recompensar o animal *todas as vezes* que ele faz o que você quer. Se o recompensar em um *esquema de razão variável* (por exemplo, uma vez a cada dez, em média, porém às vezes mais e às vezes menos), você cria um comportamento mais forte e persistente. Quando você põe um rato em uma gaiola onde ele aprendeu que consegue comida empurrando uma barra, ele recebe uma dose de dopamina em antecipação à recompensa. Então corre até a barra e começa a empurrar. No entanto, se as primeiras tentativas não geram recompensa, isso não diminui seu entusiasmo. À medida que ele continua a empurrar, o nível de dopamina vai *subindo* em antecipação à recompensa, que deve vir a qualquer momento! Quando ela finalmente vem, a sensação é ótima, porém o nível elevado de dopamina faz com que o rato continue empurrando, antecipando a próxima recompensa, que virá... depois de um número desconhecido de tentativas, então ele não pode parar! Não há saída em um aplicativo com um feed infinito; não há placa de pare.

Esses três primeiros passos promovem um condicionamento operante, são behaviorismo clássico, como ensinado por B. F. Skinner na década de 1940. O que o modelo gancho acrescenta quando se trata de humanos, e que não era aplicável para os ratos, é um quarto passo: investimento. Pode-se oferecer a humanos a possibilidade de pôr um pouco de si no aplicativo, de modo que passe a importar mais para eles. A menina já criou seu perfil, publicou várias fotos de si, procurou todos os seus amigos e centenas de outros usuários do Instagram. (Seu irmão, que estuda para uma prova no quarto ao lado, passou centenas de horas acumulando emblemas digitais, "skins" compradas e outros investimentos em jogos on-line como Fortnite e Call of Duty.)

A essa altura, feito o investimento, o gatilho para a próxima rodada de comportamento pode se tornar *interno*. A menina não precisa mais que uma notificação a chame para o Instagram. Enquanto lê um trecho difícil do livro, o pensamento simplesmente surge: "Será que alguém curtiu a foto que publiquei vinte minutos atrás?". Uma saída atraente aparece na consciência (passo 1). Ela se esforça para resistir à tentação e continuar estudando, porém a mera ideia de uma possível recompensa libera um pouco de dopamina, que a faz *querer* entrar no Instagram imediatamente. Ela sente uma fissura. Então entra (passo 2) e descobre que ninguém curtiu ou comentou sua publicação. É uma decepção, porém o cérebro preparado pela dopamina continua à procura de uma recompensa, o que a menina busca em outras publicações suas, ou mensagens recebidas ou qualquer coisa que demonstre que ela importa para alguém, ou qualquer coisa que ofereça um entretenimento fácil, o que ela encontra (passo 3). A menina vai descendo o feed e segue deixando comentários para amigos. É claro que alguém retribui, curtindo sua última publicação. Uma hora depois, ela volta a estudar fotossíntese, esgotada e com menor capacidade de concentração.

Quando os sentimentos do próprio usuário bastam para acionar um comportamento com recompensa variável, o usuário foi fisgado. Graças ao Facebook Files — o vazamento de documentos internos e capturas de tela de apresentações promovido por Frances Haugen em 2021 —, sabemos que o Facebook fez isso intencionalmente com adolescentes usando técnicas behavioristas. Em um trecho de arrepiar, um trio de funcionários do Facebook faz uma apresentação, "O poder das identidades: por que adolescentes e jovens adultos escolhem o Instagram". O objetivo declarado é "apoiar a estratégia de produto de toda a Facebook Inc. a engajar usuários mais jovens". A seção "Fundamentos da adolescência" mergulha na neurociência, mostrando o amadurecimento do cérebro durante a puberdade, e observando que o córtex pré-frontal só amadurece depois dos 20 anos. Uma foto mostra a ressonância magnética de um cérebro. Segue-se a legenda:

> O cérebro adolescente é cerca de 80% maduro. Os 20% restantes representam o córtex pré-frontal. [...] Nessa época, os adolescentes dependem amplamente de seu lobo temporal, onde as emoções, a memória e o aprendizado e o sistema de recompensa reinam supremos.

O slide seguinte da apresentação mostra o ciclo que os desenvolvedores do Facebook conseguem criar nos usuários, indicando os pontos de vulnerabilidade (ver Figura 5.4).

Muitos outros slides da apresentação indicam que os apresentadores não estavam tentando proteger a jovem que aparece no centro do excesso de uso ou do vício; pelo contrário, seu objetivo era ensinar outros funcionários do Facebook a mantê-la "engajada" por mais tempo, com recompensas, novidades e emoções. Sugestões incluem facilitar que adolescentes criem contas múltiplas e implementar "caminhos mais fortes para conteúdos de interesse relacionado".

Em seu livro *Nação dopamina*, Anna Lembke, que pesquisa o vício na Universidade Stanford, explica como ele se mostra em seus pacientes, que sofrem com o vício químico ou comportamental (como o vício em jogos de azar, compras ou sexo). Na década de 2010, ela começou a tratar cada vez mais de adolescentes com vício digital. Como pessoas viciadas em heroína e cocaína, aquelas viciadas em atividades digitais sentem que, fora o objeto de seu vício, "nada mais traz uma sensação boa". O motivo é que o cérebro se adapta a longos períodos de dopamina elevada, transformando-se em uma variedade de maneiras para manter a homeostase. A adaptação mais importante é "regular para baixo" a transmissão de dopamina. O usuário precisa aumentar a dosagem da droga para voltar a sentir prazer.

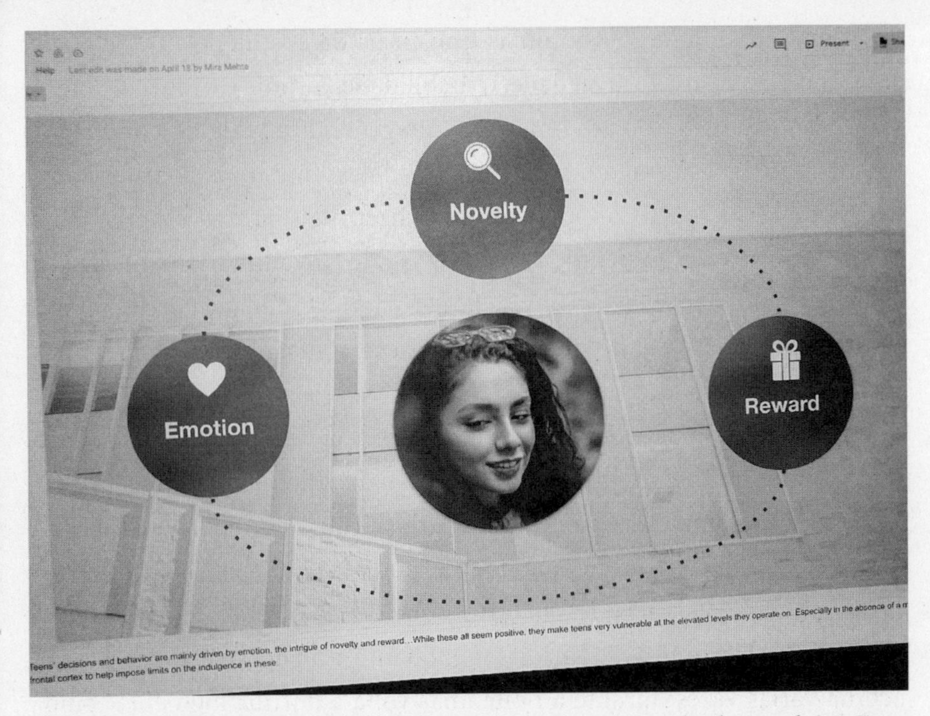

FIGURA 5.4. *Captura de tela de uma apresentação interna do Facebook, vazada por Frances Haugen. A legenda diz: "As decisões e o comportamento dos adolescentes são motivados principalmente pela emoção, pela instigação da novidade e pela recompensa. Embora pareça positivo, isso os torna muito vulneráveis, considerando os níveis elevados em que operam. Especialmente na ausência de um córtex pré-frontal maduro que ajude a impor limites à indulgência".* (FONTE: The Facebook Files, seção 42/15, p. 53.)[56]

Infelizmente, quando o cérebro de uma pessoa viciada se adapta, neutralizando o efeito da droga, ele também entra em um estado de déficit se a pessoa não está usando. Se a liberação de dopamina é prazerosa, seu déficit é desagradável. A vida rotineira se torna entediante e até dolorosa sem a droga. Nada mais provoca prazer, só a droga. A pessoa entra em um estado de abstinência que só vai passar se ela conseguir ficar longe da droga por tempo suficiente para que seu cérebro retorne ao estado original (em geral algumas semanas).

Lembke diz que "os sintomas universais da abstinência de qualquer substância viciante são ansiedade, irritabilidade, insônia e disforia".[57] Disforia é o oposto da euforia: é uma sensação generalizada de desconforto ou inquietação. É basicamente como muitos adolescentes que são usuários assíduos de redes sociais ou jogos on-line dizem se sentir — e o que pais e médicos observam — quando se veem afastados involuntariamente de seus celulares e video games. Sintomas como tristeza, ansiedade e irritabilidade são listados como sinais de abstinência em pessoas diagnosticadas com transtorno de jogo pela internet.[58]

A lista de sintomas universais da abstinência de Lembke mostra como o vício amplifica os três prejuízos fundamentais. Pessoas viciadas em atividades baseadas em telas têm dificuldade de dormir, tanto por causa da concorrência direta com o sono quanto por causa da dose elevada de luz azul a centímetros de distância de sua retina, que diz ao cérebro: É dia! Nada de produzir melatonina![59] Além disso, enquanto a maior parte das pessoas acorda várias vezes durante a noite, mas volta a dormir logo em seguida, pessoas viciadas muitas vezes pegam o celular e começam a mexer nele.

"O smartphone é a agulha hipodérmica da modernidade, fornecendo dopamina digital 24 horas por dia para a geração conectada",[60] escreve Lembke. Sua metáfora ajuda a explicar por que a transição da infância baseada no brincar para a infância baseada no celular tem sido tão devastadora, e por que a crise se instalou tão bruscamente, no começo dos anos 2010. Millennials que passaram pela adolescência nos anos 1990 e início dos 2000 tinham acesso a todo tipo de atividade viciante em seus computadores, e alguns de fato se viciaram. No entanto, não podiam levá-los consigo aonde quer que fossem. Com a Grande Reconfiguração, a geração seguinte de adolescentes pôde, e assim o fez.

Para considerar os efeitos de amplo alcance da transição para os smartphones, imagine uma aluna com privação de sono, ansiosa e irritável, interagindo com seus colegas. Provavelmente não vai dar certo, ainda mais se a escola permite que ela passe o dia com o aparelho. Ela vai usar boa parte do almoço e dos intervalos entre as aulas para se atualizar nas redes, em vez de ter conversas síncronas cara a cara, do tipo que precisa para um desenvolvimento social saudável. Assim, sua sensação de isolamento social só vai aumentar.

Agora imagine uma aluna com privação de sono, ansiosa, irritável e socialmente isolada tentando se concentrar na lição de casa enquanto distrações acenam de seu celular, que repousa sobre a escrivaninha, com a tela para cima. Suas habilidades executivas prejudicadas vão ter dificuldade de fazê-la se ater à tarefa por intervalos de mais de um ou dois minutos. Sua atenção é fragmentada. Sua consciência assume o "estado confuso, atordoado e distraído" que William James disse ser o oposto da atenção.

Quando demos smartphones a crianças e adolescentes no início da década de 2010, também demos às empresas a capacidade de aplicar neles esquemas de reforço de razão variável o dia todo, treinando-os como se fossem ratos de laboratório, nos anos mais sensíveis da reconfiguração cerebral. Essas empresas desenvolveram aplicativos viciantes que abriram caminhos muito profundos nos cérebros jovens.[61]

SOBRE OS BENEFÍCIOS DAS REDES SOCIAIS PARA ADOLESCENTES

Em 2023, Vivek Murthy, cirurgião-geral dos Estados Unidos, a autoridade máxima em Saúde no país, emitiu um comunicado discutindo os efeitos do uso de redes sociais na saúde mental dos jovens.[62] O comunicado alertava que as redes oferecem "um sério risco de dano à saúde mental e ao bem-estar das crianças e adolescentes". O documento de 25 páginas destacou os custos e benefícios potenciais do uso de redes. Quanto aos benefícios, afirmava:

> As redes sociais podem oferecer benefícios a alguns jovens, ao possibilitar a formação de comunidades e conexão entre aqueles que compartilham iden-

tidades, habilidades e interesses. Também pode oferecer acesso a informações importantes e um espaço onde se expressar. Fazer e manter amizades on-line, além de desenvolver conexões sociais, está entre os efeitos positivos do uso de redes sociais. Esses relacionamentos podem fornecer oportunidades de interações positivas com grupos de pares mais diversos que os disponíveis fora da internet e ser um apoio social importante para os jovens. Os efeitos de amortecimento do estresse que o apoio social na internet por parte dos pares é capaz de fornecer pode ser especialmente importante para jovens frequentemente marginalizados, incluindo minorias raciais, étnicas, sexuais e de gênero.

Esses benefícios soam plausíveis. De fato, o cirurgião-geral se baseou em pesquisas que demonstravam que muitos adolescentes dizem obter esses benefícios das redes. Um relatório do Pew de 2023, por exemplo, apontou que 58% dos adolescentes sentiam que as redes os ajudavam a se sentir mais aceitos, 71% as viam como um lugar onde exercer a criatividade, e 80% sentiam que estavam mais envolvidos com a vida dos amigos.[63] Um relatório de 2023 da Common Sense Media indicou que 73% das meninas entrevistadas disseram se divertir diariamente no TikTok, e 34% disseram que a vida seria pior se elas não tivessem acesso à plataforma; 63% se divertiam diariamente no Instagram, e 21% disseram que sua vida seria pior sem ele.[64]

Sem dúvida, essas plataformas digitais oferecem diversão e entretenimento, assim como foi o caso da televisão com as gerações anteriores. Também conferem benefícios únicos a grupos específicos, como minorias sexuais e pessoas no espectro autista, porque algumas comunidades virtuais podem ajudar a abrandar a dor da exclusão social no mundo real.[65]

No entanto, diferente das extensas evidências de malefícios encontradas em estudos correlacionais, longitudinais e experimentais, há muito poucas evidências de *benefícios* para a saúde mental com o uso assíduo de redes sociais no longo prazo.[66] Não houve uma onda de saúde mental e felicidade a partir de 2013, quando os jovens abraçaram o Instagram. Os adolescentes têm razão quando dizem que as redes lhes dão uma sensação de conexão com os amigos, porém, como vemos por seus relatos de solidão e isolamento crescentes, essa conexão não parece ser tão boa quanto o que ela substitui.

Um segundo motivo pelo qual sou cético quanto à afirmação de que as redes oferecem benefícios aos adolescentes é o modo como muitas vezes se confundem redes sociais e a internet como um todo. Durante o isolamento social em virtude da pandemia de covid, ouvi muita gente dizer: "Ainda bem que as redes existem! Como os jovens se relacionariam sem elas?". Minha resposta costumava ser: "Sim, vamos imaginar um mundo em que a única maneira de crianças e adolescentes se conectarem fosse por telefone, mensagem, Skype, Zoom, FaceTime e e-mail, ou indo à casa uns dos outros e conversando ou brincando ao ar livre. Vamos imaginar um mundo onde eles pudessem encontrar informações usando Google, Bing, Wikipédia, YouTube[67] e o restante da internet, incluindo blogs, sites de notícias e de organizações dedicadas a seus interesses específicos".[68]

Um terceiro motivo para ceticismo é que os mesmos grupos demográficos tidos por aqueles que mais se beneficiam do uso das redes são os com *maior probabilidade* de vivenciar experiências ruins. Uma pesquisa de 2023 do Common Sense Media concluiu que, com *mais frequência* que seus pares não LGBTQIAP+, adolescentes LGBTQIAP+ relatavam acreditar que a vida seria melhor sem nenhuma das plataformas que mais utilizavam.[69] O mesmo relatório descobriu que meninas LGBTQIAP+ tinham o dobro de chance de meninas não LGBTQIAP+ de encontrar conteúdos nocivos relacionados a suicídio e transtornos alimentares. Em relação a raça, um relatório de 2022 do Pew mostrou que adolescentes negros relatavam por volta de duas vezes mais que latinos ou brancos achar que sua raça ou etnia os tornava alvos de abuso na internet.[70] E adolescentes de famílias de baixa renda (30 mil dólares ou menos ao ano) tinham duas vezes mais chances que adolescentes de famílias de renda alta (75 mil ou mais) de relatar ameaças de agressão física sofridas na internet (16% contra 8%).

Um quarto motivo de ceticismo é que essas discussões sobre benefícios raras vezes consideram a idade da criança. Todos os benefícios soam plausíveis para adolescentes mais velhos, porém acreditamos mesmo que crianças de 12 anos precisam do Instagram ou do TikTok para se "conectar" com desconhecidos em vez de simplesmente encontrar seus amigos pessoalmente? Não consigo ver nenhuma justificativa para não verificar a idade mínima atual, de 13 anos, para abrir contas em redes sociais.

Precisamos desenvolver um mapa mental mais nuançado da paisagem digital. Redes sociais não são sinônimo de internet, smartphones não são o mesmo que desktops ou laptops, World of Warcraft não é Pac-Man, e o Facebook de 2006 não é o TikTok de 2024. Quase tudo o que foi mencionado é mais prejudicial a pré-adolescentes que a adolescentes mais velhos. Não estou dizendo que crianças de 11 anos não deveriam ter acesso à internet. O que estou dizendo é que a Grande Reconfiguração da Infância — a substituição da infância baseada no brincar pela infância baseada no celular — é a principal causa da epidemia internacional de transtornos mentais entre adolescentes. Precisamos ser cuidadosos quanto a quem tem acesso a quais produtos, em que idade, em que dispositivos. O acesso irrestrito a tudo, em todo lugar, em qualquer idade, se provou desastroso, mesmo que tenha alguns poucos benefícios.

RESUMINDO

Neste capítulo, descrevi os quatro prejuízos fundamentais da infância baseada no celular. Trata-se de alterações profundas na infância, causadas pela rápida mudança de paradigma tecnológico no início dos anos 2010. Cada um desses prejuízos é fundamental porque afeta o desenvolvimento de múltiplas habilidades sociais, emocionais e cognitivas.

- A quantidade de tempo que os adolescentes passam no telefone é impressionante — e pensar que achávamos excessivas as horas que passavam na tela antes da invenção do iPhone! Estudos de utilização do tempo mostram de maneira consistente que o adolescente médio relata passar mais de sete horas por dia em atividades de lazer na tela (ou seja, sem incluir a escola e a lição de casa).

- O custo de oportunidade de uma infância baseada no celular se refere a tudo o que a criança faz em quantidade menor depois que recebe acesso ilimitado à internet.
- O primeiro prejuízo fundamental é a privação social. Quando adolescentes americanos passaram a usar smartphones, o tempo cara a cara com os amigos logo despencou, passando de 122 minutos por dia em 2012 para 67 minutos por dia em 2019. Esse tempo diminuiu ainda mais por causa das restrições durante a pandemia de covid, porém a geração Z já estava praticando o distanciamento social antes que essas restrições fossem impostas.
- O segundo prejuízo fundamental é a privação de sono. A troca de celulares básicos por smartphones comprometeu tanto a qualidade como a quantidade do sono dos adolescentes, em todo o mundo desenvolvido. Estudos longitudinais mostram que o uso do smartphone antecedeu a privação de sono.
- A privação de sono é muito bem estudada e tem efeitos de longo prazo, que incluem depressão, ansiedade, irritabilidade, déficits cognitivos, aprendizagem comprometida, notas mais baixas, mais acidentes e mais mortes em decorrência de acidentes.
- O terceiro prejuízo fundamental é a atenção fragmentada. Atenção é a capacidade de se manter em um caminho mental apesar das muitas distrações que se apresentam. Concentrar-se em uma tarefa é um sinal de maturidade e de bom desempenho da função executiva. No entanto, smartphones agem como criptonita para a atenção. Muitos adolescentes recebem centenas de notificações ao longo do dia, o que significa que raramente têm cinco ou dez minutos para pensar sem ser interrompidos.

- Há indícios de que a atenção fragmentada no início da adolescência causada pela utilização problemática de redes sociais e jogos on-line pode interferir no desenvolvimento da função executiva.
- O quarto prejuízo fundamental é o vício. Um pioneiro do behaviorismo afirmou que a aprendizagem, para os animais, é como "a abertura, pelo uso, de um caminho no cérebro". Os desenvolvedores dos aplicativos de redes sociais de maior sucesso usam técnicas behavioristas avançadas para transformar crianças em usuários assíduos de seus produtos.
- A liberação de dopamina produz prazer, mas não desencadeia uma sensação de satisfação. Ela deixa a pessoa querendo mais daquilo que acionou a liberação. Anna Lembke, que pesquisa o vício, diz que os sintomas universais da abstinência são "ansiedade, irritabilidade, insônia e disforia". Ela e outros pesquisadores descobriram que muitos adolescentes desenvolveram vícios comportamentais muito parecidos com o vício em caça-níqueis, com consequências profundas em seu bem-estar, seu desenvolvimento social e sua família.
- Juntos, esses quatro prejuízos fundamentais explicam por que a saúde mental piorou tanto e de maneira tão brusca assim que a infância passou a se basear no celular.

6. Por que as redes sociais prejudicam mais as meninas que os meninos

Alexis Spence nasceu em Long Island, Nova York, em 2002. Ganhou seu primeiro iPad no Natal de 2012, aos 10 anos. No começo, ela acessava o aplicativo da Webkinz — empresa que fabrica bichinhos de pelúcia e oferece uma versão virtual deles. Em 2013, no entanto, quando a menina estava no quinto ano, outras crianças começaram a provocá-la por gostar de brincadeiras infantis e a pressionaram a abrir uma conta no Instagram.

Seus pais eram muito cuidadosos com tecnologia. Proibiam estritamente telas nos quartos, e Alexis e o irmão tinham que dividir um computador na sala. Eles sempre verificavam o iPad da filha para ver os aplicativos que haviam sido baixados. E decidiram que ela não podia ter Instagram.

Como muitos usuários jovens, no entanto, Alexis descobriu como contornar as regras. Ela abriu uma conta no Instagram afirmando que tinha 13 anos, embora tivesse apenas 11. A ideia era baixar o aplicativo, usar por um tempo e depois apagar, para que os pais não descobrissem. Com outros usuários com menos de 13 anos, ela aprendeu a camuflar o aplicativo sob um ícone de calculadora. Quando os pais descobriram que a filha tinha uma conta e começaram a monitorá-la e a estabelecer restrições, ela criou outro perfil.

A princípio, Alexis ficou louca pelo Instagram. Em novembro de 2013, ela escreveu no diário: "Cheguei a 127 seguidores no Instagram. Oba! Se eu estava feliz e animada com dez, isso é simplesmente INCRÍVEL!!!!". No entanto, com o passar dos meses, sua saúde mental se deteriorou e ela começou a dar sinais de depressão. Cinco meses depois de ter aberto o primeiro perfil no Instagram, ela fez o desenho da Figura 6.1.

Seis meses depois de abrir a conta, os conteúdos que o algoritmo do Instagram havia escolhido para Alexis tinham transformado seu interesse inicial por boa forma em um fluxo de fotos de modelos dando dicas de

FIGURA 6.1. *Desenho feito por Alexis Spence em abril de 2015, aos 12 anos. As palavras no laptop são: inútil, morra, feia, idiota, se mata. As palavras no celular são: idiota, feia, gorda. As palavras no balão de pensamento são: idiota, rumores, inútil, feia, morra, se mata, vaca, retardada, vai se f…, ninguém te ama, vê se morre, gorda, tonta, esquisita, bizarra, sapatão.* (FONTE: Copiado dos arquivos do processo Spence versus Meta.)[1]

dieta, e depois em conteúdo pró-anorexia. No oitavo ano, ela foi hospitalizada por anorexia e depressão. Pelo resto da adolescência, enfrentou transtornos alimentares e depressão.

Agora, Alexis está com 21 anos. Recuperou o controle de sua vida e trabalha como socorrista, embora ainda lute contra transtornos alimentares. Falei com ela e sua mãe depois de ler o processo com que seus pais entraram contra a Meta em consequência do produto perigoso que ofereceram à sua filha, sem permissão deles. Soube ainda mais sobre os anos críticos que ela passou entrando e saindo de hospitais, e do esforço dos pais para mantê-la longe das redes. Durante um período de abstinência, Alexis, tomada pela raiva, socou tanto uma parede que abriu um buraco. Depois de uma longa estada no hospital sem contato com as redes, Alexis voltou a ser a garota doce de antes, segundo sua mãe. "Ela se tornou uma pessoa diferente. Boazinha. Educada. Era Dia das Mães, e ela me fez um cartão lindo. Recuperamos nossa filha."

Por que as redes atraem as meninas com uma força quase magnética? Como elas as puxam e as ferem causando depressão, transtornos de ansiedade, transtornos alimentares e ideação suicida?[2]

Como vimos, a transição de celulares básicos para smartphones no início de 2010 intensificou e diversificou as atividades digitais, de modo a exacerbar os quatro prejuízos fundamentais — privação social, privação de sono, atenção fragmentada e vício. Por volta de 2013, as alas psiquiátricas dos Estados Unidos e de outros países da anglosfera começaram a se encher de meninas de maneira desproporcional.[3] Neste capítulo, exploro os motivos pelos quais as redes vêm prejudicando mais meninas que meninos. No seguinte, sobre meninos, discuto como eles usam a tecnologia e demonstro que o impacto em seu bem-estar é mais visível no declínio de seu sucesso e em seu desligamento crescente do mundo real que nos índices de transtornos mentais (que também aumentaram). Em ambos, analiso os dados de Estados Unidos e Reino Unido, que são abundantes.[4]

INDÍCIOS DE QUE AS REDES SOCIAIS CAUSAM DANOS ÀS MENINAS

As plataformas de rede social, como defini no capítulo anterior, servem ao propósito de compartilhar conteúdos gerados de maneira ampla e assíncrona. Nas plataformas mais prototípicas, como o Instagram, os usuários publicam conteúdos — muitas vezes a respeito de si — e então aguardam o julgamento e os comentários dos outros. Essa dinâmica, junto com a comparação social, está tendo efeitos mais prejudiciais sobre as meninas e mulheres jovens que sobre os meninos e homens jovens, e essa diferença aparece de maneira consistente em muitos estudos correlacionais. Em geral, os estudos perguntam aos adolescentes sobre seu uso da tecnologia e sua saúde mental, depois conferem se aqueles que privilegiam certa tecnologia também são aqueles com pior saúde mental.

Alguns estudos não encontraram evidências de malefícios. Um, bastante conhecido, concluiu que a associação entre uso de mídias digitais e resultados psicológicos prejudiciais era tão próxima de zero que praticamente equivalia à associação entre "comer batata" e esses resultados.[5] No entanto, quando Jean Twenge e eu reanalisamos os mesmos conjuntos de dados e nos concentramos na associação entre *redes sociais* (em vez de um uso mais amplo da tecnologia digital, que incluía ver TV e possuir um computador) e problemas de saúde mental entre *meninas* (em vez de entre adolescentes em geral), as correlações se mostraram muito maiores.[6] A comparação apropriada deixou de ser comer batata e passou a ser consumo excessivo de álcool ou maconha. Entre as meninas, há uma ligação clara, consistente e considerável[7] entre o uso assíduo de redes sociais e transtornos mentais,[8] porém essa relação é minimizada ou simplesmente ignorada em estudos e revisões da literatura que consideram todas as atividades digitais para todos os adolescentes.[9] Em geral, jornalistas que alegam não haver evidências suficientes para medir os prejuízos tomam esses estudos como referência.[10]

Essa ligação considerável fica evidente na Figura 6.2, que apresenta dados do Millennium Cohort Study, um estudo britânico que acompanhou, em seu processo de amadurecimento na adolescência, cerca de 19 mil crianças nascidas por volta do ano 2000. A figura mostra a porcentagem de adolescentes britânicos que poderiam ser considerados deprimidos (com base em suas respostas a uma escala de depressão com treze itens) em relação ao número de horas que eles dizem passar nas redes em um dia de semana comum. Para os meninos, saber quanto tempo passam nas redes não diz muito, a menos que eles mesmos se declarem usuários assíduos. É só quando os meninos relatam mais de duas horas por dia que a curva começa a subir.

Para as meninas, há uma relação maior e mais consistente. Quanto mais tempo uma menina passa nas redes, maiores as chances de depressão. Meninas que dizem passar cinco horas ou mais por dia de semana nas redes têm uma probabilidade *três vezes* maior de depressão que aquelas que dizem não usar redes sociais.

DEPRESSÃO POR NÍVEL DE USO DAS REDES SOCIAIS NO REINO UNIDO

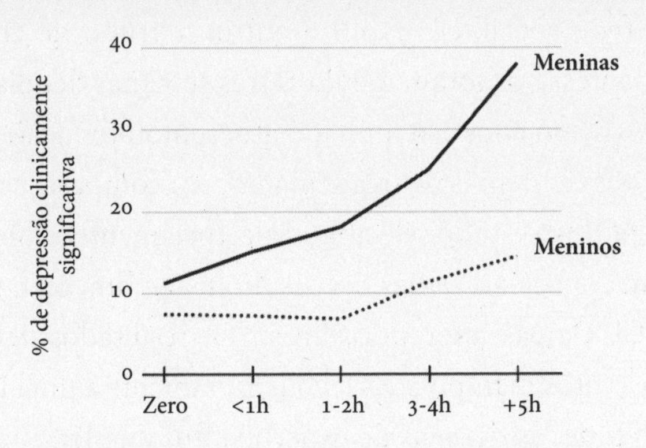

FIGURA 6.2. *Porcentagem de adolescentes britânicos deprimidos em relação ao número de horas por dia de semana que passam nas redes sociais. Usuários assíduos apresentam maior depressão que outros usuários e não usuários, e isso vale ainda mais entre as meninas.* (FONTE: Millennium Cohort Study.)[11]

As redes sociais são uma causa ou há apenas uma correlação?

Estudos correlacionais estão sempre abertos a múltiplas interpretações. Pode haver uma "correlação reversa" — a depressão levaria as meninas a usar redes, em vez do contrário.[12] Pode haver uma terceira variável, como a genética, ou uma criação permissiva, ou a solidão, causando ambos. Para estabelecer que uma coisa *causou* outra, a principal ferramenta dos cientistas é um experimento — muitas vezes chamado ensaio clínico controlado randomizado — no qual algumas pessoas são escolhidas aleatoriamente para receber um tratamento enquanto outras, também escolhidas aleatoriamente, são do grupo de controle, que recebe um placebo (em estudos médicos) ou continua tocando a vida (em experimentos sociais). Em alguns experimentos relacionados a redes, exige-se que jovens adultos passem alguns dias ou semanas sem acesso ou com acesso reduzido às redes. Outros envolvem levar jovens adultos (em geral universitários) ao laboratório e expô-los a situações que replicam certa característica das redes (por exemplo, passar fotos), para depois ver como as variáveis psicológicas são afetadas.

Por exemplo, um estudo selecionou aleatoriamente dois grupos de universitários, um dos quais teria reduzido de maneira significativa o uso de plataformas de rede social, enquanto o outro, o grupo de controle, não. Seus sintomas depressivos foram medidos três semanas depois. Os autores relataram que "o grupo com uso limitado apresentou redução significativa na solidão e depressão depois de três semanas, em comparação com o grupo de controle".[13] Outro estudo selecionou aleatoriamente adolescentes meninas para serem expostas a selfies tiradas do Instagram, ou em seu estado original ou depois de passarem por filtros. "Os resultados demonstraram que a exposição a fotos manipuladas levou diretamente a uma imagem corporal pior."[14] No todo, as dezenas de experimentos que Jean Twenge, Zach Rausch e eu reunimos[15] confirmam e estendem os padrões encontrados nos estudos correlacionais: o uso de redes sociais *causa* ansiedade, depressão e outros problemas, e não está apenas *correlacionado* a eles.

As redes sociais afetam grupos tanto quanto indivíduos?

Há uma grande limitação em todos esses experimentos: eles procuram efeitos das redes sociais em *indivíduos isolados*, como se estudássemos os efeitos do consumo de açúcar sobre a saúde. Se cem adolescentes fossem aleatoriamente escolhidos para reduzir seu consumo de açúcar por três meses, haverá benefícios em sua saúde, em comparação com a do grupo de controle? As redes sociais, no entanto, não são como o açúcar. Elas não afetam apenas a pessoa que a consome. Depois de terem entrado nas escolas no início da década de 2010, nos smartphones nos bolsos dos alunos, elas mudaram de imediato a cultura para todos. (Redes de comunicação se tornam mais poderosas rapidamente em seu processo de crescimento.)[16] Os alunos passaram a falar menos uns com os outros entre as aulas, no intervalo e no almoço, porque começaram a passar grande parte desse tempo no celular, e muitas vezes se envolvendo em pequenos dramas ao longo do dia.[17] Isso significou fazer contato visual com menos frequência, rir menos em companhia e perder a prática de puxar papo. Assim, as redes prejudicaram a vida social até mesmo dos alunos que não as utilizavam.

Esses efeitos no nível grupal podem ser muito maiores que os no nível individual, e provavelmente camuflam a real extensão dos efeitos individuais.[18] Se uma pesquisa seleciona alguns adolescentes para se abster das redes sociais por um mês enquanto todos os seus amigos continuam ativos, então os abstêmios vão se ver mais isolados socialmente naquele mês. Mesmo assim, no entanto, em muitos estudos, se afastar das redes resultou em uma melhora na saúde mental. Então imagine quão maior seria o efeito se *todos* os alunos de vinte escolas de ensino fundamental 2 pudessem ser selecionados aleatoriamente para se afastar das redes por um ano, ou (o que parece mais realista) trancar seus smartphones toda manhã, enquanto outras vinte escolas de ensino fundamental 2 serviriam como grupo de controle. É desse tipo de experimento que precisamos para examinar os efeitos no nível grupal.

Há um tipo pequeno porém importante de experimentos que mede os efeitos no nível grupal perguntando como *a comunidade toda* muda quando as redes sociais de repente se tornam muito mais disponíveis.[19] Por exemplo, um estudo se aproveitou do fato de que o Facebook no início era usado apenas por alunos de um pequeno número de universidades. Conforme a plataforma se expandia para outras instituições, a saúde mental mudou, pensando em um ou dois anos depois da introdução em uma universidade, se comparada a outras cujos alunos não tinham acesso a ela? Sim, ela piorou, e os efeitos foram maiores nas mulheres. Os pesquisadores descobriram que:

> a entrada do Facebook em uma universidade aumentou os problemas de saúde mental, em especial depressão, e levou a uma utilização maior dos serviços de saúde mental. Também se descobriu que, de acordo com os relatos dos estudantes, o declínio na saúde mental se traduziu em um desempenho escolar pior. Indícios adicionais sugerem que os resultados se devem às comparações sociais desfavoráveis promovidas pelo Facebook.[20]

Encontrei cinco estudos que analisaram a introdução da internet banda larga no mundo todo, e *todos os cinco* encontraram indícios de prejuízos à saúde mental. É difícil ter uma infância baseada no celular com velocidade de dados baixa. Por exemplo, o que aconteceu na Espanha conforme os cabos de fibra ótica eram instalados e a internet de alta velocidade chegava a regiões diferentes em momentos diferentes? Um estudo de 2022 analisou "o efeito do acesso à internet banda larga em admissões hospitalares com diagnóstico de saúde mental e comportamental entre adolescentes". A conclusão foi:

> Encontramos um impacto positivo e significativo nas meninas, mas não nos meninos. Explorando o mecanismo por trás desses efeitos, demonstramos que [a chegada da internet banda larga] aumenta o uso

vicioso da internet e reduz de maneira significativa o tempo dormindo, fazendo lição de casa e socializando com parentes e amigos. De novo, esses efeitos são potencializados nas meninas.[21]

Esses estudos, e muitos mais,[22] indicam que a rápida transferência da vida social adolescente para as redes foi uma *causa* do aumento da depressão, da ansiedade, da ideação suicida e de outros problemas de saúde mental iniciados na década de 2010.[23] Quando alguns pesquisadores dizem que as correlações ou a dimensão dos efeitos são pequenas demais para explicar aumentos tão grandes, referem-se a estudos que mediram *apenas os efeitos no nível individual*. Raramente consideram a rápida transformação da dinâmica de grupo que chamo de Grande Reconfiguração da Infância.

Mas por que as redes sociais têm um impacto negativo muito maior nas meninas que nos meninos? Como elas afetam seu cérebro e sua identidade em desenvolvimento?

MENINAS USAM MAIS REDES SOCIAIS QUE MENINOS

No início dos anos 2010, graças aos smartphones, meninos e meninas começaram a passar muito mais tempo na internet, porém de modo diferente. Eles se concentraram em assistir a vídeos no YouTube, usar plataformas baseadas em texto, como Reddit, e sobretudo jogos on-line com video games multijogador. Elas, por sua vez, se concentraram com muito mais intensidade nas novas plataformas orientadas para o visual, sobretudo Instagram, mas também Snapchat, Pinterest e Tumblr.[24]

Um estudo britânico de 2017 pediu que adolescentes classificassem as plataformas de rede social mais populares de acordo com seus efeitos sobre diferentes áreas de seu bem-estar, incluindo ansiedade, solidão, imagem corporal e sono. O Instagram foi considerado o pior dos cinco aplicativos, seguido pelo Snapchat. O YouTube foi a única plataforma que recebeu uma avaliação no geral positiva.[25]

Todas as plataformas orientadas para o visual usaram o modelo de negócios desenvolvido pelo Facebook: aumentar ao máximo o tempo passado na plataforma com o intuito de aumentar ao máximo a obtenção de dados e a receita por usuário gerada para os anunciantes. A Figura 6.3 mostra a porcentagem de estudantes americanos de ensino médio que ficava mais de *quarenta horas por semana* nas redes sociais. É como ter um trabalho em tempo integral, além de estudar. Em 2015, uma em cada sete meninas americanas havia atingido um nível astronômico. A pergunta só foi acrescentada em 2013. Se tivéssemos dados desde 2010, quando poucos adolescentes tinham smartphones, os números provavelmente seriam próximos de zero: era quase impossível adolescentes passarem quarenta horas por semana nas redes antes de poderem carregá-las no bolso.[26]

Meninas passam mais tempo nas redes,[27] e as plataformas a que acessam são as piores para a saúde mental. Assim, mesmo se meninas e meninos fossem fisiologicamente idênticos, já esperaríamos encontrar um aumento maior no nível de ansiedade e depressão entre elas.

No entanto, meninas e meninos não são idênticos do ponto de vista fisiológico. Há várias razões que explicam por que as necessidades centrais

SUPERUSUÁRIOS DE REDES SOCIAIS (MAIS DE 40 HORAS POR SEMANA)

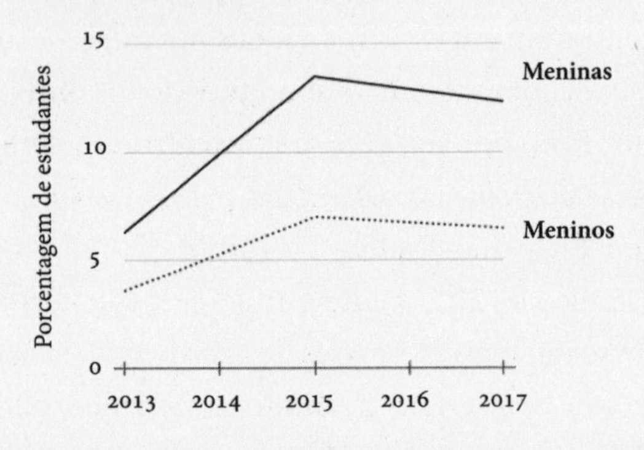

FIGURA 6.3. *Porcentagem de estudantes americanos (do oitavo ano do ensino fundamental e do primeiro e do terceiro do médio) que afirmam passar quarenta horas ou mais por semana nas redes sociais.* (FONTE: Monitoring the Future.)[28]

de desenvolvimento das meninas são exploradas e subvertidas com mais facilidade pelas redes do que as dos meninos (explorados com mais facilidade por desenvolvedores de jogos on-line).

AGÊNCIA E COMUNHÃO

Meninas e meninos são semelhantes na maior parte dos aspectos psicológicos; um livro introdutório de psicologia precisa apenas de notas esporádicas sobre as diferenças entre os gêneros. No entanto, há algumas que batem ponto ao longo das culturas e eras. Útil para compreender os efeitos das mídias, a distinção entre agência e comunhão se refere a dois conjuntos de motivações ou objetivos encontrados em quase todo mundo. Uma revisão recente as definiu assim:

> A agência surge de um esforço para individuar e expandir o eu e envolve qualidades como eficiência, competência e assertividade. A comunhão surge de um esforço para integrar o eu em uma unidade social mais ampla por meio do cuidado dos outros e envolve qualidades como benevolência, cooperação e empatia.[29]

Ambas se mantêm entrelaçadas em padrões mutáveis ao longo de toda a vida, e esse entrelaçamento é particularmente importante para adolescentes, que estão desenvolvendo sua identidade. Parte de definir o eu nasce da integração bem-sucedida a grupos; parte de ser atraente a grupos é demonstrar seu valor como um indivíduo com habilidades únicas.[30]

Pesquisadores há muito descobriram que meninos e homens são mais focados em esforços de agência, enquanto meninas e mulheres se concentram mais na comunhão.[31] O fato de com o tempo essas diferenças de gênero terem diminuído indica que em parte elas resultam de fatores e forças culturais. O fato de aparecerem cedo no brincar infantil[32] e poderem ser encontradas em padrões de gêneros de outros primatas[33] indica que provavelmente também haja uma contribuição biológica. Para nossos propósitos, não importa de onde vem a diferença, mas sim que as empresas de tecnologia a conhecem e a usam para fisgar seu público principal. As redes oferecem maneiras novas e fáceis de "se conectar"; elas *parecem* satisfazer necessidades de comunhão, mas de muitas maneiras as frustram.

QUATRO RAZÕES PARA A MAIOR VULNERABILIDADE DAS MENINAS

As redes sociais exploram a maior necessidade de comunhão das meninas e suas outras preocupações sociais de pelo menos quatro maneiras. Acredito que, em conjunto, elas explicam por que a saúde mental das meninas decaiu tão rapidamente, em tantos países, assim que elas receberam smartphones e sua vida social foi transferida para Instagram, Snapchat, Tumblr e outras plataformas de "compartilhamento".

Razão 1: Meninas são mais afetadas pela comparação social visual e pelo perfeccionismo

A música de 2021 "jealousy, jealousy", de Olivia Rodrigo, resume como é navegar nas redes sociais para muitas garotas de hoje. Ela começa assim:

> *I kinda wanna throw my phone across the room*
> *'Cause all I see are girls too good to be true.*
> [Meio que quero atirar meu celular do outro lado do quarto
> Porque tudo o que vejo são meninas boas demais para ser verdade.]

Olivia Rodrigo diz então que a "cocomparação" com os corpos perfeitos e os dentes brancos como papel das meninas que não conhece a está matando lentamente. É uma música poderosa; espero que a ouça.[34]

Há muito psicólogos estudam a comparação social e seus efeitos impregnantes. Susan Fiske, estudiosa da psicologia social, diz que humanos são "máquinas de comparação".[35] Mark Leary, do mesmo campo, descreve esse maquinário em mais detalhes: é como se todos tivéssemos um "sociômetro" no cérebro — um indicador que vai de zero a cem, indicando onde nos encontramos, a cada momento, na classificação local de prestígio. Quando o número cai, um alarme é acionado — a ansiedade — e nos motiva a alterar nosso comportamento para que ele volte a subir.[36]

Adolescentes são especialmente vulneráveis à insegurança, porque seu corpo e sua vida social estão mudando rapidamente. Eles se esforçam para descobrir onde se encaixam na nova ordem de prestígio de seu sexo. Quase todos se importam com a aparência, sobretudo quando passam a ter interesses românticos. Todos sabem que serão escolhidos ou recusados em parte por sua aparência. Para as adolescentes meninas, no entanto, os riscos são mais altos, porque, mais do que nos meninos, sua posição social costuma estar mais intimamente ligada a beleza e sex appeal; quando entram nas redes sociais, elas ficam mais sujeitas a julgamentos severos e constantes de sua aparência e seu corpo; elas também se veem confrontadas com padrões de beleza mais inatingíveis.

Já era ruim o bastante na minha juventude, nos anos 1970 e 1980, quando as meninas eram expostas a fotos retocadas de modelos. No entanto, tratava-se de adultas desconhecidas, que não concorriam com elas. Então o que aconteceu quando a maioria das meninas da escola criou uma conta no Instagram e no Snapchat e começou a publicar os pontos altos de sua vida, cuidadosamente editados, com filtros e aplicativos para aprimorar sua beleza virtual e sua marca on-line? O sociômetro de muitas meninas despencou, porque a maioria agora estava abaixo do que lhes parecia ser a média. Por todo o mundo desenvolvido, um alarme disparou na mente das meninas, mais ou menos ao mesmo tempo.

É possível observar o poder dos filtros e aplicativos de ajustes na Figura 6.4, na qual Josephine Livin, influenciadora do Instagram, demonstra co-

FIGURA 6.4. *Filtros de beleza podem tornar a pessoa tão perfeita quanto ela quiser, o que aumenta a pressão para que outras meninas façam o mesmo.* (FONTE: Josephine Livin, @josephinelivin no Instagram.)[37]

mo é fácil basicamente apertar um botão e se transformar em uma beldade cada vez menos realista das redes sociais.

Esses aplicativos de ajustes ofereceram às meninas a possibilidade de se apresentar com a pele perfeita, lábios mais volumosos, olhos maiores e uma cintura mais estreita (além de mostrar apenas as partes mais "perfeitas" de sua vida).[38] O Snapchat ofereceu opções similares através de seus filtros, lançados em 2015, muitos dos quais possibilitavam lábios mais cheios, narizes menores e olhos maiores ao toque de um botão.

Pode-se observar a queda vertiginosa dos sociômetros na Figura 6.5, que mostra a porcentagem de alunos do último ano do ensino médio que respondiam "satisfeitos" ou "completamente satisfeitos" à pergunta "qual é seu nível de satisfação consigo mesmo/a?". A queda é visível também entre os meninos, e no próximo capítulo discuto como a vida deles mudou.

Meninas são especialmente vulneráveis aos danos da comparação so-

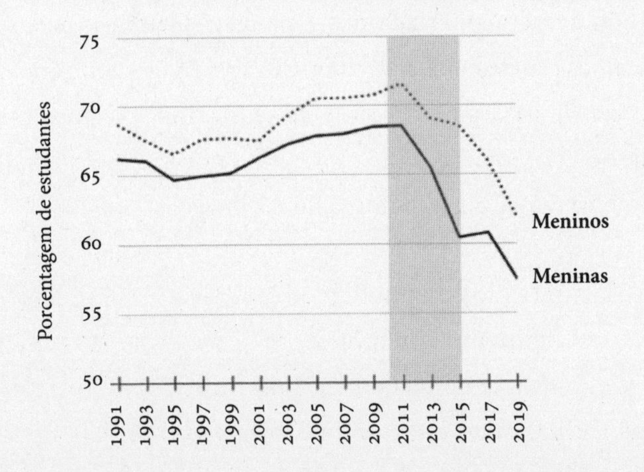

FIGURA 6.5. *A queda repentina do sociômetro em 2012. Porcentagem de estudantes americanos (do oitavo ano do ensino fundamental e do primeiro e do terceiro do médio) que disseram estar satisfeitos consigo mesmos.* (FONTE: Monitoring the Future.)

cial constante porque apresentam índices mais altos de um tipo específico de perfeccionismo: aquele *socialmente prescrito*, que faz a pessoa sentir que precisa atender às elevadíssimas expectativas estabelecidas por outra pessoa ou pela sociedade em geral.[39] (Não há diferença de gênero no perfeccionismo *auto-orientado*, no qual você se tortura por não atender aos *próprios* padrões elevados.) O perfeccionismo socialmente prescrito tem uma relação próxima com a ansiedade; pessoas que sofrem de ansiedade são mais propensas a tê-lo. Ele também aumenta a ansiedade, porque perfeccionistas sempre temem a vergonha do fracasso público. E, como você já deve estar esperando, o perfeccionismo socialmente prescrito começou a crescer, em todos os países da anglosfera, no começo da década de 2010.

Jessita Torres, que tem um blog de moda plus-size, escreveu o artigo "How Being a Social Media Influencer Has Impacted My Mental Health" [Como ser uma influenciadora digital impactou minha saúde mental], que dizia, entre outras coisas:

> As centenas de dólares e todo o tempo gasto em uma foto no Instagram pareciam um desperdício. Nada ficava perfeito o bastante para ser publicado. Muito embora eu defendesse o amor-próprio, fazia o contrário comigo. Vivia comparando minha página com a de outras influenciadoras, cuja imagem era mais bonita. Comecei a medir meu valor pessoal e o valor do meu trabalho pelo número de curtidas que minhas imagens recebiam.[40]

Desde os primórdios da publicidade, as jovens são incentivadas a buscar versões aparentemente "melhores" de si mesmas. No entanto, as redes expõem as meninas a centenas ou mesmo milhares de imagens desse tipo todos os dias, muitas delas retratando garotas boas demais para serem reais, com corpos e vidas perfeitas. A exposição a tantas imagens só pode ter um efeito negativo sobre "máquinas de comparação".

Pesquisadores na França expuseram mulheres jovens a fotos de mulheres muito magras ou de tamanho médio.[41] As jovens expostas a imagens de mulheres muito magras ficaram mais ansiosas em relação ao próprio corpo e aparência. O surpreendente, no entanto, é que essas fotos passaram na tela por apenas vinte milésimos de segundo, rápido demais para que elas tivessem consciência do que haviam visto, donde se conclui que "a comparação social acontece externamente à consciência e afeta autoavaliações explícitas". É provável que os frequentes lembretes que as meninas oferecem umas às outras de que as redes não retratam a realidade tenham um efeito limitado, porque a parte do cérebro que faz as comparações não é controlada por aquela que sabe, conscientemente, que está vendo destaques editados.

Uma menina de 13 anos explicou no Reddit como ver outras meninas nas redes fazia com que ela se sentisse, usando as mesmas palavras de Alexis Spence e Olivia Rodrigo:

> não consigo parar de me comparar. cheguei ao ponto de querer me matar pq não quero ter essa aparência e não importa o que eu tente continuo feia/me

sentindo feia. sempre choro por isso. deve ter começado com uns 10, e agora tenho 13. quando tinha 10, fiquei obcecada por uma menina que encontrei no tiktok. ela era literalmente perfeita e lembro que fiquei com uma inveja inimaginável dela. passei a pré-adolescência obcecada por meninas bonitas.[42]

O esforço para se sobressair pode ser saudável quando motiva as meninas a dominar habilidades que lhes serão úteis mais adiante. No entanto, os algoritmos das redes focam (e amplificam) o desejo da beleza socialmente prescrita, que implica magreza. O Instagram e o TikTok enviam essas imagens de mulheres muito magras se as meninas demonstram interesse em perda de peso, ou em beleza, ou mesmo em alimentação saudável. Pesquisadores do Center for Countering Digital Hate [Centro de combate ao ódio digital] criaram uma dúzia de contas falsas no TikTok, registradas como se fossem de meninas de 13 anos, e observaram que, semanas depois, o algoritmo já lhes oferecia dezenas de milhares de vídeos sobre emagrecimento.[43] Os vídeos incluíam muitas jovens emaciadas incentivando suas seguidoras a experimentar dietas extremas como a da "noiva cadáver", ou a de ingestão exclusiva de água. Foi o que aconteceu com Alexis Spence no Instagram, em 2012.

O próprio Facebook encomendou um estudo para averiguar como o Instagram estava afetando adolescentes nos Estados Unidos e no Reino Unido. As descobertas nunca foram divulgadas, porém a informante Frances Haugen vazou capturas de tela de documentos internos para o *Wall Street Journal*. "Adolescentes culpam o Instagram pelo aumento dos índices de ansiedade e depressão. [...] Essa reação foi espontânea e consistente em todos os grupos."[44] Descobriram também que o Instagram é especialmente nocivo a meninas, além de apontarem que "a comparação social é pior" nesse aplicativo que nos rivais. Os filtros do Snapchat "se concentram no rosto", enquanto o Instagram "se concentra predominantemente no corpo e no estilo de vida".

Razão 2: A agressão das meninas é mais relacional

Por muito tempo, pensou-se que os meninos eram mais agressivos que as meninas, e, se considerarmos apenas violência e ameaças físicas, eles são mesmo.[45] Eles também se interessam mais por histórias e filmes sobre esportes, luta, guerra e violência, temas que apelam para motivações relacionadas à agência. Tradicionalmente, os meninos negociam quem tem um status social superior ou inferior em parte com base em quem seria capaz de dominar quem numa briga, ou quem seria capaz de insultar quem sem medo de represálias violentas. No entanto, como as meninas têm motivações de comunhão mais fortes, a maneira de realmente machucá-las é atingir seus relacionamentos — por exemplo, espalhando boatos, fazendo as amigas se voltarem contra elas e diminuindo seu valor como amigas. Pesquisadores descobriram que a "agressão indireta" (que inclui prejudicar os relacionamentos e a reputação dos outros) é mais prevalente nas meninas que nos meninos — porém apenas no fim da infância e na adolescência.[46] Se uma menina sente que está perdendo seu valor, a ansiedade dispara. Se a queda apontada no sociômetro for significativa, ela pode entrar em depressão e pensar em suicídio. Para adolescentes deprimidas ou relegadas ao ostracismo, a morte física representa o fim da dor, enquanto a morte social é o inferno na terra.

A natureza do bullying começou a mudar com a transferência da vida social dos adolescentes para a internet. Uma revisão sistemática de estudos de 1998 a 2017 encontrou uma *redução* no bullying cara a cara entre meninos e um *aumento* no bullying entre meninas, especialmente adolescentes mais novas.[47] Um estudo com cerca de 16 mil alunos de ensino médio de Massachusetts entre 2006 e 2012 observou estabilidade no bullying cara a cara entre meninas e queda entre meninos, mas aumento do cyberbullying entre meninas.[48] De acordo com uma importante pesquisa americana, esses altos índices de cyberbullying persistiram (embora não tenham aumentado) entre 2011 e 2019, quando aproximadamente um em cada dez meninos no ensino médio e uma em cada cinco meninas no ensino médio vivenciaram cyberbullying a cada ano.[49] Em outras palavras, a transferência para a internet redimensionou o bullying e o assédio na vida cotidiana das meninas.

Embora a *porcentagem* de adolescentes que relataram cyberbullying não tenha aumentado ao longo da década de 2010, a *maneira* como a agressão relacional foi perpetuada e vivenciada mudou, conforme adolescentes passaram a acessar novas plataformas, que ofereciam novas possibilidades de espalhar boatos e atacar. As redes sociais facilitam que qualquer pessoa, de qualquer idade, abra perfis anônimos que podem ser usados para trollar e destruir a reputação alheia. Tudo isso acontece em um mundo virtual que pais e professores mal acessam nem compreendem. E se smartphones acompanham adolescentes na escola, no banheiro e na cama, aqueles que fazem bullying com eles também.

Em um artigo publicado em 2018 na *Atlantic* sobre bullying no Instagram,[50] Taylor Lorenz conta a história de Mary, uma menina de 13 anos que entrou na equipe de animadores de torcida da escola, enquanto uma amiga não conseguiu. A (ex-)amiga usou muitos dos recursos do Instagram para prejudicar a reputação de Mary com os colegas. "Tinha um grupo de mensagens no Instagram que chamava Todo Mundo da Classe Menos a Mary", ela contou. "Era só para falar mal de mim." Foi então que Mary teve seus primeiros ataques de pânico.

As redes sociais ampliaram o alcance e os efeitos do bullying relacional, exercendo uma pressão imensa sobre as meninas para que monitorem suas palavras e ações. Elas têm consciência de que um passo em falso pode logo viralizar e deixar uma marca permanente. As redes sociais alimentam a insegurança da adolescência, um período em que já existe uma preocupação imensa com a possibilidade do ostracismo, e assim fizeram com que uma geração de meninas passasse do modo descoberta para o modo defesa.

Freya India, britânica da geração Z que escreve sobre meninas e saúde mental, é autora do ensaio "Social Media's Not Just Making Girls Depressed, It's Making Us Bitchy Too" [As redes sociais não só estão deixando as meninas deprimidas, como também estão nos deixando mais malvadas], que diz:

> De páginas anônimas no Instagram promovendo o ódio a campanhas completas de cancelamento, as meninas de hoje podem derrubar umas às outras de maneiras variadas e criativas. Fora o comportamento passivo-agressivo, personificado hoje em criticar a pessoa no Twitter sem marcar o perfil, o "soft block" (bloquear e em seguida desbloquear a pessoa, para que ela não siga mais você), a confirmação de leitura; até mesmo marcar alguém em uma foto pouco lisonjeira.[51]

Mais uma vez, a transição para a infância baseada no celular no início da década de 2010 virou de cabeça para baixo os relacionamentos e a vida das meninas. A puberdade já era um período de transição delicado, com uma necessidade mais premente de alguns amigos próximos. Então as redes sociais chegaram para complicá-la ainda mais, tornando a agressão relacional muito mais fácil e a competição por status muito mais penetrante e pública. Muitos suicídios de adolescentes meninas foram diretamente ligados a bullying e constrangimento facilitados pelas redes sociais, incluindo plataformas como Ask.fm e NGL (Not Gonna Lie), criadas explicitamente para incentivar usuários a manifestar sua opinião a respeito de outras pessoas.[52]

Razão 3: Meninas dividem mais suas emoções e dificuldades

Todo mundo sabe que seus melhores amigos podem afetar seu humor. Mas você sabia que o humor dos amigos dos seus amigos também pode fazer isso? O sociólogo Nicholas Christakis e o cientista político James Fowler analisaram dados do Framingham Heart Study,[53] uma pesquisa de longo prazo com os moradores de Framingham, Massachusetts. Embora concentrado na saúde física, o estudo permitiu que Christakis e Fowler se valessem de alguns itens para investigar como as emoções se alteravam na comunidade ao longo do tempo. Assim, eles descobriram que felicidade tende a atrair felicidade. E não apenas porque pessoas felizes procuram pessoas felizes. Na verdade, quando uma pessoa fica mais feliz, isso aumenta a probabilidade de que seus amigos fiquem mais felizes também. O surpreendente foi que também houve influência sobre a felicidade dos amigos dos amigos, e às vezes até sobre a felicidade dos amigos dos amigos dos amigos. A felicidade é contagiosa, ela se espalha por nossas redes de relações.

Em um estudo longitudinal, Christakis e Fowler se aliaram ao psiquiatra James Rosenquist para verificar se estados emocionais negativos também se espalham pelas redes de relações, usando o mesmo conjunto de dados.[54] Eles descobriram duas coisas interessantes. Primeiro: as emoções negativas eram mais fortes que as positivas, como costuma acontecer na psicologia.[55] A depressão foi significativamente mais contagiosa que a felicidade ou a saúde mental. Segundo: a depressão se espalhou apenas a partir das mulheres. Quando uma mulher ficava deprimida, as chances de depressão de seus amigos próximos (homens ou mulheres) aumentavam em 142%. Quando um homem ficava deprimido, não se observava um efeito mensurável nos amigos. Os autores supuseram que a diferença se devesse ao fato de mulheres serem mais emocionalmente expressivas e mais eficientes em comunicar seu humor no âmbito de seus laços de amizade. Quando os homens se encontram, em geral é para *fazer* alguma coisa, e não para conversar sobre como se sentem.

O Framingham Heart Study foi encerrado em 2001, pouco antes do advento das redes sociais. O que você imagina que aconteceu com as comunidades de adolescentes depois de 2010, quando elas se tornaram muito mais interconectadas que as dos adultos do estudo? Considerando que depressão e ansiedade são mais contagiantes que uma boa saúde mental, e que meninas têm maior probabilidade de falar sobre seus sentimentos, seria de esperar uma explosão repentina de depressão e ansiedade assim que grandes números de meninas se juntaram ao Instagram e outras plataformas de "compartilhamento", por volta de 2012.

Foi exatamente o que aconteceu, como demonstrado no capítulo 1. Em vários países, a incidência de depressão entre as meninas aumentou de maneira acelerada no início da década de 2010. O mesmo ocorreu com as taxas de automutilação e hospitalização psiquiátrica. No entanto, a depressão não é o único transtorno que se espalha pelas redes.

Em 1997, Leslie Boss, então pesquisadora dos Centros de Pesquisa e Prevenção de Doenças, publicou uma revisão da literatura histórica e médica sobre epidemias "sociogênicas".[56] ("Sociogênico" significa "gerado por forças sociais", em vez de biologicamente.) Boss notou duas variantes recorrentes ao longo da história. A "variante ansiosa", cujos sintomas mais comuns são dor abdominal, dor de cabeça, tontura, desmaios, náusea e hiperventilação, e a "variante motora", cujos sintomas mais comuns são "dança histérica, convulsões, risadas e pseudoconvulsões". As "epidemias de dança", como foram chamadas pelos historiadores, varriam vilarejos da Europa medieval de tempos em tempos, levando seus habitantes a dançar até morrer de exaustão.[57] Quando essas variantes ocorreram em décadas recentes, as autoridades médicas não conseguiram observar nenhum tipo de toxina ou poluição ambiental que pudesse ter provocado os sintomas. O que observaram, repetidamente, foi que adolescentes meninas corriam um risco mais alto de sucumbir aos transtornos que qualquer outro grupo, e que os surtos tinham maior probabilidade de ocorrer depois que a comunidade fosse alvo de um fator de estresse ou de uma ameaça.[58]

Boss notou que essas epidemias se espalhavam pelas redes de relações por meio da comunicação cara a cara. Mais recentemente, se espalhavam por veículos de comunicação de massa, como a televisão. Mesmo escrevendo em 1997, nos primórdios da internet, ela fez uma previsão: "O desenvolvimento de novas formas de comunicação em massa, mais recentemente na internet, aumenta a capacidade de intensificação dos surtos através da comunicação".

A pesquisadora acertou. Quando entraram nas plataformas de rede social baseadas em imagens, em especial aquelas orientadas para vídeos, como o YouTube e depois o TikTok, os adolescentes se envolveram de uma maneira que facilitava a transmissão de transtornos psicogênicos. Assim que o fizeram, a incidência de ansiedade e depressão disparou em todo o mundo, sobretudo entre adolescentes meninas. Grande parte da epidemia de transtornos mentais entre adolescentes pode ser resultado direto da variedade ansiosa se espalhando por dois processos psicológicos distintos. Primeiro, o contágio emocional simples, como descrito por Fowler e Christakis. As pessoas são contaminadas pelas emoções dos outros, e essa contaminação é mais forte entre as meninas. Segundo, o "viés de prestígio", a regra de aprendizagem social que descrevi no capítulo 2, a qual basicamente diz: não saia copiando qualquer um; descubra antes quem são os membros de maior prestígio do grupo, para então copiá-los. Nas redes sociais, no entanto, ganham-se seguidores e curtidas sendo mais extremo, de modo que aqueles com manifestações mais extremas de sintomas têm maior probabilidade de ascender depressa, tornando-se modelos aos quais os outros recorrem atrás de aprendizagem social. Isso às vezes é chamado de captura de público — um processo no qual as pessoas são treinadas por seu público para se tornar versões mais extremas do que quer que o público queira ver.[59] E, se alguém se encontra em uma rede na qual a maioria das outras pessoas adotou determinado comportamento, o outro processo de aprendizagem social entra em jogo: o viés de conformidade.

No início da pandemia de covid, em 2020, tanto a doença quanto o isolamento social aumentaram a probabilidade de transtornos sociogênicos. A covid era uma ameaça e um fator de estresse mundial. O isolamento levou os adolescentes a passar ainda mais tempo nas redes sociais, com destaque para TikTok, que era relativamente novo. Essa plataforma atraía adolescentes meninas em especial, e de início as incentivava a fazer movimentos altamente estilizados copiados de outras meninas — dancinhas que se espalharam pelo mundo. No entanto, o TikTok não se restringia a isso. Seu algoritmo avançado identificava qualquer sinal de interesse por determinado assunto e enviava mais daquilo aos usuários, muitas vezes em uma forma mais extrema. Qualquer pessoa que sinalizasse um interesse em saúde mental logo era inundada por vídeos de adolescentes falando de seus transtornos mentais e recebendo apoio social por fazê-lo.[60] Em agosto de 2023, vídeos com a hashtag "mentalhealth" [saúde mental] tiveram mais de 100 bilhões de visualizações. E vídeos com a hashtag "trauma", mais de 25 bilhões.

Um grupo de psiquiatras alemães liderados por Kirsten Müller-Vahl[61] notou um aumento repentino no número de jovens que buscavam clínicas acreditando ter síndrome de Tourette — um transtorno motor no qual pacientes apresentam tiques pronunciados, como piscar sem parar ou fazer rotações de cabeça e pescoço, além de muitas vezes emitir palavras e sons de forma involuntária. Acredita-se que a síndrome esteja relacionada a irregularidade nos núcleos da base, uma parte do cérebro fortemente envolvida com o movimento físico. Em geral ela se manifesta entre os 5 e os 10 anos, na proporção de uma menina para quatro meninos.

No entanto, logo ficou claro que quase nenhum daqueles adolescentes tinha Tourette. Os tiques eram diferentes, não se manifestara nenhum sinal da síndrome na infância, e o mais revelador: os tiques eram espantosamente parecidos. Na verdade, esses pacientes — nessa primeira onda, a maioria homens — estavam imitando um influenciador alemão que tinha Tourette e demonstrara seus tiques em uma série de vídeos muito populares no YouTube. Tiques que incluíam gritar "Tubarões voadores!" e "Heil Hitler!".[62]

Os pesquisadores alemães escreveram: "Identificamos o primeiro surto de um novo tipo de transtorno sociogênico em massa que, em contraste com os episódios que já havíamos relatado, se espalha exclusivamente pelas redes sociais. Para tal, sugerimos o termo mais específico 'transtorno induzido pelas redes sociais em massa'".

Muito embora Tourette seja uma síndrome que acometa muito mais homens, depois que se popularizou nas redes ela se espalhou com mais rapidez entre as meninas. Por exemplo, meninas de países da anglosfera de repente desenvolveram tiques como balançar a cabeça e gritar aleatoriamente a palavra "feijões". Isso foi desencadeado pela influenciadora britânica Evie, que modelou tais comportamentos, inclusive gritando a palavra "feijões".[63] Um dos principais tratamentos prescritos pelos médicos é o afastamento das redes sociais.

Há indícios de que muitos outros transtornos estão se espalhando sociogenicamente, em especial por meio de plataformas com publicações em vídeo, como TikTok, YouTube e Instagram. O transtorno dissociativo de identidade (TDI), que costumava ser conhecido como transtorno de múltiplas personalidades, foi representado no cinema em *As três faces de Eva*, filme de 1957. Pessoas que sofrem dele relatam conter identidades diferentes, conhecidas como *alter*, que podem ter personalidade, perfil moral, gênero, sexualidade e idades muito diferentes. Com frequência, há um alter "malvado", que incentiva as pessoas a fazer coisas ruins com os outros ou consigo mesma.

O TDI costumava ser raro,[64] porém sua incidência aumentou desde a chegada do TikTok, sobretudo entre adolescentes meninas.[65] Influenciadores retratando múltiplas personalidades atraíram milhões de seguidores, o que contribuiu para uma tendência crescente de autoidentificação com o transtorno. Asher, influenciador do TikTok que se descreve como uma personalidade de um "sistema" de 29, tem mais de 1,1 milhão de seguidores. O interesse crescente por TDI é evidenciado pelos bilhões de visualizações de vídeos com hashtags como #did (2,8 bilhões), #dissociativeidentitydisorder (1,6 bilhão) e #didsystem (1,1 bilhão) [#tdi, #transtornodissociativodeidentidade e #sistematdi, respectivamente].[66] Naomi Torres-Mackie, pesquisadora-chefe da Mental Health Coalition [Coalizão pela saúde mental], resumiu assim essa tendência: "De repente, todos os meus pacientes adolescentes acham que têm TDI. [...] E não é o caso".[67]

O crescimento recente dos diagnósticos de disforia de gênero também pode estar relacionado em parte a tendências das redes sociais. A disforia de gênero diz respeito ao sofrimento psicológico que a pessoa vivencia quando sua identidade de gênero não se alinha com seu sexo biológico.

Pessoas com esse tipo de descompasso existem há muito e no mundo todo. De acordo com o mais recente manual diagnóstico de psiquiatria,[68] estimativas da prevalência de disforia de gênero na sociedade americana costumavam atingir números abaixo de um a cada mil, sendo aqueles entre pessoas nascidas homem (ou seja, biologicamente homens) muitíssimo mais elevados que os entre pessoas nascidas mulheres. No entanto, essas estimativas se baseavam no número de pessoas que buscavam a cirurgia de redesignação sexual na vida adulta, certamente muitíssimo menor que a população subjacente. Na última década, o contingente de indivíduos encaminhados para tratamento por disforia de gênero cresceu rapidamente, sobretudo entre pessoas nascidas mulheres da geração Z.[69] Na verdade, entre adolescentes da geração Z, a relação sexual se inverteu, sendo mais altos os números de pessoas nascidas mulheres.[70]

Parte desse aumento certamente reflete a parcela de pessoas que eram trans e ou não reconheciam essa condição ou tinham medo do estigma social envolvido na expressão de sua identidade de gênero, e agora "saíram do armário". O aumento da expressão da liberdade de gênero e a crescente conscientização da variação humana são formas de progresso social. No entanto, a atual e frequente ocorrência da disforia de gênero em aglomerados sociais (por exemplo, grupos de amigos próximos),[71] o relato de pais e pessoas que retornam à identidade sexual original e atribuem às redes sociais a grande fonte de informações e incentivo[72] e o diagnóstico de disforia entre muitos adolescentes que não demonstraram nenhum sinal quando crianças[73] indicam que a influência social e a transmissão sociogênica também podem estar desempenhando seu papel.

Razão 4: Meninas estão mais sujeitas a predadores e assédio

Sabe aquelas histórias de mulheres de meia-idade que ficam amigas de adolescentes meninos em plataformas de jogos on-line, enviam dinheiro e pedem fotos do pênis deles, como prelúdio para um encontro sexual?

Nem eu. A sexualidade da mulher, em suas muitas variações, raras vezes é assim predatória.

De acordo com David Buss,[74] que estuda psicologia evolutiva, mentes masculinas e femininas vêm equipadas com certas respostas emocionais e sensibilidades de percepção que as ajudaram a "vencer" o jogo do acasalamento muito tempo atrás. Ambos os conjuntos de adaptações cognitivas influenciam os relacionamentos dos dias de hoje, e o conjunto masculino torna os homens mais propensos a se utilizar de coerção, artifícios e violência para obter sexo, e a se concentrar em adolescentes como alvo.[75]

Em muitas regiões do mundo virtual, homens predam pré-adolescentes e adolescentes meninas. Homens mais velhos também predam meninos, e para encontrá-los usam aplicativos de relacionamento para homens gays e bissexuais.[76] No entanto, predadores sexuais são uma ameaça muito maior da vida na internet para as meninas que para os meninos, o que exige delas uma prontidão para o modo defesa.[77]

A jornalista Nancy Jo Sales seguiu algumas alunas de ensino médio de subúrbios dos Estados Unidos. Em *American Girls* [Garotas americanas], livro de 2016, Sales observou que as meninas eram alvo de atenção de homens adultos com frequência, porque os aplicativos se esforçavam muito pouco, quando se esforçavam, para restringir interações de adultos e menores. A adolescente Lily, de Garden City, Nova York, explicou assim:

> É muito fácil para predadores mais velhos encontrar uma menina na internet... porque as meninas querem ter o maior número de amigos, seguidores e curtidas, então se alguém as segue elas seguem de volta, sem nem pensar em quem é. Mesmo que seja um serial killer, elas seguem de volta, e talvez até conversem com o cara. É assustador. Principalmente porque muitas meninas publicam fotos de si mesmas de sutiã ou biquíni, que seus seguidores podem ver.[78]

Lily e seus pares ficam expostas com frequência a esse tipo de atenção de homens adultos desconhecidos. Porém a predação e a exploração também são praticadas por seus colegas de classe meninos. Sales descreveu como nudes funcionam como moeda de troca em muitas escolas de ensino fundamental e médio. Uma aluna do ensino fundamental 2 de Nova Jersey disse que os meninos de sua classe tentam persuadir as meninas a enviar nudes para eles, que depois os negociam com os meninos do ensino médio, em troca de álcool. Um grupo de alunas do ensino médio com quem ela falou na Flórida contou que pedir e mandar nudes era comum:

> Que porcentagem de meninas mandava nudes?, perguntei. "Vinte, trinta?", elas arriscaram. "O lance é que se você não manda os meninos te chamam de puritana", contou Cassy. "Ou dizem que você está com medo", completou Maggie. Perguntei se algum menino já havia pedido nudes a elas. "Já", elas disseram. "Eles fazem chantagem", Cassy explicou. "Dizem: Ah, tenho umas fotos bem constrangedoras de você, se não me mandar nudes vai cair tudo na internet."[79]

Quando as meninas enviavam nudes, os efeitos podiam ser devastadores, e muitas vezes era assim que o cyberbullying começava. A probabilidade de meninos sofrerem com o compartilhamento de fotos íntimas é menor. Na verdade, eles muitas vezes mandam esse tipo de foto para as meninas como isca, com o intuito de conseguir um nude delas em troca. Nina, uma aluna do ensino médio, disse a Sales: "Uma menina que manda nudes é uma vagabunda, mas quando um menino faz isso todo mundo só dá risada".[80]

Em plataformas de rede social como Instagram e Snapchat, as meninas ficam sujeitas a mensagens privadas de homens adultos e a uma cultura escolar na qual fotos de seu corpo nu se tornam moeda de troca para meninos em busca de prestígio social, e é o constrangimento delas que paga o pato. Com a predação sexual e a sexualização desenfreada, meninas e mulheres jovens precisam se manter mais atentas na internet que meninos e homens jovens. Assim, elas são forçadas a passar uma boa parte de sua vida virtual no modo defesa, o que pode ter contribuído com o disparo galopante de seu nível de ansiedade na década de 2010.

QUANTIDADE, NÃO QUALIDADE

Da maneira como são utilizadas pelos adolescentes hoje, as redes sociais aumentam a *quantidade* de conexões sociais e assim reduzem sua qualidade e sua natureza protetora. Freddie deBoer, autor e blogueiro americano especializado em educação, explica o motivo:

> Se dividimos as horas do dia e nossa mente em mais e mais relacionamentos em comparação com o passado, estamos quase certamente investindo menos em cada relacionamento individual. Substitutos digitais para o envolvimento social no mundo real reduzem o desejo de socializar, porém não satisfazem as necessidades emocionais. [...] Acredito que isso tenha criado uma armadilha muito poderosa: essa forma de interação satisfaz superficialmente o desejo de se conectar com outras pessoas, porém a conexão é rasa, imaterial, pouco satisfatória. O impulso humano de ver outras pessoas é abafado, sem que se acesse o poder revigorante da conexão humana real.[81]

Quando, no início da década de 2010, tudo foi transferido para os smartphones, tanto meninas quanto meninos presenciaram um aumento gigantesco em seu *número* de laços sociais e no *tempo* exigido para atendê-los (em geral, ler e comentar as publicações de conhecidos ou manter dezenas de Snapstrakes com pessoas que não eram seus amigos mais próximos). Esse crescimento explosivo causou necessariamente uma queda no número de amizades próximas e em sua profundidade, como pode ser visto na Figura 6.6.

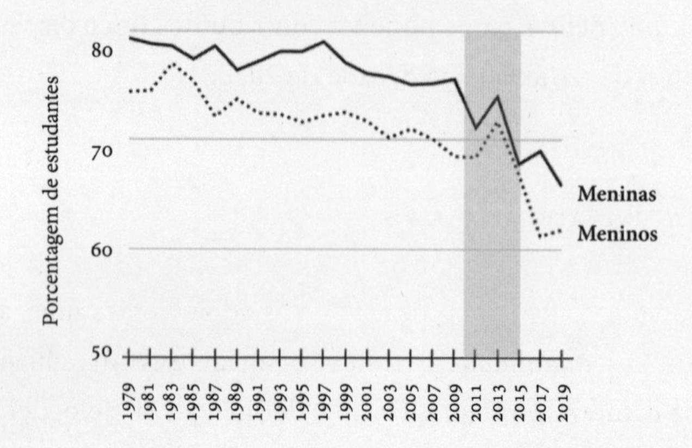

FIGURA 6.6. *Porcentagem de alunos do último ano do ensino médio nos Estados Unidos que concordaram ou concordaram na maior parte com a afirmação "Em geral tenho alguns poucos amigos com quem posso me reunir". Os números vinham caindo devagar antes de 2012, quando essa queda se acelerou.* (FONTE: Monitoring the Future.)[82]

A psicóloga clínica Lisa Damour diz que, no que se refere a amizades para meninas, "qualidade é mais importante que quantidade". As meninas mais felizes "não são as que têm mais amizades, e sim as que têm amizades fortes, que servem de apoio, mesmo que isso signifique ter uma única amiga maravilhosa".[83] (Isso também é verdade para os meninos, ela diz.) Depois que debandaram para as redes sociais e passaram a não ter tantas conversas longas com uma ou duas amigas especiais, as meninas se viram imersas num vasto mar de "amizades", seguidores e conhecidos transitórios, pouco confiáveis, e que só apareciam nas horas boas. A quantidade superou a qualidade e a solidão veio com força total, como se pode ver na Figura 6.7. Ela também aumentou para os meninos, porém, como visto muitas vezes, esse aumento não se concentrou tanto no ano de 2012.

Essa é a grande ironia das redes sociais: quanto mais você mergulha nelas, mais só e deprimido se sente. Isso vale tanto no nível individual quanto no coletivo. Quando adolescentes *como um todo* começaram a se

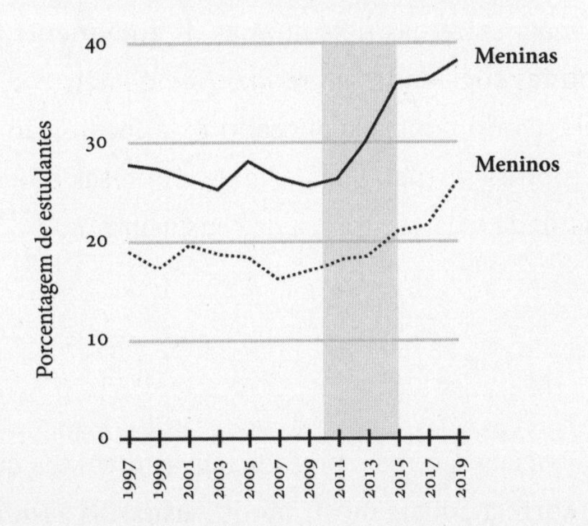

FIGURA 6.7. *Porcentagem de alunos do último ano do ensino médio nos Estados Unidos que concordaram, ou concordaram na maior parte, com a afirmação "Sinto-me só com frequência".* (FONTE: Monitoring the Future.)

encontrar menos e a fazer menos coisas juntos no mundo real, sua cultura se transformou. Suas necessidades de comunhão passaram a não ser satisfeitas — incluindo as dos adolescentes que não usavam redes sociais.

Depois de considerar as quatro razões pelas quais meninas são particularmente vulneráveis, fica claro por que as redes sociais são uma armadilha que seduz mais as meninas que os meninos. A promessa de se conectar com amigos — que apela à necessidade mais forte de comunhão das meninas — é atraente, mas a realidade é que elas se veem mergulhadas num estranho mundo novo, no qual nossa antiga programação evoluída para as comunidades do mundo real falha continuamente. No mundo virtual, elas ficam sujeitas a centenas de vezes mais comparação social do que meninas vivenciaram em toda a evolução humana. Também são expostas a mais crueldade e bullying, porque as plataformas de rede social incentivam e facilitam a agressão relacional. Sua abertura e disposição em compartilhar emoções com outras meninas as expõem a depressão e a outros transtornos.

As estruturas de incentivo distorcidas das redes sociais recompensam as manifestações mais extremas de sintomas. E, finalmente, o progresso conhecido por muitas sociedades ao reduzir a violência e o abuso sexual no mundo real está sendo contrabalanceado pela facilitação do assédio e da exploração no mundo virtual, por parte de empresas que situam os lucros acima da privacidade e da segurança de seus usuários.

RESUMINDO

- As redes sociais são mais prejudiciais às meninas que aos meninos. Estudos correlacionais mostram que usuários assíduos de redes sociais apresentam índices maiores de depressão e outros transtornos que outros usuários ou não usuários. A correlação é maior e mais clara para meninas: usuárias assíduas têm três vezes mais chances de sofrer de depressão que não usuárias.
- Estudos experimentais mostram que o uso de redes sociais é uma *causa* de ansiedade e depressão, e não está apenas correlacionado a esses transtornos. Quando se pede às pessoas que reduzam ou eliminem o uso de redes sociais por três semanas ou mais, sua saúde mental em geral melhora. Muitos "quase-experimentos" mostram que, quando o Facebook entrou nos campi, ou quando a internet de alta velocidade chegou a regiões e províncias, houve uma piora na saúde mental, sobretudo de meninas e mulheres jovens.
- Meninas usam redes sociais muito mais que meninos, e preferem plataformas mais visuais, como Instagram e TikTok, o que é pior para a comparação social que plataformas baseadas em texto, como o Reddit.
- Duas categorias importantes de motivações são a agência (o desejo de se destacar e produzir um efeito no mundo) e a comunhão (o desejo de se conectar e vivenciar uma sensação de pertencimento).

Meninos e meninas contam com ambas, porém uma diferença de gênero é visível nas brincadeiras infantis: os meninos escolhem atividades mais ligadas à agência e as meninas escolhem atividades mais ligadas à comunhão. As redes sociais apelam ao desejo de comunhão, embora muitas vezes o acabem frustrando.

- Há pelo menos quatro razões pelas quais as redes sociais são mais prejudiciais às meninas que aos meninos. A primeira é que elas são mais sensíveis à comparação visual, sobretudo quando outras pessoas elogiam ou criticam sua aparência. Plataformas de rede social orientadas para o visual que se concentram em imagens da própria pessoa são perfeitas para baixar o "sociômetro" (o indicador interno de onde você se encontra em relação aos outros). Meninas também têm maiores chances de apresentar "perfeccionismo socialmente prescrito", no qual a pessoa tenta corresponder aos padrões impossivelmente altos dos outros ou da sociedade como um todo.
- A segunda é a agressão das meninas muitas vezes se expressar em tentativas de prejudicar os relacionamentos e a reputação das outras, enquanto é muito mais provável que a agressão dos meninos seja expressa de maneira física. As redes sociais oferecem às meninas infinitas maneiras de prejudicar os relacionamentos e a reputação das outras.
- A terceira razão é meninas e mulheres compartilharem emoções com maior facilidade. Quando tudo foi transferido para o on-line e as meninas se viram hiperconectadas, aquelas com ansiedade ou depressão podem ter influenciado muitas outras a desenvolver ansiedade e depressão. Meninas também são mais vulneráveis a transtornos "sociogênicos", ou seja, transtornos causados por influência social, e não biologicamente.
- A quarta razão é a internet ter facilitado a abordagem e a perseguição de meninas e mulheres por parte dos homens, e o mau compor-

tamento sem consequências. Quando adolescentes meninas criam contas em redes sociais, muitas vezes são seguidas e recebem mensagens de homens mais velhos. Elas também são pressionados por meninos da escola a compartilhar nudes seus.

- As redes sociais são uma armadilha que atrai mais as meninas que os meninos. Elas seduzem com a promessa de conexão e comunhão, porém ao multiplicar o número de relacionamentos também reduzem sua qualidade, tornando mais difícil passar um tempo com poucos amigos próximos no mundo real. Esse pode ser o motivo pelo qual a solidão disparou tanto entre as meninas no início da década de 2010, enquanto para os meninos o aumento tenha sido mais gradual.

7. O que está acontecendo com os meninos?

No importante livro *Foco roubado*, o jornalista Johann Hari descreve a transformação de seu afilhado, um menino fofo obcecado por Elvis Presley, e que aos 9 anos implorou ao padrinho para levá-lo a Graceland, onde o músico morou. Hari concretizou a viagem seis anos depois, quando então percebeu que o menino não só tinha se transformado como estava perdido:

> Ficava quase todas as horas em que estava acordado dentro de casa, meio entediado, passando de uma tela a outra — no celular, rolando a sequência infindável de mensagens no WhatsApp e do Facebook, ou no iPad, no qual via uma miscelânea de YouTube e pornografia. Em certos momentos, eu ainda conseguia vislumbrar nele alguns traços daquele garotinho alegre que cantava "Viva Las Vegas", mas era como se aquela pessoa tivesse se partido em fragmentos menores, desconexos. Ele tinha dificuldade de conversar por mais que alguns minutos sobre um mesmo assunto antes de voltar rápido para uma tela ou mudar bruscamente de tema. Parecia zunir à velocidade do Snapchat, para algum lugar onde nada que fosse estático ou sério pudesse atingi-lo.[1]

O afilhado de Hari é um caso extremo, mas não único. Ouvi histórias de pais cujos filhos meninos caíram em poços digitais semelhantes. Chris, o jovem profissional que contratei para me ajudar a concluir este livro, me falou de suas dificuldades com jogos on-line e pornografia, iniciadas no ensino fundamental e ainda vigentes. Essas atividades tomavam quase todo o seu tempo acordado, em detrimento de brincar com os amigos, dormir, estudar e, mais tarde, se relacionar amorosamente. Com muito esforço e a ajuda de amigos e familiares, ele conseguiu retomar o ritmo da faculdade e encontrou meios de moderar o jogo e a pornografia. Olhando em retrospectiva, para os anos que passou jogando intensamente, ele lembra de ter se divertido, e ainda é agradecido por essa parte de sua vida. No entanto, tem bastante consciência do que sacrificou:

> Perdi bastante coisa na vida, em termos de socialização. Sinto os efeitos agora, quando conheço gente nova, quando converso com as pessoas. Sinto que minhas interações não são tão tranquilas e fluidas quanto eu gostaria. Meu conhecimento do mundo (geografia, política etc.) é insuficiente. Eu não tinha tempo para conversar, para aprender sobre esportes. Às vezes sinto que sou um sistema operacional sem valor.

Na média, no que diz respeito à Grande Reconfiguração, os meninos seguiram um caminho diferente do das meninas. Há muito, elas apresentam índices mais altos de transtornos internalizantes, e, como vimos no capítulo 1, essa diferença aumentou quando a vida dos adolescentes migrou para os smartphones e as redes sociais. Se nos limitássemos a examinar gráficos sobre depressão, ansiedade e automutilação, concluiríamos que a Grande Reconfiguração foi mais dura com as meninas.

No entanto, se observarmos muitos dos gráficos com mais cuidado, há evidências de que os meninos também estão sofrendo. Desde o início dos anos 2010, os índices de depressão e ansiedade entre eles vêm crescendo

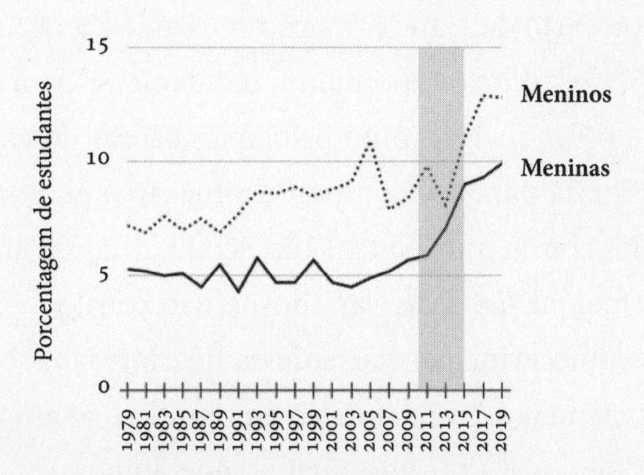

FIGURA 7.1. *Porcentagem de alunos do último ano do ensino médio nos Estados Unidos que endossaram parte ou integralmente a afirmação "Pessoas como eu não têm muita chance de sucesso na vida".* (FONTE: Monitoring the Future.)[2]

em muitos países, embora em termos absolutos continuem muito abaixo dos números registrados entre meninas. Nos Estados Unidos, no Reino Unido e na Austrália, a taxa de suicídio também cresce para ambos os sexos, ainda se mantendo bem mais alta entre meninos.[3]

Há outros sinais de alerta: os meninos dão mostras de afastamento do mundo real desde muito antes do declínio de saúde mental da década de 2010. Entre eles, o tempo passado com os amigos começou a diminuir no começo dos anos 2000, com uma redução acelerada depois de 2010. O índice entre meninas se manteve estável até 2011, depois sofreu uma queda. Deve-se considerar também a resposta à seguinte afirmação: "Pessoas como eu não têm muita chance de sucesso na vida". Apenas 5% das meninas americanas costumavam concordar com essa frase nos anos 1970, e essencialmente não houve mudança nesse sentido até o início da década de 2010, como pode ser visto na Figura 7.1. No caso dos meninos, entretanto, a história é diferente. A taxa de concordância aumentou devagar do fim dos anos 1970 até o 2000, e acelerou no início da década de 2010.

Em outras palavras, a história das meninas é mais compacta. Em muitos países, a maior parte da transformação na saúde mental delas ocorreu entre 2010 e 2015, e os indícios apontam repetidamente para a combinação de smartphones e redes sociais como principais causas do aumento de ansiedade e depressão. Já para os meninos, a situação é bem mais difusa. O envolvimento deles com o mundo real começou a declinar antes, seus problemas de saúde mental são mais variados, e não consigo identificar uma única tecnologia como principal causa dessa degringolada. Neste capítulo, falo de um distanciamento gradual deles do mundo real em nome de uma imersão cada vez maior no mundo virtual, que atingiu seu ponto crítico quando os adolescentes passaram a ter smartphones, no início da década de 2010, e a ficar conectados em qualquer lugar, em qualquer momento.[4] É um capítulo mais especulativo que o anterior, porque sabemos menos sobre o que está acontecendo com os meninos.

Vou contar essa história pela perspectiva afastamento/atração. Primeiro, mostro como o mundo real mudou, desde a década de 1970, tornando-se menos favorável a meninos e homens jovens — muitos passaram a se sentir inúteis e perdidos, sem propósito definido. Isso os afastou do mundo real. Depois, mostro como, a partir dos anos 1970 e de maneira muito mais acelerada depois de 2010, o mundo digital começou a oferecer aos meninos mais possibilidades de exercer atividades voltadas para a agência que tanto desejavam, como explorar, competir, guerrear, dominar habilidades e assistir pornografia cada vez mais pesada, tudo numa tela que cabe no bolso. Daí a atração.

Produziu-se então uma desconexão cada vez maior dos meninos com o mundo real, e eles passaram a investir seu tempo e seus talentos no mundo virtual. Alguns vão encontrar carreiras de sucesso nessa esfera, porque seu domínio nesse âmbito pode proporcionar empregos lucrativos na indústria da tecnologia, ou mesmo como influenciadores. No entanto, para muitos, crescer no mundo virtual, embora possa ser uma fuga de um mundo cada vez mais inóspito, diminui as chances de se tornarem homens com habilidades e competências sociais para o sucesso no mundo real.

O LONGO DECLÍNIO DOS MACHOS

Em 2023, Richard Reeves abandonou seu cargo de analista de políticas na Brookings Institution, onde estudava desigualdade econômica, para criar uma organização focada nos problemas dos meninos e dos homens.[5] No ano anterior, publicara *Of Boys and Men* [Sobre meninos e homens], que apresentava evidências de um longo declínio na sorte, nas conquistas e no bem-estar dos homens americanos desde 1970. Parte desse ocaso se deveu a mudanças estruturais e econômicas que desvalorizaram a força física. Com a desindustrialização de Estados Unidos e de outras nações desenvolvidas, o trabalho fabril foi transferido para países menos desenvolvidos e passou a ser cada vez mais realizado por robôs. A economia de serviços cresceu para ocupar esse lugar, e nessa área as mulheres, na média, têm muitas vantagens em relação aos homens.[6]

Hanna Rosin, autora de *The End of Men* [O fim dos homens], explica bem essa transformação: "O que a economia exige agora é um conjunto completamente diferente de habilidades: é preciso inteligência, capacidade de parar e manter a concentração, de se comunicar abertamente e de ouvir e operar em um ambiente de trabalho muito mais fluido do que antes. As mulheres se saem extremamente bem nisso".[7] Ela ressalta que, em 2009, "pela primeira vez na história americana, a balança da força de trabalho pendeu para as mulheres, que ocupam cerca de metade dos empregos do país".[8]

Reeves considera desejável a crescente maré em favor das mulheres — o efeito natural da supressão das restrições a suas oportunidades em termos de educação e emprego. Por exemplo, em 1972, as mulheres representavam apenas 42% dos bacharelados. Em 1982, as chances de concluir a universidade eram as mesmas para homens e mulheres. Nos vinte anos seguintes, entretanto, o número de mulheres matriculadas no ensino superior aumentou rapidamente, o que não aconteceu com os homens, de modo que em 2019 a diferença havia se invertido: as mulheres representavam 59% dos bacharéis, e os homens, apenas 41%.[9]

Isso não vem ocorrendo apenas no nível superior. Reeves mostra que em todos os níveis de escolaridade, do jardim de infância ao doutorado, os meninos estão ficando para trás: tiram notas piores, sofrem mais de TDAH, têm maiores chances de não aprender a ler e menores chances de concluir o ensino médio, em parte porque, em relação às meninas, é três vezes mais provável que sejam expulsos ou suspensos ao longo do percurso.[10] As disparidades de gênero são pequenas entre os mais ricos e vão se acentuando nos degraus mais baixos da escada socioeconômica.

Essa é uma vitória para meninas e mulheres? Apenas para quem vê a vida como um jogo de soma zero entre os sexos. No entanto, como diz Reeves, "um mundo em que os homens estão em apuros dificilmente será um mundo em que as mulheres prosperam".[11] E os dados mostram que hoje vivemos num mundo em que os homens jovens estão em apuros.[12]

O livro de Reeves nos ajuda a ver os fatores estruturais que dificultaram o sucesso dos meninos — uma economia que não recompensa mais a força física, um sistema educacional que valoriza a capacidade de parar e ouvir, e uma crise na disponibilidade de modelos masculinos positivos, incluindo pais. E Reeves acrescenta: "O mal-estar masculino não é resultado de um colapso psicológico em massa, e sim de desafios estruturais profundos".[13]

Ele tem razão em se concentrar em fatores estruturais, porém há dois fatores psicológicos que ele não levou em consideração. Primeiro, a ascensão do segurismo, nos anos 1980 e 1990, teve maior impacto sobre os meninos, porque o brincar deles envolve mais risco e agressividade. Quando o brincar foi encurtado, levado para dentro de casa e passou a ser supervisionado, os meninos perderam mais que as meninas.

O segundo efeito psicológico resulta da adoção dos jogos on-line para multijogadores no fim dos anos 2000 e dos smartphones no início dos 2010, o que afastou os meninos de maneira decisiva da interação presencial. Nesse sentido, vemos, sim, sinais de um "colapso psicológico em massa". Ou, pelo menos, de uma *mudança* psicológica em massa. Depois que os meninos passaram a ter múltiplos dispositivos com internet, muitos se viram consumidos por eles, como o afilhado de Johann Hari. Outros tantos se perderam no ciberespaço, tornando-se mais frágeis, temerosos e avessos ao risco na Terra. Os índices de depressão, ansiedade, automutilação e suicídio entre meninos americanos começaram a aumentar ainda no fim dos anos 2000.[14] Um declínio preocupante na saúde mental dos meninos teve início em todo o mundo ocidental.[15] Em 2015, um número assombroso deles dizia não ter amigos próximos, sentir-se solitários e não encontrar sentido ou rumo na vida.[16]

MENINOS COM SÍNDROME DE PETER PAN

Há muito os americanos usam o termo *failure to launch* — ou síndrome de Peter Pan — para descrever qualquer pessoa que não atenda às expectativas, não encontre emprego e acabe voltando para a casa dos pais por um período de tempo indefinido. Homens de 20 e muitos anos têm maiores chances de morar com os pais (eram 27% em 2018) que jovens mulheres (17%).[17] Há um termo mais formal para isso: "nem-nem", ou seja, "nem trabalha, nem estuda". O conceito foi criado por economistas do Reino Unido para se referir àqueles entre 16 e 24 anos que não estudam, não trabalham e não estão em formação profissional. Trata-se de jovens "economicamente inativos". No Reino Unido[18] e nos Estados Unidos,[19] os nem-nem são principalmente homens, depois que se excluem pessoas com deficiência ou aquelas que se dedicam aos cuidados dos filhos.

Pais americanos têm maiores chances de dizer que, mais do que com as filhas, preocupam-se com o sucesso dos filhos quando adultos.[20] Pais americanos também têm maiores chances de endossar estas frases quando aplicadas a filhas, em detrimento dos filhos: "Reveses não a desencorajam. Ela não desiste fácil".

Dá para entender a preocupação dos pais. Meninos são mais vulneráveis a se tornar reclusos. A sociedade japonesa, por exemplo, exercia uma pressão intensa para que os homens jovens tivessem bom desempenho escolar, arranjassem um trabalho de prestígio e cumprissem o que se esperava de um assalariado. Nos anos 1990, quando a bolha econômica dos anos 1980 estourou e o sucesso conheceu entraves, muitos homens jovens se trancafiaram em seu quarto de infância. O declínio da economia dificultou que eles se envolvessem de forma produtiva com o mundo exterior ao mesmo tempo que a internet, pela primeira vez na história, possibilitou que suas necessidades de agência e comunhão fossem atendidas, até certo grau, mesmo eles estando sozinhos em seus quartos.

Esses jovens são chamados de *hikikomori*, palavra que em japonês significa "puxão para dentro".[21] Eles vivem como eremitas, só saem de suas cavernas em horários incomuns, quando são menores as chances de encontrar alguém, incluindo familiares. Alguns pais deixam comida na porta para eles. Trancar-se acalma a ansiedade dessas pessoas, porém quanto mais tempo elas passam assim, menos hábeis se tornam no mundo exterior, o que alimenta sua ansiedade em relação a ele. É uma prisão.

Por muitos anos, a comunidade psiquiátrica circunscreveu essa condição exclusivamente à sociedade japonesa.[22] Em tempos mais recentes, entretanto, alguns rapazes nos Estados Unidos e em outros países começaram a se comportar como *hikikomori*. Alguns inclusive se identificam tanto como *hikikomori* quanto como nem-nem. Nos fóruns do Reddit, os grupos dedicados aos nem-nem e *hikikomori* discutem tudo, desde programas de TV que apoiam estilos de vida reclusos a detalhes de como fazer xixi em uma caixa de areia para evitar sair do quarto.

Allie Conti, da *New York Magazine*, falou com Luca, um garoto da Carolina do Norte que é usuário do Reddit. Ele sofreu de ansiedade no início do fundamental 2, e então sua mãe o tirou da escola aos 12 anos, permitindo que estudasse on-line. Meninos de gerações anteriores que se recolhessem se veriam confrontados com o tédio e uma solidão quase inimaginável — a tal ponto que a maioria deles decerto mudaria de atitude ou procuraria ajuda. Luca, no entanto, descobriu um mundo on-line vívido o bastante para que sua mente não morresse de fome. Dez anos depois, ele ainda passa a noite jogando e navegando na internet. E dorme o dia todo.

Luca explica que não se envergonha de seu estilo de vida. Na verdade, até se orgulha, se se compara a jovens que trabalham fora e se submetem a ordens superiores. Seu quarto é "o oposto de uma prisão", diz. "É a liberdade. Aqui não tem ninguém além de mim. Posso fazer o que quiser, quando quiser. A prisão é lá fora. Mas este quarto... este quarto é límpido."

A visão de mundo de Luca é possível porque sua conexão à internet lhe dá acesso a uma simulação convincente de muitos prazeres do mundo real — conexão social, jogos, aprendizagem e sexo — sem que ele precise encarar suas ansiedades e a incerteza desconfortável da vida real. Também é representativa do espírito agressivo e valentão que reina em subreddits, "chans" (como o 4chan e o 8chan) e comunidades de internet (como a MGTOW, abreviação de Men Going Their Own Way, Homens Fazendo Seu Próprio Caminho) dominados por homens.

A INFÂNCIA SEM OS RISCOS DO MUNDO REAL

Imagine uma infância em que todos os riscos foram eliminados. Ninguém sente a adrenalina de desobedecer a um adulto e subir numa árvore. Nenhum friozinho na barriga antes de chamar alguém para sair. Imagine um mundo onde aventuras fora de casa com os amigos tarde da noite são coisa do passado. Essa infância envolve menos hematomas, ossos quebrados, corações partidos. Ela pode parecer segura, mas é isso que você quer para seus filhos?

A maioria dos pais diria que não. No entanto, de alguma maneira, é em um mundo semelhante a esse que muitos membros da geração Z crescem. Um mundo com muita supervisão adulta e poucos riscos é ruim para todas as crianças, mas parece ter um impacto maior sobre os meninos.[23]

Quando comecei a examinar as tendências de saúde mental entre os meninos, me deparei com um dado impressionante. Ao longo do meu percurso como pesquisador, considerei ponto pacífico que os desafios de saúde mental de meninos e meninas na puberdade exibiam padrões diferentes. Em geral, elas apresentavam índices maiores de transtornos internalizantes, como depressão e ansiedade, voltando suas emoções e seu sofrimento para dentro. Já os meninos tendiam a apresentar índices maiores de transtornos externalizantes, voltando suas emoções para fora e se envolvendo em comportamentos de alto risco ou antissociais, que muitas vezes afetavam os outros, como dirigir sob efeito de álcool, violência e abuso de drogas.

No entanto, por volta de 2010, ocorreu algo sem precedentes: *ambos os sexos* começaram a apresentar o padrão tradicionalmente associado às mulheres. Houve um aumento notável no número de jovens de ambos os sexos que concordavam com frases relacionadas a transtornos internalizantes (como "Sinto que não consigo fazer nada direito"), com um aumento mais acentuado entre meninas, como pode ser visto na Figura 7.2. Ao mesmo tempo, o número daqueles que não se identificavam com frases relacionadas a transtornos externalizantes (como "Com que frequência você causa prejuízos à propriedade escolar de propósito?") despencou para ambos os sexos, mais acentuadamente entre os meninos. Em 2017, as respostas dos meninos se assemelhavam às das meninas nos anos 1990.

Uma das características mais marcantes da geração Z é que seu comportamento não é tão ruim quanto o da que a precedeu: ela consome menos álcool, envolve-se em menos acidentes de carro, leva menos multas por excesso de velocidade. A ocorrência de briga física ou gravidez não planejada é menor.[24] Tudo isso é positivo, claro — ninguém quer que haja mais acidentes de carro. No entanto, como *o índice de muitos comportamentos de risco caiu rapidamente*, é preciso abordar essas tendências com preocupação. E se essas mudanças ocorreram não porque a geração Z seja mais sábia, mas porque está correndo menos riscos em geral — tanto os saudáveis quanto os pouco saudáveis — e assim aprendendo menos sobre como lidar com riscos no mundo real?

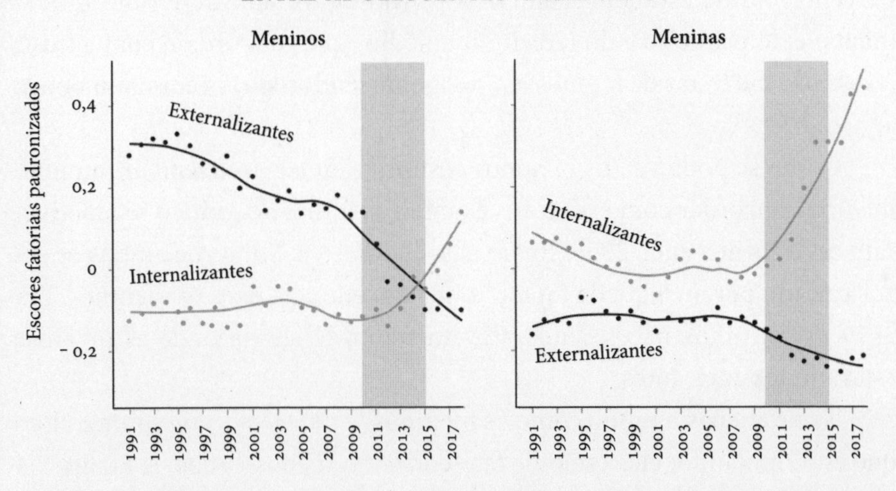

FIGURA 7.2. *Sintomas internalizantes e externalizantes de alunos do último ano do ensino médio. Na década de 2010 os escores externalizantes caíram para ambos os sexos, enquanto os internalizantes subiram.* (FONTE: Askari et al., 2002, com dados do Monitoring the Future.)[25]

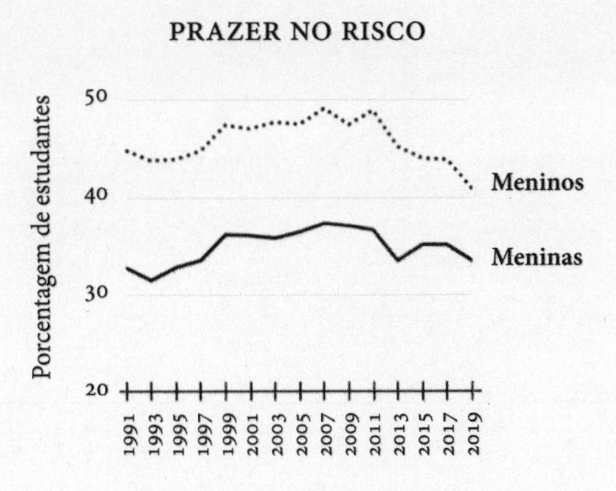

FIGURA 7.3. *Porcentagem de estudantes americanos (do oitavo ano do ensino fundamental e do primeiro e do terceiro do ensino médio) que concordaram com a afirmação "Gosto de me testar de tempos em tempos fazendo alguma coisa um pouco arriscada". O prazer no risco sofreu uma queda mais rápida entre meninos que entre meninas na década de 2010.* (FONTE: Monitoring the Future.)[26]

Parece ser o que aconteceu, ao menos em parte. A Figura 7.3 mostra a porcentagem de estudantes americanos (do oitavo ano do ensino fundamental e do primeiro e do terceiro do médio) que concordam com a frase: "Gosto de me testar de tempos em tempos fazendo alguma coisa um pouco arriscada".

Como se pode ver, os meninos costumavam ter uma tendência muito maior a concordar com essa frase, e ambas as linhas do gráfico se mantiveram estáveis nos anos 2000. Então algo mudou. As linhas de ambos os sexos caíram, porém a queda foi muito mais acentuada para os meninos. Em 2019, os meninos não se encontravam muito longe de onde as meninas estavam dez anos antes.[27]

Não é apenas o modo como os meninos *falam ou pensam* sobre o risco que está mudando; eles estão de fato correndo menos riscos. A Figura 7.4 mostra a taxa de hospitalizações por ferimentos não intencionais em qua-

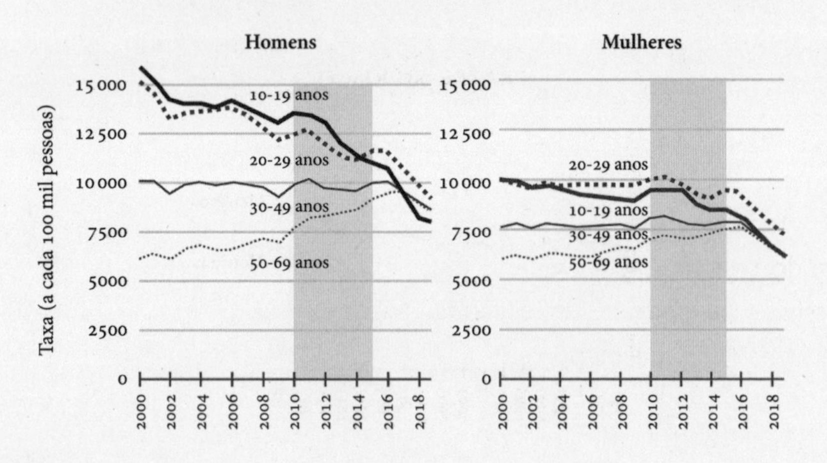

FIGURA 7.4. *À esquerda: Taxa anual, por faixa etária, de homens americanos que deram entrada no hospital por ferimentos não intencionais. À direita: O mesmo para muheres. A linha mais grossa é da faixa etária que costumava apresentar a maior taxa, entre 10 e 19 anos, e agora está entre as menores.* (FONTE: Centros de Controle e Prevenção de Doenças dos Estados Unidos.)[28]

tro faixas etárias, sendo a de homens no gráfico à esquerda e a de mulheres no gráfico à direita. Olhando somente para antes de 2010, vemos que as taxas de hospitalização ficam abaixo de 10 mil a cada 100 mil para homens e mulheres, de todas as faixas etárias com exceção dos homens jovens. Antes de 2010, meninos e jovens de 10 a 19 anos e na faixa dos 20 tinham uma taxa muito maior de hospitalização que todos os outros, em parte porque se envolviam em atividades mais arriscadas e tomavam decisões piores.

Algo mudou no século XXI. Essa taxa começou a cair devagar ainda na década de 2000, apenas para homens jovens. Depois de 2012, a queda se acelerou (e começou a ser vista também entre meninas). Em 2019, adolescentes meninos tinham *menos* chances de se machucar que adolescentes meninas em 2010. Na verdade, hoje não há muita diferença entre meninos e meninas, ou homens na faixa dos 50 ou 60 anos.[29]

Há outras evidências da mudança. Um estudo de representação nacional descobriu que o número de fraturas relacionadas a quedas (por exemplo, dedos e pulso quebrados) diminuiu nos Estados Unidos de forma lenta e constante entre 2001 e 2015 e entre meninos e meninas, porém um grupo se destacou — meninos entre 10 e 14 anos apresentaram uma redução brusca a partir de 2009. Isso sugere uma diminuição repentina em atividades que poderiam levar a quedas, como pular rampas de bicicleta ou subir em árvores.[30]

O que mudou para os meninos? Por que eles se afastaram do risco no mundo real? E por que essa tendência se acelerou depois de 2010? Uma possível pista pode ser encontrada na Figura 7.2. A diminuição de atitudes *externalizantes* nos meninos parece ter acontecido em duas fases, com um declínio lento nos anos 2000 seguido por um declínio mais acelerado na década de 2010. A primeira fase do declínio não aparece no caso das meninas. Porém o aumento nas atitudes *internalizantes* só ocorre na segunda fase, mais ou menos junto com as meninas.

Portanto, vamos considerar como essas duas fases podem ter afetado os meninos em particular. O segurismo dos anos 1980 e 1990 (associado ao declínio do valor societal dos homens) e a transição para o jogo on-line e para os smartphones nos anos 2000 e no início da década de 2010 afastaram os meninos do mundo real e os atraíram para o mundo virtual, servindo de combustível para sua crise de saúde mental.

O MUNDO VIRTUAL RECEBE OS MENINOS DE BRAÇOS ABERTOS

Conforme começaram a ter menos oportunidades de exercer sua agência, de aprofundar amizades por meio do brincar com risco e de buscar aventuras sem supervisão em um mundo real cada vez mais superprotetor, os meninos puderam exercer sua agência e aprofundar amizades no mundo virtual sem dificuldade alguma. Essa história começa na década de 1970, com os fliperamas antigos, como Pong (1972), que mais para a frente pôde ser jogado na TV de casa. Os primeiros computadores pessoais apareceram nas décadas de 1970 e 1980. Nessa época, e ao longo dos anos 1990, computadores e video games despertavam mais o interesse de meninos que de meninas.

O mundo virtual começou realmente a florescer já na década de 1990, com a abertura da internet para o público em geral por meio de navegadores como Mosaic (1993) e AltaVista (1995), e com o amadurecimento da computação gráfica tridimensional. Novos gêneros de jogos surgiram, incluindo o do "atirador em primeira pessoa", como Doom, e depois os multijogadores, como RuneScape e World of Warcraft.

Na década de 2000, tudo se tornou mais rápido, mais vívido, melhor, mais barato e mais privado. A chegada da tecnologia Wi-Fi representou um aumento na utilidade e na popularidade dos laptops. A internet banda larga se disseminou depressa, tornando muito mais fácil ver vídeos no YouTube ou no Pornhub e jogar on-line com outras pessoas nos recém-lançados Xbox360 (2005) e PS3 (2006). Esses consoles conectados à internet permitiram que adolescentes sozinhos em um cômodo jogassem por horas seguidas com desconhecidos de todo o mundo. Antes, os meninos jogavam com amigos ou irmãos, e ficavam todos sentados lado a lado, divertindo-se, rindo e comendo.

Conforme ganharam os próprios laptops, celulares e video games conectados à internet, adolescentes de ambos os sexos se tornaram mais livres para se recolher a um lugar mais reservado e fazer o que quisessem. No caso dos meninos, isso possibilitou maneiras novas de satisfazer seu desejo de agência e de comunhão. Em particular, significou que eles podiam passar um tempo muito maior jogando e vendo pornografia, sozinhos no quarto. Não havia mais necessidade de usar o desktop da família, ou o video game que ficava na sala. Mas esse novo estilo de vida — ficar sozinho no quarto, interagindo virtualmente — satisfazia de fato suas necessidades de agência e comunhão?

O MUNDO VIRTUAL DEVORA OS MENINOS

Os meninos passaram a se aventurar cada vez mais em jogos imersivos, porém não há sinal de declínio na saúde mental deles pelo menos até o fim dos anos 2000 e início da década de 2010.[31] Mas então os índices de suicídio, depressão e ansiedade começaram a aumentar, o que nos obriga a observar mais de perto como o smartphone mudou a maneira como os meninos usavam a tecnologia e se envolviam com o mundo. Antes que o smartphone substituísse os celulares básicos, as empresas só contavam com a atenção das crianças quando elas estavam sentadas ao computador ou jogando video game. No início da década de 2010, adolescentes com smartphones de repente estavam disponíveis para as empresas sempre que não estivessem dormindo.

Foi como se, de repente, o governo dos Estados Unidos tivesse aberto todo o estado do Alasca para exploração e as petrolíferas começassem a concorrer ferozmente pelos melhores territórios e a furar poços. Hoje é comum dizer que dados são o novo petróleo. Mas a atenção também é.

Com um smartphone em todos os bolsos, as empresas logo se voltaram para os aplicativos, oferecendo aos adolescentes uma infinidade de atividades com excesso de estímulo. Desenvolvedores de jogos, a indústria da pornografia e plataformas de rede social adotaram estratégias de uso gratuito, financiadas por anúncios publicitários.[32] Alguns jogos também instituíram opções de pagamento para obter vantagens — decisões de negócios que atingiam diretamente a carteira dos jogadores (ou o cartão de crédito dos pais) —, e as crianças foram fisgadas.

Espelhando a tendência percebida em adolescentes meninas, as negociações de status dos meninos, assim como a vida social e o entretenimento, foram transferidas para o on-line. Eles se viram passeando por um bazar com diferentes aplicativos, incluindo redes sociais, comunidades de internet, plataformas de streaming, jogos, pornografia, e, conforme ficavam um pouco mais velhos, apostas e aplicativos de relacionamentos. Em 2015, muitos meninos estavam expostos a um nível de estímulo e captura da atenção inimaginável quinze anos antes.

Desde o início da era digital, a indústria da tecnologia encontrou maneiras cada vez mais atraentes de ajudar os meninos a fazer o que bem quisessem, sem os riscos sociais ou físicos que a satisfação desses desejos implica. À medida que habilidades e atributos ditos "masculinos" começaram a perder seu valor econômico e cultural, e à medida que a cultura do segurismo cresceu, o mundo virtual passou a atender a essas necessidades diretamente, embora não de uma maneira que promovesse as habilidades necessárias para a transição para a vida adulta. A seguir, discuto duas das principais áreas onde isso aconteceu: pornografia e jogos.

PORNOGRAFIA

A pornografia pesada na internet é um bom exemplo de como as empresas podem sequestrar impulsos evolutivos profundos. A evolução torna as coisas atraentes e recompensadoras (com uma dose de dopamina) apenas quando — ao longo de milhares de gerações — o esforço para obtê-las faz com que os indivíduos deixem mais descendentes sobreviventes que indivíduos que não sentiram o mesmo desejo ou não realizaram tal esforço. A atração sexual e o acasalamento são áreas da vida em que a evolução nos deixou tentações e duras lutas.

Nas décadas anteriores, a principal maneira de meninos heterossexuais[33] verem mulheres nuas era por meio do que hoje consideraríamos pornografia de péssima qualidade — revistas impressas que não podiam ser vendidas a menores de idade. Com a puberdade e o aumento do desejo sexual, meninos eram motivados a fazer coisas assustadoras e desconfortáveis, como tentar falar com uma menina, ou chamar uma menina para dançar em eventos organizados por adultos.

A internet, por outro lado, é perfeita para a distribuição de imagens pornográficas. A disponibilidade de vídeos pornográficos pesados acompanhou a velocidade do fluxo de dados. Talvez cerca de 40% de todo o tráfego de dados do fim dos anos 1990 consistisse em pornografia.[34] Em

USUÁRIOS DIÁRIOS DE PORNOGRAFIA ENTRE ALUNOS DO ÚLTIMO ANO DO ENSINO MÉDIO NA SUÉCIA

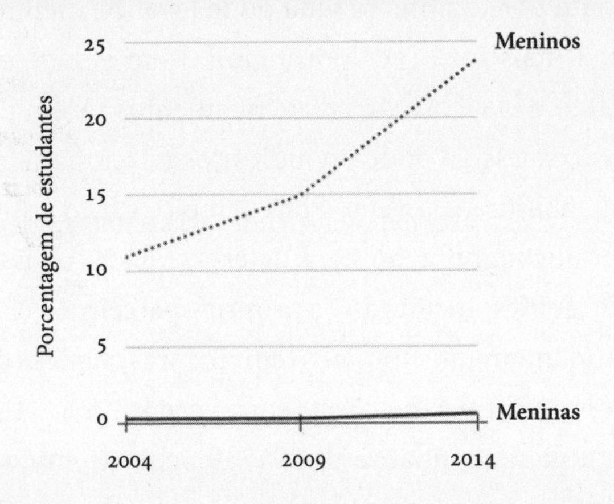

FIGURA 7.5. *Porcentagem de alunos do terceiro ano do ensino médio na Suécia que veem pornografia "mais ou menos diariamente".* (FONTE: Donevan et al., 2022.)[35]

Avenue Q, musical que estreou em 2003 na Broadway, fantoches coloridos cantavam: "A internet é para pornografia!".

Quando laptops e internet banda larga chegaram aos meninos, eles passaram a contar com uma oferta infinita de vídeos de alta qualidade mostrando cada ato, parte do corpo e fetiche concebível, vídeos a que podiam assistir na privacidade do quarto, várias vezes por dia. Um estudo sueco descobriu que 11% dos meninos consumiam pornografia todos os dias em 2004, e que esse número aumentou para 24% até 2014.[36] Outro estudo levantou que 59% dos adolescentes meninos que viam pornografia a descreviam como "sempre estimulante", 22% descreviam seu uso como "habitual", 10% relatavam que ela reduzia o interesse sexual em potenciais parceiros na vida real e 10% diziam se tratar de "um tipo de vício".[37] É claro que muitas adolescentes meninas também veem pornografia, porém as pesquisas registram números mais altos entre meninos, sejam heterossexuais ou membros de uma minoria sexual ou de gênero.[38] Quando consideramos consumidores diários, ou aqueles para quem a pornografia se tornou um vício que interfere na rotina, a proporção entre homens e mulheres costuma ser de mais de cinco ou dez para uma, como na Figura 7.5.

O problema não é só que a pornografia moderna aumenta o risco de vício: o consumo de pornografia pesada pode levar os meninos a escolher a satisfação sexual mais fácil (ver pornografia) em vez de se arriscar no mundo mais incerto e perigoso dos relacionamentos. Além disso, há indícios de que seu uso excessivo pode prejudicar os relacionamentos românticos e sexuais dos meninos e jovens. Por exemplo, vários estudos indicam que, depois de ver pornografia, homens heterossexuais consideram mulheres reais menos atraentes, incluindo as próprias parceiras.[39] Consumidores assíduos, predominantemente homens, têm maiores chances de evitar interações sexuais com outra pessoa e tendem a relatar uma satisfação sexual mais baixa.[40] Em uma meta-análise de 2017 de mais de cinquenta estudos, incluindo mais de 50 mil participantes de dez países, o consumo de pornografia foi "associado a satisfação interpessoal mais baixa em pesquisas transversais, longitudinais e experimentais". Vale notar que essa relação só tenha sido significativa entre os homens.[41]

A pornografia separa a atração evoluída (o prazer sexual) da recompensa no mundo real (a relação sexual), potencialmente transformando meninos que são consumidores assíduos em homens com capacidade reduzida de encontrar sexo, amor, intimidade e casamento no mundo real.

Essas tendências devem piorar com a chegada do metaverso, do vídeo espacial e da IA generativa. Agora que a Meta e a Apple oferecem óculos de realidade virtual que permitem a seus usuários vagar por todo tipo de mundo que outras pessoas possam imaginar para eles, a pornografia tridimensional, com pessoas "perfeitas", e corpos impossíveis, sem dúvida exercerá uma atração ainda mais forte. A IA generativa já está produzindo namoradas e namorados virtuais, como a CarynAI, um clone de uma influenciadora do Snapchat de 23 anos que usou milhares de horas de seu conteúdo no YouTube para criar um chatbot que faz sexo por mensagem.[42] Pessoas já estão se apaixonando loucamente por bots, flertando e dividindo segredos íntimos com eles.[43]

À medida que a personalidade da IA generativa se desenvolve, e com ela sendo implantada em bonecas e robôs sexuais que parecem cada vez mais vivos,[44] mais homens heterossexuais podem preferir o estilo de vida *hikikomori* com uma namorada mecânica programável aos milhares de rejeições que sofrem nos aplicativos de relacionamento, para não dizer ao risco de se aproximar de uma menina ou mulher no mundo real e chamá-la para sair — o tipo de risco saudável que os jovens deveriam correr para se tornar mais competentes e bem-sucedidos nesse aspecto da vida.

Não estou dizendo que toda pornografia é prejudicial; estou dizendo que mergulhar meninos em uma playlist infinita de vídeos pornográficos pesados durante o período sensível em que os centros sexuais de seu cérebro estão sendo reconfigurados talvez não seja tão bom para seu desenvolvimento sexual e romântico, ou para o de suas parceiras futuras.

VIDEO GAMES E JOGOS ON-LINE

O que se sabe sobre os efeitos da pornografia pesada na internet pode ser desanimador, porém aquilo que envolve videogames e jogos on-line é ainda mais complicado. Quando comecei a escrever este livro, desconfiava que jogos on-line explicavam os problemas dos meninos da mesma maneira que as redes sociais explicavam os das meninas. De fato, uma meta-análise de dezenas de estudos confirma que, no mundo todo, homens apresentam índices substancialmente mais altos de "transtorno de jogo pela internet", enquanto mulheres apresentam índices substancialmente mais altos de "vício em redes sociais".[45] No entanto, mesmo depois de me embrenhar em uma das maiores e mais controversas áreas de pesquisa relativa a mídia, não encontrei evidências claras que defendam um alerta generalizado para que os pais mantenham seus filhos longe dos jogos on-line.[46] A situação é diferente dos muitos estudos que relacionam meninas, redes sociais, ansiedade e depressão.[47]

Segundo alguns pesquisadores, à diferença da pornografia on-line, certos tipos de jogos on-line podem proporcionar benefícios aos adolescentes, pois estão associados a um aumento das funções cognitiva e intelectual — melhoram a memória de trabalho, o controle inibitório e até o desempenho escolar.[48] Um experimento detectou uma diminuição significativa nos sintomas de depressão quando se pediu a um grupo experimental que jogasse por meia hora, três vezes por semana, ao longo de um mês.[49] Outros estudos descobriram que o jogo cooperativo pode induzir as pessoas a cooperarem na vida real.[50]

Não obstante, há pelo menos dois prejuízos principais associados aos jogos. Primeiro, eles podem causar problemas sérios a um número substancial de jogadores assíduos, como Chris, para quem não é a *quantidade* que importa, e sim o espaço que os jogos ocupam em sua vida.[51] Uma revisão sistemática de estudos conduzida durante a pandemia de covid mostrou que, embora os jogos às vezes aplacassem o sentimento de solidão no curto prazo, faziam com que alguns usuários entrassem num círculo vicioso. Como os jogos serviam para amenizar sentimentos de solidão, com o tempo as pessoas passavam a depender deles, em vez de buscar laços de amizade no longo prazo. E o resultado dessa dependência era estresse, ansiedade e depressão.[52] Formar laços pessoais era difícil durante a pandemia, claro, porém essas descobertas são condizentes com pesquisas que relacionam solidão e uso problemático de jogos desde antes da pandemia.[53]

Usando a Escala de Dependência de Jogos, que consiste em sete itens, pesquisadores identificaram quatro grupos de jogadores: dependentes, problemáticos, envolvidos e casuais.[54] Dos dependentes fazem parte aqueles que admitem sofrer de quatro itens em um questionário envolvendo sintomas de vício: recaída, abstinência, conflito e problemas causados pelo jogo. Esses jogadores perdem o controle, como pode acontecer com qualquer vício. Eles "colocam o jogo em primeiro lugar, mentem a respeito, perdem interesse em outras atividades, afastam-se da família e dos amigos e usam o jogo como uma fuga psicológica".[55] Um tribunal canadense decidiu em 2023 que um grupo de pais podia processar a Epic Games pela dependência de seus filhos em Fortnite, que os impedia de comer, tomar banho e dormir por longos períodos.[56] (Os pesquisadores não chegaram a um consenso quanto à dependência em jogos on-line ser um transtorno por si só ou os comportamentos associados serem indicativos de outros transtornos, como depressão ou ansiedade.)[57]

Usando essa estrutura de quatro grupos, um jogador "problemático" atende apenas a dois ou três dos quatro critérios de dependência: eles sofrem consequências negativas do jogo assíduo, mas não perdem o controle no mesmo grau. Já os "envolvidos" jogam por muitas horas, mas não atendem a nenhum dos critérios de vício. As estimativas de prevalência variam,[58] porém um estudo de 2016 descobriu que 1% ou 2% dos jogadores adultos são dependentes, 7% são problemáticos, 4% são envolvidos e 87% são casuais.[59] Usando um conjunto diferente de critérios, uma meta-análise de 2018[60] descobriu que 7% dos adolescentes meninos têm "transtorno de jogo pela internet". Esse diagnóstico implica "sofrimento ou prejuízo significativo" em vários aspectos da vida.[61] (Estima-se que o índice para adolescentes meninas esteja pouco acima de 1%.)[62]

Estudos diferentes chegam a números diferentes, porém 7% parece ser uma estimativa intermediária razoável para a porcentagem de adolescentes meninos que sofrem um prejuízo substancial no mundo real (escola, trabalho, relacionamentos) em decorrência de seu envolvimento assíduo com jogos on-line. Isso equivale a um em cada treze meninos.[63]

O segundo maior prejuízo associado aos jogos on-line é a imposição de um alto custo de oportunidade, haja vista a enorme quantidade de tempo envolvida. O Common Sense Media relatou em 2019 (antes da pandemia de covid) que 41% dos adolescentes meninos jogavam mais de duas horas por dia, e 17% diziam jogar mais de quatro horas por dia.[64] Assim como no caso das meninas que dedicam tantas horas às redes sociais, esse tempo tem que vir de algum lugar.[65] Esses jogadores assíduos perdem muito no que se refere a sono, atividade física e interações sociais presenciais com amigos e familiares.[66] Como disse um jovem: "Eu gostaria muito de ter conhecido melhor meu avô, em vez de ficar jogando quando ele visitava a gente. Agora ele está morto".

TELAS EM DETRIMENTO DO BRINCAR (NO MUNDO REAL)

A significativa redução do tempo de interação social presencial é especialmente importante para compreender o efeito da Grande Reconfiguração sobre os meninos. Na maior parte do tempo, os meninos jogam com outros meninos, portanto alguém que defenda o jogo on-line pode argumentar que há *mais* interação social do que antes, tanto entre os meninos devido aos jogos on-line quanto entre as meninas devido às redes. Mas, para o desenvolvimento social, os jogos on-line contribuem na mesma medida que um encontro presencial entre amigos? Ou são como as redes sociais, que oferecem um enorme volume de interações de baixa qualidade?

Os jogos on-line se restringem a mundos virtuais projetados para estender ao máximo o tempo passado na plataforma — igualzinho às redes sociais. Eles não são pensados para promover um pequeno número de amizades duradouras ou desenvolver as habilidades sociais dos jogadores. Como Peter Gray e outros pesquisadores da área defendem, um dos muitos benefícios do brincar livre é que ele obriga as crianças a agirem como legisladoras (criando regras juntas), juízas e juradas (decidindo juntas o que fazer quando as regras parecem ter sido violadas). Em jogos multijogadores, tudo isso é feito pela plataforma. As crianças não treinam a autonomia.

Jogos on-line também oferecem muito menos benefícios antifóbicos que o brincar com risco. Eles são descorporificados. Embora provoquem emoções fortes à sua maneira, não têm como despertar o medo físico, a empolgação e a pulsação acelerada de andar de montanha-russa, ou de jogar basquete, ou de explorar os brinquedos do parquinho. Pular de aviões, colecionar facas de combate e ser brutalmente assassinado são apenas coisas que acontecem dezenas de vezes ao dia com meninos que jogam Fortnite ou Call of Duty. Isso não os ensina a avaliar e gerenciar riscos sozinhos no mundo real. Quando jogos on-line substituem a exploração e a aventura com os amigos no mundo real, como é o caso entre os usuários assíduos, eles muitas vezes produzem jovens que sentem que alguma coisa está faltando, como o já mencionado Chris.

Além disso, se jogos on-line realmente fossem benéficos em termos de amizade, os meninos e jovens de hoje deveriam ter mais amigos e se sentir menos solitários que seus pares de vinte anos atrás. Entretanto, ocorre o oposto. Em 2000, 28% dos meninos entrevistados do terceiro ano do ensino médio relatavam se sentir frequentemente solitários. Em 2019, esse número havia aumentado para 35%. Isso é sintomático de uma "recessão" no âmbito da amizade entre homens nos Estados Unidos. Nos anos 1990, apenas 3% dos homens americanos diziam não ter amigos próximos. Em 2021, esse número havia chegado a 15%, o quíntuplo. Uma pesquisa diferente no mesmo ano perguntou: "Você conversou com alguém nos últimos seis meses sobre uma questão pessoal importante?". O pior resultado foi o dos homens jovens, com 28% deles respondendo não.[67] Perguntas de pesquisas, claro, não podem provar que a chegada dos jogos on-line, nos anos 2000, *causou* o aumento nacional na solidão entre os homens, porém lançam uma dúvida sobre qualquer sugestão de que, quando os meninos e jovens entregam sua vida social aos seus desenvolvedores, entraram na era de ouro da conexão social.

Assim como quando a amizade entre as meninas foi transferida para as plataformas de rede social, aquela entre meninos ganhou em quantidade e perdeu em qualidade — mesmo se eles se saem melhor quando contam com um grupo estável de amigos confiáveis, e criam laços mais fortes e duradouros quando integram um time ou uma panelinha sólida, e enfrentam riscos ou times rivais. Panelinhas virtuais criam vínculos mais fracos, aos quais os meninos cada vez mais solitários de hoje se agarram, porque é tudo o que têm. É onde os amigos deles estão, segundo me disse Chris.

TECNOLOGIA, LIBERDADE E FALTA DE SENTIDO

Então por que a saúde mental dos meninos piorou, na década de 2010, bem quando eles passaram a ter acesso irrestrito a tudo, o tempo todo, em qualquer lugar e de graça? Talvez porque não seja saudável para *nenhum* ser humano ter acesso irrestrito a tudo, o tempo todo, em qualquer lugar e de graça.

Em 1897, o sociólogo francês Émile Durkheim — talvez quem tenha pensado mais profundamente sobre a natureza da sociedade — escreveu um livro sobre as causas sociais do suicídio. Com base em dados que começavam a ser disponibilizados, com os governos passando a registrar estatísticas, ele notou que, na Europa, a regra geral era que, quanto maior a ligação da pessoa com uma comunidade com autoridade moral para restringir seus desejos, menores suas chances de se matar.

Era central para Durkheim o conceito de *anomia* — a ausência de normas e regras estáveis e amplamente compartilhadas. Ele se preocupava que a modernidade, com suas mudanças rápidas e desorientadoras, além de sua tendência a enfraquecer o poder das religiões tradicionais, promovesse a anomia e, assim, o suicídio. Durkheim escreveu que, quando sentimos que a ordem social está se enfraquecendo ou dissolvendo, não nos sentimos livres, e sim perdidos e ansiosos.

> Quando, ao contrário, ela [a ordem social] vem a se desagregar, quando já não a sentimos viva e ativa em torno e acima de nós, o que há de social em nós se vê desprovido de todo fundamento objetivo. Já não é mais do que uma combinação artificial de imagens ilusórias, uma fantasia que um pouco de reflexão é suficiente para fazer desaparecer; nada, por conseguinte, que possa servir como fim a nossos atos.[68]

Acredito que foi isso que aconteceu com a geração Z. Seus integrantes são menos capazes que qualquer outra geração de fincar raízes em *comunidades* do mundo real, povoadas de indivíduos conhecidos, que permanecerão ali um ano depois. Comunidades e ambientes sociais nos quais os humanos, e a infância humana, evoluíram. As crianças que cresceram depois da Grande Reconfiguração, em contrapartida, se alternam entre múltiplas *redes de contatos*, cujos nós são misturas de conhecidos e desconhecidos, alguns usando codinome e avatares, muitos dos quais terão desaparecido em um ano, ou mesmo amanhã. A vida nessas redes muitas vezes é um turbilhão diário de memes, modas passageiras e microdramas efêmeros, envolvendo um elenco rotativo de milhões de figurantes. Os jovens não possuem raízes para mantê-los firmes ou nutri-los; não têm um conjunto claro de normas que os restrinjam e guiem no caminho para a vida adulta.

Durkheim e seu conceito de anomia podem explicar por que, de repente, no início da década de 2010, meninos e meninas começaram a endossar com muito mais vigor a frase "A vida muitas vezes parece sem sentido".

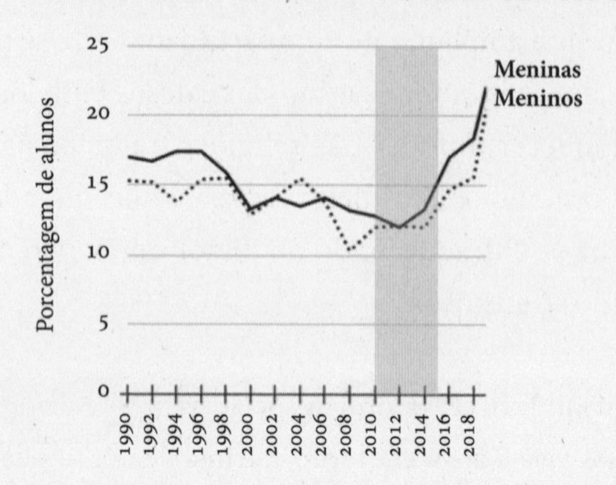

FIGURA 7.6. *Porcentagem de alunos do último ano do ensino médio nos Estados Unidos que concordaram integralmente ou em boa parte com a frase "A vida muitas vezes parece sem sentido".* (FONTE: Monitoring the Future.)

Meninos e meninas tomaram caminhos diferentes na Grande Reconfiguração, mas terminaram no mesmo poço, onde muitos se afogam na anomia e no desespero. É muito difícil construir uma vida com propósito sozinho, perdido em meio a inúmeras redes de contatos descorporificadas. Como aconteceu com o afilhado de Johann Hari, a consciência acaba estilhaçando de modo a restarem "apenas fragmentos desconectados dela". Crianças humanas e corpos humanos precisam estar enraizados em comunidades humanas. As crianças precisam crescer na Terra antes de podermos enviá-las a Marte.

RESUMINDO

- Como as meninas, os meninos passaram a apresentar índices mais altos de depressão e ansiedade em muitos países no início da década de 2010. Diferente das meninas, suas conquistas e seu envolvimento com a escola, o trabalho e a vida familiar vêm decaindo lentamente desde os anos 1970.

- Meninos e homens jovens transferiram grande parte de seu tempo e de seus esforços no mundo físico (que se opunha cada vez mais ao brincar não supervisionado, à exploração e aos riscos) para o mundo virtual, que se expandia com rapidez.
- Meninos são mais propensos que meninas à síndrome de Peter Pan. Estão mais propensos a se tornar jovens adultos que não estudam, não trabalham nem estão empenhados em formação profissional. Alguns homens japoneses desenvolveram uma forma extrema de recolhimento vitalício ao próprio quarto: os chamados *hikikomori*.
- No início da década de 2010, o padrão de pensamento dos adolescentes meninos dos Estados Unidos (números mais altos de cognições e comportamentos externalizantes) mudou para um padrão mais comum entre meninas (números mais altos de cognições e comportamentos internalizantes). Ao mesmo tempo, meninos começaram a evitar riscos (em maior medida que as meninas).
- Os meninos, mesmo que se envolvendo em menos atividades que implicam risco ao ar livre ou fora de casa, e começando a passar mais tempo em casa e com telas, mantiveram a saúde mental estável nos anos 1990 e 2000. Algo mudou no início da década de 2010, contudo, e sua saúde mental começou a decair.
- Como as meninas, quando os meninos trocaram os celulares comuns por smartphones, sua vida social migrou ainda mais para a internet, e sua saúde mental decaiu.
- Os smartphones e a internet banda larga facilitaram aos meninos ter acesso a pornografia pesada, ilimitada e gratuita disponível em qualquer momento, em qualquer lugar. A pornografia é um exemplo de como as empresas de tecnologia facilitaram aos meninos satisfazer

desejos evoluídos poderosos sem precisar desenvolver quaisquer habilidades que os ajudariam a fazer a transição para a vida adulta.

- Jogos on-line oferecem alguns benefícios a meninos e meninas, porém também envolvem prejuízos, em especial para um subgrupo de meninos (por volta de 7%) que acabam se tornando usuários problemáticos ou dependentes. Para eles, os jogos on-line causam uma piora da saúde mental e física, problemas familiares e dificuldades em outras áreas da vida.
- Como no caso das redes sociais para as meninas, passar horas "conectados" com outros produzia um aumento no número de interações sociais e uma queda na qualidade das relações sociais. Como as meninas, os meninos se tornaram mais solitários durante a Grande Reconfiguração. Alguns usam jogos on-line para fortalecer suas panelinhas do mundo real, porém para muitos outros os jogos são um convite a se confinar no quarto em vez de realizar o trabalho duro de amadurecer no mundo real.
- A Grande Reconfiguração da Infância afastou os jovens de suas comunidades no mundo real, incluindo a família, e criou um tipo de infância vivida em redes de contatos múltiplas, que se modificam rapidamente. Um resultado inevitável foi a anomia, ausência de normas e regras, porque moralidades estáveis e vinculantes não podem ser formadas quando tudo é um fluxo, incluindo os membros de sua rede de contatos.
- Como o sociólogo Émile Durkheim mostrou, a anomia leva a desespero e suicídio. Talvez esse seja o motivo pelo qual meninos e meninas, que seguiram caminhos diferentes na Grande Reconfiguração, acabaram no mesmo lugar, com um aumento repentino e rápido da sensação de que sua vida não tem sentido.

8. Elevação espiritual e degradação

Nos três capítulos anteriores, falei de várias pesquisas sobre os prejuízos que crianças e adolescentes sofrem em decorrência da infância baseada no celular. Agora gostaria de escrever menos como cientista social e mais como outro ser humano que vem se sentindo mais sobrecarregado, pessoal e constantemente, desde mais ou menos 2014. Sinto que ocorreu uma mudança profunda na década de 2010. Nos campi universitários, parece ter havido uma transição do modo descoberta para o modo defesa. Na política americana, as coisas estão ainda mais esquisitas. Tenho dificuldade em compreender o que acontece conosco e como a tecnologia nos transforma. Desde então, a maior parte da minha pesquisa busca responder a essas dúvidas. No processo, encontrei inspiração em um conjunto eclético de fontes acadêmicas e tradições antigas. Acredito que a melhor maneira de explicar o que está acontecendo conosco é entrando em um campo em que raramente se entra nas ciências sociais: o da *espiritualidade*. A vida baseada no celular produz uma degradação espiritual não só entre adolescentes, mas em todos nós.

Em *A hipótese da felicidade*, no capítulo "Divindade com ou sem Deus", falo de emoções morais, incluindo aversão, elevação moral e admiração

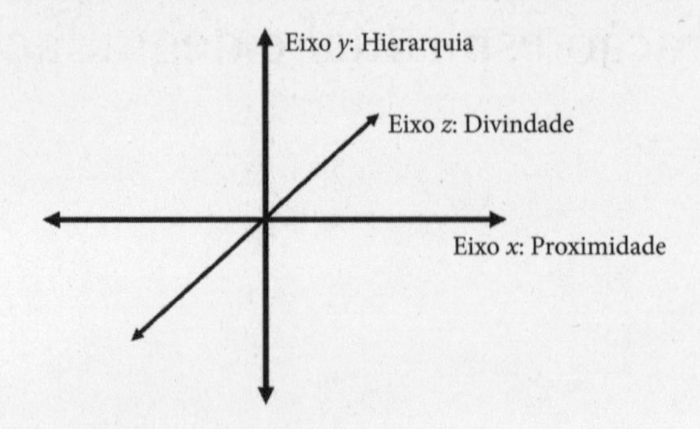

FIGURA 8.1. *As três dimensões do espaço social.*

profunda, e mostro que as pessoas identificam três dimensões de espaço social. Elas distinguem aqueles de quem se sentem próximas e aqueles de quem são mais distantes: essa é a dimensão horizontal, o eixo *x* na Figura 8.1. Também há aqueles em posição ou de status social mais elevado, que muitas vezes são tratados com deferência: essa é a dimensão vertical da hierarquia, o eixo *y*. Muitas línguas forçam as pessoas a marcar essas duas dimensões na fala, como o francês, em que é preciso decidir se se vai tratar uma pessoa de *vous* ou *tu*.

Porém há outra dimensão, identificada no eixo *z* diagonal, à qual chamo de eixo da divindade — muitas culturas escreveram explicitamente que ações virtuosas levam a pessoa para mais perto de Deus, enquanto ações corriqueiras, egoístas ou repulsivas a afastam de Deus, e às vezes a aproximam de uma antidivindade, como o Diabo. Quer Deus exista ou não, simplesmente *percebemos* pessoas, lugares, ações e objetos como sagrados, puros e capazes de elevar, e outros como repulsivos, impuros e degradantes.

Thomas Jefferson ofereceu uma descrição secular do eixo *z* em 1771. Numa carta a um parente, aconselhando títulos para a formação da biblioteca dele, defendia a inclusão de romances e peças de teatro e se justificava com uma reflexão a respeito dos sentimentos que a grande literatura costuma despertar:

> Quando qualquer [...] ato de caridade ou de gratidão, por exemplo, é apresentado seja aos nossos olhos ou à nossa imaginação, ficamos profundamente impressionados com sua beleza e sentimos um forte desejo de praticar atos caridosos e gratos também. Pelo contrário, quando vemos ou lemos sobre um feito atroz, sua deformidade nos repugna, e concebemos uma aversão ao vício.

Jefferson descreveu especificamente a elevação moral como o oposto da aversão. Então considerou o exemplo de uma peça francesa da época e se perguntou se as virtudes da fidelidade e da generosidade exemplificadas por seu herói não

> dilatam o peito [do leitor] e elevam seus sentimentos tanto quanto qualquer incidente similar que a história real possa fornecer. Não se sente [o leitor] um homem melhor enquanto lê, e em particular se compromete a seguir o belo exemplo?

O uso de Jefferson do verbo "elevar" resume a sensação que todos nós experimentamos quando nos sentimos enlevados de alguma maneira. E, ao contrário, o testemunho de um comportamento mesquinho e desagradável, ou fisicamente aversivo, desencadeia repulsa. Nos sentimos "rebaixados" de certo modo, nos fechamos e damos as costas. Tais ações são incompatíveis com nossa natureza elevada. É nesse sentido que uso o termo "espiritual". Como se todos nos esforçássemos para passar um tempo maior bem acima do zero no eixo *z*. Os cristãos se perguntam: "O que Jesus faria?". Pessoas seculares podem pensar em seu próprio exemplo moral. (Devo dizer que sou ateu, porém às vezes, como agora, preciso recorrer a palavras e conceitos da religião para compreender a experiência da vida como ser humano.)

A vida baseada no celular em geral faz você se sentir mais para cima ou mais para baixo nessa dimensão? Se a resposta for mais para baixo, então há um custo envolvido mesmo que você não sofra de ansiedade ou depressão. Há um prejuízo *espiritual* mesmo para aqueles, adultos ou adolescentes, que acreditam gozar de boa saúde mental. Também haveria um prejuízo à sociedade se mais pessoas passassem mais tempo abaixo do zero no eixo *z*. Perceberíamos uma degradação geral na sociedade que seria difícil de expressar em palavras.

No decorrer do capítulo, recorro à sabedoria de tradições antigas e da psicologia moderna para tentar compreender por que a vida baseada no celular afeta as pessoas espiritualmente, inibindo ou neutralizando seis práticas espirituais: sacralidade compartilhada; corporificação; imobilidade, silêncio e foco; autotranscendência; pouca raiva e muito perdão; e admiração profunda da natureza.

PRÁTICAS ESPIRITUAIS

David DeSteno, estudioso da psicologia social, publicou um livro em 2021 com o título provocativo *How God Works: The Science Behind the Benefits of Religion* [Como Deus funciona: a ciência por trás dos benefícios da religião],[1] no qual revisa pesquisas sobre a eficácia de práticas espirituais como meditação, oração, confissão e rituais de expiação. Embora não se tenham encontrado evidências de que a oração seja capaz de mudar o mundo — por exemplo, curando uma criança de um câncer —, DeSteno descobriu fartas evidências de que manter certas práticas espirituais contribui para o bem-estar. O mecanismo muitas vezes envolve reduzir o foco em si e o egoísmo, o que prepara a pessoa para se fundir com ou se abrir para algo além de si mesma. Quando comunidades se envolvem nessas práticas conjuntamente, sobretudo se se movimentam em sincronia, sua coesão e confiança aumentam, o que significa que a anomia e a solidão diminuem.[2]

Observar essas seis práticas pode nos ajudar a ver o que muitos de nós perdemos ao entrelaçar nossa vida com nossos assistentes digitais. Essas práticas confiam em maneiras de melhorar não apenas a nossa vida, mas a de crianças e adolescentes também. Todos podemos conduzi-las, sejamos religiosos ou não, para prosperar e nos relacionar nessa era de ansiedade e fragmentação. Na verdade, elas podem ser mais importantes para aqueles que *não* são religiosos e não se veem expostos a essas práticas em uma comunidade ligada pela fé.

1. Sacralidade compartilhada

Durkheim argumenta que o *Homo sapiens* poderia muito bem ser chamado de *Homo duplex*, ou homem de dois âmbitos, pois existimos em dois âmbitos diferentes. Passamos a maior parte da vida como indivíduos em busca de interesses próprios, âmbito que Durkheim chamou de "profano", ou seja, nosso dia a dia comum, no qual nos preocupamos com nossa riqueza, saúde e reputação. No entanto, Durkheim demonstrou que quase todas as sociedades criaram rituais e práticas comunitárias para "elevar" as pessoas temporariamente ao âmbito do sagrado, no qual o eu desaparece e os interesses coletivos predominam. Pense nos cristãos cantando hinos juntos todo domingo na igreja; nos muçulmanos rodeando a Caaba em Meca; nos defensores dos direitos civis cantando enquanto marchavam. Evidências desses dois âmbitos são visíveis mesmo fora do contexto religioso, e podem ser encontradas em torcedores, que usam técnicas parecidas para se aproximar antes de um jogo, reunindo-se em bares, cantando e compartilhando uma alteração de consciência (em geral por conta do álcool), além de uma variedade de rituais, superstições e marcas corporais quase religiosas.[3] É emocionante ser um entre milhares de fãs em um estádio, todos cantando e batendo os pés juntos após cada gol. Durkheim chamou esse estado de comunhão energizada de "efervescência coletiva".

Esse é um dos achados fundamentais da sociologia: comunidades fortes não surgem do nada sempre que as pessoas querem se congregar e comunicar. As comunidades mais fortes e satisfatórias são criadas quando algo eleva as pessoas para que tenham experiências coletivas poderosas.

Todos entram no reino do sagrado ao mesmo tempo. Quando retornam ao âmbito profano, onde precisam estar na maior parte do tempo, lidando com as necessidades da vida, sentem mais confiança e afeto uns pelos outros, como resultado do tempo que passaram juntos no reino sagrado. Também ficam mais felizes e apresentam taxas de suicídio menores. Já as redes de contatos transitórias formadas por usuários descorporificados que interagem de maneira assíncrona não apresentam a coesão das comunidades humanas desde tempos imemoriáveis. Pessoas que vivem apenas em redes de contatos, em vez de em comunidades, têm menores chances de se desenvolver.

Para permitir que seus membros passem por experiências coletivas, as religiões elegem determinados *momentos* (como o sabá e os feriados cristãos), *lugares* (santuários, igrejas, templos) e *objetos* (a cruz, a Bíblia, o Corão) como sagrados — eles se separam do mundo profano, e os fiéis devem protegê-los da profanação. A palavra em hebraico para solidão (*kadush*) significa literalmente "separar" ou "separado".

Mas o que acontece quando a vida social se torna virtual e todo mundo interage através de telas? Tudo se transforma em um borrão indiferenciado. Não há espaço consensual — ou pelo menos não do tipo que pareça real para a mente humana, que evoluiu para navegar as três dimensões do planeta Terra. Não há calendário diário, mensal ou anual a determinar quando as pessoas podem ou não fazer as coisas. Nada nunca fecha, portanto cada um segue a própria programação.[4]

Resumindo, não há uma estruturação consensual do tempo, do espaço ou dos objetos em torno da qual aplicar nossa programação ancestral para o sagrado de modo a criar comunidades religiosas ou algo próximo disso. Tudo está disponível para todos os indivíduos, o tempo todo, mediante pouco ou nenhum esforço. Não há sabá, não há dias sagrados. Tudo é profano. Viver em um mundo de anomia desestruturada torna os adolescentes mais vulneráveis ao recrutamento on-line promovido por movimentos políticos radicais que oferecem precisão e comunidade morais. Assim, eles se afastam ainda mais de suas comunidades reais.

Poderíamos criar ambientes mais saudáveis para nós e nossos filhos se voltássemos a seguir os ritmos do calendário e de nossa comunidade. Isso pode incluir participar de cerimônias religiosas regulares ou se juntar a outros grupos organizados por um propósito moral, beneficente ou espiritual. Também pode incluir rituais familiares, como o sabá digital (um dia por semana sem tecnologia digital, ou com uso reduzido dela, e com atividades presenciais agradáveis), ou comemorar os feriados sempre juntos, idealmente com outras famílias. Todas essas práticas devolveriam ao tempo e ao espaço um pouco do significado social perdido.

2. Corporeidade

Com o tempo e o espaço estruturados para o sagrado, podem ser realizados rituais, o que exige corpos em movimento. A oração ou meditação pode ser silenciosa e estática, mas em geral as religiões prescrevem algum tipo de movimento que marca o aspecto devocional da atividade e contribui para seu simbolismo. Cristãos se ajoelham, muçulmanos se voltam para Meca, dervixes rodopiam, judeus têm o *daven*, que envolve orar em voz alta enquanto se balança o corpo de determinada maneira. Congregações cantam e dançam juntas, o que abre o coração de seus membros uns para os outros e para Deus.[5] DeSteno ressalta que o movimento síncrono durante os rituais religiosos não apenas é bastante comum como é uma técnica comprovada para ampliar o sentimento de comunhão, semelhança e confiança, o que significa que faz um grupo de indivíduos díspares sentir como se tivesse se fundido em um só.[6]

Qualquer pessoa que tenha participado de um casamento, um velório ou uma cerimônia religiosa por Zoom durante a pandemia de covid sabe o quanto se perde quando os rituais passam para o virtual. Humanos evoluíram para ser religiosos se reunindo e se movimentando juntos. A Grande Reconfiguração reduziu o movimento físico síncrono — na verdade, todo movimento físico —, e o distanciamento social durante a pandemia só agravou isso.

Talvez a atividade corpórea que mais una as pessoas seja comer. A maioria dos dias sagrados e dos ritos de passagem envolve um banquete, ou pelo menos uma refeição compartilhada, muitas vezes com comidas específicas. Imagine como um americano se sentiria se, no Dia de Ação de Graças, alguém de sua família dissesse ter fome e querer seu prato de peru, recheio e molho de cranberry uma hora antes da refeição, para comer a sós em outro cômodo e depois se sentar à mesa com o restante dos presentes. Não. Os parentes e amigos reunidos devem compartilhar a comida, e esse é um dos costumes humanos mais populares: pessoas que "partem o pão" têm um vínculo.[7] O simples ato de comer juntos, sobretudo do mesmo prato ou da mesma travessa, fortalece o vínculo e reduz a probabilidade de conflito. Essa é uma deficiência que o mundo virtual não terá como superar, não importa o quanto a realidade virtual se desenvolva.

Muitas práticas espirituais são amplificadas por corpos em movimento e em proximidade. Quando tudo é feito em uma tela, e talvez a sós no quarto, não se ativam os circuitos neurais que evoluíram com a prática espiritual,[8] de modo que fica muito mais difícil entrar no reino do sagrado de Durkheim. Uma maneira mais saudável de viver seria buscar mais eventos comunitários presenciais, sobretudo aqueles que pareçam ter propósito elevado ou moral e que envolvam um movimento síncrono, como cerimônias religiosas ou shows ao vivo. Muitos de nós, inclusive, se beneficiariam se rompessem com os hábitos adquiridos durante a pandemia de covid e abdicassem da opção mais fácil (a remota).

Esportes não são exatamente espirituais, porém sua prática depende de alguns ingredientes-chave da espiritualidade para unir as pessoas, como movimentos físicos coletivos e coordenados e celebração em grupo. Pesquisas mostram consistentemente que adolescentes que praticam esportes são mais felizes.[9] Humanos são corporificados; a vida baseada no celular não é. Telas nos fazem esquecer que nosso corpo físico importa.

3. Imobilidade, silêncio e foco

Corpos nem sempre estão em movimento durante as práticas espirituais, algumas das quais demandam imobilidade, embora até a imobilidade seja fisicamente intensa. A tradição da meditação prescreve sentar, respirar e visualizar o corpo. Buda seguiu o "nobre caminho óctuplo" para atingir a iluminação. O oitavo elemento, que interage com todos os outros, é *samadhi*, muitas vezes traduzido como "absorção meditativa". Sem treinamento, a mente vai de um lado para o outro, qual um macaco pulando. Com nossa vida multitela e multitarefa, o macaco pula ainda mais, como o afilhado de Johann Hari. Um dos ensinamentos fundamentais de Buda é que podemos treinar a mente.

A meditação ajuda a acalmar a mente. Com o tempo, a natureza da experiência consciente se altera, mesmo quando não se está meditando. Estudos sobre monges budistas sugerem que a prática de meditação intensa altera o cérebro de maneira duradoura, reduzindo a ativação de áreas relacionadas ao medo e às emoções negativas. Isso é um sinal de que aquelas pessoas passaram a viver com a abertura do modo descoberta, e não com a cautela do modo defesa.[10]

É por isso que muitas religiões têm claustros e monges. Aqueles que buscam crescimento espiritual se beneficiam de se separar do ruído e da complexidade das interações humanas, repletas de palavras incessantes e preocupações profanas. Quando se pratica o silêncio na companhia de pessoas também em silêncio, promovem-se a reflexão e o trabalho interno, que trazem benefícios para a saúde mental. Já se provou que a concentração e a meditação reduzem a depressão e a ansiedade.[11] Não é preciso se tornar um monge ou ingressar no claustro; muitas pessoas colhem esses benefícios fazendo voto de silêncio por um dia, uma semana ou mais, juntando-se a outras em retiros de meditação. Sessões de atenção plena — mesmo que de dez minutos por dia — reduzem a irritabilidade, as emoções negativas e o estresse decorrente de pressões externas.[12] Na verdade, práticas de atenção plena, originadas no reino espiritual, agora são rotineiras na psiquiatria e na prática médica, e há cada vez mais provas empíricas de sua eficácia.[13]

Buda descreveu *samadhi* como um estado de unidade mental: "Quando você alcança o *samadhi*, a mente não fica dispersa — quem quer se proteger de inundações vigia o dique".[14] Smartphones e redes sociais derrubam o dique, inundam a consciência de alertas e trivialidades, poluem os ouvidos de sons, fragmentam a atenção e dispersam a consciência.[15] A vida baseada no celular dificulta estar totalmente presente para as outras pessoas, e mesmo ficar em silêncio consigo mesmo. Se queremos vivenciar imobilidade e silêncio, se queremos foco e a sensação de consciência una, precisamos reduzir o fluxo de estímulos aos olhos e ouvidos. Temos que encontrar oportunidades de ficar em silêncio, seja meditando,[16] passando mais tempo na natureza ou simplesmente observando a paisagem pela janela do carro durante uma longa viagem, em vez de estar sempre ouvindo alguma coisa, ou assistindo a alguma coisa, como às vezes é o caso das crianças no banco de trás.

4. Autotranscendência

Pense em sua última experiência espiritual, talvez um momento de profunda admiração da natureza, ou de elevação ou inspiração moral ao testemunhar um ato de beleza moral. Você se sentiu mais ou menos consciente de si?

A autotranscendência está entre as características centrais da experiência espiritual, e hoje se sabe que a perda da sensação de eu tem uma assinatura neural. Há um conjunto de estruturas interligadas no cérebro que são mais ativas sempre que processamos eventos de um ponto de vista egocêntrico — pensando no que *eu* quero, no que *eu* preciso fazer a seguir, ou no que os outros acham de *mim*. Essas estruturas cerebrais são ativadas juntas com tanta frequência que são chamadas coletivamente de rede de modo padrão (RMP), porque é o que o cérebro em geral faz, à exceção de momentos especiais.[17]

Também podemos chamá-la de rede de modo profano. Sabe-se que a RMP fica menos ativa quando as pessoas se envolvem em práticas espirituais, incluindo meditação, oração e uso de drogas psicodélicas (em um ambiente de apoio) como a psilocibina, amplamente usada em religiões indígenas de todo o mundo.[18] Em seu livro *Awe* [Admiração profunda], de 2023, o especialista em psicologia social Dacher Keltner escreveu:

> À medida que nosso eu-padrão desaparece, como outros estudos demonstraram, a admiração profunda nos faz passar de uma mentalidade competitiva, do tipo cada um por si, a uma percepção de que todos integramos redes de indivíduos interdependentes e em colaboração. Nós nos sentimos parte de um capítulo da história de uma família, uma comunidade, uma cultura. Um ecossistema.[19]

Quando a RMP está menos ativa, podemos nos conectar melhor com algo além de nós mesmos. E o que as redes sociais fazem com a RMP? Uma *plataforma* de rede social é, quase por definição, um lugar onde tudo é sobre você. É como se você subisse nela e publicasse conteúdo para influenciar a visão que os outros têm a seu respeito. Ela é quase que perfeitamente projetada para ativar a RMP ao máximo. Isso não é saudável para ninguém, tampouco para adolescentes.[20]

As tradições budista e taoista escreveram extensamente sobre os obstáculos que nosso ego cria no caminho para a iluminação. Preocupações profanas distraem nossa consciência. O *Tao Te Ching*, escrito no século IV a.C., contém o seguinte trecho:

> Aflições que surgem na mente são ideias de eu e outros, ideias de glória e ignomínia, ideias de ganho e perda, ideias de certo e errado, ideias de lucro e honra, ideias de superioridade. Não passam de poeira no pedestal do espírito, impedindo a liberdade.

As redes sociais são uma fonte de aflições. Elas treinam as pessoas a pensar de maneira exatamente contrária às tradições de sabedoria de todo o mundo: *pense primeiro em você, seja materialista, julgue, gabe-se, seja mesquinho; busque glória na forma de curtidas e seguidores.* Muitos usuários talvez acreditem que os incentivos embutidos em plataformas como Instagram não os afetam, porém é muito difícil não se deixar afetar inconscientemente. É uma pena que a maior parte dos jovens se torna usuária assídua de redes em um período sensível de aprendizagem cultural, que vai mais ou menos dos 9 aos 15 anos.[21]

Para vivenciar mais autotranscendência, precisamos reduzir aquilo que ativa a rede de modo profano e nos vincula mais fortemente a nosso ego, como o tempo gasto nas redes. Precisamos buscar condições e atividades que tenham o efeito oposto, como a maioria das práticas espirituais, incluindo oração, meditação, atenção plena e, para algumas pessoas, drogas psicodélicas, que cada vez mais se provam tratamentos eficazes para ansiedade e depressão.[22]

5. Pouca raiva e muito perdão

O *Tao Te Ching* lista "ideias de certo e errado" como aflições. Depois de 35 anos estudando psicologia moral, considero um dos grandes problemas da humanidade o fato de nos enfurecermos com facilidade e custarmos a perdoar. Também somos hipócritas, julgando os outros de forma dura e justificando automaticamente nosso mau comportamento. Como Jesus disse no Sermão da Montanha: "Não julgueis para não serdes julgados. Pois com o julgamento com que julgais sereis julgados, e com a medida com que medis sereis medidos".[23]

Jesus não estava nos dizendo para evitar por completo julgar os outros; só nos alertava para julgar com cuidado e não aplicar aos outros padrões diferentes daqueles que aplicamos a nós mesmos. No versículo seguinte, ele diz: "Por que reparas no cisco que está no olho do teu irmão, quando não percebes a trave que está no teu?".[24] Ele nos incentiva a primeiro darmos um jeito em nós mesmos antes de criticar os outros.

As redes sociais nos treinam a fazer o oposto. Elas nos incentivam a fazer julgamentos públicos rápidos, sem grande preocupação com a humanidade daqueles que criticamos, sem muito conhecimento do contexto em que agiram, e sem nenhuma consciência de que muitas vezes fizemos a mesma coisa pela qual estamos constrangendo publicamente outra pessoa.

As tradições budista e hindu vão mais além, incentivando-nos a nos abster do julgamento. Eis uma das compreensões mais profundas já alcançadas na psicologia da moralidade, de Seng-ts'an, mestre zen do século VIII:

O Caminho Perfeito é difícil apenas
para aqueles que preferem escolher;
Não goste, não desgoste;
e tudo ficará claro.
Um fio de cabelo de diferença,
e o Céu e a Terra se separarão;
Se deseja que a verdade se revele claramente à sua frente,
nunca seja a favor ou contra.
A disputa entre "a favor" e "contra"
é a pior doença da mente.[25]

Não podemos seguir o conselho de Seng-ts'an ao pé da letra; não podemos evitar fazer distinções morais e julgamentos. (Na verdade, as religiões monoteístas são cheias de distinções morais e julgamentos.) No entanto, acredito que o que ele queria dizer é que a mente, se deixada por conta própria, avalia tudo de imediato, moldando o que pensamos a seguir e dificultando a busca da verdade. Esse pensamento é a base do primeiro princípio da psicologia moral, que expus em *A mente moralista*: a intuição vem antes do raciocínio estratégico. Em outras palavras, temos uma sensação imediata em relação a um evento, depois inventamos uma história para justificar nosso julgamento rápido — muitas vezes uma história que nos retrata de maneira favorável.

As principais religiões do mundo nos aconselham a julgar menos e perdoar mais. Na Torá, Deus ordena aos israelitas: "Não te vingarás e não guardarás rancor contra os filhos do teu povo. Amarás o teu próximo como a ti mesmo".[26] Milhares de anos depois, Martin Luther King Jr. usou o poder do perdão, como desenvolvido na tradição judaico-cristã, para inspirar todos os envolvidos no movimento dos direitos civis a agir de maneira elevada e conquistar corações e mentes:

> Devemos desenvolver e sustentar a capacidade de perdoar. Aquele desprovido do poder de perdoar também é desprovido do poder de amar. Há algo de bom no pior de nós e algo de mal no melhor de nós. Quando descobrimos isso, ficamos menos propensos a odiar nossos inimigos.[27]

É claro que houve momentos em que a religião promoveu crueldade, racismo e genocídio. As pessoas religiosas, assim como todas as outras, são muitas vezes hipócritas. Independentemente disso, as determinações religiosas de julgar menos e perdoar mais são boas para manter os relacionamentos e a saúde mental. As redes sociais treinam as pessoas a fazer o oposto: julgar depressa e publicamente, para não ser julgado por não julgar quem quer que seja o alvo de condenação de hoje. Não perdoe, ou sua turma atacará você por traição.

De uma perspectiva espiritual, as redes sociais são uma doença da mente. Práticas e virtudes espirituais, como perdão, graça e amor, são a cura. Nas palavras de Buda:

> *Neste mundo, ódio nunca dissipou ódio.*
> *Apenas amor dissipa ódio. Essa é a lei,*
> *Ancestral e inexaurível.*
> *Também você perecerá.*
> *Sabendo disso, como poderia discutir?*[28]

6. Admiração profunda da natureza

É impossível superestimar o papel que a grandiosidade da natureza desempenhou na espiritualidade humana. O Salmo 19 diz: "Os céus contam a glória de Deus, e o firmamento proclama a obra de suas mãos". Eis como Ralph Waldo Emerson descreveu em 1836 os efeitos dessa obra divina, ao entrar em uma floresta:

> Na floresta [...] esse terreno cultivado por Deus, o decoro e a santidade reinam. [...] Com os pés na terra, a cabeça banhada pelo ar alegre, erguida para o espaço infinito, todo egoísmo mesquinho se esvai. Eu me torno um globo ocular transparente; não sou nada; vejo tudo; as correntes do Ser Universal circulam por mim; Sou uma parte ou parcela de Deus.[29]

Em 2003, Dacher Keltner e eu publicamos um artigo com uma revisão de literatura sobre a admiração profunda, e argumentamos que duas percepções simultâneas a desencadeiam: aquilo que olhamos é de alguma maneira vasto e não se encaixa em nossas estruturas mentais existentes.[30] Dessa combinação parece depreender um sentimento de pequenez profundamente prazeroso — embora às vezes também assustador. A admiração profunda nos convida a mudar nossos comportamentos, crenças e lealdades.

Dacher se tornou o principal estudioso do tema. Ele e seus alunos reuniram milhares de relatos de experiências de admiração profunda vivenciadas por pessoas do mundo todo e as classificaram em oito categorias mais comuns, as "oito maravilhas da vida": beleza moral, efervescência coletiva, natureza, música, design visual, reverência espiritual e religiosa, vida e morte, e epifanias (momentos em que ocorre uma compreensão nova e grandiosa).

A admiração profunda pode ser desencadeada de muitas maneiras, porém a beleza da natureza é um dos métodos mais confiáveis e acessíveis.

Depois de ouvir Dacher descrever em um podcast[31] as "caminhadas reverenciais" que fazia depois da morte do irmão em decorrência de um câncer, decidi acrescentar uma sessão sobre a admiração profunda e a beleza no curso sobre Flourishing que ofereço na Universidade de Nova York. Pedi aos alunos que ouvissem o podcast e depois caminhassem ao ar livre, sem pegar o celular. As reflexões que eles me entregaram aquela semana ficaram entre as coisas mais lindas que vi em meus trinta anos como professor.

Alguns alunos simplesmente caminharam devagar pelas ruas de Greenwich Village, onde fica a NYU, e notaram pela primeira vez os detalhes arquitetônicos das construções do século XIX pelas quais haviam passado inúmeras vezes. Os relatos mais potentes, no entanto, foram daqueles que caminharam em parques. Uma aluna, Yi-Mei, fez um passeio no Washington Square Park, o coração verde do campus da NYU. Era um dia perfeito de abril, e as cerejeiras estavam floridas. Ela escreveu:

> Fiquei tão impressionada com a beleza do parque na primavera que me sentei em um banco para contemplar, enquanto experimentava um deleite moral e um afeto em relação às pessoas que passavam, e sorri para elas quando me olhavam.

Essa nova experiência em um parque familiar a inspirou de tal maneira que depois ela foi de livre e espontânea vontade para o Central Park. Lá, Yi-Mei ficou encantada com o reflexo do sol em uma lagoa, "como se tivessem espalhado chispas na superfície para decorá-la, e nas árvores também. Para mim, foi como se tudo ganhasse vida".

Muitos alunos escreveram que, antes da caminhada, raramente se davam um tempo para absorver a beleza do mundo ao redor. O Washington Square Park está entre os mais lindos parques urbanos dos Estados Unidos, e os alunos da NYU passam por ele com frequência; entretanto, muitos nunca haviam olhado para ele de verdade.

Muitos estudantes descobriram que a beleza natural era um tratamento eficaz para a ansiedade de que sofriam. A mesma Yi-Mei escreveu:

> Foi como se a experiência da beleza e da admiração profunda me tornasse mais generosa e aterrada no presente. As preocupações mesquinhas do passado de repente pareceram tolas, e a preocupação com o futuro, desnecessária, porque no momento eu me sentia muito segura e tranquila. Foi como se eu vivenciasse um prolongamento do tempo e dissesse a mim mesma, e à minha ansiedade: "Vai ficar tudo bem". Também havia uma sensação crescente de felicidade e um desejo de me relacionar e falar com as pessoas.

Em um artigo de revisão de 2023, Dacher e uma colega listaram os benefícios da admiração profunda para o bem-estar: "altera a neurofisiologia, reduz o foco no eu, aumenta o comportamento pró-social e a integração social, e promove maior agudeza de sentido".[32] Yi-Mei vivenciou tudo isso em sua caminhada em silêncio pelos dois parques.

Os humanos evoluíram na natureza. Nosso senso de beleza evoluiu de modo a nos fazer sentir atração por ambientes nos quais nossos ancestrais prosperaram, como campos com árvores e água, onde abundavam herbívoros, ou à beira do mar, com sua riqueza de recursos. E. O. Wilson, importante biólogo estudioso da evolução, disse que os humanos são "biofílicos", ou seja, "têm necessidade de se afiliar a outras formas de vida".[33] É por isso que as pessoas viajam para destinos naturais maravilhosos. É por isso que o grande paisagista Frederick Law Olmsted projetou o Central Park como ele é, com campos, bosques, lagos e um pequeno zoológico onde meus filhos amam dar de comer às ovelhas e cabras. É por isso que crianças amam explorar florestas e levantar pedras para ver o que encontram embaixo. Também é por isso que passar o tempo em belos cenários naturais reduz a ansiedade de quem sofre de transtornos de ansiedade.[34] É como voltar para casa.

No entanto, uma das características da Grande Reconfiguração é a redução drástica de tempo que crianças e adolescentes passam fora de casa; e se saem, eles muitas vezes só conseguem pensar no celular, ou ficam com os olhos grudados na tela. Quando deparam com algo lindo, como o reflexo do sol na água, ou flores de cerejeira esvoaçando com a brisa da primavera, seu primeiro instinto é tirar uma foto ou fazer um vídeo para publicar em algum lugar. Poucos se disponibilizam a se perder no momento, como fez Yi-Mei.

Certamente é possível sentir uma admiração profunda usando o smartphone. Há uma infinidade de vídeos no YouTube sobre pessoas que realizaram atos heroicos (beleza moral). É possível encontrar as fotos e os vídeos mais extraordinários dos lugares mais bonitos do mundo. São experiências valiosas. No entanto, nossos celulares nos soterram com quantidade e reduzem a qualidade. Você vê um vídeo curto, capaz de elevar moralmente, fica comovido, e então passa para o próximo vídeo curto, com alguém furioso com alguma coisa. Você vê uma foto tirada por drone das cataratas na fronteira entre Zâmbia e Zimbábue, que lhe oferece uma perspectiva impossível de obter pessoalmente, mas como a imagem tem que se ajustar a uma tela do tamanho de sua mão, e porque você não se esforçou para chegar às cataratas, isso não vai te impressionar tanto quanto se tivesse feito uma trilha para chegar a uma queda-d'água muito menor.

Se quisermos que a admiração profunda desempenhe um papel maior e mais positivo em nossa vida, precisamos abrir espaço para ela. Fiz uma caminhada na mesma semana dos meus alunos, e agora tiro os fones de ouvido sempre que estou andando em um parque ou espaço natural. Não procuro mais ouvir tantos audiolivros e podcasts quanto meu cérebro é capaz de absorver na velocidade 1,5. Quanto a nossas crianças, precisamos fazer um esforço deliberado para levá-las a locais de grande beleza natural. Sem o celular.

O BURACO NA FORMA DE DEUS

Pouco antes de morrer, em 1662, o filósofo francês Blaise Pascal escreveu algo que muitas vezes é parafraseado como "há um buraco na forma de

Deus em todo coração humano".[35] Acredito que ele estivesse certo. Em *A mente moralista*, debrucei-me sobre os escritos de Charles Darwin e do biólogo David Sloan Wilson[36] para explicar como a seleção natural pode ter aberto esse buraco. A humanidade passou por um longo período do que é conhecido como *seleção multinível*, quando grupos competiram com outros grupos ao mesmo tempo que indivíduos competiram com indivíduos de cada grupo. Os grupos mais coesos venceram e os humanos desenvolveram — tanto biológica quanto culturalmente — uma adaptação que tornou seus grupos ainda mais coesos: a religiosidade (incluindo tanto o medo como o amor por deuses).

Muitos amigos religiosos discordam quanto à origem de nosso buraco em forma de Deus; eles acreditam que o buraco existe porque somos criações divinas e ansiamos por nosso Criador. No entanto, embora discordemos quanto à origem, concordamos quanto às implicações. Há um buraco, um vazio em todos nós, que precisamos preencher. Se ele não for preenchido por algo nobre e elevado, a sociedade moderna logo o encherá de lixo. Isso é verdade desde os primórdios dos veículos de comunicação em massa, porém o fluxo de lixo se tornou cem vezes mais poderoso na década de 2010.

Aquilo a que nos expomos importa, e os antigos concordam universalmente com isso. "Somos o que pensamos. Tudo o que somos surge com nossos pensamentos",[37] disse Buda. E Marco Aurélio: "Aquilo sobre o que você pensa determina a qualidade de sua mente. Sua alma assume a cor de seus pensamentos".[38]

Na vida baseada no celular, ficamos expostos a uma quantidade extraordinária de conteúdo, grande parte do qual escolhida por algoritmos e empurrada para nós por notificações que interrompem o que quer que estejamos fazendo. É demais, e grande parte nos rebaixa na dimensão da divindade. Se quisermos passar a maior parte da vida acima do zero nesse eixo, precisamos recuperar o controle do que recebemos. Precisamos recuperar o controle de nossa vida.

RESUMINDO

- Quando veem ações com beleza moral, as pessoas se sentem elevadas — sobem à dimensão que pode ser chamada de divindade. Quando veem ações moralmente repulsivas, elas sentem que decaíram, ou foram rebaixadas.
- Uma vida baseada no celular em geral rebaixa as pessoas. Muda a maneira como pensamos, sentimos, julgamos e nos relacionamos com os outros. Ela é incompatível com muitos dos comportamentos de comunidades religiosas e espirituais, alguns dos quais pesquisadores como David DeSteno provaram contribuir para a felicidade, o bem-estar, a confiança e a coesão do grupo. Descrevi seis dessas práticas.

1) Émile Durkheim mostrou que seres humanos se alternam entre dois níveis: o profano e o sagrado, ou seja, nossa consciência ordinária, focada no eu, e o reino do coletivo. Grupos de indivíduos se tornam comunidades coesas quando realizam rituais que lhes permitem entrar e sair juntos do reino do sagrado. O mundo virtual não oferece nenhuma estrutura de tempo ou espaço e é inteiramente profano. Esse é um dos motivos por que as comunidades virtuais não costumam ser tão satisfatórias ou proporcionar tanto sentido quanto as comunidades no mundo real.

2) Rituais religiosos sempre envolvem movimentos corporais com significado simbólico, muitas vezes realizados de maneira síncrona. Comer junto tem o poder de unir as pessoas. O mundo virtual é, por definição, descorporificado, e a maior parte de suas atividades ocorre de maneira assíncrona.

3) Muitas religiões e práticas espirituais se valem da imobilidade, do silêncio e da meditação para acalmar a mente inquieta e abrir o coração para os outros, para Deus ou para a iluminação. Está provado que meditar promove o bem-estar, inclusive meditações breves regulares, em contextos seculares. A vida baseada no celular, por outro

lado, é uma sequência infinita de notificações, alertas e distrações, fragmentando a consciência e nos treinando a preencher com o celular cada momento de consciência.

4) A autotranscendência é um traço definidor da espiritualidade. Há uma rede de estruturas cerebrais (a rede de modo padrão) que fica menos ativa em momentos de autotranscendência, como se fosse a base neural da consciência profana. As redes sociais mantêm o foco no eu, na apresentação de si, na marca pessoal e na posição social. Elas foram projetadas quase à perfeição para impedir a autotranscendência.

5) A maior parte das religiões incentiva a julgar menos, porém as redes sociais nos incentivam a avaliar os outros de forma inédita na história da humanidade. As religiões aconselham a sentir menos raiva e a perdoar mais, enquanto as redes sociais incitam o oposto.

6) A grandiosidade da natureza está entre os caminhos mais universais e acessíveis para a admiração profunda, uma emoção intimamente ligada às práticas religiosas e ao progresso. Uma simples caminhada num ambiente natural pode levar à autotranscendência, sobretudo se você se concentrar e não olhar para o celular. A admiração profunda da natureza pode ser especialmente valiosa para a geração Z, porque contrabalanceia a ansiedade e a consciência constante de si promovidas pela infância baseada no celular.

- Há um "buraco na forma de Deus" em cada coração humano. Ou, pelo menos, muitas pessoas sentem uma necessidade de sentido, conexão e elevação espiritual. A vida baseada no celular com frequência preenche esse buraco com conteúdo trivial e degradante. Os antigos nos aconselharam a ser mais seletivos na escolha daquilo a que nos expomos.

Isso conclui a Parte III, na qual apresentei os prejuízos de uma infância (e uma vida adulta) baseada no celular. Agora, na Parte IV, vamos nos concentrar no que podemos fazer. Agindo juntos, é possível mudar as coisas.

PARTE IV

AÇÕES COLETIVAS PARA UMA INFÂNCIA MAIS SAUDÁVEL

9. Preparativos para a ação coletiva

O que mais ouço sempre que digo que precisamos adiar a idade em que as crianças recebem smartphones e entram nas redes sociais é: "Concordo com você, mas é tarde demais". Tornou-se tão comum crianças de 11 anos andarem por aí com os olhos fixos no celular, rolando um feed infinito, que muitas pessoas acreditam que não há nada a fazer. "Esse barco já partiu", me dizem. Para mim, essa metáfora com meios de transporte indica que precisamos agir agora mesmo. Já precisei desembarcar de aviões quando um problema foi identificado. Depois que o *Titanic* naufragou, em 1912, seus dois navios irmãos foram retirados de circulação e sofreram mudanças para torná-los mais seguros. Quando se descobre que um novo produto é perigoso, sobretudo para crianças, faz-se um recall, e ele só volta ao mercado quando o fabricante tiver resolvido o problema.

Em 2010, adolescentes, pais, escolas e mesmo empresas de tecnologia não sabiam que os smartphones e as redes sociais tinham tantos efeitos nocivos. Hoje sabemos. Não havia grandes sinais de uma crise de saúde mental em 2010. Hoje estamos em meio a ela.

Não somos impotentes, embora muitas vezes pareça ser o caso, diante do consórcio de smartphones, redes sociais, forças do mercado e influência social para nos fazer cair em uma armadilha. Cada um de nós, agindo a sós, constata que é muito difícil e custoso fazer a coisa certa. No entanto, se agirmos juntos, será muito fácil.

Neste breve capítulo, explico o que são problemas de ação coletiva e descrevo alguns mecanismos comuns para resolvê-los. Depois, nos demais capítulos da Parte IV, mostro o que governos, empresas de tecnologia, escolas e pais podem fazer para reverter a transição desastrosa da infância baseada no brincar para a infância baseada no celular.

PROBLEMAS DE AÇÃO COLETIVA

Cientistas sociais há muito estudam armadilhas em que cada indivíduo faz o que considera melhor para si (como pescar em excesso em uma lagoa local), embora se todos fizessem como esse indivíduo o resultado seria ruim para todos (a extinção dos peixes da lagoa). Se o grupo trabalha de maneira coordenada (por exemplo, estabelecendo um limite de peixes para cada residente), o resultado no longo prazo seria positivo (mais peixes para todos). É isso que chamamos de *problema de ação coletiva* (ou *dilemas sociais*). Pré-adolescentes se veem presos a um problema de ação coletiva quando, no primeiro dia de aula do sexto ano, veem que alguns de seus colegas têm smartphones e acessam o Instagram e o Snapchat, às vezes inclusive durante a aula. Isso os pressiona a pedir smartphones e acesso a redes sociais também, embora fosse melhor para todos os alunos se nenhum deles tivesse smartphone ou acessasse as redes sociais.

Alexis Spence me explicou por que ficou desesperada para abrir uma conta no Instagram quando estava no sexto ano, apesar da proibição dos pais.

> Parte do vício pode ser explicada por meu desejo de me encaixar. Eu não queria perder nada, porque, se deixasse passar alguma coisa, estaria por fora,

e se estivesse por fora as crianças ririam ou tirariam sarro de mim por não entender o que estava acontecendo, e eu não queria ser excluída.

Depois que alguns alunos ganharam smartphones e abriram contas nas redes sociais, os outros começaram a pressionar os pais. É doloroso para os pais ouvir dos filhos: "*Todo mundo menos eu* tem smartphone. Se eu não ganhar um, vão me excluir de *tudo*". (Embora, é claro, "todo mundo" em geral signifique "algumas outras crianças".) Poucos pais querem que o celular faça seus filhos pré-adolescentes se perderem, e a visão deles como párias sociais é ainda mais perturbadora. Assim, muitos pais cedem e compram um celular para o filho de 11 anos, ou antes ainda. À medida que mais pais cedem, cresce a pressão sobre as crianças e pais que resistem, até que a comunidade atinja um equilíbrio estável, embora infeliz, com todo mundo tendo um smartphone, e todo mundo se perdendo nele. É o fim da infância baseada no brincar.

Como a adoção de novas tecnologias ocorre muito rapidamente no mundo digital, algumas empresas de tecnologia também se encontram diante de um problema de ação coletiva. Elas precisam agir rápido e recrutar o maior número de crianças e adolescentes possível. Não importa se sua própria política e a lei americana exijam que os usuários tenham mais de 13 anos; qualquer empresa que de fato verificar a idade de seus novos usuários perderá os pré-adolescentes para os concorrentes que não têm escrúpulos na hora de aceitá-los.

Pais enfrentam problemas de ação coletiva também em relação à independência dos filhos. Era fácil mandar as crianças brincar quando todo mundo fazia isso, porém num bairro onde não há esse costume é difícil tomar a iniciativa. Pais que permitem aos filhos andar ou brincar desacompanhados em espaços públicos correm o risco de ter vizinhos desavisados chamando a polícia, que por sua vez pode recorrer ao Serviço de Proteção à Criança, que iniciaria uma investigação por uma suposta "negligência". Os pais acabam decidindo que é melhor fazer como os outros pais: manter os filhos sob supervisão, mesmo que isso atrapalhe o desenvolvimento de todos.

Como escapamos dessas armadilhas? Problemas de ação coletiva exigem respostas coletivas, das quais há quatro tipos principais. Cada um deles pode ajudar a promover uma mudança significativa.

1. *Coordenação voluntária.* Assim como acabam pressionando outros quando dão smartphones a seus filhos de 11 anos, pais podem se unir e se apoiar. O grupo Wait Until 8th [Espere até o oitavo ano] é um exemplo maravilhoso desse tipo de coordenação: quando o filho ainda está no ensino básico, os pais assinam um compromisso de que não lhe darão um smartphone até o oitavo ano. O compromisso passa a valer quando dez famílias com filhos na mesma escola e no mesmo ano o assinam, o que garante que essas crianças terão com quem brincar e não sentirão que "só elas" são excluídas. As dez famílias escapam juntas da armadilha (embora só até o oitavo ano, o que ainda é cedo demais. Na minha opinião, o nome do grupo devia mudar para Wait Until 9th [Espere até o nono ano]).
2. *Normas sociais e moralização.* Uma comunidade pode passar a ver uma decisão pessoal em termos morais e expressar revolta ou condenação, como aconteceu em relação à direção alcoolizada (felizmente) ou à mãe que deixou seu filho de 9 anos andar de metrô sem o acompanhamento de um adulto (infelizmente).[1]
3. *Soluções tecnológicas.* Um novo produto ou invenção podem mudar as opções e os incentivos para toda a comunidade, como a introdução de estojos com cadeado onde guardar o celular, o desenvolvimento de métodos de verificação rápidos e fáceis, ou o lançamento de celulares básicos melhores, o que evitaria que as crianças entrassem nas redes.
4. *Leis e regras.* Governos podem criar leis, como exigir que as redes sociais verifiquem a idade de novos usuários, ou esclarecer leis que

dizem respeito a negligência, não culpabilizando aqueles que querem dar independência a uma criança. Instituições podem criar políticas, como a escola exigir que *todos* os alunos deixem os celulares guardados durante o dia.

Nos próximos três capítulos, apresento um plano para que governos, empresas de tecnologia, escolas, pais e jovens resolvam problemas de ação coletiva trabalhando juntos. Convidei minha amiga e colaboradora Lenore Skenazy para me ajudar a escrever esses capítulos. Ela é autora de *Free-Range Kids*[2] [Crianças criadas livres], livro de 2009 que eu e minha esposa lemos em 2012 e que mudou a maneira como criávamos nossos filhos. Passamos a lhes dar independência mais cedo, o que os tornou mais confiantes e fez com que confiássemos mais neles. Acabei fundando uma organização com Lenore, Peter Gray e Daniel Shuchman, a Let Grow [Deixe crescer], cuja missão é tornar "fácil, normal e legal oferecer às crianças a independência de que precisam para se tornar adultos capazes, confiantes e felizes". Você notará que algumas das seções sobre voltar atrás na superproteção e aumentar o brincar têm uma voz diferente da minha. Agradeço a Lenore pela liderança do movimento Free-Range Childhood [Infância livre] e por dividir sua sabedoria conosco. Destacamos alguns programas que desenvolvemos na Let Grow, porém há muitas organizações que compartilham dos nossos objetivos.[3]

ALGUMAS ADVERTÊNCIAS

Antes de oferecer quaisquer sugestões, preciso fazer alguns comentários.

Em primeiro lugar: sugiro algumas ideias que podem ajudar a maioria das famílias e das escolas, porém cada criança, cada família e cada escola são únicas. A maioria dos princípios psicológicos em que me baseio tem aplicação universal, porém minhas sugestões de como implementá-los podem não funcionar para você. Então, por favor: inove, improvise e procure avaliar os resultados.

Em segundo lugar: tenho certeza de que me equivoco em alguns pontos. Ofereço conselhos baseados no que escrevi nos primeiros oito capítulos, que contam com pesquisas de diferentes fontes, mas às vezes não se consegue replicar um estudo, ou cientistas sociais discordam quanto ao que ele significa, ou novas pesquisas apresentam outras direções. Por favor, consulte o suplemento on-line disponível em <AnxiousGeneration.com> (em inglês), onde corrijo os erros cometidos e dou mais sugestões. Também continuo publicando no meu Substack — *After Babel*[4] (em inglês) —, onde menciono novas pesquisas e ideias relacionadas a este livro.

Finalmente, reconheço a dificuldade de ser pai ou mãe hoje, e de lecionar, coordenar uma escola, treinar uma equipe ou trabalhar com crianças e adolescentes. E é ainda mais difícil ser adolescente. Estamos tentando fazer o melhor com tudo aquilo que sabemos sobre um mundo tecnológico em transformação acelerada que fragmenta nossa atenção e altera nossos relacionamentos. É difícil compreender o que está acontecendo, ou saber como agir. Contudo, precisamos tomar uma atitude. Precisamos experimentar novas políticas e avaliar os resultados.

Algumas das minhas sugestões são mais desafiadoras, já que exigem mudanças legislativas que esbarram na polarização política nos Estados Unidos. No entanto, mesmo no Congresso americano, proteger as crianças dos danos do mundo virtual é uma das poucas áreas promissoras no sentido de um acordo bipartidário. Se pudermos compreender a natureza dos problemas de ação coletiva, poderemos exigir leis para desarmar armadilhas e alterar os incentivos. Se agirmos coletivamente, poderemos reverter a infância baseada no celular e restaurar, em algum grau, a infância baseada no brincar, que é mais saudável.

10. O que governos e empresas de tecnologia podem fazer agora

"Como consumir o máximo possível de seu tempo e de sua atenção consciente?"

Quem disse isso foi Sean Parker, primeiro presidente do Facebook, em uma entrevista de 2017.[1] Ele estava descrevendo o raciocínio das pessoas que criaram o Facebook e outras plataformas de rede social importantes nos anos 2000.

No capítulo 2, citei outro trecho dessa entrevista, no qual Parker explicava o "ciclo de feedback de validação social" por meio do qual essas empresas exploravam "uma vulnerabilidade na psicologia humana". Os aplicativos precisam "oferecer uma dose de dopamina de tempos em tempos, porque alguém curtiu ou comentou uma foto ou uma publicação sua. Isso vai fazer você contribuir com mais conteúdo, o que vai render... mais curtidas e comentários para você". Parker disse que ele, Mark Zuckerberg, Kevin Systrom (cofundador do Instagram) e outros "compreendíamos isso conscientemente. E seguimos em frente mesmo assim". Ele também disse: "Só Deus sabe o que isso está fazendo com o cérebro das crianças".

Por que alguém trataria seus clientes assim? Porque usuários não são clientes para a maioria das empresas de rede social. Quando plataformas oferecem acesso a informações ou serviços gratuitos, em geral é porque seus usuários são o produto. Sua atenção é uma substância preciosa que as empresas extraem e vendem a clientes que pagam — os anunciantes. As empresas competem pela atenção dos usuários, e, como cassinos, farão de tudo para retê-los, mesmo que isso os prejudique. Precisamos mudar os incentivos, para que as empresas se comportem de outras maneiras, como aconteceu em muitas outras indústrias. Pense na regulamentação pela segurança da comida na Era Progressiva [1897-1920] ou na regulamentação pela segurança automotiva na década de 1960 — ambas contribuíram para a queda da taxa de mortalidade infantil que já estava em curso.[2]

Na primeira parte deste capítulo, descrevo as maneiras como muitas empresas de tecnologia, em especial plataformas de rede social, empregam recursos de design que respondem à pergunta de Sean Parker sobre como consumir mais a atenção das pessoas, distraindo-as do mundo real. Depois explico como governos podem mudar as leis para incentivar comportamentos e escolhas diferentes, que tornariam as redes sociais menos prejudiciais e permitiriam que os pais escolhessem por si próprios como e quando seus filhos entrariam no mundo virtual. Na segunda parte do capítulo, mostro como governos podem mudar as leis e políticas que levam pais e escolas à superproteção no mundo real. Também demonstro como governos podem tornar o mundo real mais convidativo para as crianças e apoiar mais sua necessidade de brincar e ter mais autonomia e responsabilidade.

Como veremos, políticas governamentais contribuíram para o declínio da infância baseada no brincar (sobretudo com a aplicação excessivamente zelosa de leis estaduais vagas relacionadas a negligência com crianças) e para a ascensão da infância baseada no celular (sobretudo ao estabelecer a maioridade na internet cedo demais, sem verificar a idade do usuário). Novas leis e novas políticas ajudariam enormemente os pais que enfrentam dificuldades de criar seus filhos de uma maneira mais saudável.*

* Redigi as seções de tecnologia deste capítulo com a assistência de meu amigo e colaborador de longa data Ravi Iyer, que foi gerente de produto, cientista de dados e gerente de pesquisa do

A CORRIDA ATÉ O FIM DO TRONCO CEREBRAL

Entre os mais incisivos analistas dos incentivos que impulsionam as empresas de tecnologia estão Tristan Harris, especialista em ética do Google que, em 2013, criou uma apresentação de PowerPoint para seus colegas intitulada "Um apelo para minimizar distrações e respeitar a atenção dos usuários".[3] Harris notou que os produtos de apenas três empresas — Google, Apple e Facebook — estavam moldando aquilo para o qual a maior parte da humanidade dedicava sua atenção limitada, e a esgotavam deliberadamente e sem cuidado algum. Segundo Harris, as escolhas de design das empresas de tecnologia haviam resultado em um colapso global do tempo disponível para qualquer coisa que não fosse tela.

Harris saiu do Google em 2015 e depois fundou o Center for Humane Technology [Centro para tecnologia humanitária], uma organização importante que desde então vem oferecendo alertas e soluções. Em 2010, o Senado o convidou para depor em uma audiência sobre proteção do consumidor, quando então ele expôs o modus operandi das empresas pela atenção das pessoas. Há algumas vulnerabilidades psicológicas que podem ser exploradas, parte delas relacionada a nossas necessidades mais básicas. Segundo Harris, as empresas se veem presas a um problema de ação coletiva conhecido como "corrida até o fim", porque se uma delas fracassa em explorar uma fraqueza psicológica disponível acaba em desvantagem em relação a concorrentes menos escrupulosas:[4]

Facebook (agora Meta) por quatro anos, antes de sair para trabalhar com reforma tecnológica no Centro Neely para a Liderança e a Tomada de Decisões Éticas da Escola Marshall de Negócios da Universidade do Sul da Califórnia. Também me baseei em conselhos de membros de duas organizações de reforma tecnológica sem fins lucrativos das quais participo: Project Liberty [Projeto liberdade] e Council for Responsible Social Media [Conselho para redes sociais responsáveis]. Já as seções sobre o "mundo real" deste capítulo foram escritas com a assistência de Lenore Skenazy.

> Na economia da atenção, a atenção é limitada, e o modelo de negócio baseado em anúncios exige sempre mais. Assim, temos uma corrida até o fim do tronco cerebral. [...] Começa aos poucos. Primeiro, para conseguir sua atenção, disponibilizo recompensas do tipo caça-níqueis, com a ideia deslizar a tela para baixo para atualizar, criando pequenos vícios. Tiro as dicas de interrupção com uma tela de feed automático, de modo que sua mente se esquece de fazer outra coisa. Isso não é o bastante, no entanto. Com a crescente concorrência por sua atenção, precisamos ir mais fundo no tronco cerebral, acessando sua identidade e fazendo com que você se torne dependente da atenção dos outros. Acrescentando o número de seguidores e curtidas, a tecnologia se aproveita da necessidade de validação social, e as pessoas desenvolvem uma obsessão por feedback constante dos outros. Isso ajudou a alimentar a crise de saúde mental entre os adolescentes.[5]

O modelo de negócio baseado em anúncios transforma os usuários em produto. A personalização confere às empresas de redes sociais muito mais poder que as indústrias da era pré-digital baseadas em anúncios, como jornais e TV aberta. Se nos concentrarmos nisso, começaremos a vislumbrar qual deve ser o papel das leis, não apenas em relação às redes sociais, mas também a jogos e pornografia on-line, que usam em grande parte as mesmas técnicas para atrair a atenção de menores de idade e obter seus dados.

Há três imperativos básicos para o funcionamento de negócios cujo lucro deriva de anúncios em meio a conteúdo gerado por usuários: (1) conseguir mais usuários; (2) fazê-los passar mais tempo no aplicativo; e (3) fazê-los publicar e interagir com mais conteúdo, o que atrai outros usuários para a plataforma.

Uma maneira de aliciar mais gente é ignorar a proibição de usuários com menos de 13 anos. Em agosto de 2019, tive uma reunião virtual com Mark Zuckerberg, que estava procurando dialogar com um público amplo, incluindo seus críticos. Contei que, quando meus filhos entraram no sexto ano, eles viram que a maioria das crianças da turma (que tinham 10 ou 11 anos) tinha conta no Instagram. Então perguntei o que Zuckerberg pretendia fazer a respeito. Ele disse: "Mas não permitimos que menores de 13 anos abram uma conta". Então relatei que, antes da nossa conversa, eu havia criado uma conta falsa para uma menina fictícia de 13 anos sem que houvesse nenhuma tentativa de confirmar a idade que eu alegava ter. "Estamos trabalhando nisso", ele disse. Enquanto escrevia este capítulo (em agosto de 2023), criei outra conta falsa. Ainda não há verificação de idade, muito embora as maneiras de fazê-lo tenham se aperfeiçoado nos últimos quatro anos;[6] tampouco se vê qualquer tentativa de desestimular as crianças a mentir quanto à idade.

Se fosse fazer um esforço real para bloquear ou expulsar aqueles com menos de 13 anos, o Instagram perderia usuários para o TikTok e outras plataformas. O público mais novo é especialmente valioso porque os hábitos criados cedo muitas vezes duram a vida toda, de modo que as empresas precisam dessas pessoas para garantir um consumo robusto de seus produtos no futuro. A perda de mercado entre usuários jovens é encarada como uma ameaça à própria existência dessas empresas.[7] Como resultado, empresas cujos produtos são usados por adolescentes se veem em outra corrida até o fim, atrás de usuários cada vez mais novos. Documentos revelados pela informante Frances Haugen mostram que a Meta há muito tenta atrair pré-adolescentes, e chegou a considerar alcançar crianças a partir de 4 anos.[8] (O mesmo tipo de corrida se deu entre as fabricantes de cigarro, que, ainda que negassem, começaram a direcionar seus anúncios para adolescentes.)

Quanto ao segundo imperativo, usar a inteligência artificial para selecionar o que mostrar no feed de um usuário é uma estratégia que as empresas empregam para fazer os usuários passarem mais tempo em seus aplicativos. Com base no tempo que eles passam vendo diferentes tipos de conteúdo, a

IA lhes oferece mais de um ou de outro.[9] É por isso que plataformas de vídeos curtos, como TikTok e o Reels do Instagram, são tão viciantes: o algoritmo é capaz de determinar rapidamente quando os usuários param de rolar a tela, o que significa que ele pode identificar desejos e interesses de que o usuário talvez nem tenha consciência, levando um menor a receber conteúdo sexual impróprio para a idade, por exemplo.[10]

Designers de tecnologia há muito aprenderam que reduzir o atrito ou esforço aumenta o tempo passado na plataforma, de modo que opções como reprodução automática e feeds infinitos incentivam um consumo maior de conteúdo no automático, quase como um zumbi. Quando se pergunta às pessoas em que plataformas passam mais tempo do que gostariam, as "vencedoras" são redes sociais com essas características.[11] Os jogos modernos usam truques diferentes para manter os usuários, como gratuidade, ciclos de validação, as loot boxes, que são essencialmente jogos de azar, e aventuras multijogadores que nunca chegam ao fim.

Para atingir seu terceiro objetivo — incentivar os usuários a publicar mais conteúdo —, as plataformas se aproveitam da alta sensibilidade dos adolescentes a status e recompensas sociais. Os streaks do Snapchat, por exemplo, gamificam as interações sociais ao incentivar os usuários a mandar uma foto para os amigos todo dia, para não quebrar o streak publicamente visível. Além disso, pressionam as crianças a passar mais tempo do que elas mesmas querem interagindo com sua rede de contatos, o que deixa menos tempo para interações no mundo real. Outro exemplo é determinar como padrão os perfis abertos, de modo que o que quer que se publique se torne conteúdo para o maior número possível de usuários.

Menores devem ser protegidos de produtos projetados para viciá-los. Eu gostaria que as empresas tratassem crianças e adolescentes com mais cuidado por livre e espontânea vontade, porém, considerando os incentivos de mercado e as normas de negócios, provavelmente serão necessárias leis para forçá-las a fazer isso.

O QUE GOVERNOS E EMPRESAS DE TECNOLOGIA PODEM FAZER PARA ENCERRAR A CORRIDA

São quatro as principais estratégias que governos e empresas de tecnologia podem pôr em prática para tornar o mundo virtual um lugar melhor para os adolescentes:

1. Estabelecer o dever de cuidar

Em 2013, Beeban Kidron fez um filme sobre a vida de adolescentes no mundo on-line, *InRealLife* [NaVidaReal], e ficou muito assustada com o que descobriu a respeito das estratégias de exploração dos adolescentes pelas empresas de tecnologia. Enquanto trabalhava no documentário, Kidron se tornou par vitalício da Câmara dos Lordes do Parlamento inglês, e a segurança das crianças na internet passou a ser sua prioridade. Depois de muita discussão, ela formulou uma lista de padrões de design que as empresas de tecnologia poderiam adotar para minimizar os malefícios do tempo on-line de crianças e adolescentes. A lista recebeu o nome de Age Appropriate Design Code [Código de design adequado à idade], ou AADC, na sigla em inglês, e foi promulgada no Reino Unido em junho de 2020.

O Código foi revolucionário ao responsabilizar as empresas quanto à maneira como tratam menores de idade. É dever delas projetar seu produto segundo "os melhores interesses" da criança, que o Código define como qualquer um com menos de 18 anos. Por exemplo, em geral, para a criança é melhor que as configurações de privacidade-padrão sejam as mais rigorosas, enquanto para a empresa é preferível que as publicações da criança fiquem visíveis ao maior número de pessoas possível. A lei, portanto, exige que a configuração-padrão para menores seja o perfil privado; a criança precisa fazer ativamente a escolha de mudá-la se quiser que suas publicações sejam visualizadas por desconhecidos. O mesmo vale para os dados de geolocalização; o padrão deve ser a impossibilidade de se descobrir a localização de uma criança com base em um post ou no uso do aplicativo, a menos que ela escolha tornar público esse dado. Outra exigência: as plataformas devem ser transparentes quanto ao que estão fazendo, explicando sua política de privacidade e a natureza dos controles parentais em uma linguagem (ou em vídeos) que a criança consiga compreender com facilidade.

Embora se aplique apenas a serviços oferecidos no Reino Unido, o Código já teve dois efeitos abrangentes: muitas empresas decidiram que não valia a pena oferecer produtos diferentes em países diferentes, por isso promoveram as mudanças em nível mundial; a Califórnia adotou sua própria versão do AADC, promulgada em 2022, e desde então outros estados fizeram o mesmo.[12] É claro que não faz muito sentido estados americanos promulgarem separadamente suas leis sobre algo como a internet, tentacular e sem localização fixa. Seria desejável que o Congresso americano agisse, e no momento há um forte apoio bipartidário a vários projetos de lei importantes, como o Kids Online Safety Act [Lei pela segurança das crianças na internet], ou Kosa, na sigla em inglês, que inclui muitas ideias do AADC.[13] No entanto, considerando a paralisia que reina no Congresso americano, resta aos estados e governadores tentar proteger as crianças de práticas on-line predatórias.

Alguns críticos receiam que deixar a regulação a cargo do governo pode resultar em controle da internet, inclusive censurando um ou outro lado do espectro político. Esse receio não é descabido.[14] A maior parte dos danos pelos quais as plataformas são responsáveis, porém, não tem a ver com o que os *usuários estão publicando* (de difícil controle e monitoração),[15] e sim com *decisões de design* que são 100% da alçada dessas plataformas e que incentivam ou amplificam experiências prejudiciais.[16] Leis recentes como a Kosa se concentram no design, e não no conteúdo.

Mudanças de design — como ressaltar as preferências de privacidade — não oferecem vantagem a nenhum lado do espectro político. Quando o TikTok limitou a capacidade dos adolescentes de receber mensagens de desconhecidos,[17] em resposta ao Código britânico, ou quando o Facebook recuou em relação ao modo como seus anunciantes podiam personalizar anúncios para usuários menores de idade,[18] essas mudanças partiram de um "ponto de vista neutro".[19]

2. Elevar a maioridade na internet para 16 anos

No fim da década de 1990, não havia nenhuma proteção especial para as crianças na internet. As empresas podiam coletar e vender os dados sem o consentimento dos pais. Em resposta, a Comissão Federal de Comércio dos Estados Unidos recomendou que o Congresso criasse uma lei exigindo o consentimento dos pais antes de os sites adquirirem informações pessoais das crianças. O então deputado e hoje senador Ed Markey, de Massachusetts, redigiu esse projeto de lei, definindo criança como qualquer pessoa com menos de 16 anos, no que se referia à aquisição de dados. As empresas de e-commerce da época chiaram, unindo-se a grupos de defesa das liberdades civis preocupados com a possibilidade de que o projeto de lei dificultasse que os adolescentes encontrassem informações sobre controle de natalidade, aborto e outros temas sensíveis.[20]

Nas negociações do projeto de lei, acordou-se que a idade seria reduzida para 13 anos, decisão que não teve nada a ver com o desenvolvimento do cérebro ou a maturidade adolescente: foi fruto de uma negociação política. Assim, 13 anos passou a ser a idade da "maioridade na internet" nos Estados Unidos, e acabou pautando o restante do mundo. Qualquer pessoa com mais de 13 anos, ou que diga ter mais de 13 anos, pode ser tratada como um adulto no que se refere à aquisição de dados. Como o senador Markey viria a dizer: "Era pouco, e à época eu sabia que era. Foi o máximo que consegui fazer".[21]

Além de estabelecer uma idade baixa para a maioridade, a lei conhecida como Coppa, do inglês Children's Online Privacy Protection Act [Lei de proteção da privacidade das crianças na internet], fracassou em impor qualquer obrigação às empresas de verificar a idade dos usuários. Elas só precisavam evitar adquirir dados de usuários quando tinham evidências diretas de que se tratava de alguém com menos de 13 anos. O projeto de lei foi promulgado em 1998, quando a internet era um lugar muito diferente do que é hoje, e nada mais foi promulgado pelo Congresso desde então (embora muitos projetos de lei estejam sendo considerados quando escrevo, em 2023, incluindo uma atualização da Coppa que elevaria a idade a 16 anos).

Ao determinar 13 anos como a maturidade na internet, a Coppa sinalizou aos pais que o governo julgava essa idade apropriada para que as crianças abrissem contas e usassem os serviços disponíveis. É similar à classificação indicativa dos filmes, por exemplo, que determina que os filmes são apropriados para que crianças de certa faixa etária vejam sem um adulto. No entanto, estar apto a ver um filme é muito diferente de estar apto a exercer autocontrole e fazer escolhas ponderadas quando se está sujeito às técnicas viciantes de poderosas empresas em busca da atenção do usuário.

Qual é a idade certa para a maioridade na internet? Não é a idade em que as crianças podem acessar sites ou ver vídeos no YouTube e no TikTok, e sim a idade em que um menor pode assinar um contrato com uma empresa. É a idade em que uma criança pode *criar uma conta* no YouTube ou no TikTok e começar a publicar vídeos próprios e receber um feed personalizado, em troca de entregar seus dados para que a empresa os utilize como bem entender e os venda, como indicado nos termos de serviço.

Mesmo pais que se esforçam para manter as crianças longe do Instagram com frequência fracassam, como a mãe de Boston, citada no capítulo 1, ou como os pais de Alexis Spence, no capítulo 6. Quando falei com a mãe de Alexis, ela descreveu assim seu desafio: "Estou lutando contra a IA, e não tenho como vencer. Não consigo derrotar um computador mais inteligente que eu e que diz a ela como me enganar". Não podemos querer que o fardo do policiamento da idade mínima recaia unicamente sobre os pais, assim como não podemos culpá-los quando os adolescentes tentam comprar bebida alcoólica. Esperamos que os locais que vendem bebidas respeitem o limite de idade. E devemos esperar o mesmo das empresas de tecnologia.

Não acho que deveríamos alterar a maioridade na internet para 18 anos. A escolha original de 16 anos me parece correta como idade mínima para aceitar os termos de serviço e entregar os dados do usuário. Adolescentes de 16 anos não são adultos, mas são mais maduros e capazes do que eram aos 13. E acabaram de passar pelo que talvez seja o período mais sensível quanto a danos em consequência do uso de redes sociais (entre 11 e 13 anos para meninas, e entre 14 e 15 anos para meninos).[22]

Por outro lado, o córtex pré-frontal desses adolescentes continua em desenvolvimento, e eles ainda são vulneráveis. Redes sociais, jogos on-line, pornografia e outras atividades ainda serão nocivos a muitos deles. Assim, não estou dizendo, de modo algum, que o mundo virtual em sua presente forma, sem proteções, seja *seguro* para adolescentes de 16 anos, mas, se vamos estabelecer uma idade mínima-padrão a ser aplicada em âmbito nacional, então 13 anos é muito pouco e 16 anos parece um meio-termo mais viável. E que decerto receberia maior apoio político e social que um esforço para elevar a idade para 18 anos. Eu apenas acrescentaria que adolescentes de 16 e 17 anos ainda são menores de idade, e que as proteções de qualquer versão de um Código de Design Adequado à Idade ainda se aplicariam a eles. Portanto, acredito que o Congresso americano deveria reparar os erros cometidos em 1998 e elevar a idade da maioridade na internet de 13 para 16 anos, como no projeto de lei original, e então exigir que as empresas ponham isso em prática.

Mas como elas podem fazer isso?

3. Facilitar a verificação de idade

Quando ouvem o termo "verificação de idade", as pessoas em geral presumem que os usuários terão de apresentar um documento, como a carteira de motorista, na hora de abrir uma conta ou acessar um site. É uma alternativa, e o estado da Louisiana estabeleceu uma lei em 2023 que exige que sites com mais de um terço de conteúdo pornográfico verifiquem se quem os acessa tem mais de 18 anos, usando o aplicativo da carteira de habilitação estadual. É claro que poucos visitantes de um site de pornografia revelariam seu nome real, muito menos uma imagem de seu documento. Em resposta, o Pornhub simplesmente bloqueou o acesso ao site daqueles que parecem estar na Lousiana.

Podem as plataformas de rede social pedir o documento de todos os usuários para provar que eles têm a idade permitida para abrir uma conta? Em teoria, sim. Os estados poderiam fornecer documentos de identidade para quem ainda não tem habilitação. Na prática, no entanto, as plataformas são hackeadas com alguma regularidade, e seus bancos de dados são vendidos a ladrões ou publicados na internet, de modo que haveria uma ameaça significativa à privacidade, e muitas pessoas deixariam de usar serviços importantes por isso. Sou contra exigir legalmente o uso de documentos de identidade emitidos pelo governo para acessar partes da internet administradas por entidades não governamentais.

Há maneiras de verificar a idade da pessoa e ao mesmo tempo permitir que ela se mantenha anônima ao utilizar o site? Sim. Uma segunda possibilidade é os sites terceirizarem o trabalho para outra empresa, que retorna simplesmente com um sim ou não. Tem idade suficiente ou não tem idade suficiente.[23] Se a empresa que verifica a identidade for hackeada, o mundo fica sabendo que a pessoa em seu banco de dados teve sua identidade verificada, mas não que ela acessou o Pornhub ou outros sites.

Empresas desenvolveram métodos como:

- usar uma rede de pessoas para confirmar a idade umas das outras (aqueles que mentem perdem o direito de participar);
- emitir um token blockchain para quem já passou pela verificação de idade, através de um método confiável. O token servirá como documento de identificação, provando a idade da pessoa, mas sem ne-

nhuma informação pessoal, de modo que um hackeamento não revelaria nada importante;

- usar biometria para confirmar a identidade. A Clear, conhecida pela rápida identificação nos aeroportos, agora é usada como uma ferramenta de checar se seus clientes — cuja idade já foi verificada — têm idade para comprar bebidas alcoólicas em eventos em estádios.

São tantas as empresas que oferecem métodos de verificação de idade que elas formaram uma associação comercial.[24] A qualidade, a confiabilidade e a segurança desses métodos com certeza aumentarão com o tempo. Espero que as empresas com intenção de comprovar a idade mínima comecem a fornecer um *cardápio* de opções aos usuários.[25] Alguns dos métodos demandariam apenas alguns segundos. Leis como a da Louisiana acarretariam menos preocupações em termos de privacidade se permitissem que as empresas oferecessem várias opções confiáveis, em vez da obrigação de apresentar um documento de identidade oficial.

No momento, não há um método perfeito para implementar a verificação de idade universal. Não há um método que possa ser aplicado a todos que entram num site e que seja perfeitamente confiável e não levante nenhuma objeção por questões de privacidade ou liberdades civis.[26] Porém, se abrirmos mão de uma solução *universal* e pensarmos em ajudar os pais que querem que a internet tenha portões etários que se apliquem a *seus filhos*, então uma terceira abordagem se torna possível: desenvolver uma maneira de pais identificarem os celulares, tablets e laptops de seus filhos como pertencentes a um menor de idade. Essa marca, que poderia estar tanto no hardware quanto no software, funcionaria como uma placa que informa a empresas com restrição de idade: "Essa pessoa é menor de idade, não aceitar sem o consentimento dos pais".

Uma maneira simples de fazer isso seria Apple, Google e Microsoft — que criaram os sistemas operacionais de quase todos os nossos aparelhos — acrescentarem outro recurso aos controles parentais já existentes.

No ios da Apple, por exemplo, pais já podem abrir contas familiares e inserir a data de nascimento dos filhos no primeiro iPhone deles. Pais sempre podem determinar que a criança só baixe aplicativos, filmes e livros apropriados para sua idade, no caso dos serviços da Apple. Por que não expandir isso de modo que a escolha dos pais seja respeitada por *todas* as plataformas que precisam de restrições de idade? (Pais já são capazes de bloquear o acesso a sites específicos, mas isso impõe a eles a obrigação de saber que sites ou categorias de sites bloquear, o que eles não têm como saber, a menos que monitorem de perto as atividades dos filhos na internet, além de sites e tendências on-line.)[27]

Apple, Google e Microsoft poderiam criar um recurso, que chamaremos aqui de *verificação de idade*, que seria ativado automaticamente sempre que pais criassem uma conta para menores de 18 anos. Os pais poderiam escolher desativar a verificação de idade, porém se ela fosse ativada como padrão seria muito mais amplamente utilizada (diferente de muitos recursos dos controles parentais atuais, que muitos pais não sabem como configurar). Quando qualquer pessoa usasse aquele celular ou computador para tentar criar uma conta ou entrar em uma conta, o site poderia fazer uma verificação simples, comunicando-se com o aparelho por duas respostas: (1) a verificação de idade está ativada?; e, se for o caso, (2) o usuário tem a idade mínima necessária? (Por exemplo, 16 anos para abrir ou acessar uma conta de rede social, ou 18 anos para acessar pornografia.)

Com esse tipo de verificação baseada no aparelho, pais, empresas de tecnologia e plataformas poderiam dividir a responsabilidade da verificação de idade. Um sistema assim poderia ter ajudado os pais de Alexis Spence a manter a filha de 10 anos fora das redes sociais que dominaram sua vida. Também poderia ter reduzido a pressão dos colegas sobre Alexis, porque poucos deles estariam no Instagram. Ainda permitiria que os sites estabelecessem idades mínimas para recursos específicos, como publicar vídeos ou receber mensagens de desconhecidos. Note que essa verificação baseada no aparelho *não seria inconveniente para mais ninguém*. Adultos que visitam um site com verificação de idade não precisam fazer ou mostrar nada, por isso a internet permanece igual para eles, e não há nenhuma ameaça em termos de privacidade. Pais que querem que seus filhos possam abrir contas nas redes sociais ou acessar sites pornográficos podem simplesmente desativar a verificação de idade.

4. Incentivar escolas sem celular

No capítulo seguinte — sobre o que as escolas podem fazer —, defenderei que todas as escolas, do ensino básico ao médio, proíbam os celulares, em nome não só da saúde mental dos alunos, mas também do desempenho escolar. Governos de todos os níveis, locais e federais, poderiam apoiar essa transição alocando fundos para cobrir o baixo custo de comprar armários ou estojos com cadeado onde trancar os aparelhos. Departamentos de educação em níveis estadual e federal poderiam apoiar pesquisas sobre os efeitos da ausência de celular em escolas, para comprovar os benefícios para a saúde mental e o desempenho escolar dos alunos.

O QUE OS GOVERNOS PODEM FAZER PARA INCENTIVAR MAIS (E MELHORES) EXPERIÊNCIAS NO MUNDO REAL

Nas férias de verão de 2014, Debra Harrell, mãe solo da Carolina do Sul, levava sua filha ao McDonald's, onde ela trabalhava. Regina, de 9 anos, matava o tempo jogando no laptop. Quando ele foi roubado, no entanto, ela implorou à mãe que a deixasse brincar em um parque com fontes muito popular na vizinhança. Ela estaria cercada por amigos e pelos pais de muitos deles. Parecia seguro. Parecia ter a cara do verão. Então Debra permitiu.

Contudo, no terceiro dia de diversão ao sol, uma mulher no parque perguntou a Regina onde a mãe dela estava. Quando a menina respondeu "trabalhando", a mulher ligou para a polícia. Acusada de abandono de incapaz — o que pode acarretar uma sentença de até dez anos —, Debra foi detida. Regina passou dezessete dias longe da mãe.[28]

Esse caso e muitos outros parecidos fazem com que os pais supervisionem os filhos em excesso. Governos parecem estar literalmente criminalizando a infância baseada no brincar, a norma antes dos anos 1990.

1. Parar de punir pais por dar liberdade aos filhos no mundo real

A experiência de Debra e de outros pais investigados por deixar os filhos brincar na rua[29] ou voltar sozinhos do parque[30] estimulou a Let Grow a iniciar o movimento por leis que garantissem uma "independência razoável na infância". Hoje, leis que tratam de negligência são vagas na maioria dos estados, às vezes dizendo coisas como "Os pais precisam garantir supervisão apropriada". Sim, as crianças deveriam receber supervisão apropriada, porém as pessoas têm ideias muitíssimo diferentes das implicações disso. Não é porque uma pessoa não deixaria sua filha de 9 anos brincar sozinha no parque que o Estado deveria poder iniciar uma investigação contra quem deixa.

Um estudo publicado na *Social Policy Report* referiu que a maneira como as leis americanas atuais são escritas e interpretadas tem pouco a ver com a idade em que as crianças desenvolvem suas habilidades.[31] Em sociedades no mundo todo, as crianças passam a ser vistas como muito mais capazes e responsáveis por volta dos 6 ou 7 anos, quando lhes designam tarefas rotineiras como cuidar de crianças mais novas e de animais. No entanto, em alguns estados americanos, como Connecticut, por lei uma criança não pode ser deixada sozinha até os 12 anos, o que significa que aquelas de 11 anos precisam de babá. Uma mãe de Connecticut chegou a ser detida por deixar a filha de 11 anos no carro enquanto entrava num estabelecimento comercial.[32] E isso sem dizer que a Cruz Vermelha começa a treinar crianças de 11 anos para serem babás, idade em que minhas irmãs e eu nos oferecemos para cuidar de crianças vizinhas… A Let Grow fez um lobby bem-sucedido e Connecticut mudou a lei relativa ao crime de perigo à vida em 2023. As leis sobre negligência de outros estados, no entanto, permanecem ambíguas, oferecendo às autoridades ampla liberdade de ação.

O ensaio publicado na *Social Policy Report* diz que: "Pais que não fornecem às crianças oportunidades de estímulo físico e cognitivo em atividades independentes estão potencialmente 'negligenciando' seus filhos nessas dimensões". Assim, a falta de supervisão adulta não deveria definir negligência. Na verdade, talvez o Estado esteja sendo negligente quando ordena a superproteção.

Leis de independência razoável na infância esclarecem o significado de independência: negligência é quando um responsável desconsidera de maneira ostensiva, proposital ou temerária um perigo tão aparente à criança que uma pessoa razoável jamais permitiria que ela se envolvesse em tal atividade. Em outras palavras, não é negligência não estar vendo os filhos. Esse esclarecimento protege os pais que oferecem aos filhos mais independência para o bem deles próprios, assim como aqueles que o fazem por necessidade econômica, como Debra Harrell.

Em 2018, Utah se tornou o primeiro estado americano a aprovar uma lei assim. Desde então, Texas, Oklahoma, Colorado, Illinois, Virgínia, Connecticut e Montana replicaram a lei. Os projetos de lei em geral encontraram apoiadores de ambos os partidos, e em muitos casos foram aprovados por unanimidade. Eles interessam a pessoas de todo o espectro político, porque ninguém quer que o governo se meta na vida familiar se não houver um motivo convincente.

O trabalho do governo é proteger as crianças de abusos reais, e não de atividades do dia a dia. Os estados americanos precisam revisar suas leis que dizem respeito a supervisão e negligência. Também devem voltar atrás em todos os processos de aplicação dessas leis contra pais cujo único crime foi oferecer uma independência razoável aos filhos, apropriada à idade deles.

Peça aos deputados do seu estado (ou o equivalente em outros países) que proponham uma lei de independência razoável na infância.[33]

2. Incentivar o brincar nas escolas

No próximo capítulo, sustento que as escolas americanas estão reduzindo o tempo de brincar das crianças com o intuito de privilegiar o ensino e a preparação para provas, o que acaba indo contra seus próprios interesses, porque crianças que não brincam apresentam mais ansiedade e dificuldade de concentração, e, em última instância, aprendem menos. Gabinetes governamentais e departamentos de educação estaduais precisam levar a sério as pesquisas sobre os benefícios do brincar livre no geral e em particular no intervalo.[34] Depois deveriam garantir que as escolas disponibilizassem mais tempo para o brincar livre, incluindo oportunidades para brincar antes e depois da aula, em especial na educação infantil e fundamental.[35]

3. Projetar e zonear o espaço público tendo as crianças em mente

Se quisermos que as crianças se encontrem presencialmente e interajam com a realidade, o mundo e seus habitantes precisam estar acessíveis a elas. Um mundo projetado para carros não costuma ser um mundo amigável para os pequenos. Cidades podem fazer mais para garantir a qualidade de calçadas, faixas de pedestres e semáforos: podem instalar medidas para desacelerar o tráfego, além de alterar o zoneamento para permitir um desenvolvimento de uso misto. Quando estabelecimentos comerciais, recreativos e residenciais convivem em harmonia, há maior atividade nas ruas e mais lugares aonde as crianças podem chegar a pé ou de bicicleta. Por outro lado, quando a única maneira de as crianças chegarem a uma loja, um parque ou à casa de um amigo é de carona com os pais, mais elas ficam em casa, acompanhadas de uma tela. Crianças que podem ir a um parquinho de bicicleta ou a pé têm seis vezes mais chances de visitá-lo do que crianças que precisam de alguém para levá-las de carro.[36] Assim, é importante espalhar parquinhos pelo bairro e considerar a possibilidade de alguns parquinhos de aventura (ver o próximo capítulo).

Algumas cidades europeias encontraram uma maneira inovadora e de baixo custo de ajudar as crianças (e os pais) com a socialização: fechar a rua da frente da escola por uma hora antes e depois das aulas.[37] Nessas ruas temporariamente livres de carros, os pais se misturam e as crianças brincam, e os índices de congestionamento, poluição e perigo nas vias diminuem. Nessa era de declínio comunitário e aumento da solidão, as cidades devem facilitar aos moradores a interdição de ruas para festas e outros fins sociais, inclusive brincar.[38]

Ao considerar trânsito, leis de zoneamento, licenças e novas construções, é importante lembrar que as crianças são seres humanos. Elas querem estar onde as coisas acontecem. Espaços de uso misto facilmente acessíveis, onde todos, os mais jovens e os mais velhos, podem socializar, ver e serem vistos, brincar, comprar, comer, flertar e, quando cansados, sentar, permitem que todos se envolvam com o mundo além da tela.

4. Maior oferta de formação técnica e programas de jovem aprendiz

O sistema educacional americano vem se concentrando cada vez mais na formação escolar que conduz à universidade, e tem havido uma queda equivalente na oferta de cursos técnicos ou profissionalizantes, e, consequentemente, na participação dos estudantes. Trata-se de cursos que envolvem bastante experiência prática, em áreas como indústria, mecânica automotiva, agricultura e negócios. Segundo Richard Reeves, pesquisas indicam benefícios para meninos que fazem o ensino médio em escolas técnicas — eles apresentam uma taxa maior de graduação e salários mais altos se comparados a meninos que fizeram o ensino médio em escolas tradicionais. Entre as meninas, não foram observados esses benefícios.[39] Essa é mais uma prova de que as escolas tradicionais estão falhando no sentido de garantir o envolvimento dos meninos, o que culmina em um enorme desperdício de potencial.

Também está provado que programas tipo jovem aprendiz ajudam os adolescentes a fazer a transição do ensino médio para o trabalho remunerado. Como as pessoas vivem mudando de emprego, as empresas não têm grandes incentivos para contratar jovens inexperientes e investir neles, que depois zarpam para outro lugar. Programas apoiados pelo governo, que subsidia o salário por um período, tornam os jovens menos custosos para as empresas, e aumentam seu valor para elas ou para um futuro empregador.[40]

Os governos também podem apoiar programas de ano sabático ou "ano de serviço", em particular entre jovens que não têm perspectivas claras em relação à universidade. Em programas como o AmeriCorps, os jovens desenvolvem novas habilidades enquanto ajudam comunidades locais. Também já se provou que programas de imersão na natureza podem conferir benefícios aos adolescentes,[41] pois oferecem aos jovens treinamento direto em antifragilidade, ao mesmo tempo que proporcionam o contato com belezas naturais. Esses programas costumam ser geridos por organizações com ou sem fins lucrativos, mas Connecticut, por exemplo, oferece desde 1974 um programa gratuito a adolescentes de todo o estado.[42]

Governos têm o poder e muitas vezes a responsabilidade de lidar com problemas de ação coletiva, que acabam exacerbados em decorrência de leis mal elaboradas e observadas erraticamente. Governos podem estabelecer padrões com o intuito de mudar o comportamento das empresas, as quais podem estabelecer limites para encerrar a disputa por usuários menores de idade. Podem tornar mais fácil que pais e escolas garantam liberdade para crianças e adolescentes, como discuto nos dois capítulos a seguir.

Quando trabalham de maneira complementar, governos, empresas de tecnologia, escolas e pais podem resolver coletivamente questões complexas, inclusive melhorando a saúde mental dos jovens.

RESUMINDO

- Governos em todos os níveis precisam mudar políticas que prejudicam a saúde mental dos adolescentes e apoiar políticas que a melhorariam. Nos Estados Unidos, governos estaduais e locais são em parte responsáveis pela superproteção das crianças no mundo real (em virtude da amplitude de leis vagas sobre negligência), e o governo federal é em parte responsável pela proteção deficiente das crianças no mundo virtual (por ter aprovado em 1998 uma lei ineficaz e não a atualizar quando os perigos da vida na internet ficaram mais claros).
- Para corrigir a questão da precária proteção na internet, os governos federais e nacionais deveriam promulgar leis como a aprovada no Reino Unido, que exige que as empresas tratem menores diferentemente de como tratam os adultos — com um cuidado a mais. Governos nacionais também devem elevar para 16 anos a idade da maioridade na internet.
- Empresas de tecnologia podem ser grande parte da solução, desenvolvendo melhores sistemas de verificação de idade e acrescentando recursos que permitam aos pais marcar os celulares e computadores dos filhos como impróprios para sites em que o acesso deve ser restrito, só permitido a partir de determinada idade. Esse recurso poderia ajudar a resolver vários problemas de ação coletiva para pais, filhos e plataformas.
- Para corrigir a superproteção no mundo real, os governos estaduais e locais precisam ser mais claros quanto às leis de negligência e deixar os pais seguros de que não correm o risco de ser presos ou de ver

o Estado intervindo em sua vida familiar se permitirem que seus filhos desfrutem de momentos sem a supervisão deles.

- Governos estaduais e locais devem incentivar o brincar livre e o intervalo nas escolas. Também devem considerar as necessidades das crianças no que se refere a zoneamento e licenciamento, e investir em formação técnica ou profissionalizante e em programas que ajudam os adolescentes, e especialmente os meninos, a fazer a transição para a vida adulta.

11. O que as escolas podem fazer agora

Em abril de 2023, o *Washington Post* publicou um artigo com a manchete "A solução de uma escola para a crise de saúde mental: tentar de tudo".[1] A diretoria de uma escola na zona rural de Ohio havia tomado a decisão de contratar psicólogos e instituir um currículo de aprendizagem socioemocional que visava desenvolver "qualidades como empatia e confiança, e habilidades como relacionamento interpessoal e tomada de decisões". A escola incentivava as crianças, já a partir da educação infantil, a expressar suas emoções nas aulas de música. Com a ajuda de uma organização que promovia a aprendizagem a partir de experiências e sensível ao trauma, também contava com cavalos nos quais as crianças podiam fazer carinho e de quem podiam cuidar depois da aula.

Há uma expressão polinésia que diz: "Sobre uma baleia, pescando peixinhos". Às vezes é melhor fazer uma coisa grande em vez de muitas coisas pequenas, e às vezes a coisa grande passa despercebida, mesmo estando sob seus pés. Para abordar a ansiedade generalizada dessa geração, há duas baleias, duas ações importantes que as escolas podem promover, com poucos recursos: trancar os smartphones e aumentar o brincar livre.

Acredito que essas duas iniciativas teriam um impacto muito mais positivo na saúde mental dos alunos do que a soma de todas as outras medidas que as escolas estão tomando.

ESCOLAS SEM SMARTPHONE

A Mountain Middle School, em Durango, no Colorado, proibiu os smartphones ainda em 2012, no início da crise de saúde mental. Quando Shane Voss assumiu a diretoria, a taxa de suicídio de adolescentes na região era a mais alta de todo o estado. O cyberbullying, a privação de sono e a comparação social constante estavam fora de controle.[2]

Voss proibiu celulares na escola. Durante o dia, eles precisavam ficar nas mochilas, nunca no bolso ou na mão. A política era clara, com consequências caso um celular fosse encontrado fora da mochila.[3] Os efeitos foram transformadores. Os alunos não ficavam mais sentados lado a lado em silêncio, rolando a tela enquanto aguardavam o início da aula. Eles conversavam, entre si ou com os professores. Voss diz que, quando entra em uma escola onde não há tal proibição, "é meio que um apocalipse zumbi. Tem um monte de crianças nos corredores, mas ninguém fala com ninguém. A atmosfera é muito diferente".

O desempenho escolar melhorou, e depois de alguns anos a Mountain Middle School já era a melhor escola do estado. Henry, aluno do oitavo ano, explicou o efeito da proibição de celulares: na primeira meia hora, o celular ainda ocupa espaço na mente da pessoa, "mas, depois que a aula começa, é como se não existisse, e eu nem penso nele. Então não é uma grande distração ao longo do dia". Em outras palavras, a proibição de celulares ameniza três dos quatro prejuízos fundamentais da infância baseada no celular: atenção fragmentada, privação social e vício. Também reduz a comparação social e a atração do mundo virtual. Gera comunhão e comunidade.

Isso não surpreende. Smartphones e aplicativos são ímãs de atenção tão poderosos que metade dos adolescentes diz estar on-line "quase o tempo todo". Há alguma dúvida de que uma escola cheia de alunos mexendo no celular ou pensando nele quase o tempo todo — mandando mensagem, verificando as redes sociais, jogando durante a aula e o almoço — é um estabelecimento com menos aprendizagem, mais conflito e menor sensação de comunidade e pertencimento?

A maioria das escolas públicas dos Estados Unidos diz proibir celulares, pelo menos foi o que 77% delas responderam em uma pesquisa de 2020.[4] No entanto, isso costuma significar que a escola proíbe o uso de celular *durante a aula*, o que não impede os alunos de esconder o aparelho debaixo da carteira ou de um livro. Mesmo que essa proibição fosse perfeitamente supervisionada por professores patrulhando cada fileira de sua sala, assim que o sinal tocasse a maioria dos alunos pegaria o celular para ver as mensagens e as redes sociais, ignorando os colegas em volta. Quando os alunos têm permissão para ficar com o aparelho no bolso, o policiamento se torna um trabalho de tempo integral, e a última coisa de que os professores precisam é de mais trabalho. Muitos acabam desistindo.[5] Como alguém que leciona no ensino fundamental 2 me escreveu: "Deem uma chance aos professores. Proíbam os smartphones".

Uma "proibição" limitada ao tempo de cada aula é quase inútil. É por isso que *as escolas precisam proibir os smartphones durante todo o dia.* Quando os alunos chegam, devem guardá-lo em um armário específico ou em um estojo com cadeado. Ao fim do dia, eles podem reaver seus aparelhos. (Alguns pais são contra, alegando precisar poder entrar em contato com os filhos imediatamente em caso de uma emergência, como um ataque à escola. Como pai, compreendo esse desejo. No entanto, uma escola em que a maioria dos alunos liga ou manda mensagem para os pais durante uma emergência provavelmente é menos segura que uma escola em que apenas os adultos têm celulares e os alunos ouvem o que eles dizem e prestam atenção ao que acontece à sua volta.)[6]

Em agosto de 2023, a Unesco (Organização das Nações Unidas para a Educação, a Ciência e a Cultura) emitiu um relatório abordando os efeitos adversos das tecnologias digitais, e dos celulares em particular, sobre a educação no mundo todo.[7] O relatório reconheceu os benefícios da internet para a educação on-line e de algumas populações de difícil acesso, porém destacou que há surpreendentemente poucas evidências de que as tecnologias digitais melhorem a aprendizagem na sala de aula tradicional. O relatório também ressaltou que o uso do aparelho foi associado a desempenho escolar reduzido e maior disrupção em sala de aula.[8] Portanto, uma escola livre de celulares é um primeiro passo crucial. Cada escola ainda precisaria considerar os efeitos de laptops, chromebooks, tablets e outros aparelhos através dos quais os alunos podem trocar mensagens e acessar a internet. O valor de uma educação sem celulares e até mesmo sem telas pode ser observado nas escolhas de escolas de muitos *executivos de empresas de tecnologia* para seus filhos, incluindo a Waldorf School of the Peninsula, onde todos os aparelhos digitais — celulares, laptops e tablets — são proibidos. Há um forte contraste com as muitas escolas públicas que estão avançando no sentido de disponibilizar um dispositivo para cada criança.[9] Quem está certo provavelmente é a Waldorf.

Mais evidências de que os celulares podem estar interferindo na educação nos Estados Unidos podem ser encontradas na National Assessment of Educational Progress [Avaliação Nacional do Progresso Educacional] de 2023 (também conhecida como The Nation's Report Card [O boletim da nação]), que revelou quedas significativas nas notas dos exames durante a pandemia de covid, mandando para o espaço muitos anos de evolução. No entanto, examinando os dados mais de perto, fica claro que a queda nos resultados começou antes.[10] As notas aumentaram de maneira bastante consistente desde 1970 até 2012, depois essa tendência se inverteu. As restrições e o ensino remoto impostos pela pandemia contribuíram para a queda, principalmente em matemática, porém a queda entre 2012 e o início da pandemia já havia sido substancial. A reversão na tendência coincidiu com o momento em que os adolescentes passavam de celulares básicos a smartphones, o que colaborou fortemente para a fragmentação da atenção. No entanto, à diferença da distopia igualitária de Kurt Vonnegut, na qual os melhores alunos tinham que usar um fone de ouvido que interrompia seus pensamentos, foi entre os 25% com pior desempenho que as notas caíram mais entre 2012 e 2020. A maioria desses alunos vem de famílias de baixa renda, e há uma parcela desproporcional de negros e latinos entre eles.

Estudos mostram que, na média, crianças de famílias de baixa renda, negras e latinas têm mais tempo de tela e menos supervisão em relação às crianças de famílias ricas e brancas. (E, independentemente do grupo, crianças em famílias monoparentais têm mais tempo de tela sem supervisão.)[11] Isso sugere que os smartphones estão *exacerbando a desigualdade na educação*, em termos tanto de classe social quanto de raça. Não estamos mais falando da possibilidade de crianças de famílias de baixa renda e minorias raciais terem menos *acesso* à internet, como se temia no início do ano 2000; o problema agora é que elas gozam de menos *proteção* nesse âmbito.

Smartphones prejudicam não só o aprendizado como as relações sociais. No capítulo 1, mostrei que, depois de 2012, alunos do mundo todo de repente começaram a discordar mais de frases como "Sinto que me encaixo na escola". Como os adolescentes de hoje estão sedentos por comunidade e comunhão, escolas sem celulares têm grandes chances de promover uma melhora rápida na socialização e na saúde mental.[12]

É claro que a internet em si é uma bênção para a educação; pense no impacto positivo em nível mundial de uma plataforma como a Khan Academy, que agora usa IA para oferecer a cada aluno um tutor pessoal, e a cada professor um assistente.[13] Mais que isso, estudantes precisam da internet para pesquisar, e professores precisam da internet para muitas aulas, demonstrações e vídeos inovadores. As escolas deveriam ajudar os alunos a aprender programação e usar a tecnologia para expandir suas habilidades, de softwares estatísticos a design gráfico e até o ChatGPT.

Eu nunca diria, portanto, que precisamos de escolas sem internet, ou de alunos que dispensem a internet para estudar. São os aparelhos de uso pessoal que os alunos carregam consigo o dia inteiro que oferecem a pior relação custo/benefício, pois estão repletos de aplicativos pensados para atrair a atenção dos jovens, com notificações constantes que os afastam da aula. Isso é o mais disruptivo em termos de aprendizagem e relacionamentos. Qualquer escola que diz se preocupar com promover o sentimento de pertencimento, a comunidade ou a saúde mental e que não tenha proibido o celular está sobre uma baleia, pescando peixinhos.

ESCOLAS COM BRINCAR LIVRE

Kevin Stinehart, professor de quarto ano da Central Academy of the Arts, escola de ensino básico na zona rural da Carolina do Sul, percebeu que estava sempre tendo a mesma conversa com pais e outros professores. Os alunos enfrentavam dificuldades, e muitos pareciam ter pouquíssima resiliência, perseverança ou habilidade de trabalhar em grupo. Os adultos falavam sobre a fragilidade das crianças, porém não tinham ideia do que fazer com ela. Kevin também estava confuso, até que uma conferência na Universidade Clemson, que fica na região, destacou os benefícios de algo bastante simples: o brincar livre. Com o apoio da escola e a ajuda da Let Grow, ele começou a incorporar mais brincar livre na vida dos alunos, por meio de três mudanças:

1. Intervalos mais longos, com pouca intervenção de adultos.
2. Abertura do parquinho da escola 1h30 antes do início das aulas, para que os alunos tenham tempo de brincar antes de estudar.
3. Oferecimento de "clube do brincar". A escola pode ficar aberta de um a cinco dias por semana para o brincar livre entre crianças de

idades variadas (oferecendo bolas, giz, cordas), em geral no parquinho, ou no ginásio, em caso de mau tempo. (E se a escola puder deixar outras salas abertas, como a sala de artes, melhor!) Das 14h30 às 16h30 (o horário pode variar), em vez de ir para casa (muitas vezes para ficar com a cara no celular ou para realizar uma atividade conduzida por um adulto), as crianças brincam juntas. Sempre sem celular! Elas recebem autonomia quase total. Há apenas duas regras: não podem machucar deliberadamente outra pessoa e não podem sair sem o conhecimento do adulto encarregado. Esse adulto, por sua vez, não pode organizar brincadeiras ou resolver disputas e só vai interferir em caso de emergência. (Em seu site, a Let Grow disponibiliza gratuitamente um guia para implementar clubes do brincar.)

No primeiro semestre de implementação, Kevin começou a notar uma mudança:

> Nossos alunos estão mais felizes e mais bonzinhos, apresentam menos problemas de comportamento, fizeram mais amigos, se sentem mais no controle de seu dia e de sua vida em geral, e em alguns casos passaram por uma transição drástica, deixando de praticar bullying e de ter comportamentos dignos de recriminações por parte da diretoria.[14]

No semestre seguinte, o clube do brincar passou de uma para duas vezes por semana, porque "era impossível ignorar os vários benefícios que estávamos vendo". Em que sentido? Em comparação com o mesmo período do ano anterior, os casos de evasão escolar passaram de 54 para 30, e os incidentes no ônibus escolar caíram de 85 para 31. "Costumávamos ter 225 casos de alunos enviados para a diretoria", Kevin explicou. "Agora, com muito mais brincar livre, são cerca de 45."

Kevin acredita que o clube do brincar promoveu essas mudanças porque:

O brincar livre não estruturado envolve fazer amigos e aprender empatia, controle emocional e habilidades interpessoais, além de empoderar os alunos, ajudando-os a encontrar um lugar saudável na comunidade escolar, tudo isso enquanto desenvolve as habilidades mais importantes para a vida, como criatividade, inovação, pensamento crítico, colaboração, comunicação, autodireção, perseverança e habilidades sociais.

Os outros professores consideraram essa mudança tão significativa que treze deles acabaram se voluntariando como supervisores do clube do brincar. Assim como a diretora e a vice-diretora.

O brincar livre atinge muitos dos objetivos de aprendizagem socioemocional buscados pela escola de Ohio que já havia "tentado de tudo". Lá, o socioemocional era ensinado por adultos, como mais uma disciplina estruturada do currículo. O brincar livre na Central Academy of Arts, por outro lado, teve efeitos rápidos, porque a natureza ensina as mesmas habilidades deixando as crianças fazerem o que elas mais querem fazer: brincar juntas.

Essas são as duas baleias: escolas sem celular e bastante brincar livre e não estruturado. Uma escola sem celular e com brincar livre está investindo na prevenção. Ela reduz a superproteção no mundo real, ajudando as crianças a desenvolver antifragilidade. Ao mesmo tempo, distancia-se do mundo virtual, promovendo uma aprendizagem e relacionamentos melhores no mundo real. Numa escola que não faz nem um nem outro, é provável que os alunos apresentem um alto índice de ansiedade, e será preciso fazer investimentos financeiros consideráveis no tratamento do sofrimento crescente.

Vejamos mais algumas ações complementares à proibição dos celulares e ao brincar livre.[15]

O PROJETO LET GROW

Muitas crianças americanas, mesmo no ensino fundamental 2, nunca caminharam sozinhas mais de um quarteirão ou se afastaram muito dos pais em uma loja grande. Lenore conheceu alunos do sétimo ano — ou seja, crianças entre 12 e 13 anos — que não cortavam nem bife, porque facas eram objetos perigosos.

É por isso que, além de iniciar um clube do brincar, aumentar o tempo do recreio e abrir o parquinho antes de as aulas começarem, Lenore e eu recomendamos que as escolas entrem para o projeto Let Grow.[16] Trata-se de uma espécie de lição de casa que diz a todos os alunos, da educação infantil ao fundamental 2, "para fazer algo que nunca fez sozinho. Levar o cachorro para passear. Preparar uma refeição. Resolver algo para a família". Os alunos conversam com os pais e as duas gerações chegam a um acordo quanto ao projeto.

Quando a criança é bem-sucedida — e elas quase sempre são —, relacionamentos e identidades começam a mudar. Os pais a veem como mais competente, assim como ela própria. Dando um empurrãozinho para que os pais ofereçam mais independência aos filhos (e, assim, responsabilidade), o projeto aborda um problema específico. Muitos pais não sabem o melhor momento de começar a deixar as crianças fazerem as coisas sozinhas, por isso simplesmente não deixam. Em outras épocas, crianças de 5 anos iam sozinhas para a escola. Quem as ajudava a atravessar a rua eram crianças de 10 anos, contando apenas com o poder de um colete laranja para impedir o tráfego. No entanto, essas marcas de independência foram desaparecendo pouco a pouco, sob o medo promovido pela mídia.

Não devemos culpar os pais por serem superprotetores. Devemos culpar — e mudar — uma cultura que lhes diz que eles *precisam* ser superprotetores. Algumas escolas não permitem que as crianças desçam do ônibus a menos que haja um adulto esperando para acompanhá-las até em casa.[17] Algumas bibliotecas não permitem que crianças com menos de 10 anos saiam do campo de visão dos pais.[18] E alguns pais foram presos por ter deixado os filhos brincar na rua ou ir a pé até o mercado. Quando os pais não podem tirar os olhos dos filhos e os filhos não podem fazer nada sozinhos, o resultado é uma dupla hélice de ansiedade e dúvida. Muitas crianças têm medo de tentar algo novo, e seus pais tampouco confiam nelas, o que leva a mais superproteção, o que leva a mais ansiedade.

Foi o que Lenore ouviu quando visitou uma classe do sétimo ano em Suffolk County, Nova York. A professora veterana Jodi Maurici lhe disse: "Os pais deixaram os alunos morrendo de medo de tudo". Os alunos dela eram doces e abertos, porém temiam que, se tentassem fazer algo sozinhos, seria um desastre. Muitos disseram ter medo de cozinhar, porque não queriam queimar a comida (ou a casa). Alguns disseram ter medo de sair para passear com o cachorro, porque ele poderia fugir. Alguns temiam falar com garçonetes, porque poderiam "estragar" (eles usavam bastante esse verbo) tudo. O dia a dia era um campo minado, repleto de possíveis fracassos e humilhações. (Um pouco como as redes sociais.) Por isso Jodi inscreveu sua turma no projeto Let Grow.

Na verdade, Jodi estava tão preocupada com o nível de ansiedade de seus alunos que pediu que cada um deles realizasse vinte projetos Let Grow ao longo do ano. Ela lhes ofereceu vários itens entre os quais escolher: ir andando até o centro da cidade, lavar a roupa, pegar um ônibus... e eles também podiam incluir o que quisessem. Ao fim do ano letivo, Jodi havia presenciado tamanha queda na ansiedade dos alunos que convidou Lenore para passar uma tarde conversando com eles sobre seus projetos.

Uma menina contou que foi ao parque só com os amigos pela primeira vez. "Foi muito divertido!", ela disse. Um menino que havia feito sozinho um jantar com quatro pratos, incluindo uma torta, estava se sentindo realizado. Uma menina que nunca havia praticado esportes tentara entrar para a equipe de natação — e conseguira. Os alunos tinham saído para comer pizza, ido de bicicleta até o mercado, ficado de babá e sentido algo completamente novo. Não se tratava apenas de uma outra sensação de confiança, mas de uma ideia diferente de quem eram. Uma menina explicou bem isso, mesmo sem perceber. Seu projeto preferido foi ficar em casa sozinha uma manhã e arrumar a irmã de 5 anos para ir à escola.

Depois que vestiu, alimentou e embarcou a irmã no ônibus, ela havia pensado: "Me sinto tão adulta!". Mas não era só aquilo. "Parece algo pequeno. Mas, naquele momento, quando vi minha irmã subir no ônibus e o ônibus ir embora, me senti muito importante para ela, muito importante para alguém." Essa era a novidade para ela. Finalmente, em vez de se sentir carente, a menina se sentia necessária.

Quando confiamos nas crianças, elas voam alto. Confiar nos filhos para se aventurar no mundo talvez seja a coisa mais transformadora que os adultos podem fazer. No entanto, a maioria dos pais tem dificuldade de fazer isso sozinhos. Se sua filha for ao parque e não encontrar amigos ali, vai voltar imediatamente para casa. Se seu filho é a única criança de 8 anos da cidade que anda desacompanhado, alguém pode chamar a polícia.

Voltar a normalizar a independência na infância exige ação coletiva, e a maneira mais simples de facilitar essas ações é através das escolas locais. Quando uma classe inteira, uma escola inteira ou um distrito escolar inteiro incentiva os pais a afrouxarem as rédeas, a cultura da cidade se transforma. Os pais não se sentem culpados ou esquisitos por pegar mais leve. Afinal, é lição de casa, todos os outros pais vão fazer o mesmo. Logo, as crianças voltam a sair sozinhas para bater de porta em porta no Dia das Bruxas, e a ir ao mercado, e a ir sozinhas para a escola.

Nossos filhos podem fazer muito mais do que permitimos. Nossa cultura do medo esconde essa verdade de nós. Eles são como cavalos de corrida presos no estábulo. É hora de deixá-los sair.

Há três grandes estratégias para melhorar o recreio: prolongando-o, oferecendo parquinhos melhores e criando menos regras.

Deveríamos ficar consternados com o fato de que o aluno americano de ensino básico tem em média 27 minutos de recreio por dia.[19] Nas prisões federais de segurança máxima do país, os presos podem passar pelo menos duas horas por dia ao ar livre. Quando documentaristas perguntaram a prisioneiros como se sentiriam se seu tempo de sol fosse reduzido a uma hora, as respostas foram bastante negativas. "Acho que isso aumentaria muito a raiva", um preso disse. "Seria uma tortura", disse outro. Quando foram informados de que a maioria das crianças no mundo passava menos de uma hora por dia brincando ao ar livre, os presos ficaram chocados.[20]

O recreio — e o tempo não estruturado fora da escola — vem encolhendo nos Estados Unidos desde a publicação de um relatório de 1983, "A Nation at Risk" [Uma nação em perigo], que alertava que as crianças americanas estavam ficando para trás em comparação com crianças de outros países em termos de resultados de exames e proficiência escolar.[21] Ele recomendava uma educação mais rigorosa, com mais tempo dedicado a temas escolares e um aumento considerável do ano letivo. As escolas reagiram diminuindo o tempo do recreio e das aulas de educação física, artes e música, para abrir mais espaço para matemática, ciências e inglês.

Embora o relatório *não* defendesse o foco absoluto nos resultados dos exames, foi o que aconteceu na prática. Melhorar o desempenho em provas logo se tornou uma obsessão nacional, e esforços por reformas puniam ou recompensavam escolas com base no desempenho de seus alunos. A pressão sobre as escolas por notas cada vez mais altas voltou a aumentar depois de 2001, quando foi aprovada a lei No Child Left Behind [Nenhuma criança deixada para trás], e mais recentemente os Common Core State Standards [Padrões estaduais básicos comuns].[22] (A pressão foi tão intensa que alguns distritos escolares atingiram seus objetivos falsificando as notas dos alunos.)[23] O brincar foi a atividade mais fácil de sacrificar para dar lugar à preparação para as provas. O ano letivo aumentou (encurtando as férias de verão), a quantidade de lição de casa aumentou (e passou a ser exigida de séries menores), e encurtou-se ou eliminou-se o intervalo.

Como professor, sou certamente favorável às reformas que melhorem o desempenho escolar, porém a preocupação com os resultados dessas provas fez com que o sistema educacional rompesse com muito do que sabemos sobre desenvolvimento infantil, os benefícios do brincar livre e o valor do tempo ao ar livre. Em 2013 a Academia Americana de Pediatria emitiu o relatório "The Crucial Role of Recess in School" [O papel crucial do intervalo escolar], que, após descrever os muitos benefícios do brincar livre para o desenvolvimento social e cognitivo, dizia: "Ironicamente, minimizar ou eliminar o intervalo pode ser contraprodutivo para o sucesso escolar, uma vez que um conjunto crescente de evidências sugere que o intervalo promove não apenas a saúde física e o desenvolvimento social como o desempenho cognitivo".[24] Esses benefícios podem ser ainda mais significativos para os meninos,[25] o que sugere mais um indício do motivo pelo qual os meninos vêm se distanciando da escola desde os anos 1970.

A primeira coisa que as escolas podem fazer é aumentar a duração do intervalo. Um recreio generoso deveria ser a regra para todo o ensino fundamental, e deveria ser mantido mesmo no ensino médio (de acordo com os Centros de Controle e Prevenção de Doenças dos Estados Unidos).[26] A Academia Americana de Pediatria também recomenda que as escolas *não* cortem o intervalo como punição para o mau comportamento, em parte porque são justamente as crianças com problemas de comportamento que mais precisam dele. Seu relatório também recomenda que haja um recreio *antes* do almoço, e não emendado à refeição, caso contrário os estudantes engolem a comida para depois poder aproveitar alguns minutos preciosos para o brincar livre.

A segunda estratégia é melhorar os parquinhos. O parquinho típico nos Estados Unidos, sobretudo em cidades, é uma área asfaltada com algumas estruturas de metal ou plástico, projetadas para serem duráveis e seguras. Muitas vezes há um gramado para a prática de esportes. Os europeus, no entanto, são os líderes mundiais na criação do que ficou conhecido como *parquinho de aventura*, projetados para o brincar imaginativo. Uma variação desse modelo é o parquinho ferro-velho, que conta com uma miscelânea de coisas, incluindo materiais de construção, cordas e outras "peças avulsas", como ferramentas, que atraem a atenção das crianças.

A cidade de Nova York tem um parquinho assim, em Governors Island. É o melhor parquinho onde meus filhos já brincaram.[27] As placas ao redor (ver Figura 11.1) sugerem aos pais que não interfiram. Como pai, sei que é difícil. Quando vemos uma criança em dificuldade, queremos sempre ajudar. Isso é normal. É o resultado natural de estar presente e ver uma criança frustrada, ou correndo um risco pequeno, ou se comportando mal. Por isso é tão importante proporcionar um momento em que a criança não esteja com pais, professores ou treinadores. É praticamente só nessa situação que elas serão forçadas a se virarem, e só assim se darão conta do quanto são capazes de realizar.

No parquinho de aventura, crianças trabalham juntas para construir torres e fortes, envolvidas em atividades coletivas. Certa vez vi um menino martelar o dedo sem querer e não correr para um adulto. Ele só sacudiu a mão por alguns segundos e voltou a martelar pregos. (Há adultos no local, para o caso de riscos graves à segurança.)

Embora não precisem transformar seus parquinhos em parquinhos ferro-velho, as escolas podem acrescentar peças avulsas. Não necessariamente martelos e serras, mas pneus, baldes e tábuas soltas. Rusty Keeler, autor de *Adventures in Risky Play* [Aventuras no brincar com risco], também recomenda fardos de feno e sacos de areia. Esses itens são tão grandes e pesados que arrastá-los "desenvolve a força da metade superior do corpo sem que isso seja notado", ele diz.[28] E, como uma única criança não é capaz de mover um fardo de feno, elas acabam trabalhando juntas, o que culmina em desenvolvimento social e colaboração no intervalo. A chave para compreender os parquinhos com "peças avulsas" é as crianças terem controle

FIGURA 11.1. *O parquinho ferro-velho em Governors Island, cidade de Nova York, projetado e mantido pela play:groundNYC.*[29] *"Seus filhos estão bem sem conselhos e sugestões", diz a faixa.*

sobre o ambiente. Terem autonomia. Parquinhos com estruturas fixas só as entretêm por certo tempo. Parquinhos com peças avulsas prendem a atenção das crianças por horas, permitindo não apenas que construam fortes e castelos, mas que se concentrem, cheguem a acordos, trabalhem em equipe e sejam criativas.

Uma segunda categoria de parquinho de aventura é o parquinho natural, como o da Figura 11.2, que usa materiais naturais, principalmente madeira, pedra e água, para criar ambientes que ativam a "biofilia" (o amor pela vida) que descrevi no capítulo 8.

A infância humana evoluiu nas savanas e florestas, à margem de riachos e lagos. Quando levamos crianças a ambientes naturais, elas instintivamente exploram o local e inventam brincadeiras espontâneas. Várias pesquisas demonstram que o tempo em ambientes naturais beneficia o desenvolvi-

FIGURA 11.2. *Um parquinho natural de ponta antes de sua abertura em 2023, na Colene Hoose Elementary School, em Normal, Illinois.*[30]

mento emocional, cognitivo e emocional das crianças,[31] o que se torna ainda mais importante agora que os jovens estão sempre no mundo virtual e cada vez mais ansiosos. Uma revisão de estudos sobre os efeitos dos parquinhos naturais concluiu:

> Fornecer aos jovens oportunidades de se conectar com a natureza, em particular em ambientes educacionais, pode contribuir para uma melhora da função cognitiva. As escolas estão em uma posição boa para oferecer os ambientes e as experiências educacionais "verdes" tão necessários para ajudar a sobrecarga cognitiva e de estresse, e otimizar o bem-estar e a aprendizagem.[32]

A terceira estratégia para melhorar a saúde mental com a melhoria da qualidade dos intervalos é impor menos regras e confiar mais. As escolas deveriam fazer basicamente o oposto da escola em Berkeley (cf. capítulo 3), que especificava exatamente como as crianças deviam brincar de pega-pega e futebol americano, este último com um juiz adulto.

O Recreio Sem Regras, da Swanson Primary School, na Nova Zelândia, é basicamente o oposto da escola de Berkeley.[33] Antes de ser decretado, os alunos não podiam subir em árvores, andar de bicicleta ou fazer nada que envolvesse risco. Então a escola participou de um estudo no qual oito escolas reduziam as regras e aumentavam as oportunidades de "risco e desafio" durante o intervalo, enquanto outras oito escolas não faziam nenhuma alteração em sua política. A Swanson estava no primeiro grupo, e o diretor Bruce McLachlan decidiu mergulhar de cabeça: extinguiu *todas* as regras e deixou que as crianças criassem as próprias.

O resultado? Mais caos, mais atividade, mais empurrões no parquinho, e mais felicidade e segurança física. Os índices de ferimento, vandalismo e bullying caíram,[34] como Mariana Brussoni e outros pesquisadores do brincar previram.[35] As crianças se responsabilizam por sua segurança quando são de fato as responsáveis por ela, em vez de depender dos adultos que estão sempre em cima delas.[36]

Podem as escolas de ensino básico dos Estados Unidos seguir o exemplo da Swanson? No momento, poucas poderiam, pois as ameaças de processo e as queixas por parte dos pais são um risco real. O medo de essa "falta de regras" prejudicar o desempenho escolar é muito grande. Por isso se trata de um problema de ação coletiva: os alunos seriam mais saudáveis, mais felizes e mais inteligentes no geral, e o número de ferimentos e a ansiedade cairiam, se se afrouxassem as rédeas e deixassem as crianças brincar de maneira mais natural. E isso só é possível se escolas, pais e governos encontrarem uma maneira de trabalhar juntos.

REDESPERTANDO O INTERESSE DOS MENINOS

Desde os anos 1970, o sucesso dos meninos e jovens vem decaindo em alguns aspectos. Sugeri no capítulo 7 que tal queda decorre de seu afastamento gradual do mundo real (devido a uma variedade de forças estruturais), concomitante à sedução de um mundo virtual que aperfeiçoa tecnologias que apelam a seus desejos. Como Reeves demonstrou, os meninos estão ficando para trás em termos de desempenho escolar, conclusão de ensino médio e universidade e quase todos os parâmetros educacionais. As escolas atuais não funcionam para um número cada vez maior de meninos.

Reeves sugere algumas reformas políticas que ajudariam a reverter essa tendência, incluindo maior oferta de formação técnica ou profissionalizante, como discuti no capítulo anterior. Além disso, ele defende que as escolas contratem mais professores homens, que hoje representam apenas 24% dos professores escolares nos Estados Unidos, quando no início da década de 1980 representavam 33%. Nas escolas de ensino básico, apenas 11% dos professores são homens. Reeves identifica duas maneiras como essa desproporção implica um menor envolvimento dos meninos. Primeiro, há evidências sólidas de que meninos têm melhor desempenho com um professor homem, em especial nas aulas de inglês,[37] talvez porque meninos tenham poucos modelos de comportamento masculinos na escola. Como um analista de educação progressista escreveu: "Ter professores homens e mulheres provavelmente é bom para os alunos pelos mesmos motivos que explicam os benefícios de um corpo escolar com diversidade étnica e racial".[38] Sem modelos de comportamento masculinos positivos, muitos meninos buscam orientação na internet, onde podem acabar caindo em comunidades on-line que radicalizam seu modo de pensar.

O desequilíbrio de gêneros também é prejudicial por poder insinuar que a educação e o cuidado são tarefas das mulheres — sobretudo no que se refere ao ensino básico —, desestimulando o interesse dos meninos por ocupações relacionadas à educação. No entanto, segundo Reeves, essas são profissões que vêm crescendo consistentemente há décadas, e continuarão nessa toada, enquanto os trabalhos que exigem força física, mais identificados com homens, seguirão sua trajetória em franco declive. Ele acredita que as escolas podem e devem aproximar os meninos de profissões nas áreas da saúde, educação, administração e alfabetização.[39] Mas enquanto não virem homens na frente de uma sala de aula ou na secretaria de uma escola, os meninos não terão tanto interesse por essas ocupações.

O EXPERIMENTO EDUCACIONAL DE QUE MAIS PRECISAMOS

Em maio de 2019, fui convidado a dar uma palestra na escola onde cursei o ensino médio, em um subúrbio da cidade de Nova York. Antes da palestra, me encontrei com o diretor e alguns funcionários e fiquei sabendo que, como a maior parte das escolas de ensino médio dos Estados Unidos, aquela também vinha enfrentando dificuldades com o aumento significativo e recente da incidência de transtornos mentais entre os alunos. Os principais diagnósticos eram depressão e transtornos de ansiedade, com um importante aumento de casos de automutilação, em especial entre meninas. Os problemas de saúde mental se instalavam antes mesmo do nono ano, com muitos alunos já ansiosos e deprimidos ao fim do ensino fundamental. Muitos também estavam viciados em seus smartphones.

Dez meses depois, fui convidado para dar uma palestra na escola onde cursei o ensino fundamental 2. Também me reuni com a diretora e funcionários da escola e ouvi a mesma coisa: os problemas de saúde mental haviam se agravado nos últimos tempos. Muitos dos alunos que deixavam o ensino fundamental 1 já entravam no sexto ano com ansiedade e depressão. Alguns já estavam viciados em seus smartphones.[40]

Precisamos iniciar o trabalho de prevenção cedo, nas escolas de educação infantil e fundamental, *antes* que as crianças comecem a definhar. Escolas sem celulares e com brincar livre são fáceis de implementar e têm um custo baixo, sobretudo em comparação com a abordagem padrão, que envolve contratar psicólogos e reformular o currículo.[41]

Vamos testar as duas baleias para descobrir se essas abordagens funcionam e que variações se saem melhor. E vamos fazer isso nas escolas como um todo, de modo que possamos examinar as mudanças na cultura escolar, e não em crianças ou classes individualmente, dentro de uma única escola.[42]

Eis como poderia ser: a superintendência do distrito escolar, ou a secretaria estadual de educação ou o governo estadual — qualquer entidade com influência sobre pelo menos algumas dezenas de escolas de educação infantil e fundamental — recrutaria escolas interessadas. Essas escolas seriam divididas aleatoriamente[43] em quatro grupos: (1) sem celular, (2) com brincar livre (com clube do brincar e intervalo estendido), (3) sem celular e com brincar livre e (4) o controle, ou seja, escolas que continuariam como antes, sem mudar as políticas relativas a celular e intervalo.[44] Em apenas dois anos, descobriríamos se as intervenções funcionaram, se uma delas funcionou melhor que outra e se há benefícios adicionais em implementar as duas.

Há muitas variações desse experimento básico, acrescentando ou excluindo condições, ou implementando políticas de maneiras diferentes.[45] O projeto Let Grow pode ser incluído como parte da condição com brincar, porque se baseia na autonomia, no risco e na independência promovida pelo brincar livre, ao mesmo tempo que os amplia. Ou um estudo poderia simplesmente comparar escolas que desenvolvem o projeto Let Grow com aquelas que não o fazem.

Desde o início da década de 2010, alunos ansiosos e deprimidos entram no ensino médio, cujas escolas não têm respondido à altura — tampouco as universidades. Mas estamos em tempo de interromper esse fluxo. Se conseguirmos banir os smartphones das escolas de educação infantil e fundamental e abrir espaço para o brincar livre e a autonomia, então no ensino médio os alunos estarão mais saudáveis e serão mais felizes em poucos anos. Se as escolas e pais tomassem essas medidas em conjunto, e os governos modificassem as leis de forma a apoiar esses esforços, acredito que poderíamos reverter a onda de sofrimento que atingiu os adolescentes no início da década de 2010.

RESUMINDO

- As escolas de ensino fundamental e médio dos Estados Unidos têm assistido a um aumento nos transtornos mentais e no sofrimento psicológico dos alunos desde o início da década de 2010. Em resposta, muitas estão implementando diversas políticas.
- Há uma expressão polinésia que diz: "Sobre uma baleia, pescando peixinhos". Às vezes, o que estamos procurando está debaixo dos nossos pés, e é melhor que qualquer coisa que viremos a encontrar se buscarmos mais longe. Sugiro duas baleias em potencial, a serem implementadas pelas escolas com pouco ou nenhum investimento financeiro: a proibição dos celulares e o aumento do brincar livre.
- A maioria das escolas diz proibir celulares, porém em geral isso significa que os alunos não devem usá-los durante as aulas. É uma política que não funciona, um incentivo a disfarçar o uso do aparelho durante a aula e aumentá-lo depois dela, dificultando a amizade com as outras crianças.
- Uma política mais eficaz seria proibir o celular ao longo de todo o dia. À entrada, os alunos guardariam o aparelho em um armário específico para isso ou em um estojo com cadeado.
- A segunda baleia é aumentar o brincar livre. A simples criação de um clube do brincar — uma opção de contraturno para escolas de educação infantil e fundamental que permite às crianças brincar sem celulares no parquinho incrementado da escola, com supervisão mínima de adultos — pode ensinar habilidades sociais e reduzir a ansiedade em maior medida que qualquer programa educacional, porque o brincar livre é a maneira que a natureza encontrou de atingir esses objetivos.
- As escolas também podem melhorar o recreio prolongando-o, melhorando os parquinhos (por exemplo, incorporando peças avulsas e "ferro-velho" e/ou elementos naturais) e diminuindo as regras.

- O projeto Let Grow é outra opção que parece reduzir a ansiedade. Trata-se de uma tarefa que ordena a criança a "fazer algo que nunca fez *sozinha*", depois de chegar a um acordo com os pais quanto a o que seria esse "algo". Isso faz as crianças se sentirem mais competentes e incentiva os pais a confiar nos filhos e a lhes dar mais autonomia.
- Resolvemos o problema de ação coletiva quando todas as famílias do bairro ou da cidade oferecem mais brincar livre e independência: os pais não têm medo de oferecer às crianças o brincar livre sem supervisão e a independência de que elas precisam para superar as ansiedades normais da infância e se transformar em jovens adultos saudáveis.
- As escolas podem fazer mais para reverter o distanciamento crescente dos meninos em relação à escola e o declínio de seu progresso escolar em comparação com o das meninas. Dois exemplos que podem aumentar o envolvimento dos meninos com a escola são oferecer mais oficinas e formação técnica ou profissionalizante e contratar mais professores homens. (Assim como oferecer um recreio melhor nos anos iniciais da educação formal.)
- É melhor prevenir do que remediar. Se as escolas de educação infantil e fundamental proibirem o celular e aumentarem o brincar livre, e se incorporarem o projeto Let Grow, elas trabalharão muito pela prevenção, reduzindo o fluxo de alunos deprimidos e ansiosos que entram no ensino médio.

12. O que os pais podem fazer agora

Em seu livro *The Gardener and the Carpenter* [O jardineiro e o carpinteiro], Alison Gopnik, estudiosa da psicologia do desenvolvimento, observa que a palavra em inglês "parenting", referente aos cuidados específicos dos pais em relação aos filhos, praticamente não era usada até a década de 1950, e só se popularizou na década de 1970. Por quase toda a nossa história, as pessoas cresceram em ambientes nos quais muitas pessoas cuidavam de muitas crianças. Podia-se contar com a sabedoria local, de modo que não havia necessidade de pessoas especializadas na criação dos filhos.

Nos anos 1970, entretanto, a vida familiar mudou. As famílias encolheram e se tornaram mais móveis; as pessoas passaram a dedicar mais tempo aos estudos e ao trabalho fora de casa, além de terem filhos mais tarde, muitas vezes já na casa dos 30. Os novos pais já não tinham acesso à sabedoria local e precisaram recorrer a especialistas. Nesse processo, pareceu-lhes mais fácil abordar a parentalidade com a mesma mentalidade com que trataram a vida escolar e profissional: com o treinamento certo, realizarei bem o trabalho e produzirei algo de qualidade superior.

Os pais pensavam como carpinteiros, diz Gopnik, e tinham uma ideia clara do que estavam tentando fazer: examinavam os materiais de que dispunham e precisavam reuni-los em um produto acabado que passaria pelo julgamento de todos, com base em padrões bem definidos. Está perfeitamente reto? A porta funciona? Segundo a pesquisadora, "o caos e a variabilidade são inimigos do carpinteiro; a precisão e o controle são seus aliados. Ele deve pensar antes de fazer".[1]

Gopnik defende que é melhor pensar na criação dos filhos como o trabalho de um jardineiro. Os pais devem "criar um espaço protegido e estimulante para as plantas florescerem". Dá trabalho, mas não é preciso ser perfeccionista. Basta tirar as ervas daninhas, regar e depois recuar um passo para ver as plantas fazerem sua parte, de maneira imprevisível e muitas vezes com surpresas encantadoras. Ela incentiva que todos abracem o caos e a imprevisibilidade que a criação dos filhos implica:

> Nosso trabalho como pais não é produzir um tipo específico de criança. Nosso trabalho é fornecer um espaço protegido, amoroso, seguro e estável, no qual crianças de tipos imprevisíveis possam florescer. Nosso trabalho não é moldar a mente das crianças, mas permitir que essas mentes explorem todas as possibilidades que o mundo oferece. Nosso trabalho não é dizer às crianças como brincar, mas dar os brinquedos a elas. [...] Não temos como fazer com que as crianças aprendam, mas podemos deixar que aprendam.

Venho dizendo aqui que temos superprotegido desnecessariamente nossos filhos no mundo real. Nos termos de Gopnik: muitos de nós adotaram a mentalidade supercontroladora do carpinteiro, que impede que as crianças floresçam. Ao mesmo tempo, não as protegemos o suficiente no mundo virtual, deixando-as por conta própria e ignorando as ervas daninhas. Permitimos que a internet e as redes sociais tomassem conta do jardim. Permitimos que os jovens crescessem em redes digitais e não em comunidades onde poderiam criar raízes. E agora ficamos surpresos que eles se sintam sós e estejam sedentos por conexões humanas reais.

Precisamos atuar como jardineiros cuidadosos nesses dois âmbitos.

Nas páginas a seguir, Lenore e eu oferecemos sugestões específicas de como fazer isso, organizadas de acordo com a idade da criança (embora algumas se apliquem a diferentes idades).[2]

PARA PAIS DE CRIANÇAS PEQUENAS (DE 0 A 5 ANOS)

Nos primeiros anos de vida, as crianças desenvolvem sistemas cognitivos e perceptivos básicos (como visão, audição e processamento de linguagem) e dominam habilidades básicas (andar, falar, coordenação motora fina, escalar, correr e outras ações envolvendo agilidade). Nesses primeiros anos, desde que a criança esteja em um ambiente "bom o suficiente" e tenha uma boa nutrição, adultos amorosos e tempo para brincar, não há muito mais que os pais possam fazer.[3] Crianças pequenas precisam de muito espaço para interagir com os pais, com outros adultos amorosos, com outras crianças e com o mundo real. Em especial nesses anos, e em especial nos Estados Unidos, o cuidado das crianças é um enorme quebra-cabeça, um tanto vexatório. Eis, no entanto, os principais objetivos a ter em mente.

Mais (e melhores) experiências no mundo real

Como expliquei no capítulo 3, de acordo com a teoria do apego, as crianças precisam de uma base segura — um adulto confiável e amoroso com quem possam contar quando preciso. No entanto, a função dessa base é ser o ponto de partida de aventuras longe dela, onde ocorre a aprendizagem mais valiosa. Muitas das melhores aventuras envolvem outras crianças e o brincar livre. E, quando o brincar envolve crianças de diferentes idades, há mais aprendizagem, porque crianças aprendem melhor se arriscando naquilo que está só um pouquinho além de suas habilidades do momento — em outras palavras, no que uma criança ligeiramente mais velha está fazendo. Crianças mais velhas também se beneficiam da interação com as mais novas, desempenhando o papel de professores ou de irmãos mais velhos. Portanto, a melhor coisa a fazer por seus filhos pequenos é oferecer a eles bastante tempo para brincar, com alguma diversidade de idade, e uma base segura da qual partir.

Suas próprias interações com a criança não precisam ser "otimizadas". Você não precisa tornar cada segundo especial ou educativo. Trata-se de um relacionamento, e não de uma aula. No entanto, o que você *faz* muitas vezes importa mais que o que você *diz*, portanto fique alerta ao seu próprio uso de celular. Dê um bom exemplo e não divida sua atenção continuamente entre o aparelho e a criança.

Além disso, confie no desejo das crianças pequenas de ajudar. Mesmo uma criança de 2 ou 3 anos pode dispor os garfos sobre a mesa ou ajudar a tirar a roupa da máquina de lavar. Atribuir às crianças responsabilidades no cuidado da casa faz com que elas sintam que são parte essencial da família, e aumentar suas responsabilidades conforme elas crescem pode blindar em certa medida sentimentos posteriores de inutilidade, tendo em vista que cada vez mais adolescentes têm endossado a frase "Minha vida não tem muita utilidade".[4]

Menos (e melhores) experiências com telas

Smartphones, tablets, computadores e televisões não são apropriados para crianças muito pequenas. Em comparação com outros objetos e brinquedos, esses aparelhos transmitem estímulos sensoriais intensos e absorventes. Ao mesmo tempo, incentivam o comportamento passivo e o consumo de informações, o que pode retardar o aprendizado. É por isso que a maioria das autoridades recomenda que as telas não façam parte da vida diária nos dois primeiros anos e sejam usadas de maneira esparsa até por volta dos 6 anos.[5] O cérebro da criança está "esperando" ser configurado no mundo em três dimensões e cinco sentidos das pessoas e das coisas.

Há um tipo de tempo de tela, porém, que pode ser valioso, se usado em moderação: a interação com parentes ou amigos via FaceTime, Zoom ou outra plataforma de vídeo. Uma das principais descobertas das pesquisas sobre crianças e uso de telas é que interações virtuais síncronas e *ativas* com outros humanos — ou seja, chamadas de vídeo — podem promover aquisição de linguagem e criação de vínculo, enquanto assistir *passivamente* a gravações assíncronas oferece muito poucos benefícios e em alguns casos pode até atrapalhar a aquisição de linguagem, em especial entre crianças com menos de 2 anos.[6]

A posição dos especialistas em relação a telas é clara e consistente em toda a anglosfera.[7] Eis recomendações que me parecem razoáveis, listadas pela Academia Americana de Psiquiatria Infantil e Adolescente:[8]

- Até 18 meses de idade, limitar o uso de telas a chamadas de vídeo na companhia de um adulto (por exemplo, se o pai ou a mãe está viajando).
- Entre 18 meses e 2 anos, limitar o tempo de tela a programas educacionais com um cuidador.
- Entre 2 e 5 anos, limitar o tempo de tela a uma hora nos dias da semana e a três horas no sábado e no domingo.
- Acima de 6 anos, incentivar hábitos saudáveis e limitar atividades que incluam telas.
- Desligar todas as telas durante as refeições e proibir telas em passeios.[9]
- Pesquisar sobre os controles parentais e utilizá-los.
- Evitar usar telas no lugar de chupeta, babá ou como estratégia para interromper ataques de birra.
- Desligar telas e tirá-las do quarto de meia a uma hora antes de ir dormir.

Sei que é difícil criar filhos pequenos sem a ajuda de uma tela para mantê-los ocupados ou quietos enquanto você faz o jantar ou atende a uma ligação do trabalho, ou mesmo quando só precisa de uma folga. Minha esposa e eu recorremos a *Teletubbies* para hipnotizar e acalmar nossos filhos desde quando eram bebezinhos até os 3 anos. Se pudéssemos voltar no tempo, entretanto, procuraríamos maneirar um pouco.

PARA PAIS DE CRIANÇAS DE 6 A 13 ANOS (QUASE TODO O ENSINO FUNDAMENTAL)

Uma vez que as habilidades básicas foram dominadas no início da infância, as crianças precisam passar a desafios mais avançados, inclusive sociais. Elas começam a se importar mais com as normas sociais e a como são vistas pelos pares — a vergonha e o constrangimento se tornam mais comuns e dolorosos.[10] Crianças e adolescentes dessa faixa etária passam por períodos sensíveis de aprendizagem cultural e avaliação de riscos. É na educação infantil que as crianças começam a aplicar com força total os mecanismos de aprendizagem descritos no capítulo 2: viés de conformidade (fazer o que os outros estão fazendo) e viés de prestígio (copiar quem todo mundo parece admirar). Tendo em vista o apetite voraz das crianças por aprendizagem social, é importante que os pais pensem em quem serão esses modelos saudáveis e em como inseri-los na vida da criança.

Mais (e melhores) experiências no mundo real

Para que esse período de aprendizagem social corra bem, é melhor que as crianças e os adolescentes adquiram bastante experiência fazendo coisas juntos (por exemplo, brincar) ou com adultos de suas comunidades do mundo real, em vez de ficar sozinhas assistindo a vídeos, jogando on-line ou vendo as redes sociais.

Para reduzir a superproteção no mundo real e incentivar aventuras mais produtivas longe da base, considere estas sete sugestões de Lenore:

1. **Treine seus filhos a ficar fora do seu campo de visão, sem que eles possam contactar você.** Enquanto você faz um jantar para seus amigos, deixe seus filhos irem ao mercado comprar alho com os amigos deles (mesmo que não seja necessário). É permitindo que os filhos saiam do seu campo de visão que você perceberá que isso é possível e até bom. (Provavelmente seus pais já faziam isso quando você tinha 8 anos.) Esse tipo de treino ajudará você a se sentir capaz de dar mais independência *e* ainda não dar um smartphone, porque verá que seus filhos podem se virar muito bem sem um aparelho desses. Entregue às crianças um bilhete que elas possam mostrar aos adultos dizendo que têm permissão para sair sem você. Você pode imprimir um cartão disponibilizado na LetGrow.org: "Não me perdi nem sou vítima de negligência!", e abaixo dele escrever seu número de contato.[11]
2. **Incentive seus filhos a dormir fora de casa e a convidar amigos para dormir na sua, e não cuide de tudo por eles.** Se a outra criança trouxer um celular, fique com ele até que ela vá embora, ou o aparelho vai ser a estrela da noite.
3. **Incentive seus filhos a ir a pé para a escola junto com outras crianças.** Isso pode começar no primeiro ano, se for um caminho fácil e houver uma criança mais velha que possa ser a responsável. Nos Estados Unidos, a organização Safe Routes to School[12] [Caminhos seguros até a escola] pode ajudar a garantir que haja placas de PARE, ciclovias, guardas de trânsito e afins para facilitar o trajeto. Se a escola for muito longe para ir a pé ou de bicicleta, considere deixar seus filhos em um ponto a cinco minutos de caminhada da escola, onde outros pais também deixarão os deles. Eles poderão percorrer o fim do trajeto juntos. (As escolas podem ajudar nessa organização, que ainda reduz o trânsito em seus arredores.)

4. **Depois da aula, é hora do brincar livre.** Procure não lotar as tardes de seus filhos de atividades de "enriquecimento" supervisionadas por adultos. Encontre maneiras de seus filhos poderem apenas brincar com outras crianças, como em um clube do brincar (ver capítulo 11), ou indo uns à casa dos outros depois da escola. Sexta-feira é um dia especialmente bom para o brincar livre, porque as crianças podem aproveitar para combinar de se ver no fim de semana. Pense na sexta como o dia do brincar livre.
5. **Acampem.** Em acampamentos, as crianças costumam ficar muito mais livres do que em casa, por alguns motivos. Primeiro, elas se distanciam da agenda de atividades. Segundo, elas têm que dividir um espaço pequeno com os pais — a natureza chama! Terceiro, em acampamentos, *espera-se* que as crianças saiam correndo com outras crianças. Se você não gosta de acampar, considere viajar com outra família com as mesmas ideias de independência, para que as crianças possam brincar juntas.
6. **Encontre um acampamento para crianças que proíba celulares e não pratique segurismo.** Muitos acampamentos de verão nos Estados Unidos oferecem às crianças e adolescentes a chance de se aproximar da natureza e se distanciar do celular e da internet por um ou dois meses. Nessas condições, os jovens ficam totalmente presentes uns para os outros, fazem amizade e se envolvem em atividades ao ar livre que são empolgantes e ligeiramente arriscadas, capazes de propiciar vínculos fortes. Evite acampamentos que funcionam como escolas de verão, com trabalho escolar e acesso à internet, e acampamentos que não atribuem responsabilidades comunitárias às crianças. Procure encontrar um

acampamento que valorize a importância da independência e da responsabilidade.[13] Se possível, mande seus filhos para lá todo verão, do terceiro ou quarto ano até o oitavo ou nono — ou ainda até o ensino médio, quando eles podem trabalhar como monitores.[14] Acampamentos que *não* publicam fotos todos os dias em seu site são ainda melhores. Acampamentos de verão são uma ótima oportunidade de pais e filhos se desabituarem do contato constante e, no caso dos pais, da reafirmação constante de que seus filhos estão bem.

7. **Torne o bairro mais amigável para as crianças e o brincar.** Mesmo que a região onde você mora pareça vazia hoje, isso não significa que precisa continuar assim. Em parceria com outra família, vocês podem despertar desejos comuns entre os vizinhos e reavivar o quarteirão ou o bairro tomando algumas medidas simples. Assim, a vizinhança [neighborhood] pode se transformar em um "playborhood",[15] termo cunhado por Mike Lanza, pai do Vale do Silício que transformou seu quintal no ponto de encontro das crianças do bairro. A quem gostaria de fazer o mesmo, Lanza sugere convidar vizinhos para almoçar no quintal e disponibilizar algumas coisas para as crianças brincarem — uma caixa de papelão grande, bambolês. Anuncie que você fica feliz em receber crianças nas tardes de quarta ou qualquer outro dia e horário que funcionem no seu caso. O segredo é a regularidade: as crianças aparecerão se souberem que haverá mais crianças.[16] *Outra opção:* os pais podem se alternar para ficar na rua uma tarde por semana. Assim as famílias podem deixar os filhos sair sabendo que há um adulto disponível em caso de emergência.

Quando li *Free-Range Kids* pela primeira vez, soube, como psicólogo, que os conselhos de Lenore eram acertados. No entanto, sempre que eu e minha esposa Jayne os pusemos em prática ao longo dos anos, precisamos superar nossa ansiedade bastante concreta. Na primeira vez em que deixamos nosso filho Max ir a pé sozinho para a escola, quando ele estava no quarto ano (depois de vários dias em que o acompanhei, uns vinte metros mais atrás), prendemos o fôlego enquanto assistíamos à bolinha azul do GPS parada na movimentada Seventh Avenue. (Demos um iPhone a Max quando ele começou a ir a pé para a escola. Sabendo o que sabemos agora, teríamos dado um smartwatch ou um celular básico.) Na primeira vez em que me levou o almoço no escritório, minha filha tinha 6 anos, e em determinado momento precisou atravessar a rua, o que foi assustador para mim, mas empolgante para ela. Ela olhou cinco vezes para os dois lados (eu estava espiando do meu prédio), entrou correndo no saguão e ficou pulando no lugar de tão empolgada, quase derrubando a comida.

A cura para a ansiedade parental é a exposição. Basta vivenciar a ansiedade algumas vezes, observando conscientemente que seus piores medos não se tornam realidade, e você aprenderá que seus filhos são mais capazes do que você imagina. A ansiedade fica cada vez mais fraca. Depois de nosso filho ter ido cinco dias sozinho à escola, paramos de acompanhar o pontinho azul. Ficamos mais confortáveis com sua habilidade de se movimentar pela cidade, e logo encarar o metrô. Na verdade, um dos pontos de virada do desenvolvimento de Max não poderia ter ocorrido se não viéssemos seguindo os conselhos de Lenore havia anos. Quando tinha 12 anos, ele andava muito interessado em tênis, e eu o levei ao Aberto dos Estados Unidos [US Open], no Queens, um trajeto de metrô de quarenta minutos desde o nosso apartamento, com uma baldeação. No ano seguinte, quando estava com 13, Max queria ir a uma partida específica sozinho, à noite. Jayne e eu hesitamos, porém ele nos garantiu que era capaz, e de fato conhecia o metrô melhor do que a gente. Por isso, com Lenore em mente, concordamos.

Max se divertiu muito assistindo à partida, que terminou depois das onze da noite. Ele seguiu com o fluxo de torcedores barulhentos até a estação de metrô mais próxima, mas o problema surgiu na baldeação: o trem que ele precisava pegar para chegar em casa não estava circulando aquela noite. Ele ficou nervoso, mas foi capaz de improvisar. Subiu a escada, saiu da estação e fez sinal para um táxi. À uma da manhã, Max estava em casa, são e salvo. Aquela noite o transformou em outra pessoa, muito mais confiante, e nós também passamos a tratá-lo de outro modo e a lhe proporcionar ainda mais independência. Não teríamos concordado com o pedido de Max se não houvéssemos permitido que ele fosse sozinho para a escola anos antes, e se não tivéssemos aprendido a confiar nele sem precisar ficar acompanhando sua bolinha azul o tempo todo.

"Foi ótimo interagir com você nos últimos seis anos.
Aqui está seu primeiro dispositivo eletrônico."

FIGURA 12.1. *H. Lin, na* New Yorker.[17]

A educação infantil e fundamental é uma fase que envolve muito aprendizado, e atividades que dependem de telas podem desempenhar um papel importante nesse sentido. No entanto, para muitas crianças, o tempo de tela se expande como gás, a ponto de ocupar todos os momentos disponíveis, e seu conteúdo é quase sempre puro entretenimento, em detrimento de conteúdo educativo. Por isso, não basta dar o primeiro smartphone apenas no ensino médio: os pais precisam controlar as atividades que dependem totalmente de telas, dados o alto custo de oportunidade que impõem e os hábitos que criam. Os pais também precisam sempre lembrar que seu comportamento serve de exemplo.[18]

A criança média entre 8 e 12 anos passa entre quatro e seis horas por dia em atividades recreativas em tela, em múltiplas telas.[19] É por isso que a maior parte das autoridades médicas e organizações nacionais de saúde recomenda que os pais estabeleçam um limite para o tempo de tela recreativo total para crianças dessa faixa etária. O governo do Quebec oferece orientações concisas e com o nível certo de flexibilidade:

> **Para crianças entre 6 e 12 anos de idade.** Como regra geral, não se recomendam mais de duas horas ao dia para atividades recreativas em telas. No entanto, isso depende do conteúdo (redes sociais, jogos on-line, mensagens, TV...), do contexto (hora do dia, fazer várias coisas ao mesmo tempo...) e das características individuais da criança (idade, saúde física e mental, habilidades analíticas, pensamento crítico...). A supervisão dos pais deve levar em conta esses critérios. Para os mais novos o conteúdo deve ser educacional, e os aparelhos devem ser usados em áreas comuns, onde adultos possam controlá-los.

Com base nas várias listas de recomendações, e a partir das pesquisas que apresentei neste livro, ofereço as seguintes sugestões adicionais:

1. **Aprenda a usar controles parentais e filtros de conteúdo** de todos os aparelhos digitais de sua casa. O objetivo é que seus filhos sejam capazes de se governar e se controlar, sem controles parentais ou monitoramento, aos 18 anos, porém isso não significa que eles devam gozar de independência total no mundo on-line antes de seu córtex pré-frontal estar à altura da tarefa. As empresas de tecnologia empregam ferramentas que fisgam as crianças, por isso use os controles parentais nessa faixa etária para lutar contra isso. E, se fizer sentido para a sua família, estabeleça um número máximo de horas para uso recreativo de telas. Pode ser difícil lidar com esses limites, e se eles forem altos demais podem ter um efeito contrário ao esperado (caso a criança queira "aproveitar" todo o tempo disponível).[20] No entanto, se um limite total não for estabelecido, as plataformas vão consumir mais e mais tempo, inclusive em detrimento do sono. Alguns pais usam programas de monitoramento que permitem ler as mensagens de texto e afins dos filhos. Pode haver casos em que isso é necessário, mas em geral considero preferível evitar monitorar conversas privadas e se concentrar em bloquear o acesso a sites e aplicativos impróprios para a idade, e especificar os momentos de uso dos aparelhos. É possível superproteger no mundo virtual, principalmente em uma espécie de fiscalização, às vezes sem o consentimento da criança. Visite o site CommonSenseMedia.com para saber mais sobre como usar os controles parentais.[21]

2. **Concentre-se no aumento das atividades interativas e no sono, mais do que no tempo total de tela.** O principal prejuízo causado pela maioria das atividades com tela é o custo de oportunidade, diretamente relacionado a dois dos quatro prejuízos fundamentais que descrevi no capítulo 5: privação social e privação de sono. Se seus filhos passam bastante tempo ao vivo com os amigos, por exemplo praticando um esporte, ou em brincadeiras não estruturadas,

se eles dormem o suficiente e não dão sinais de vício ou uso problemático de dispositivos, talvez você possa relaxar um pouco quanto ao tempo máximo de tela. Jogar on-line com um amigo, e com moderação, é melhor do que jogar sozinho no quarto. Leonard Sax, autor de *Boys Adrift* [Meninos à deriva], recomenda menos de quarenta minutos por noite durante a semana e menos de uma hora por noite no fim de semana.[22] No entanto, a regra de muitas famílias é permitir períodos mais longos, mas apenas no fim de semana. Como acontece com as redes sociais, é difícil impor limites quando as outras famílias não fazem o mesmo, por isso tente coordenar seus esforços com os pais dos amigos de seus filhos. Quando muitas famílias impõem limites similares, elas se esquivam da armadilha da ação coletiva, e o resultado é melhor para todos.

3. **Ofereça uma estrutura clara ao dia e à semana.** Conforme vimos no capítulo 8, estruturar o tempo e o espaço é uma precondição para rituais e outras atividades comunitárias, fortalecendo a sensação de pertencimento — mesmo a uma comunidade tão pequena como uma família de duas pessoas. Celulares devem ser proibidos nas refeições, para que todos prestem atenção uns nos outros. Assistir juntos a um filme, uma vez por semana, também é uma boa medida. Nessa idade é melhor não permitir celulares no quarto, porém, caso você permita, procure estabelecer um horário em que eles devem ser deixados em outro lugar, pelo menos trinta minutos antes da hora de ir para a cama.[23] Considere a possibilidade de um "sabá digital" toda semana: um dia inteiro sem telas. Considere também a possibilidade de uma semana sem telas por ano, talvez durante as férias, em meio à natureza.

4. **Procure sinais de vício ou uso problemático.** Atividades que dependem de tela são divertidas, e quase todas as crianças dessa faixa

etária gostam de jogos on-line. Como mostrei no capítulo 7, com moderação, jogos on-line não parecem prejudiciais à maioria das crianças. No entanto há um importante subgrupo de crianças e adolescentes (cerca de 7%) que acabam viciados ou com sinais do que se convenciona chamar de uso problemático, o que significa que a atividade interfere em outras áreas de funcionamento. Pornografia, redes sociais e jogos on-line são as três categorias de atividades com maiores chances de culminar em uso problemático por adolescentes, e anos de uso problemático podem causar mudanças persistentes, como Chris demonstrou no capítulo 7, quando disse que se sente como "um sistema operacional sem valor". A Associação Americana de Psicologia estabeleceu as seguintes diretrizes para reconhecer o "uso problemático de redes sociais", porém elas se aplicam razoavelmente bem a qualquer atividade restrita a telas.

As redes sociais podem estar causando problemas a seus filhos se:

- seu uso interfere na rotina e nos compromissos diários, como escola, trabalho, amizades e atividades extracurriculares
- seus filhos sentem uma forte necessidade de verificá-las
- seus filhos mentem ou agem furtivamente para ficar on-line
- seus filhos muitas vezes preferem as redes às interações presenciais
- seu uso impede que seus filhos tenham pelo menos oito horas de sono de qualidade por noite
- seu uso impede que eles façam atividade física regularmente
- seus filhos continuam usando as redes mesmo depois de expressar o desejo de parar

Se seus filhos apresentam um ou mais desses sinais, fale com eles. Se uma autocorreção imediata não for possível, ou se eles apresentarem diversos sinais, aja para impedir o acesso às redes por determinado período, de modo a promover uma desintoxicação digital e um reequilíbrio da dopamina. Consulte sites especializados em conselhos para dependência em jogos on-line e em redes sociais.[24]

5. **Permita a criação de perfis em redes sociais apenas aos 16 anos.** Deixe que seus filhos atravessem bem os anos iniciais mais vulneráveis da puberdade antes de permitir que eles se conectem a agentes socializadores poderosos como TikTok e Instagram. Isso não significa que eles nunca possam ver conteúdo desses sites; eles podem acessá-los via navegador. Porém há uma diferença entre *ver* vídeos do TikTok e *criar um perfil* no TikTok, disponível no aplicativo no seu smartphone a qualquer momento do dia e da noite. Criar um perfil é um passo enorme, e envolve fornecimento de dados pessoais às plataformas, sujeição a um fluxo de conteúdo personalizado escolhido por um algoritmo para obter o máximo de engajamento e publicação de conteúdo pessoalmente. Deixe isso para depois da entrada no ensino médio.

6. **Converse com seus filhos pré-adolescentes sobre os riscos e ouça o que eles têm a dizer.** Mesmo sem perfis em redes sociais, todas as crianças encontrarão na internet conteúdo inapropriado para sua idade. A exposição à pornografia é praticamente certa. Fale com seus filhos pré-adolescentes sobre os riscos inerentes à publicação de conteúdo aberto e ao compartilhamento de informações pessoais on-line, incluindo mensagens com conteúdo sexual e cyberbullying. Pergunte que problemas eles veem nos hábitos on-line de seus pares e como acham que podem evitar os mesmos problemas.[25]

Uma hora, você vai deixar que eles criem perfis próprios, vai ser inevitável. Porém, se conseguir manter a quantidade de tempo on-line mais baixa nesse longo período entre a infância e o início da adolescência (entre 6 e 13 anos), você poderá propiciar a seus filhos um envolvimento maior com o mundo real e ganhará tempo até que o cérebro deles desenvolva melhor o autocontrole e não tenha uma atenção tão fragmentada.

PARA PAIS DE ADOLESCENTES ENTRE 13 E 18 ANOS (FIM DO FUNDAMENTAL 2 E ENSINO MÉDIO)

A transição para o ensino médio deve ser um importante marco na trajetória rumo ao mundo adulto, com os adolescentes recebendo mais liberdade e responsabilidade no mundo real e no mundo virtual.

Mais (e melhores) experiências no mundo real

Quase todos os adolescentes já entraram na puberdade aos 13 anos, e esse é um momento em que os índices de depressão e ansiedade sobem mais intensamente. Em capítulos anteriores, defendi a ideia de que ajudar os jovens a se sentirem úteis e conectados a comunidades do mundo real é imprescindível para seu desenvolvimento social e emocional, daí a necessidade de adolescentes encararem alguns desafios e receberem certas responsabilidades adultas. Encontrar modelos em que se espelhar além dos pais também é bem importante nesse período.

1. **Aumente a mobilidade deles.** Permita que seus filhos adolescentes dominem os meios de transporte pertinentes à região onde vocês moram: bicicleta, ônibus, metrô, trem… À medida que eles crescem, os limites de seu mundo devem crescer também. Incentive-os a tirar a carteira de motorista assim que atingirem a idade mínima exigida, ajude-os a aprender a dirigir e incentive-os a usar o carro da família, caso tenham um. Apoie-os para que eles empreendam

excursões com amigos para longe da base. Deixe-os passar um tempo em um "terceiro lugar" (que não seja em casa nem na escola), como o clube, o shopping, o parque, uma pizzaria — basicamente, qualquer lugar onde eles possam encontrar os amigos sem a supervisão de um adulto. Caso contrário, o único lugar que eles terão para socializar livremente é a internet.

2. **Inclua-os nas tarefas da casa.** Adolescentes podem cozinhar, limpar e resolver pendências na rua de bicicleta, transporte público ou, a partir dos 16 nos Estados Unidos, de carro. Pedir que eles colaborem em casa não é apenas instilar a ética do trabalho, mas é também evitar o sentimento crescente entre a geração Z de que eles são inúteis. Uma menina de 13 anos contou a Lenore que, quando começou a fazer mais coisas sozinha, como ir à farmácia para a mãe e se deslocar sem precisar de carona, ela se deu conta de quanto tempo sua mãe passava fazendo coisas entediantes, como servir de motorista e assistir a jogos de futebol no frio. Ao sentir empatia pela mãe e ajudá-la mais, as duas passaram a brigar menos, porque, de certa maneira, agora estavam no mesmo time.

3. **Incentive seus filhos a arranjar um trabalho de meio período.** Ter alguém que não os pais mandando você fazer coisas é uma experiência excelente, mesmo quando não é lá muito agradável. Servem até bicos. Tirar a neve da frente da garagem dos vizinhos exige falar com um adulto, negociar um preço e completar uma tarefa. Ganhar o próprio dinheiro e ter controle sobre como ele é gasto é empoderador para um jovem.

4. **Encontre maneiras de seus filhos cuidarem e liderarem.** O ideal é encontrar qualquer trabalho que envolva orientar ou cuidar de crianças mais novas, como servir de babá, monitor ou assistente técnico

em algum esporte. Mesmo que ainda precisem de mentores, seus filhos podem fazer esse papel com crianças mais novas. Ajudar os mais novos promove empatia e liderança. Lenore viu isso quando seu caçula foi acampar com os escoteiros, aos 11 anos. Ele estava muito empolgado, mas chegou despreparado: havia esquecido o saco de dormir. Ah, como ele chorou quando percebeu isso, pensando que o mandariam de volta para casa. Então um escoteiro mais velho, que já estava no ensino médio, disse: "Não se preocupe! Sempre trago um saco de dormir a mais, justo para esse tipo de situação!". O filho de Lenore ficou muito agradecido, assim como ela, quando ouviu a história. E Lenore ficou ainda mais agradecida quando, anos depois, descobriu que o escoteiro mais velho na verdade não tinha levado um saco de dormir a mais. Ele havia dormido no chão. É assim que nos tornamos líderes.

5. **Considere a possibilidade de intercâmbio no ensino médio.** A história dos programas de intercâmbio é longa. Alguém que visitou a Inglaterra em 1500 escreveu: "Todo mundo, independentemente de quão rico seja, manda os filhos para a casa dos outros, e recebe filhos de desconhecidos em troca".[26] Sim, desde a Inglaterra medieval, as pessoas sabiam que essa experiência ampliaria o mundo da criança. Também pode ser mais fácil para ela ouvir alguém que não seja a mãe ou o pai. Um programa atual a se levar em conta é o American Exchange Project [Projeto americano de intercâmbio].[27] Ele envia gratuitamente alunos do último ano do ensino médio dos Estados Unidos para passar uma semana com uma família em outro estado, na esperança de voltar a unir um país agora polarizado. Já o American Field Service manda alunos do ensino médio para o mundo todo há décadas.[28] Os adolescentes são hospedados por uma família e vão à escola local. Também é possível receber um aluno estrangeiro.[29] A CISV International, fundada pela dra. Doris

Allen, psicóloga infantil, promove a amizade intercultural por meio de intercâmbios e outros programas para jovens a partir de 11 anos. Há divisões da CISV em mais de sessenta países em todo o mundo.[30]

6. **Mais emoção na natureza.** Permita que seus filhos adolescentes vivam aventuras maiores e mais longas com os amigos ou em grupo — fazendo mochilão, canoagem, trilha, escalando, nadando —, em viagens que os levem para a natureza e inspirem emoções fortes, deslumbramento e aptidão no mundo real. Considere a possibilidade de programas de um mês ou mais, de organizações como Outward Bound e National Outdoor Leadership School, criadas para promover autossuficiência, autoconfiança, responsabilidade social e camaradagem (e que não exigem experiência prévia). Também existem programas gratuitos ou subsidiados,[31] como se viu no capítulo 10.[32] Kurt Hahn, fundador da Outward Bound, explica:

   > Há mais coisa que nos são disponíveis do que sabemos. Se fizerem com que vejamos isso, talvez não nos satisfaçamos com menos pelo resto da vida. Dentro de cada um de nós existe uma grande paixão, uma estranha sede por aventura, um desejo de viver a jornada da vida com ousadia e brilhantismo.

7. **Ofereça um ano sabático após a formatura.** Muitos jovens entram direto na faculdade, sem considerar outras possibilidades. Como se espera que saibam o que querem fazer — ou mesmo se a universidade é a melhor opção para eles? Deixe que os jovens descubram mais sobre seus interesses e o mundo. Eles podem trabalhar e economizar dinheiro. Viajar. Fazer voluntariado. Isso não é prejudicar as perspectivas de entrar na faculdade, e sim aumentar as chances de descobrir o caminho que querem trilhar e desenvolver as habilidades necessárias para tal. A intenção do ano sabático não é adiar a

transição para a vida adulta, e sim acelerá-la. Trata-se de um ano para desenvolver habilidades, responsabilidades e independência. Há uma lista de organizações que podem ajudar seus filhos a planejar esse ano sabático em <gapyearassociation.org>, e várias oferecem bolsas e subsídios.[33]

A ideia por trás de todas essas sugestões é permitir que os adolescentes cresçam com mais confiança e competência a partir do envolvimento com o mundo real. Incentive atividades em que eles precisam sair da zona de conforto. E você também! Arriscar-se a se machucar gravemente sem motivo é tolice, porém qualquer jornada do herói sempre envolve *algum* risco, e há muitos riscos em não embarcar nessa jornada também.

Menos (e melhores) experiências com telas

A adolescência deve ser um período de diminuição das restrições, à medida que os adolescentes crescem e se tornam mais capazes de controlar seus impulsos. O córtex pré-frontal só termina de se desenvolver depois dos 20 e poucos anos, porém jovens de 16 anos devem gozar de mais autonomia e autodeterminação que crianças de 12 anos.

Independentemente de quando seus filhos passarem de celulares básicos para smartphones, converse com eles e acompanhe a transição. É preciso continuar a estabelecer parâmetros dentro dos quais seus filhos tenham autonomia, por exemplo mantendo as regras da família quanto ao momento de usar celulares e outros dispositivos. A privação de sono é maior entre alunos do ensino médio que entre alunos do fundamental, por isso ajude seus filhos a estabelecer uma boa rotina noturna, em que o celular fica fora do quarto a partir de determinado horário. A maioria dos meus alunos diz que a última coisa que fazem antes de fechar os olhos à noite é verificar suas mensagens e redes sociais. Também é a primeira coisa que fazem quando acordam, antes mesmo de sair da cama. Não permita que seus filhos criem esse hábito.

Independentemente de quando você permitir que seus filhos criem perfis em redes sociais, fique alerta a sinais de vício ou uso problemático. Pergunte a eles como a vida on-line os ajuda ou os atrapalha a atingir seus objetivos. Alerte-os quanto ao funcionamento e aos mecanismos de sedução das redes, mostrando como prejudicam muitos usuários. O "Youth Toolkit" [Kit de ferramentas para jovens] e outros recursos do Center for Humane Technology podem servir de referência.[34]

Quero fazer um último comentário, sobre como os smartphones mudaram o relacionamento entre pais e filhos. Por volta de 2012, quando os adolescentes começaram a ganhar smartphones — e o índice de ansiedade disparou —, algo mais aconteceu: os pais desses adolescentes também começaram a usar smartphones. Esses smartphones ofereceram aos pais um superpoder que eles não tinham na era dos celulares básicos: o de acompanhar os movimentos dos filhos. Lenore insinuou que isso pode ter colaborado para o aumento da ansiedade e da queda na confiança. Os pais começaram a vigiar os filhos o tempo todo, quer estivessem a caminho da escola ou com os amigos, depois da aula. Se estranhassem alguma coisa, podiam ligar ou mandar mensagem na mesma hora, ou podiam interrogar as crianças e os adolescentes quando voltassem para casa. Quer pensemos no celular como o "cordão umbilical mais longo do mundo", ou como uma "cerca invisível", a autonomia na infância despencou quando as crianças começaram a utilizá-lo. Mesmo que os pais mal entrem nas ferramentas de localização, mesmo que uma criança nunca ligue para a mãe ir buscá-la porque a corrente da bicicleta quebrou, a simples possibilidade de fazer isso torna mais difícil para as crianças e os adolescentes sentirem que são independentes, competentes, e que os pais confiam neles. E torna mais difícil para os pais abrirem mão desse controle.

Lenore e eu discutimos os méritos das ferramentas de localização ao longo de anos. Jayne e eu começamos a acompanhar a localização de nossos filhos assim que lhes demos celulares, e sabemos que isso nos ajudou a liberá-

-los mais cedo para uma infância livre na cidade de Nova York. No entanto, enquanto ouvia Lenore descrever a vigilância cada vez maior sobre as crianças e o monitoramento assistido por computador de seu desempenho escolar, às vezes com notificação instantânea de notas e atualizações diárias sobre o comportamento em sala de aula, comecei a me assustar. E, embora poder acompanhar a localização de nossos filhos tenha nos ajudado a confiar neles quando eles eram pequenos, e ainda nos ajude a organizar a logística familiar de, por exemplo, quando todos estarão em casa para o jantar, será que nunca vamos desligá-lo? Deveríamos desligá-lo? Não sei a resposta.

RESUMINDO

- A parentalidade sempre foi um desafio, e se tornou um desafio ainda maior nessa era de mudanças tecnológicas e sociais aceleradas. No entanto, há muito que os pais podem fazer para se tornar "jardineiros" melhores, em vez de "carpinteiros" que tentam moldar diretamente a criança.
- Se você for fazer uma única coisa para se tornar um jardineiro melhor no mundo real, deve ser oferecer a seus filhos mais oportunidades de brincar livre sem supervisão, como você provavelmente desfrutava na mesma idade. Isso significa oferecer a eles uma infância mais longa e melhor, com cada vez mais independência e responsabilidades.
- Se você for fazer uma única coisa para se tornar um jardineiro melhor no mundo virtual, deve ser adiar a entrada completa dos seus filhos na infância baseada no celular, dando a eles um smartphone (ou qualquer dispositivo eletrônico do tipo) somente mais tarde. Dê apenas um celular básico antes do nono ano e procure coordenar esse esforço com outros pais, para que seus filhos não sintam que são os únicos alunos do fundamental 2 que não têm smartphone.

- Há muitas outras maneiras de aumentar o envolvimento das crianças com o mundo real e com a comunidade, incluindo enviá-las a acampamentos que proíbem tecnologias digitais, ir acampar com eles e ajudá-los a encontrar outros lugares onde se reunir com outras crianças que não têm smartphones.
- À medida que seus filhos ficam mais velhos, aumente sua mobilidade e os incentive a encontrar um trabalho de meio período e outras maneiras de aprender com adultos diferentes. Considere enviá-los para fazer intercâmbio, participar de um programa de imersão na natureza ou tirar um ano sabático após a formatura na escola.
- Crianças criadas livres têm maiores chances de ser jovens adultos confiantes, competentes e menos ansiosos que crianças criadas no segurismo, com base no medo e na supervisão constante de um adulto. O maior obstáculo é a própria ansiedade dos pais em relação a deixar que os filhos sumam sozinhos de seu campo de visão. Isso exige treino, porém o prazer de conseguir confiar em seus filhos é muito maior que a ansiedade temporária do processo de desapego.
- A maioria das autoridades recomenda nenhum ou pouco tempo de tela entre 18 meses e 2 anos de vida (com exceção de chamadas de vídeo com familiares), e tempo limitado de tela até os 5 ou 6 anos.
- Com crianças na educação infantil e fundamental, utilize os controles parentais, dê limites claros e especifique momentos e lugares em que aparelhos são proibidos. Fique alerta a sinais de vício ou uso problemático.
- Suas ações como pais podem contribuir para resolver esse problema de ação coletiva. Se você só der smartphones a seus filhos mais tarde, fica mais fácil para outros pais fazer o mesmo. Se você der a seus filhos mais independência, fica mais fácil para outros pais fazer o mesmo. A ação coordenada com outras famílias facilita ainda mais o processo, e o torna mais divertido.

Conclusão

Trazendo a infância de volta para a Terra

Não era este o livro que eu tinha em mente. No fim de 2021, comecei a escrever a respeito do efeito nocivo das redes sociais à democracia nos Estados Unidos. Meu plano era começar com um capítulo que tratasse do impacto das redes sobre a geração Z, mostrando quão disruptivas elas eram para a vida social e a onda de transtornos mentais que vinham causando. O restante do livro analisaria como elas eram disruptivas para a sociedade de maneira mais ampla. Como fragmentavam o discurso público, o Congresso, o jornalismo, as universidades e outras instituições fundamentais à democracia.

No entanto, quando terminei o primeiro capítulo — que veio a se tornar o primeiro capítulo deste livro —, percebi que a história da saúde mental dos adolescentes era muito mais longa do que eu imaginava. Não era apenas uma história americana, mas uma história comum a muitas nações ocidentais. Não era uma história que envolvia apenas as meninas, envolvia os meninos também. E não era apenas uma história das redes sociais. Era uma história da transformação radical da infância em algo não humano: uma existência baseada no celular.

À medida que Zach e eu reuníamos estudos em uma dúzia de documentos de revisão, incluindo um com evidências de todas as *outras* teorias quanto ao que poderia estar causando a crise de saúde mental,[1] ficamos mais confiantes de que a principal culpada era a rápida transformação da infância que ocorreu entre 2010 e 2015. Muitos outros fatores contribuíram para os desafios que a geração Z americana encarava na saúde mental, porém nenhuma outra teoria dava conta de explicar por que dificuldades parecidas acometiam tantos outros países ao mesmo tempo. Até que alguém encontre uma substância química que tenha sido inserida no início da década de 2010 na água ou nos alimentos de Estados Unidos, Canadá, Europa, Austrália e Nova Zelândia, que afete em maior medida adolescentes meninas e que tenha pouco impacto na saúde mental daqueles com mais de 30, a teoria da Grande Reconfiguração é a mais provável.

Decidi dividir em dois o livro que estava planejando, e começar por este, porque a crise de saúde mental adolescente é urgente e há muito que podemos fazer para revertê-la. Como cientista social, professor e pai de dois adolescentes, não quero esperar. Quero que iniciemos o processo. Se a infância baseada no celular é a principal causa da epidemia internacional de transtornos mentais, então há algumas medidas claras e eficazes que pais, professores e membros da geração Z podem tomar para virar o jogo.

Na Parte IV, ofereci uma série de sugestões, porém as quatro fundamentais são:

1. Smartphones só depois dos 14 anos
2. Redes sociais só depois dos 16 anos
3. Proibir smartphones nas escolas
4. Oferecer muito mais brincar livre e independência na infância

Essas diretrizes são fundamentais porque resolvem inúmeros problemas de ação coletiva. Cada pai ou mãe que toma uma medida torna mais fácil para outros pais da comunidade fazer o mesmo. Cada escola que proíbe smartphones e afins permite que todos os seus alunos estejam presentes uns para os outros. Se uma comunidade promove essas quatro reformas, provavelmente verá uma melhora substancial na saúde mental das crianças e dos adolescentes dentro de dois anos.[2]

Como pôr essas medidas em prática? Encerro com duas sugestões: *fale* e *junte-se*.

FALE

Em um experimento sociológico clássico de 1968, Bibb Latane e John Darley reuniram alunos da Universidade Columbia em laboratório para participar do que os participantes acreditavam ser uma discussão sobre os problemas da vida urbana.[3] O verdadeiro experimento se dava na sala de espera, porém, enquanto eles preenchiam um questionário preliminar. Depois de alguns minutos, uma fumaça estranha começava a entrar na sala pela ventilação. Os alunos iam se levantar e chamar alguém ou ficariam ali, passivos, respondendo às perguntas?

Os alunos do grupo de controle eram deixados um a um na sala de espera. Sob essa condição, 75% agiam, com 50% saindo da sala para buscar um pesquisador menos de dois minutos depois de notar a fumaça entrando. (Os pesquisadores monitoravam e filmavam tudo através de um espelho falso.)

Os alunos do segundo grupo eram levados à sala de espera de três em três e sentavam em mesas separadas. Os pesquisadores queriam saber se a presença de outras testemunhas aumentava ou diminuía a probabilidade de alguém tomar uma ação. E descobriram que diminuía. Apenas três dos 24 alunos desse grupo se levantaram para avisar da fumaça, e em um único caso isso ocorreu em menos de quatro minutos, mesmo que àquela altura a fumaça já atrapalhasse a vista.

Não se tratava de fumaça de fogo, e sim de dióxido de titânio, usado para criar cortinas de fumaça.[4] Isso é crucial: ninguém na sala sabia o que estava acontecendo. Em situações assim, as pessoas se voltam umas às outras para ver o que elas estão fazendo, à procura de dicas para ajudar a definir a situação. Trata-se de uma emergência? Se os outros continuam sentados, chega-se individualmente à conclusão de que não, não se trata de uma emergência.

A difusão da tecnologia digital na vida das crianças tem sido uma fumaça entrando em nossos lares. Todos vemos que tem algo estranho acontecendo, mas não entendemos o que é. Tememos que a fumaça tenha efeitos prejudiciais em nossos filhos, mas quando olhamos em volta ninguém está tomando nenhuma atitude a respeito.

A lição mais importante aqui é *falar*. Se você acha que a infância baseada no celular é ruim para as crianças e quer o retorno da infância baseada no brincar, diga isso. A maioria das pessoas compartilha da sua desconfiança, só não sabe o que fazer. Fale com amigos, vizinhos, colegas de trabalho, seguidores nas redes e representantes políticos.

Falando e apoiando as quatro reformas fundamentais, você inspirará muitos a se juntarem à causa. Se fizer parte da geração Z, a sociedade precisa urgentemente de sua voz. Suas palavras serão as mais poderosas de todas.

JUNTE-SE

Se você é pai ou mãe, junte-se a outros pais que valorizam a infância baseada no brincar e mais independência na infância. Há muitas organizações excelentes que unem pais em torno dessa causa, incluindo Let Grow, Outsideplay e Fairplay.[5] Também há muitas organizações excelentes que aproximam os pais e oferecem ideias e recursos para adiar a infância baseada no celular ou a torná-la menos prejudicial. Alguns exemplos são Fairplay, Center for Humane Technology, Common Sense Media, Screen Strong e outras que estão no suplemento on-line.[6] Fale com os pais dos amigos dos seus filhos. Eles decerto têm as mesmas preocupações, e se vocês agirem juntos para frear os smartphones e as redes sociais, adiando o acesso a eles, ficará mais fácil tanto para vocês quanto para seus filhos rejeitar a infância baseada no celular e escolher a comunidade do mundo real.

Se seus filhos estão na escola, junte-se a outros pais para falar com a diretoria. Incentive a implementação das ideias do capítulo 12: proibição de celulares, promoção da independência e da responsabilidade, muito mais brincar livre. Posso garantir que a maioria dos diretores, gestores e professores odeia os celulares, mas precisa de muito apoio dos pais antes de realizar uma mudança.

Se você leciona e não aguenta mais o caos social e a disrupção na aprendizagem causados pelos smartphones e as redes sociais, junte-se a outros professores. Fale com seus colegas e incentive a gestão escolar a reconsiderar a política não apenas quanto a celulares, mas quanto a todos os dispositivos que permitem aos alunos trocar mensagens ou verificar as redes durante a aula. Você não deveria ter que disputar a atenção dos alunos com toda a internet. Veja se a escola pode mandar uma mensagem aos pais pedindo que apoiem a mudança. Se os professores falarem de maneira unificada, com a ajuda dos pais para educar as crianças, as chances de sucesso serão altas.

Se você faz parte da geração Z, considere se juntar a uma das organizações fundadas por outros membros da sua geração para promover uma mudança. Veja, por exemplo, a contribuição da Design It For Us [Projetem para nós].[7] Trata-se de uma coalizão liderada por jovens que pede por reformas políticas que protejam crianças, adolescentes e jovens adultos na internet. Como Emma Lembke, uma de suas presidentes, destacou em seu depoimento a um comitê do Senado americano:

> Nossas histórias podem ser diferentes, mas compartilhamos da frustração de sermos retratados como vítimas passivas das grandes empresas de tecnologia. Estamos prontos para nos tornar agentes ativos da mudança, construindo espaços on-line seguros para a próxima geração.[8]

* * *

Abri o livro com a história fantasiosa de uma empresa de tecnologia que leva crianças da Terra para crescer em Marte, sem o consentimento dos pais. É inimaginável que deixaríamos algo do tipo acontecer. Mas, no fim, de certa maneira, deixamos. Nossos filhos podem não estar em Marte, mas tampouco estão presentes aqui, conosco.

A humanidade evoluiu na Terra. Crianças evoluíram para a brincadeira física e a exploração. Elas prosperam quando têm raízes em comunidades do mundo real, não em redes de contatos virtuais e descorporificadas. Crescer no mundo virtual promove ansiedade, anomia e solidão. A Grande Reconfiguração da Infância tem sido um fracasso catastrófico.

É hora de dar fim a esse experimento. Vamos trazer nossas crianças de volta para casa.

PARA SABER MAIS

Se quiser saber mais sobre os temas abarcados neste livro, sugiro três fontes principais (em inglês):

1. **AnxiousGeneration.com**. Reúne as principais fontes deste livro. Há páginas onde reúno pesquisas e conselhos para os pais, as escolas, a geração Z e os leitores interessados nas práticas espirituais descritas no capítulo 8. Também conta com links para as fontes a seguir.

2. **Suplemento on-line.** Zach Rausch e eu elaboramos documento no Google Docs para cada capítulo. Oferecemos muitos gráficos que não foram incluídos no livro. Fazemos atualizações relacionadas a novas descobertas, além de registrarmos erros que porventura tenham sido cometidos ou pontos a respeito dos quais eu tenha mudado de ideia. Zach incluiu os links dos conjuntos de dados que usou para criar a maior parte dos gráfi-

cos. Os arquivos do suplemento on-line podem ser encontrados em: <anxiousgeneration.com/supplement>.

3. Substack *After Babel*. Tenho muito mais a dizer do que disse no livro. Pensei em escrever muitos outros capítulos. Escreverei versões menores deles na minha página no Substack, *After Babel*. É só se inscrever em <www.afterbabel.com>, gratuitamente. Publicarei artigos sobre estes assuntos, entre outros:

Advice from Gen Z for Gen Z [Conselhos da geração Z para a geração Z]

Growing Up Under Constant Surveillance [Crescendo sob vigilância constante]

What Universities Can Do Now [O que as universidades podem fazer agora]

What Employers Can Do Now [O que os empregadores podem fazer agora]

How Social Media Affects Boys [Como as redes sociais afetam os meninos]

How Pornography Affects Girls [Como a pornografia afeta as meninas]

How the Great Rewiring Changed Romantic Life [Como a Grande Reconfiguração mudou os relacionamentos amorosos]

Why Were Religious Conservatives Less Affected by the Great Rewiring? [Por que a Grande Reconfiguração afeta menos os conservadores religiosos?]

Limbic Capitalism: How Market Forces Have Incentivized Addiction for Hundreds of Years [Capitalismo límbico: Como as forças do mercado incentivaram o vício ao longo de centenas de anos]

Novas tecnologias vão desorganizar nossa vida mais rapidamente a cada ano. Junte-se a mim no *After Babel* para estudar o que está acontecendo, o que está fazendo conosco e como permitir que as crianças floresçam em meio a essa confusão.

Agradecimentos

Este livro é resultado de um trabalho em equipe, por isso começarei agradecendo em especial a três colegas da equipe.

Em primeiro lugar, Zach Rausch, jovem que contratei em 2020 para ser meu assistente de pesquisa. Compartilhando da minha paixão pela aplicação da psicologia social a problemas sociais complexos, ele liderou as pesquisas relacionadas a duas perguntas que eu precisava responder: "O que está acontecendo no âmbito internacional?" e "O que está acontecendo com os meninos?". Quando comecei a escrever este livro, no outono de 2022, Zach já havia se tornado meu companheiro de reflexões e editor. Por catorze meses, trabalhamos juntos intensamente. Ele dedicou muitas noites e fins de semana ao que achávamos, de início, que seria um livro curto. Nesse meio-tempo, Zach passou de pós-graduando de psicologia a pesquisador e intelectual de primeira linha. Eu não poderia ter escrito este livro sem ele.

O segundo agradecimento especial vai para Lenore Skenazy. Desde que li *Free Range Kids*, ela tem sido minha referência em tudo o que se relaciona à criação dos filhos, e acabou se tornando também uma amiga próxima. Recorri a ela atrás de orientação quanto ao que dizer aos pais. Lenore listou em um Google Doc tantas ideias incríveis que a convidei a escrever o capítulo 12 a quatro mãos. E depois o capítulo 11, sobre as escolas. E o capítulo 10, sobre o que os governos podem fazer. Se este livro convencer pais, escolas e legisladores a dar mais independência às crianças, será graças aos muitos anos de trabalho de Lenore na área, como presidente da Let Grow, e sua enorme contribuição à Parte IV deste livro.

O terceiro agradecimento especial vai para minha editora na Penguin Press, Virginia Smith. Ginny vem orientando e aprimorando meu texto desde 2016, quando Greg Lukianoff e eu começamos a trabalhar com ela em *The Coddling of the American Mind.* Ginny editou profundamente cada capítulo de *A geração ansiosa*, e com a editora-assistente Caroline Sydney fez o livro acontecer, apesar de minha dificuldade de cumprir prazos.

Agradeço a muitos outros membros da equipe que desempenharam um papel crucial em fazer este livro acontecer. Eli George é um escritor e intelectual da geração Z que trabalhou de perto comigo o projeto todo, contribuindo com pesquisa qualitativa, ideias criativas e edição de primeira. Ravi Yver, meu amigo e colaborador de longa data na <YourMorals.org>, contribuiu com conselhos e muitos parágrafos fundamentais do capítulo 10, sobre o que as empresas de tecnologia e os governos podem fazer. Chris Saitta cuidou de todas as notas e nos ajudou a compreender o que os meninos estão enfrentando. Cedric Warny apoiou Zach no desenvolvimento das bases de dados necessárias para este livro. Meu amigo Dave Cicirelli, artista descolado responsável pelas ilustrações do livro *All Minus One,* fez mágica de novo com a capa da edição americana deste livro.

Enviei o manuscrito para dezenas de amigos e colegas no verão de 2023, pedindo que encontrassem erros e problemas. Muitos responderam e melhoraram o livro com milhares de sugestões. Agradeço a: Trevor Agatsuma, Larry Amsel, John Austin, Mary Aviles, Michael Bailey, Barbara Becker, Arturo Bejar, Uri Bilmes, Samantha Boardman, Dave Bolotsky, Drew Bolotsky, Maria Bridge, Ted Brugman, Mariana Brussoni, Maline Bungum,

Rowan Byrne, Camille Carlton, Haley Chelemedos, Carissa Chen, Jim Coan, Grace Coll, Jackson Davenport, Samantha Davenport, Michael Dinsmore, Ashlee Dykeman, Lucy Farey, Ariella Feldman, Chris Ferguson, Brian Gallagher, Peter Gray, Ben Haidt, Francesca Haidt, Max Haidt, Jennifer Hamilton, Melanie Hempe, Alexandra Hudson, Freya India, Andrea Keith, Nicole Kitten, Sena Koleva, Bill Kuhn, Elle Laub, John Lee, Anna Lembke, Meike Leonard, Lisa Littman, Julia Lombard, Sergio A. Lopez, Mckenzie Love, Greg Lukianoff, Joy McGrath, Caroline Mehl, Carrie Mendoza, Jamie Neikrie, Evan Oppenheimer, Pamela Paresky, Yejin Park, Robbie Pennoyer, Maria Petrova, Kyle Powell, Matt Pulford, Fernando Rausch, Richard Reeves, Jayne Riew, Jeff Robinson, Tobias Rose-Stockwell, Arthur Rosen, Nima Rouhanifard, Sally Satel, Leonard Sax, Rikki Schlott, David Sherrin, Yvette Shin, Daniel Shuchman, Mark Shulman, Bennett Sippell, Ben Spaloss, David Stein, Max Stossel, Jonathan Stray, Alison Taylor, Jules Terpak, Jean Twenge, Cedric Warny e Keith Winsten.

Algumas pessoas dessa longa lista atuaram praticamente como supereditores, fazendo comentários detalhados em cada página: Larry Amsel, Grace Coll, Michael Dinsmore, Brian Gallagher, Nicole Kitten, McKenzie Love, Maria Petrova, Jayne Riew, Mark Shulman e Ben Spaloss.

Tenho muita sorte de ser professor da Stern School of Business da Universidade de Nova York. O reitor Rahu Sundaram e a chefe do meu departamento, Batia Wiesenfeld, me ofereceram seu apoio inabalável em momentos desafiadores. O programa de Negócios e Sociedade da Stern é um excelente lugar para estudar como os negócios afetam e às vezes subvertem a sociedade.

E agradeço, acima de tudo, à minha esposa, Jayne Riwe, com quem comecei a sonhar em ter filhos e com quem agora divido as alegrias de vê-los fazer excursões cada vez mais ambiciosas para longe da base.

Notas

INTRODUÇÃO [pp. 9-27]

1. Hamm et al. (1998); Milder et al. (2017).

2. Grigoriev e Egorov (1992); Strauss, M. (30 nov. 2016). "We May Finally Know Why Astronauts Get Deformed Eyeballs". *National Geographic*. Disponível em: <www.nationalgeographic.com/science/article/nasa-astronauts-eyeballs-flattened-blurry-vision-space-science>.

3. Ver, por exemplo, a resposta da Meta às revelações de Frances Haugen no Facebook Files: Zuckerberg, M. (5 out. 2021). Facebook. Disponível em: <www.facebook.com/zuck/posts/10113961365418581>. Ver também minha resposta à alegação de Mark Zuckerberg de que as pesquisas comprovam que usar o Instagram é "positivo para a saúde mental de modo geral": Fridman, L. (4 jun. 2022). "Jonathan Haidt: The case against social media." *Lex Fridman Podcast #291* (vídeo). YouTube. Disponível em: <www.youtube.com/watch?v=f0un-l 1L8Zw&ab_channel=LexFridman>.

4. Quando os meninos já estão mais crescidos, outras empresas põem suas garras neles, incluindo plataformas de apostas esportivas e aplicativos de relacionamento.

5. Para saber mais sobre a Coppa, ver: Jargon, J. (18 jun. 2019). "How 13 became the internet's age of adulthood." *Wall Street Journal*. Disponível em: <www.wsj.com/articles/how-13-became-the-internets-age-of-adulthood-11560850201>. Em 2023, surgiu de repente um grande interesse bipartidário em proteger as crianças das redes sociais, com esforços notáveis na Califórnia e em Utah, e inúmeros projetos de lei foram apresentados no Congresso, o que discutirei no capítulo 10.

6. Thorn e Benenson Strategy Group (2021); Canales (13 maio 2021). "40% of kids under 13 already use Instagram and some are experiencing abuse and sexual solicitation, a report finds,

as the tech giant considers building an Instagram app for kids." *Business Insider*. Disponível em: <www.businessinsider.com/kids-under-13-use-facebook-instagram-2021-5>.

7. No capítulo 10, discutirei Age Appropriate Design Code. Uma versão dele foi promulgada na Califórnia. Vários estados americanos aprovaram a exigência de verificação de idade e outras regulações em 2023.

8. Drum, K. (2016). "Lead: America's real criminal element." *Mother Jones*. Disponível em: <www.motherjones.com/environment/2016/02/lead-exposure-gasoline-crime-increase-children-health>; Kovarik, B. (8 dez. 2021). "A century of tragedy: How the car and gas industry knew about the health risks of leaded fuel but sold it for 100 years anyway." *Conversation*. Disponível em: <theconversation.com/a-century-of-tragedy-how-the-car-and-gas-industry-knew-about-the-health-risks-of-leaded-fuel-but-sold-it-for-100-years-anyway-173395>. Ver ambos os artigos para análises da história da gasolina com chumbo e seus efeitos no desenvolvimento do cérebro e na criminalidade posterior. Tintas e encanamentos com chumbo também promoveram envenenamento.

9. O Pew Research estabelece o início da geração Z em 1997, mas acredito que seja um pouco tarde demais; os novos comportamentos já eram evidentes nos alunos que entraram na universidade em 2014. Ver Parker e Igielnik (2020). Jean Twenge define 1995 como o primeiro ano da "iGen". Não me comprometo nem com um nem com outro escolhendo 1996 como o primeiro ano da geração Z. É claro que gerações não têm uma separação assim clara. Como Twenge mostra em *Generations*, livro de 2023, elas variam.

10. No momento, parece que a IA vai mudar *tudo*, então provavelmente veremos uma nova geração se iniciando na década de 2020. No entanto, como a IA provavelmente afastará as crianças ainda mais do mundo real, imagino que levará a índices ainda mais altos de ansiedade se não agirmos com o intuito de reverter a Grande Reconfiguração da Infância.

11. Ela explica isso em seu livro *Generations* (Twenge, 2023a). Ver também seu livro anterior, *iGen* (Twenge, 2017).

12. Para saber mais a respeito, ver Haidt, J. e Rose-Stockwell, T. (2019). "The dark psychology of social networks." *Atlantic*. Disponível em: <www.theatlantic.com/magazine/archive/2019/12/social-media-democracy/600763>. O Tumblr introduziu o "reblog" em 2007, mas os efeitos foram mínimos em comparação com o "retuíte", em 2009.

13. Steinberg (2023, Introdução).

14. Exemplos incluem a popularização dos alertas de gatilho, espaços seguros e equipes de resposta a acusações de preconceito. Todos foram discutidos no ensaio publicado na *Atlantic*.

15. Twenge, Martin e Campbell (2018).

16. Ver meu resumo da pesquisa: Haidt (fev. 2023).

17. Durocher, A. (2 set. 2021). "The general history of car seats: Then and now." *Safe Ride 4 Kids*. Disponível em: <https://saferide4kids.com/blog/the-general-history-of-car-seats>.

18. Food and Drug Administration (2010).

19. Epiteto (séc. I-II/1890, cap. 33). *The Enchiridion*.

20. Marco Aurélio (161-180/2002, l. 3, cap. 4).

21. Houve um aumento nos suicídios entre adultos (acima de 50 anos) nos Estados Unidos, Canadá, Reino Unido e Austrália desde 2010, porém essas mudanças em geral são menores do

que as vistas na população mais jovem (em termos relativos). É importante notar que os aumentos observados na década de 2010 entre adultos foram com frequência precedidos por décadas de queda dos números, nos anos 1980 e 1990. Ver Rausch e Haidt (out. 2023).

22. Ver meu ensaio com Eric Schmidt sobre como a IA agravará esses quatro problemas envolvendo as redes sociais: Haidt, J. e Schmidt, E. (5 maio 2023). "AI is about to make social media (much) more toxic." *Atlantic*. Disponível em: <www.theatlantic.com/technology/archive/2023/05/generative-ai-social-media-integration-dangers-disinformation-addiction/673940>.

1. O AUMENTO REPENTINO DO SOFRIMENTO [pp. 31-60]

1. Nomes e detalhes menos importantes foram alterados para proteger a privacidade dos envolvidos.

2. A exceção é a taxa de suicídio entre adolescentes americanos. De modo geral, ela cai na década de 2000, atingindo seu ponto mais baixo em 2007. Então começa a subir em 2008, sem nunca passar de onde se encontrava no início do ano 2000 até depois de 2010. Discutirei a taxa de suicídio posteriormente. Se olharmos mais para trás, veremos que os índices de depressão, ansiedade e outros transtornos vêm subindo entre os adolescentes americanos desde a década de 1950, com flutuações. No entanto, não se observa nada parecido com o aumento verificado no início da década de 2010, como veremos neste capítulo e neste livro. Ver Twenge et al. (2010).

3. Dados até 2021: Substance Abuse and Mental Health Services Administration (2023).

4. Observação sobre a variação demográfica: desde 2010, fica evidente a tendência de queda vertiginosa na saúde mental dos adolescentes nos Estados Unidos independentemente de gênero, raça, orientação sexual ou classe social. No geral, adolescentes negros há muito apresentam índices menores de ansiedade, depressão, automutilação e suicídio que seus coetâneos brancos, porém ambos os grupos veem um aumento acentuado desde 2010, com aumentos absolutos maiores entre adolescentes brancos e aumentos relativos (proporcionais) maiores entre adolescentes negros (porque eles partem de uma base mais baixa). Dados sobre classes sociais são raros, porém a depressão segue uma tendência similar em todas as classes, com um aumento mais significativo a partir de 2010. Se comparados a adolescentes héteros, adolescentes LGBTQIAP+ relatam números significativamente mais altos de todas as questões mencionadas. No entanto, os dados são inconclusivos em relação a um aumento das taxas de automutilação e suicídio entre adolescentes LGBTQIAP+ desde 2010. Para as fontes dessas estatísticas e conteúdo adicional, ver o suplemento on-line e em especial o link para "Adolescent Mood Disorders Since 2010: A Collaborative Review" [Transtornos de humor em adolescentes desde 2010: uma revisão colaborativa].

5. Como parte do processo, criei um "documento de revisão de literatura colaborativa" com Jean Twenge em 2019. Tratava-se de um Google Doc aberto a visualização, onde reuníamos todos os estudos, pesquisas e dados encontrados que contribuíam para a compreensão de como a saúde mental dos adolescentes havia mudado do início dos anos 2000 até os dias de hoje nos

Estados Unidos e no Reino Unido. Convidamos outros pesquisadores a colaborar com o documento e comentá-lo. (Esse documento e outros que mencionarei ao longo deste livro podem ser visualizados, em inglês, em: <www.anxiousgeneration.com/reviews>.)

6. Zahn-Waxler et al. (2008).

7. Askari et al. (2021).

8. A ACHA incluiu apenas universidades que haviam obtido amostras representativas em uma pesquisa padronizada elaborada pela associação. A pergunta foi feita exatamente da seguinte maneira: "Nos últimos doze meses, você recebeu um diagnóstico ou tratamento por parte de um profissional para qualquer item da seguinte lista?".

9. Todos os diagnósticos da Figura 1.2 estão aumentando, porém apenas os três transtornos internalizantes mais que em 100%. (A anorexia é um transtorno alimentar relacionado com a ansiedade, e portanto classificado como transtorno internalizante.)

10. American College Health Association (s.d.). Os dados para estudantes homens e mulheres separadamente podem ser encontrados no suplemento on-line. Os padrões são os mesmos, porém entre as mulheres os números e os aumentos são muito maiores nos casos de ansiedade e depressão.

11. Associação Americana de Psiquiatria (2022, p. 215).

12. A pergunta exata era: "Com que frequência você sentiu nervosismo nos últimos trinta dias?". Os números que aparecem no gráfico são a porcentagem daqueles que escolheram as duas opções mais graves entre cinco: "o tempo todo" ou "a maior parte do tempo". A pergunta foi feita apenas aos alunos do último ano do ensino médio com 18 anos ou mais. U.S. National Survey on Drug Use and Health, a partir do gráfico de Goodwin et al. (2020).

13. Parodi et al. (2022). A pesquisa NSDUH, de âmbito nacional, encontrou resultados similares, com a taxa para mulheres jovens de 18 a 25 anos aumentando de 26,13% em 2010 para 40,03% em 2021, enquanto a dos homens jovens aumentou de 17,35% para 20,26%.

14. Os números correspondentes para depressão foram 16% para "sempre" ou "na maior parte do tempo", 24% para "na metade do tempo" e 60% para "menos da metade do tempo" ou "nunca".

15. LeDoux (1996) mostrou que as informações visuais percorrem dois caminhos no cérebro, sendo que um deles leva os sinais neurais à amígdala e ao hipotálamo quase de imediato, e o outro leva a áreas de processamento visual do lobo occipital.

16. Para uma análise da ansiedade e dos transtornos de ansiedade, ver Wiedemann (2015) e Szuhany e Simon (2022).

17. Minha descrição da depressão é calcada sobretudo no capítulo sobre transtornos depressivos do *DSM-5-TR*, da Associação Americana de Psiquiatria (2022).

18. Shakespeare, *Hamlet*, ato 1 cena 2, linhas 133-4.

19. Friedman, R. (7 set. 2018). "The big myth about teenage anxiety." *New York Times*. Disponível em: <www.nytimes.com/2018/09/07/opinion/sunday/teenager-anxiety-phones-social-media.html>.

20. Centros de Controle e Prevenção de Doenças dos Estados Unidos. A primeira versão desse gráfico com que deparei foi em Mercado et al. (2017). Retornei à fonte original e acrescentei os últimos anos.

21. Gráficos de todas essas tendências podem ser encontrados no suplemento on-line. A taxa para todas as mulheres com mais de 24 anos *caiu* 25% no mesmo período.

22. Centros de Controle e Prevenção de Doenças dos Estados Unidos. (s.d.).

23. O gráfico para adolescentes mais velhos é bastante parecido, e pode ser visto no suplemento on-line, assim como muitos outros.

24. Meninas sofrem de mais depressão e estão mais sujeitas a tentativas de suicídio, porém tendem a empregar métodos reversíveis, como cortar os pulsos ou tomar uma overdose de remédios para dormir. Embora entre meninos o número de tentativas seja menor, estas têm uma probabilidade maior de acarretar a morte, pois eles tendem a usar métodos não reversíveis, como por exemplo se servindo de armas de fogo ou pulando de um prédio.

25. Ortiz-Ospina, E. (18 set. 2019). "The rise of social media." Our World in Data. Disponível em: <https://ourworldindata.org/rise-of-social-media>.

26. Vale apontar que o número de democracias liberais no mundo atingiu seu ápice nessa década, como discutirei em meu próximo livro, *Life After Babel* [A vida depois da Babel].

27. Os capítulos 2, 5 e 6 explicarão os muitos mecanismos através dos quais as redes sociais causam danos à saúde mental.

28. Lenhart (2012).

29. Lauricella et al. (2016).

30. Rideout (2021).

31. O relatório aponta: "Muito do frenesi do acesso é facilitado pelos dispositivos móveis" (Lenhart, 2015).

32. Os maiores alvos da atenção dos adolescentes foram cinco plataformas: YouTube, TikTok, Instagram, Snapchat e Facebook. Na verdade, 35% dos adolescentes americanos disseram acessar pelo menos uma dessas plataformas "quase sempre" (Vogels et al., 2022).

33. Turkle (2015, p. 3).

34. A Samsung introduziu os smartphones para o sistema operacional Android em 2009.

35. Systrom, K. (5 fev. 2013). "Introducing your Instagram feed on desktop." Instagram. Disponível em: <https://about.instagram.com/blog/announcements/introducing-your-instagram-feed-on-desktop>.

36. Protalinski, E. (1º maio 2012). "Instagram passes 50 million users." *ZDNET*. Disponível em: <www.zdnet.com/article/instagram-passes-50-million-users>.

37. Iqbal, M. (2 maio 2023). "Instagram revenue and usage statistics (2023)." *Business of Apps*. Disponível em: <www.businessofapps.com/data/instagram-statistics>.

38. O ataque a Sandy Hook foi um dos mais terríveis em escolas americanas. Um jovem com um transtorno mental invadiu uma escola de educação básica em Newtown, Connecticut, e matou vinte crianças — todas entre 6 e 7 anos — e seis adultos.

39. Vermeulen (2021). Ver também Twenge (24 out. 2023), onde ela expõe treze outras teorias que as pessoas formularam para a crise de saúde mental entre os jovens e por que doze delas não resistem ao escrutínio. Note que tanto eu quanto Twenge acreditamos que apenas uma dessas teorias alternativas está correta e é importante, a alternativa 6: "Porque crianças e adolescentes têm menos independência hoje".

40. U.S. Bureau of Labor Statistics. (s.d.). Os dados sobre depressão são da Substance Abuse and Mental Health Services Administration. (2023). *National Survey on Drug Use and Health*.

41. Essa foi uma das descobertas de Durkheim (1897-1951) em sua obra-prima *O suicídio: Estudo de sociologia*. Ela foi confirmada por pesquisas posteriores, por exemplo Rojcewicz (1971) e Lester (1993).

42. Bauer et al. (2016).

43. Klar e Kasser (2009). A citação é de Petré, R. (12 maio 2010). "Smile, you're an activist!" *In These Times*. Disponível em: <https://inthesetimes.com/article/smile-youre-an-activist>.

44. Conner, Crawford e Galiotor (2023); Latkin et al. (2022).

45. Belsie, L. (2011). "Why Canada didn't have a banking crisis in 2008." National Bureau of Economic Research. Disponível em: <www.nber.org/digest/dec11/why-canada-didnt-have-banking-crisis-2008>.

46. Ver o documento de revisão "The Coddling of the Canadian Mind? A Collaborative Review" [A superproteção da mente canadense? Uma revisão colaborativa]. Disponível em: <www.anxiousgeneration.com/reviews>. Ver em especial Garriguet (2021, p. 9, gráfico 6).

47. Garriguet (2021). "Portrait of youth in Canada: Data report."

48. Ver o suplemento on-line. Desde 2010, a taxa de suicídio vem aumentando entre adolescentes meninas no Canadá, mas não entre adolescentes meninos. No caso dos meninos, esse é um padrão que encontro em muitos países: os índices de depressão e ansiedade tendem a caminhar juntos, enquanto a taxa de suicídio é mais variável. Entre as meninas, os índices de ansiedade, depressão, automutilação e suicídio tendem a caminhar juntos. Ainda entre elas, a taxa de suicídio tem crescido nos cinco países da anglosfera. Note que o suicídio é um evento completo e raro, influenciado por muitos fatores, como a presença de armas em casa, a dificuldade de receber atendimento psiquiátrico de emergência e o nível de integração social (como Émile Durkheim demonstrou). Ele é sem dúvida a mais séria consequência do declínio da saúde mental, porém não é o indicador mais confiável da saúde mental geral de uma população. Ver Rausch & Haidt (30 out. 2023).

49. Ver meu documento de revisão "Adolescent Mood Disorders Since 2010: A Collaborative Review", cujo link pode ser encontrado no suplemento on-line. Ele inclui dezenas de estudos sobre tendências no Reino Unido e nos Estados Unidos. Ver principalmente Cybulski et al. (2021).

50. No Reino Unido, diferente do que ocorre nos Estados Unidos, a taxa de automutilação entre meninos está subindo mais que a entre meninas em termos relativos, embora permaneça muito menor em termos absolutos. Também é importante apontar que as taxas de suicídio na Inglaterra e no País de Gales apresentam uma tendência geral de queda desde a década de 1980 e se mantiveram relativamente estáveis no início dos anos 2000. No entanto, em contraste com essa tendência a queda, a taxa de suicídio vem subindo lentamente desde a década de 2010, com uma ascensão particularmente rápida entre adolescentes (e entre homens na faixa dos 50 e 60 anos). Note que as taxas-base de suicídio entre adolescentes na Inglaterra e no País de Gales são muito mais baixas que nos Estados Unidos. De novo, os aumentos relativos entre adolescentes meninas (15-9 anos) são muito maiores que em qualquer outro grupo. Ver Rausch e Haidt (30 out. 2023).

51. Atualizei o gráfico incluindo meninos e meninas. Os gráficos de outras faixas etárias podem ser encontrados no suplemento on-line. Cybulski et al. (2021). Agradeço a Lukasz Cybulski por ter me enviado um resumo dos dados.

52. Rausch e Haidt (29 mar. 2023). Ver também os documentos de revisão que Zach Rausch e eu alimentamos para vários países. Disponíveis em: <www.anxiousgeneration.com/reviews>.

53. Australian Institute of Health and Welfare (2022). Embora essa base de dados tenha sido iniciada em 2007, outras formas de medir consequências da saúde mental (como o sofrimento psicológico autorrelatado) não demonstram um aumento no início dos anos 2000 — o aumento começa por volta de 2010. Mais no suplemento on-line.

54. Para a análise completa de Zach das mudanças na saúde mental nos países nórdicos, ver Rausch e Haidt (19 abr. 2023). O sofrimento elevado da Figura 1.11 se refere àqueles que relataram pelo menos três problemas psicológicos uma vez por semana nos seis meses anteriores. Os problemas eram mencionados a partir de uma lista de quatro opções.

55. HBSC (2002-18). Os gráficos e dados foram criados e organizados por Thomas Potrebny e Zach Rausch.

56. Há poucas pesquisas mundiais que examinem as tendências de saúde mental dos adolescentes ao longo do tempo, e as principais fontes nesse sentido são o Pisa e o Health Behaviour in School-Aged Children Study (HBSC). O HBSC, iniciado em 1983, cobre predominantemente adolescentes europeus e norte-americanos. Usando o HBSC, Cosma et al. (2020) encontraram pequenos declínios no bem-estar mental dos adolescentes desde 2002. No entanto, esses declínios foram mais pronunciados no norte e no oeste da Europa, e no Canadá.

57. Agradeço a Oliver Hartwich, da New Zealand Initiative, por me alertar para esses itens.

58. Twenge et al. (2021).

59. Twenge et al. (2021). Dados do Pisa. Dados sobre alienação escolar não foram reunidos em 2006 e 2009. Os dados do Pisa ficam disponíveis para download: Organização para a Cooperação e o Desenvolvimento Econômico (OCDE). *Pisa survey*. Disponível em: <www.oecd.org/pisa/data>.

60. Zach e eu procuramos explicações alternativas há um bom tempo. Há alguma outra coisa, além da chegada dos smartphones e das redes sociais, que poderia afetar adolescentes do mundo todo ao mesmo tempo, por exemplo, um novo composto químico amplamente disseminado por volta de 2012? Ou aconteceu alguma coisa em meados dos anos 1990 que afetou os bebês ainda no útero? Consideramos algumas possibilidades em nosso documento de revisão "Alternative Hypotheses to the Adolescent Mental Illness Crisis: A Collaborative Review" [Hipóteses alternativas à crise de saúde mental entre adolescentes: uma revisão colaborativa], disponível em: <www.anxiousgeneration.com/reviews>.

61. Estamos reunindo dados internacionais, e Zach está escrevendo uma série de textos no Substack examinando tendências de saúde mental no mundo todo. Os links para esses textos, com atualizações segundo nossas descobertas, podem ser encontrados no suplemento on-line deste capítulo.

2. O QUE AS CRIANÇAS PRECISAM FAZER NA INFÂNCIA [pp. 63-82]

1. Para indícios da queda brusca do tempo passado com os amigos, ver Twenge, Spitzberg e Campbell (2019).

2. Walker et al. (2006).

3. Tanner (1990).

4. Há alguns casos documentados de "cultura" por parte dos chimpanzés, com um truque envolvendo coleta ou processamento de comida sendo transferido para a comunidade. No entanto, os casos são poucos e espaçados; o aprendizado cultural não parece ser uma forma muito importante de aprendizado entre esses primatas. Ver Tomasello (1994, pp. 301-17).

5. Essa frase costuma ser atribuída ou a Jean Piaget, importante nome da psicologia do desenvolvimento, ou a Maria Montessori, fundadora de um movimento educacional que imerge as crianças em oportunidades de brincar livre. Até onde sei, ninguém foi capaz de confirmar sua autoria, porém a frase condiz com a filosofia de ambos.

6. Ver o trabalho de Peter Gray, principalmente Gray et al. (2023); ver também meu documento de revisão "Free Play and Mental Health: A Collaborative Review" [Brincar livre e saúde mental: uma revisão colaborativa], disponível em: <www.anxiousgeneration.com/reviews>.

7. Gray (2018).

8. Gray (2011, p. 444).

9. Brussoni et al. (2012).

10. Gray (2013).

11. Ver o princípio 7. Child Rights International Network. (20 nov. 1959). *UN declaration on the rights of the child (1959)*. Disponível em: <https://archive.crin.org/en/library/legal-database/un-declaration-rights-child-1959.html>.

12. A formulação da pergunta sofreu uma alteração em 2018, por isso dados posteriores não estão disponíveis. A pesquisa oferecia cinco opções de resposta para a frequência com que os estudantes "se reuniam informalmente com os amigos", que variavam de "nunca" a "quase todo dia". Ver mais em Twenge, Spitzberg e Campbell (2019).

13. Um comentário sobre a pesquisa: ao longo deste livro, apresentarei uma série de gráficos que Zach Rausch e eu criamos a partir de dados da Monitoring the Future (MTF), como a Figura 2.1. Todos os anos, a MTF entrevista alunos do oitavo ano do ensino fundamental e do primeiro e do terceiro anos do ensino médio sobre muitas posturas e comportamentos. Em geral, apresentarei gráficos com a média desses anos, para oferecer a visão mais abrangente possível do que está acontecendo com os adolescentes americanos. Quase sempre, procurei apresentar separadamente os dados para meninas e meninos. Embora a MTF tenha começado a coletar dados do terceiro ano do ensino médio em 1976, os dados do oitavo ano do fundamental e do primeiro do médio só passaram a ser reunidos em 1991, e algumas variáveis foram introduzidas depois; por exemplo, o uso semanal de redes sociais foi acrescentado em 2013. Algumas vezes, apresentarei apenas dados do terceiro ano do ensino médio, para poder estender nossa perspectiva histórica até os anos 1970. Optei por apresentar dados apenas até 2019, muito embora eles este-

jam disponíveis até 2021, porque a pandemia de covid fez as respostas variarem de tal forma que muitas vezes nos distraem da mensagem principal em relação ao que aconteceu na Grande Reconfiguração (2010-5). As amostras também foram muito menores em 2020 e 2021, o que as torna menos confiáveis. Todos os gráficos apresentam dados com o peso recomendado aplicado, e referentes a grupos de dois anos (por exemplo, apresento a média dos dados de 2018 e 2019). Faço isso porque o acompanhamento ano a ano muitas vezes revela alterações que obscurecem tendências subjacentes, enquanto na apresentação reunindo dois anos as linhas são niveladas de modo a revelar as tendências. No entanto, para que minha apresentação dos dados seja completa, incluo outras versões de cada gráfico no suplemento on-line — com o retrato ano a ano e indo até 2021. Quando havia dados disponíveis para o oitavo ano do fundamental e o primeiro do médio e só incluí aqui as informações do último ano do médio, também ofereci o gráfico completo no suplemento on-line. Para baixar os dados da MTF, assim como os outros dados utilizados neste livro, acesse: <https://github.com/AfterBabel>.

14. Sherman et al. (2009).

15. Cohn e Tronick (1987); Beebe et al. (2010); Wass et al. (2020).

16. Auxier et al. (28 jul. 2020).

17. National Institute of Play. (s.d.). *Attunement Play*. Disponível em: <www.nifplay.org/what-is-play/types-of-play/attunement-play>.

18. Ehrenreich (2006); McNeill (1995).

19. Durkheim (1912/1951).

20. Wiltermuth e Heath (2009).

21. Ver, por exemplo, GlobalWebIndex (2018), que estimou três horas ao dia entre jovens (16-24 anos) em 2018. Em seu relatório de 2021, a GlobalWebIndex já estimava que a geração Z usava redes sociais de três a quatro horas por dia em todas as regiões do mundo fora a Ásia-Pacífico; o censo da Common Sense Media's (2021) obteve números mais baixos em sua pesquisa com adolescentes americanos: entre os que disseram que usam redes sociais, meninos relataram uma média de 1h42 ao dia, enquanto meninas relataram uma média de 2h22 (Rideout et al., 2022).

22. George e Haidt (2023).

23. Richerson e Boyd (2004). A teoria da coevolução gene-cultura foi desenvolvida em Boyd e Richerson (1985); Joe Henrich foi um aluno de Boyd que a levou mais adiante.

24. No capítulo 5, apresentarei uma definição de "rede social". Embora plataformas de streaming como Netflix e Hulu contribuam para a socialização, as redes sociais têm elementos únicos — como validação social, reforço frequente a comportamentos, número de seguidores e curtidas publicamente disponíveis, além de perfis de pessoas ligeiramente mais velhas que o usuário, com as quais ele pode se identificar — que as tornam muito mais poderosas.

25. O primeiro artigo de Henrich sobre o viés de prestígio foi escrito com Francisco Gil-White (2001). Henrich desenvolveu seu argumento em muitos trabalhos posteriores, incluindo seu livro *The Secret of Our Success* [O segredo do nosso sucesso] (2015).

26. Sean Parker no *Axios*: Allen, M. (2017, nov. 9). "Sean Parker unloads on Facebook: 'God

only knows what it's doing to our children's brains.'" *Axios*. Disponível em: <www.axios.com/2017/12/15/sean-parker-unloads-on-facebook-god-only-knows-what-its-doing-to-our-childrens- brains-1513306792>.

27. De acordo com a Wikipédia, a frase foi utilizada pela primeira vez pelo jornalista britânico Malcolm Muggeridge, em 1967, que escreveu que "no passado, se alguém era famoso ou notório, era por algum motivo — por ser um escritor, ator ou criminoso, por um talento, uma distinção ou uma abominação. Hoje, é possível ser famoso por ser famoso. Quem aborda outra pessoa na rua ou em qualquer lugar público para reivindicar reconhecimento quase sempre diz: "Te vi na TV".

28. Black et al. (1998).

29. McCabe (2019).

30. McAvoy, T. D. (1955). Fotografia do dr. Lorenz estudando os hábitos de patos e gansos no Woodland Institute. Shutterstock.

31. Sobre períodos sensíveis, ver Zeanah et al. (2011).

32. Johnson e Newport (1989).

33. Minoura (1992).

34. Minoura (1992, p. 327).

35. Orben et al. (2022). Também foi notado um período sensível inesperado por volta dos 19 anos em ambos os sexos, porém acredita-se que isso se deva mais a circunstâncias da vida que a um período sensível biológico, porque é nessa época que os jovens costumam deixar a casa dos pais.

36. Ver também um projeto de pesquisa do Sapien Labs que entrevistou dezenas de milhares de jovens adultos no mundo todo em 2023. Descobriu-se que havia uma relação direta entre a idade em que os jovens adultos recebiam seu primeiro smartphone e sua saúde mental na vida adulta: aqueles cujos pais esperaram mais tinham uma saúde mental melhor em quase todos os aspectos rastreados que aqueles que haviam ganhado um celular no ensino básico ou fundamental. Esse estudo fracassou em encontrar um período sensível específico; o que se revelou foi um prejuízo cumulativo ao longo da infância (Sapien Labs, 2023).

3. MODO DESCOBERTA E A NECESSIDADE DE RISCO NO BRINCAR [pp. 83-115]

1. Ingraham, C. (14 abr. 2015). "There's never been a safer time to be a kid in America." *Washington Post*. Disponível em: <www.washingtonpost.com/news/wonk/wp/2015/04/14/theres never-been-a-safer-time-to-be-a-kid-in-america>; Let Grow. (16 dez. 2022). "Let Grow takes a look at crime statistics". Disponível em: <https://letgrow.org/crime-statistics>.

2. Bowles, N. e Keller, M. H. (7 dez. 2019). "Video games and online chats are 'hunting grounds' for sexual predators." *New York Times*. Disponível em: <www.nytimes.com/interactive/2019/12/07/us/video-games-child-sex-abuse.html>.

3. Horwitz, J. e Blunt, K. (7 jun. 2023). "Instagram connects vast pedophile network." *Wall Street Journal*. Disponível em: <www.wsj.com/articles/instagram-vast-pedophile-network-4ab7189>.

4. Richerson e Boyd (2004).

5. A teoria dos sistemas de ativação e inibição foi proposta originalmente por Gray (1982). Para uma análise mais recente, ver Bijttebier et al. (2009).

6. Tirei os nomes "modo descoberta" e "modo defesa" do excelente *How to Have a Good Day* [Como ter um dia bom], livro de 2016 de Caroline Webb.

7. Uma versão desse gráfico foi publicada no *Wall Street Journal*: Belkin, D. (4 maio 2018). "Colleges bend the rules for more students, give them extra help." *Wall Street Journal*. Disponível em: <www.wsj.com/articles/colleges-bend-the-rules-for-more-students-give-them-extra-help-1527154200>. Zach Rausch e eu obtivemos os dados do Higher Education Research Institute (HERI) e recriamos o gráfico, adicionando anos. (HERI, 2023.)

8. Ver, por exemplo, Petersen, A. (10 out. 2016). "Students flood college mental health centers." *Wall Street Journal*. Disponível em: <www.wsj.com/articles/students-flood-college-mental-health-centers-1476120902>.

9. Ver exemplos em: *The Coddling of the American Mind* (2018); ver também Gosden, E. (3 abr. 2016). "Student accused of violating university 'safe space' by raising her hand." *Telegraph*. Disponível em: <www.telegraph.co.uk/news/2016/04/03/student-accused-of-violating-university-safe-space-by-raising-he>.

10. Ver meu documento de revisão, "The Coddling of the Canadian Mind? A Collaborative Review", disponível em: <www.anxiousgeneration.com/reviews>.

11. Taleb (2012).

12. Gilbert, D. (2004). "The surprising science of happiness." TED. Disponível em: <www.ted.com/talks/dan_gilbert_the_suprising_science_of_happiness>.

13. Phelan (2010).

14. Raudino et al. (2013); Shoebridge e Gowers (2000). Para revisões e uma lista atualizada, ver a seção 7 de "Free Play and Mental Health: A Collaborative Review", disponível em: <www.anxiousgeneration.com/reviews>.

15. Sandseter e Kennair (2010). Ver também seu ensaio mais recente: Sandseter et al. (2023).

16. Poulton e Menzies (2002a, 2002b).

17. Sandseter et al. (2023).

18. Foto usada com permissão da Divisão de Arquivos e História de Dallas, da Biblioteca Pública de Dallas.

19. Video games e jogos on-line são desafiadores e empolgantes, porém não oferecem o benefício antifóbico da brincadeira arriscada (embora no tratamento de tipos específicos de fobias se tenha descoberto que a realidade virtual pode beneficiar a terapia de exposição). Ver Botella et al. (2017).

20. Ver a coleção de fotos "The dangerous playgrounds of the past through vintage photographs, 1880s-1940s" (29 jan. 2023). Rare Historical Photos. Disponível em: <rarehistoricalphotos.com/dangerous-playgrounds-1900s>.

21. Kitzman, A. (2023). *Merry go round* [fotografia]. Shutterstock.

22. Ver pesquisa sobre parquinhos que promovem a aventura, descrita por Rosin, H. (abr. 2014). "The overprotected kid." *Atlantic*. Disponível em: <www.theatlantic.com/magazine/archive/

2014/04/hey-parents-leave-those-kids-alone/358631>. Ver Barry, H. (10 mar. 2018). "In Britain's playgrounds, 'bringing in risk' to build resilience." *New York Times*. Disponível em: <www.nytimes.com/2018/03/10/world/europe/britain-playgrounds-risk.html; Whipple, T. (25 jan. 2019). "Taking risk out of children's lives is putting them in danger." *The Times*. Disponível em: <www.thetimes.co.uk/article/taking-risk-out-of-children-s-lives-is-putting-them-in- danger-v7fzcs8b7>.

23. Sagdejev, I. (2009). *Hampton forest apartment homes playground* [fotografia]. Wikimedia Commons. Disponível em: <https://commons.wikimedia.org/wiki/File:2009-04-21_Hampton_Forest_Apartment_Homes_playground.jpg>.

24. Fotografia de Jayne Riew.

25. Nauta et al. (2014).

26. Ver o vídeo e o projeto de Brussoni em <https://outsideplay.ca>.

27. Brussoni et al. (2012, p. 3134).

28. Hofferth e Sandberg (2001); Kemple et al. (2016).

29. Tremblay, M. S. e Brussoni, M. (16 dez. 2019). "If in doubt, let them out — children have the right to play." *Conversation*. Disponível em: <https://theconversation.com/if-in-doubt-let-them-out- children-have-the-right-to-play-128780>. Ver também o declínio do ir a pé para a escola (Buliung et al., 2009); pais e legisladores canadenses deveriam ler o trabalho de Mariana Brussoni em <https://spph.ubc.ca/faculty/mariana-brussoni>.

30. O'Brien e Smith (2002); Dodd et al. (2021); Shaw et al. (2015).

31. Agradeço a Eli Finkel, que recriou o gráfico do estudo original (Ramey e Ramey, 2009) em seu livro *The All-or-Nothing Marriage* [O casamento tudo ou nada], e depois me forneceu as informações para que eu elaborasse meu próprio gráfico.

32. Hofferth e Sandberg (2001).

33. Mullan (2018, 2019).

34. O foco na concorrência crescente e na desigualdade também é a tese de Doepke et al. (2019).

35. Lareau (2003).

36. DeLoache et al. (2010).

37. Ishizuka (2018).

38. Ver, por exemplo, Putnam (2000).

39. Gemmel et al. (2023). Fora que famílias menores implicavam menos crianças com quem brincar.

40. Furedi (2001). Greg e eu incluímos um capítulo em *The Coddling of the American Mind* intitulado "Paranoid Parenting" [Criação paranoica], influenciados por Furedi, porém erramos ao não citar seu nome ou o que ele escreveu diretamente.

41. Ver o resumo em Tiffany, K. (9 dez. 2021). "The great (fake) child-sex trafficking epidemic." *Atlantic*. Disponível em: <www.theatlantic.com/magazine/archive/2022/01/children-sex-trafficking-conspiracy-epidemic/620845>.

42. Para uma visão geral do pânico relacionado a abuso sexual em creches e das acusações que se provaram falsas, ver Casey, M. (31 jul. 2015). "How the day care child abuse hysteria of

the 1980s became a witch hunt." *Washington Post*. Disponível em: <www.washingtonpost.com/opinions/a-modern-witch-hunt/2015/07/31/057effd8-2f1a-11e5-8353-1215475949f4_story.html>. Ver também "Day-care sex-abuse hysteria." (23 jun. 2023). Wikipédia. Acesso em 28 jun. 2023. Disponível em: <https://en.wikipedia.org/wiki/Day-care_sex-abuse_hysteria>.

43. Furedi (2001, p. v).

44. Hillman et al. (1990).

45. Coughlan, S. (23 dez. 2014). "Childhood in the US 'safer than in the 1970s.'" BBC. Disponível em: <www.bbc.com/news/education-30578830>.

46. Para um exemplo recente, revoltante, ver Skenazy, L. (16 nov. 2022). "Suburban mom handcuffed, jailed for making 8-year-old son walk half a mile home." *Reason*. Disponível em: <https://reason.com/2022/11/16/suburban-mom-jailed-handcuffd-cps-son-walk-home>.

47. Para uma análise da pesquisa que sugere que a privação do brincar e da autonomia pode aumentar o risco de transtornos de ansiedade, ver Gray et al. (2023).

48. Haslam (2016).

49. Ver o suplemento on-line para o gráfico do Ngram para o termo "segurança emocional".

50. Edmondson (1999).

51. Haefeli, W. (2004) "We've Created a Safe poster." *The New Yorker* © Condé Nast.

52. Lukianoff e Haidt (2018, p. 27). Agradecemos a Pamela Paresky por inventar o termo.

53. Foto de Robert Strand.

54. Ver Pew Research Center (2015, pp. 50-1). A sensação de segurança dos pais quanto ao bairro onde moram é influenciada pela idade deles, mas não muito. As idades de pais que dizem morar em um bairro excelente ou muito bom para crianças são na média só um ano inferiores às mencionadas no texto. Para resultados parecidos, ver também Grose, J. e Rosin, H. (6 ago. 2014). "The shortening leash." *Slate*. Disponível em: <www.slate.com/articles/life/family/2014/08/slate_childhood_survey_results_kids_today_have_a_lot_less_freedom_than_their.html>.

55. Fay, D. (2013). *Diagram of a secure attachment* [fotografia]. In: *Becoming safely attached: An exploration for professionals in embodied attachment*. Disponível em: <https://dfay.com/archives/3134>. Quadro e texto à direita acrescentados por Haidt.

56. Ver cap. 7 do livro de 1979 *Your Six-Year-Old: Loving and Defiant* [Seus seis anos de idade: amorosos e desafiadores] de Ames e Ilg, que enumera as coisas que uma criança deve ser capaz de fazer no início do primeiro ano do ensino básico, incluindo "andar sozinha no bairro (4-8 quarteirões), para ir ao mercado, à escola, ao parquinho ou à casa de amigos".

4. PUBERDADE E AS MUDANÇAS NA TRANSIÇÃO PARA A VIDA ADULTA [pp. 116-33]

1. Hebb (1949).

2. A analogia com o cimento termina aí. O cérebro continua maleável a vida toda no sentido de formar novas sinapses, e há algumas áreas onde novos neurônios continuam amadurecendo. Os adultos seguem aprendendo, e todo aprendizado envolve algum tipo de mudança cerebral. No entanto, a mudança estrutural é muito mais limitada após algumas áreas terem sido transformadas na puberdade.

3. Steinberg (2023); Fuhrmann et al. (2015).

4. Steinberg (2023, p. 26).

5. Ver, por exemplo, o livro de 2008 *A Nation of Wimps* [Uma nação de fracos], de Hara Marano. Para indícios de que os millennials desenvolveram um lócus de controle cada vez mais externo, ver Twenge et al. (2004).

6. Embora Twenge (2023b) tenha demonstrado que houve um aumento menor entre millennials, que começou um ou dois anos *depois* do aumento na geração Z, Gray et al. (2023) afirmam que a independência das crianças vem caindo desde os anos 1940, e que algumas psicopatologias vêm aumentando, lentamente, desde a mesma época. Reconheço esse ponto de vista e esse pano de fundo, porém, como os números se mantiveram relativamente estáveis ou até viram uma ligeira melhora na década de 1990 e no início dos anos 2000, procuro me concentrar nos motivos da piora repentina na saúde mental no início da década de 2010.

7. Nunca houve uma pressão seletiva na evolução humana para a habilidade de processar rapidamente imagens passageiras e mensagens escritas enquanto se lida com telas múltiplas, portanto essa não é uma habilidade que precisa ser treinada na vida adulta. Ainda que as crianças de hoje talvez precisem dessa habilidade na vida adulta, submetê-las a tal estímulo cedo não ajuda a prepará-las para o futuro.

8. Brown (1991).

9. Meu relato da dança do nascer do sol é baseado em Markstrom (2010) e Marks (1999). "Apache female puberty sunrise ceremony." *Web Winds*. Disponível em: <www.webwinds.com/yupanqui/apachesunrise.htm>.

10. Lacey (2006).

11. Recebi a seguinte explicação de Uri Bilmes, que estudou para ser rabino: "É importante notar que a idade limite da vida adulta foi estabelecida em uma época e em uma sociedade diferentes. Por exemplo, uma passagem famosa da literatura rabínica lista diferentes idades e os estágios de desenvolvimento correspondentes da seguinte maneira: 'Aos 5 anos, estudo da Bíblia; aos 10, estudo da Mishná; aos 13, respeito aos mandamentos; aos 15, estudo do Talmude; aos 18, casamento'. Em um mundo em que a vida adulta começava aos 13, o casamento não devia passar dos 18. Na sociedade atual, considerar um aluno de sétimo ano um 'homem' (mesmo com a mãe ainda preparando o lanche que ele leva para a escola) é quase um anacronismo, se não uma piada".

12. Markstrom (2011, p. 157).

13. Para ritos de iniciação de gangues de rua, ver Descormiers e Corrado (2016).

14. Nuwer (1999); Kim, Y. (2018 jul. 10). "8 girls get real about their crazy sorority experiences." *Seventeen*. Disponível em: <www.seventeen.com/life/real-girl-stories/a22090500/craziest-sorority-hazing-stories>.

15. Isso pode ser observado nos dados do Monitoring the Future disponíveis no suplemento on-line. Ver também Burge (2021).

16. É claro que os limites aos 13 e aos 18 anos na prática não eram tão estritos. Com uma identidade falsa, era possível entrar no cinema antes dos 13 e no bar antes dos 18. No entanto,

havia um risco envolvido, um medo real quando se mostrava a identidade falsa a quem controlava a entrada.

17. Três itens vêm do Monitoring the Future: consumo de álcool ("Você já bebeu cerveja, vinho ou destilado?"), trabalho ("Em média ao longo do ano escolar, quantas horas por semana você dedica ao trabalho, seja remunerado ou não?") e habilitação ("Você tem carteira de motorista?"). O quarto item, sexo, vem da CDC Youth Risk Behavior Survey ("Você já teve uma relação sexual?").

18. Rideout et al. (2022) apontam que 18% das crianças de 8 a 12 anos de idade usam redes sociais todos os dias, principalmente Snapchat e Instagram. Se tivéssemos o cálculo restrito a crianças de 11 e 12 anos, ele seria muito maior.

19. Como Ron Lieber diz em seu excelente livro de 2015, *The Opposite of Spoiled* [O contrário de mimado]: "Toda conversa sobre dinheiro também é uma conversa sobre valores. Mesada envolve paciência, [...] trabalho envolve perseverança". Ele também recomenda que uma quantia de dinheiro seja entregue às crianças a partir "do primeiro ano, no máximo", que começa quando a maioria delas têm 6 anos de idade.

20. Na minha opinião, o primeiro smartphone deve ser aos 16 anos, porém, considerando o ponto em que nos encontramos e dada a importância de tirar os smartphones e as redes sociais da vida dos alunos de ensino fundamental, proponho que a transição para o ensino médio — por volta de 14 anos — seja o limite claro onde ancorar a nova norma.

5. OS QUATRO PREJUÍZOS FUNDAMENTAIS: PRIVAÇÃO SOCIAL, PRIVAÇÃO DE SONO, ATENÇÃO FRAGMENTADA E VÍCIO [pp. 137-68]

1. Thorndike (1898).

2. John Schroter (8 out. 2021). *Steve Jobs introduces iPhone in 2007* [vídeo]. YouTube. Disponível em: <www.youtube.com/watch?v=MnrJzXM7a6o> (2:14); "Jobs' original vision for the iPhone: No third-party native apps." (21 out. 2011). *9to5Mac*. Disponível em: <https://9to5mac.com/ 2011/10/21/jobs-original-vision-for-the-iphone-no-third-party-native-apps>.

3. Silver, S. (10 jul. 2018). "The revolution Steve Jobs resisted: Apple's App Store marks 10 years of third-party innovation." *AppleInsider*. Disponível em: < https://appleinsider.com/articles/18/07/10/the-revolution-steve-jobs-resisted-apples-app-store-marks-10-years-of-third-party-innovation >.

4. Turner, A. (2023). "How many apps in Google Play Store?" (ago. 2023). *BankMyCell*. Disponível em: <www.bankmycell.com/blog/number-of-google-play-store-apps>.

5. Para compreender a magnitude do modelo centrado em anúncios: em 2019, 3,3 bilhões de pessoas usavam redes sociais em um dispositivo móvel. No mesmo ano, os anúncios representaram *98%* da receita da Meta, ou seja, mais de 69 bilhões de dólares. O mesmo modelo de negócio baseado em anúncios está por trás do TikTok, do Snapchat e das principais redes sociais. Sua receita portentosa é sinal de como tratam bem seus clientes — os anunciantes —, e não

os mais de 3 bilhões de usuários. Ver Kemp (2019). Em 2023, esse número tinha aumentado para 4,9 bilhões; ver Wong e Bottorff (2023).

6. Lenhart (2015).

7. Para a história das definições de redes sociais desde 1994, ver Aichner et al. (2021).

8. Brady et al. (2017).

9. Pew Research Center (2021).

10. Ver Halldorsdottir et al. (2021), Verduyn et al. (2015) e Kim et al. (2020), para evidências dos efeitos negativos na saúde mental em usuários passivos de redes sociais.

11. Os números que utilizo para o tempo total de tela foram tirados de Rideout e Robb (2019): cerca de cinco horas por dia de tela fora da escola entre os 8 e 12 anos; sete-oito horas entre adolescentes mais velhos. Nagata, Ganson et al. (2022) obtiveram números consistentes com esses: crianças de 9-10 anos tinham quatro horas de tela antes da covid. Nagata, Cortez et al. (2022) relatam que crianças de 13 anos participando do ABCD Study passavam perto de oito horas por dia em telas em 2021. E o Colégio Americano de Pediatria (2020) chegou a números parecidos: cerca de cinco horas por dia entre 8-12 anos, quase 7,5 entre adolescentes. Todos esses estudos excluíram o uso de telas relacionado a atividades escolares; tratam apenas do uso recreativo, por isso imagino que sejam quarenta horas por semana entre pré-adolescentes e mais de cinquenta horas entre adolescentes. Números parecidos foram encontrados no Reino Unido: Hiley, C. (13 set. 2022). "Screen time report 2022." *Uswitch*. Disponível em: <www.uswitch.com/mobiles/screentime-report>.

12. Twenge, Martin e Spitzberg (2019), analisando dados da Monitoring the Future.

13. Há menos dados disponíveis sobre as tendências de uso de tecnologia entre asiático-americanos. Os resultados são contraditórios, com alguns estudos relatando menor tempo de tela em comparação a adolescentes brancos, negros e latinos (ver Nagata, Ganson et al., 2022; Nagata et al. 2023), enquanto outros apresentam tempo de tela comparável ao de adolescentes negros e latinos (ver Rideout et al., 2011).

14. Um comentário sobre a pesquisa: nas décadas anteriores, a exclusão digital resultou em disparidades socioeconômicas, com famílias de alta renda adotando mais rapidamente e tendo mais acesso a tecnologias como computadores, laptops e televisões. Embora persista, a exclusão digital muitas vezes se manifesta de maneiras inesperadas nos Estados Unidos. Por exemplo, como apenas 57% dos adultos americanos com renda inferior a 30 mil dólares anuais contam com internet banda larga, em comparação aos 83% entre aqueles com renda entre 30 mil e 100 mil, famílias de baixa renda dependem mais de smartphones para uso de internet, o que leva a números mais elevados nesse sentido. É importante observar que os números de pré-adolescentes (8-12 anos) e adolescentes (13-18 anos) com celular próprio não varia de maneira significativa entre as classes sociais, embora o tempo de tela varie. Pré-adolescentes de famílias de baixa renda (que ganham menos de 35 mil dólares ao ano) passam cerca de três horas a mais por dia em telas que pré-adolescentes de famílias de alta renda, enquanto adolescentes de famílias de baixa renda passam cerca de duas horas mais. Além disso, muitos executivos do setor de tecnologia, incluindo aqueles do Vale do Silício, mandam seus filhos para escolas particulares onde o

uso de telas é proibido, como a Waldorf School of the Peninsula. Trata-se de uma experiência muito diferente daquela de muitas escolas públicas, com programas de tecnologia que tentam disponibilizar um aparelho para cada criança. Além disso, muitos pais e mães de baixa renda precisam ter mais de um emprego, e é maior a probabilidade de mães solo nessa faixa, o que deixa menos tempo e energia para investir no monitoramento do tempo que as crianças passam na internet e do conteúdo que acessam. Essa variação socioeconômica no uso de telas foi encontrada em outros países também; ver, por exemplo, Pedersen (2022) para a Dinamarca. Em relação a raça, jovens negros e latinos têm maior probabilidade de contar com smartphone próprio que seus pares brancos. Pré-adolescentes negros passam cerca de duas horas a mais por dia na tela que pré-adolescentes brancos. Essa distância é ainda maior em relação a pré-adolescentes latinos, que passam cerca de 2,5 horas a mais que seus pares brancos. Adolescentes LGBTQIAP+ também relatam passar cerca de três horas a mais ao dia em telas que seus pares cis. Para as fontes, ver Vogels (2021); Rideout et al. (2022); Atske e Perrin (2021); Rideout e Robb (2019); Nagata et al. (2023); Assari (2020); Pulkki-Råback et al. (2022); Bowles, N. (16 out. 2018). "The digital gap between rich and poor kids is not what we expected." *New York Times*. Disponível em: <www.nytimes.com/2018/10/26/style/digital-divide-screens-schools.html>.

15. Vogels et al. (2022): "Cerca de 35% dos adolescentes americanos disseram usar pelo menos uma dessas cinco plataformas quase sempre".

16. Thoreau (1910, p. 39).

17. Gray (2023).

18. Kannan e Veazie (2023).

19. American Time Use Survey. Agradeço à dra. Viji Kannan por me mandar os dados de Kannan e Veazie (2023), que Zach e eu transformamos na Figura 5.1.

20. Twenge (2017, cap. 3). Ver também Twenge, Spitzberg e Campbell (2019). No capítulo 6, mostrarei que não se trata apenas de correlações; experimentos apontam uma relação causal, principalmente por parte das redes sociais.

21. Barrick et al. (2022).

22. Przybylski & Weinstein (2012). Para uma revisão da pesquisa, ver Garrido et al. (2021).

23. *Highlights* (14 out. 2014). "National survey reveals 62% of kids think parents are too distracted to listen." *PR Newswire*. Disponível em: <www.prnewswire.com/news-releases/national-survey-reveals-62-of-kids-think-parents-are-too-distracted-to-listen-278525821.html>.

24. Pew Research Center (2020).

25. Agradeço a Jacob Silliker por compartilhar suas ideias comigo e permitir a reprodução de um trecho.

26. Hummer e Lee (2016).

27. Tarokh et al. (2016); Lowe et al. (2017).

28. Wolfson & Carskadon (2003); Perez-Lloret et al. (2013).

29. Dahl (2008); Wheaton et al. (2016).

30. Owens et al. (2014); Garbarino et al. (2021).

31. Paruthi et al. (2016).

32. James Maas, citado em Carpenter, S. (out. 2001). "Sleep deprivation may be undermining teen health." *Monitor on Psychology, 32*. Disponível em: <www.apa.org/monitor/oct01/sleepteen>

33. National Addiction & HIV Data Archive Program (s.d.-a, s.d.-b). *Monitoring the Future.*

34. Alonzo et al. (2021).

35. Perrault et al. (2019). Ver também Garrison e Christakis (2012), e Mindell et al. (2016).

36. Para jogos on-line, ver Peracchia e Curcio (2018). Para leitores digitais, ver Chang et al. (2014). Para computadores, ver Green et al. (2017). Para redes sociais, ver Rasmussen et al. (2020). Há poucos estudos que relatam pouco ou nenhum efeito do uso de telas no sono. Ver Przybylski (2019).

37. Hisler et al. (2020).

38. Há muitos estudos sobre esse tema. Indícios internacionais podem ser encontrados num estudo grande (Khan et al., 2023) que analisou os resultados de uma pesquisa com adolescentes em 38 países e descobriu que usuários assíduos de mídias digitais em geral tinham mais problemas de sono que outros, com os efeitos observados acima de duas horas por dia para cada tipo de mídia e acelerados acima de quatro horas (o que mais uma vez sugere que o vício contribui para esses efeitos). No geral, os efeitos foram maiores entre as meninas. É importante apontar que os efeitos do "tempo passivo de tela", consistindo principalmente em TV e vídeos, não apareceram até que o tempo médio diário ultrapassasse as quatro horas. Trata-se de uma descoberta consistente: a TV, passiva, não é tão ruim quanto as redes sociais ou os jogos on-line, que envolvem comportamentos rápidos reforçados por recompensas, e portanto são mais viciantes.

39. Guo et al. (2022); Ahmed et al. (2022); Kristensen et al. (2021); Alimoradi et al. (2019).

40. Como citado em Hern, A. (18 abr. 2017). "Netflix's biggest competitor? Sleep." *Guardian*. Disponível em: <www.theguardian.com/technology/2017/apr/18/netflix-competitor-sleep-uber-facebook>.

41. Goldstone et al. (2020).

42. Statista (18 abr. 2023). *Weekly notifications from social apps to U.S. Gen Z mobile users 2023*. Disponível em: <www.statista.com/statistics/1245420/us-notifications-to-social-app-ios-users>. Observe que a maioria não usa todos os treze aplicativos mencionados, embora o adolescente médio tenha conta em sete a oito plataformas de rede social; Kemp, S. (26 jan. 2023). *DataReportal*. Disponível em: <https://datareportal.com/reports/digital-2023-deep-dive-time-spent-on-social-media>. É claro que muitos adolescentes desativam as notificações de alguns aplicativos, e muitos chegam a desativar *todas* as notificações temporariamente. No entanto, meus alunos concordam: seus celulares os interrompem de forma contínua ao longo do dia.

43. James (1890, cap. 11).

44. Carr (2012, p. 7).

45. Desenvolvi essa defesa da necessidade de escolas livres de celulares em Haidt, J. (6 jun. 2023). "Get phones out of school now." *Atlantic*. Disponível em: <www.theatlantic.com/ideas/archive/2023/06/ban-smartphones-phone-free-schools-social-media/674304>.

46. Kim et al. (2019).

47. Madore e Wagner (2019).

48. Ward et al. (2017). É importante dizer que uma tentativa de replicar o estudo não chegou à conclusão de que a localização do celular afetava o desempenho (Ruiz Pardo & Minda, 2022). Outros estudos, no entanto, concluíram que, quando no campo de visão da pessoa, o celular tem um efeito disruptivo. Ver Dwyer et al. (2018); Tanil e Young (2020); Skowronek et al. (2023).

49. Para mais fontes sobre a relação entre TDAH e tempo de tela, ver Boer et al. (2019); Liu et al. (2023); Santos et al. (2022); Tamana et al. (2019).

50. Boer et al. (2020).

51. Baumgartner et al. (2018).

52. Há uma correlação entre o uso assíduo ou problemático das redes sociais e uma função executiva menos desenvolvida; ver Reed (2023). No entanto, é difícil verificar experimentalmente se o uso no longo prazo tem efeitos prejudiciais, porque seria antiético submeter jovens aleatoriamente ao uso assíduo das redes sociais.

53. Ver Alavi et al. (2012) e Grant et al. (2010) para discussões quanto a classificação, semelhanças e diferenças entre vícios comportamentais e químicos.

54. Ver, por exemplo, Braun, A. (13 nov. 2018). "Compulsion loops and dopamine hits: how games are designed to be addictive." *Make Tech Easier*. Disponível em: <www.maketecheasier.com/why-games-are-designed-addictive>.

55. Agradeço a Nir Eyal a permissão para reproduzir a figura. Eyal também publicou o livro *Indistraível: Como dominar sua atenção e assumir o controle de sua vida*, em 2019, que fornecia estratégias para romper com hábitos tecnológicos pouco saudáveis.

56. Spence et al. versus Meta Platforms Inc., n. 3:22-cv-03294, N.D. Cal. (San Francisco, 2022), documento 1, pp. 24-5, parágrafo 32. Disponível em: <https://socialmediavictims.org/wp-content/uploads/2022/06/Spence-Complaint-6_6_22.pdf>.

57. Lembke (2021, p. 57).

58. Associação Americana de Psiquiatria (jan. 2023). Ver também Marcelline, M. (12 dez. 2022). "Canada judge authorizes Fortnite addiction lawsuit." *PCMag*. Disponível em: <www.pcmag.com/news/canada-judge-authorizes-fortnite-addiction-lawsuit>.

59. Chang et al. (2014).

60. Lembke (2021, p. 1).

61. Ver principalmente Maza et al. (2023).

62. Departamento de Saúde e Serviços Humanos dos Estados Unidos (2023).

63. Vogels e Gelles-Watnick (2023).

64. Nesi et al. (2023).

65. Berger et al. (2022); Berger et al. (2021); Nagata et al. (2023).

66. Ver "Social Media and Mental Health: A Collaborative Review" [Redes sociais e saúde mental: uma revisão colaborativa], que organizei em colaboração com Zach Rausch e Jean Twenge. Muito poucos estudos encontram benefícios. Disponível em: <www.anxiousgeneration.com/reviews>.

67. Tecnicamente, o YouTube é uma rede social, porém é usado principalmente como fonte de informações. Ele está relacionado à radicalização e a muitos outros problemas sociais e psi-

cológicos, porém, quando observamos os prós e contras de cada plataforma, o YouTube fica entre as mais bem classificadas; ver, por exemplo, Royal Society for Public Health (2017).

68. Acrescentando outro motivo de dúvida: muitos dos estudos usados em defesa dos supostos benefícios sociais e educacionais das redes sociais na verdade apresentam resultados de estudos avaliando o uso da internet; alguns foram inclusive conduzidos antes de 2012, ou seja, antes que Instagram, Snapchat e TikTok se popularizassem. Ver Uhls et al. (2017) para uma análise dos benefícios. Eles se debruçam sobre muitos estudos anteriores a 2012 e incluem fontes que se concentram no uso da internet, como Borca et al. (2015).

69. Nesi et al. (2023).

70. Vogels (2022).

6. POR QUE AS REDES SOCIAIS PREJUDICAM MAIS AS MENINAS QUE OS MENINOS [pp. 169-202]

1. Spence et al. versus Meta Platforms Inc., n. 3:22-cv-03294, N.D. Cal. (San Francisco, 2022), documento 1, pp. 110-1, parágrafo 187. Disponível em: <https://socialmediavictims.org/wp-content/uploads/2022/06/Spence-Complaint-6_6_22.pdf>. Desenho usado com permissão dos pais de Alexis. Estou colaborando com o escritório de advocacia que representa os Spence.

2. Vários estudos encontraram uma ligação entre o uso de redes sociais e ideação suicida para meninas, e não para meninos. Ver Coyne et al. (2021). Ver também Brailovskaia, Krasavtseva et al. (2022), que se debruçaram apenas sobre mulheres na Rússia e descobriram que "o uso problemático das redes sociais mediou de maneira significativa a relação entre estresse diário e resultados envolvendo suicídio"; isso, no entanto, só para mulheres mais novas (com menos de 29 anos), e não mais velhas.

3. Ver Rausch & Haidt (29 mar. 2023).

4. Um comentário sobre a pesquisa: os gráficos deste capítulo são principalmente sobre adolescentes americanos, porque há dados excelentes sobre eles desde os anos 1970, em especial do Monitoring the Future. Tenho certeza de que as tendências são similares em outros países da anglosfera. Considerando alguns estudos internacionais grandes e relatos que recebo, acredito que essas tendências também se mostrem em grande parte da Europa e da América Latina. Não tenho muitas informações sobre as tendências na Ásia e na África, embora os efeitos de isolamento e solidão da rápida mudança tecnológica sobre os relacionamentos talvez sejam abrandados em sociedades mais coletivistas, religiosas ou voltadas para a família. Fontes: Rausch (mar. 2023); ver também as revisões internacionais reunidas por mim e Zach Rausch, disponíveis em: <www.anxiousgeneration.com/reviews>.

5. Orben e Przybylski (2019).

6. Twenge, Haidt et al. (2022). Analisamos os mesmos conjuntos de dados usados por Orben e Przybylski (2019), e abordamos alguns problemas que vimos nesse estudo, como controlar pelas variáveis psicológicas relacionadas à saúde mental, em vez de controlar apenas pelas variáveis demográficas, como costuma ser feito. Encontramos correlações entre o uso de redes sociais

e saúde mental equivalentes a $r = 0,2$, mais próximas do consumo excessivo de álcool que do consumo de batata.

7. Nos últimos anos, houve uma convergência surpreendente em relação à correlação entre uso de redes sociais e transtornos internalizantes (principalmente ansiedade e depressão). Jean Twenge e eu descobrimos ser por volta de $r = 0,2$ quando se limita a análise a meninas e redes sociais (r é o coeficiente de correlação de Pearson, que vai de $r = -1$, para uma correlação perfeitamente negativa, a $r = 1$ para uma correlação perfeitamente positiva, passando por $r = 0$ para a completa ausência de correlação). Orben e Przybylski (2019) afirmaram que essa correlação era de $r < 0,04$, que seria de fato desprezível, porém consideravam todas as atividades digitais e todos os adolescentes. Quando Amy Orben (2020) revisou muitos outros estudos que se restringiam às redes sociais (em vez de considerar todas as mídias digitais), descobriu que a associação com o bem-estar variava entre $r = 0,10$ a $r = 0,15$, e isso para meninos e meninas juntos. Os efeitos em geral são maiores em meninas, de modo que seria mais que $r = 0,15$ considerando apenas a relação entre redes sociais e saúde mental das meninas, aproximando bastante o número daquele a que Twenge e eu chegamos. Jeff Hancock, outro pesquisador importante que se mantém cético quanto à afirmação de que as redes sociais provocam danos à saúde mental dos adolescentes, conduziu uma meta-análise de estudos de 2018 (Hancock et al., 2022). Ele e seus coautores concluíram que o tempo passado em redes sociais não estava substancialmente associado com a maior parte das variáveis de bem-estar, excetuando depressão e ansiedade. Para ambas, as correlações ficavam, novamente, entre $r = 0,10$ e $r = 0,15$, para meninos e meninas somados. Assim, a comunidade científica está chegando a um consenso de que medidas grosseiras de uso de redes sociais estão correlacionadas a medidas grosseiras de ansiedade e depressão para meninas, em cerca de ou acima de $r = 0,15$. (Se a medição dessas duas variáveis fosse melhor, as correlações seriam mais altas.) Mas $r = 0,15$ não é pouco? Não, em se tratando de saúde pública (ver Götz et al., 2022).

8. É importante mencionar que em Twenge, Haidt et al. (2022) e outros estudos o "uso da internet" muitas vezes demonstra correlações igualmente altas com problemas de saúde mental, sobretudo entre as meninas. Alguns estudos encontram variáveis moderadoras — ou seja, variáveis que tornam algumas meninas mais ou menos propensas a serem prejudicadas pelas redes sociais. Entre elas estão puberdade precoce, consumo elevado de mídia e depressão ou ansiedade preexistentes. Ver a Seção 2 de "Social Media and Mental Health: A Collaborative Review".

9. Ver uma revisão desses estudos na minha publicação no Substack: "Social Media Is a Major Cause of the Mental Illness Epidemic in Teen Girls. Here's the Evidence" (Haidt, 23 fev. 2023).

10. Denworth, L. (1º nov. 2019). "Social media has not destroyed a generation." *Scientific American*. Disponível em: <www.scientificamerican.com/article/social-media-has-not-destroyed-a-generation>.

11. Millennium Cohort Study. Analisado por Kelly et al. (2018). Gráfico refeito por Zach Rausch.

12. Alguns estudos mencionam que adolescentes com depressão preexistente têm maiores chances de recorrer às redes sociais, enquanto muitos outros estabelecem que o uso massivo de

redes socais é a causa da depressão, e ainda alguns estudos longitudinais estabelecem que o aumento do uso de redes sociais no Momento 1 prediz maior depressão no Momento 2. Ver, por exemplo, Primack et al. (2020); Shakya e Christakis (2017).

13. Hunt et al. (2018, p. 751).

14. Kleemans et al. (2018).

15. No documento de revisão colaborativo "Social Media and Mental Health", que Jean Twenge, Zach Rausch e eu organizamos, foram coletados resumos de centenas de estudos sobre redes sociais, ordenados conforme indícios de danos terem sido encontrados ou não. No momento em que escrevo, em 2023, há vinte ensaios clínicos controlados randomizados no documento, catorze dos quais (70%) apontam indícios de danos. Quanto aos seis experimentos restantes, é importante observar que quatro deles pediram aos participantes que não usassem redes sociais por um período curto — uma semana ou menos. Acredito que não devamos esperar benefícios de viciados abrindo mão de seu vício por um período tão curto. Eles precisam de pelo menos três semanas para que seu cérebro se reprograme e para superar a fissura da abstinência. Entre os catorze estudos que encontraram efeitos, apenas dois usavam um intervalo menor que uma semana. Assim, se os seis estudos com uma duração mais curta forem eliminados, chegamos a uma relação de doze para dois, ou 86%, que encontraram efeitos significativos.

16. Esta é a lei de Metcalfe: o valor financeiro ou a influência de uma rede de telecomunicações é proporcional ao *quadrado* do número de usuários conectados ao sistema. "Metcalfe's law" (27 jun. 2023). *Wikipédia*. Acesso em: 10 jul. 2023. Disponível em: <https://en.wikipedia.org/wiki/Metcalfe%27s_law>.

17. É o que os professores me dizem e o que eu mesmo vi entre meus alunos de MBA na NYU. Quando as escolas exigem que os celulares sejam trancados, as conversas e risadas aumentam; ver Cook, H. (20 fev. 2018). "Noise levels dialed up as school's total phone ban gets kids talking." *Age*. Disponível em: <www.theage.com.au/national/victoria/noise-levels-dialled-up-as-schools-total-phone-ban-gets-kids-talking-20180220-p4z0zq.html>.

18. Ver Twenge, Spitzberg e Campbell (2019) para indícios e mais a respeito.

19. Esses estudos às vezes são chamados de quase-experimentos, porque os pesquisadores se aproveitam da variação natural no mundo como se fosse uma seleção aleatória. Cf. na Seção 4 do documento de revisão colaborativa "Social Media and Mental Health: A Collaborative Review", disponível em: <www.anxiousgeneration.com/reviews>.

20. Braghieri et al. (2022, p. 3660). Para uma crítica desse estudo, ver Stein (2023). Acredito que o design básico "diferença nas diferenças" seja acertado; ele obtém a comparação relevante de universidades inteiras, onde a maior parte das pessoas adotou o Facebook ao mesmo tempo, com universidades em que a adoção ocorreu depois.

21. Arenas-Arroyo et al. (2022, p. 3). O estudo detectou um prejuízo especial no relacionamento entre pais e filhas, embora fossem relacionamentos previamente desgastados.

22. Ver "Social Media and Mental Health: A Collaborative Review", disponível em: <www.anxiousgeneration.com/reviews>.

23. Vale ressaltar que muitos pesquisadores proeminentes discordam de mim nesse sentido. Embora não afirmem que as redes sociais sejam inofensivas, acreditam que os indícios científi-

cos acumulados ainda não são suficientes para provar que as redes sociais causam ansiedade, depressão e outros problemas psicológicos. Links para as objeções desses pesquisadores e minhas respostas podem ser encontrados no meu Substack. Ver minha publicação "Why Some Researchers Think I'm Wrong About Social Media and Mental Illness" (Haidt, 17 abr. 2023).

24. Lenhart (2015).

25. Royal Society for Public Health (2017).

26. Um comentário sobre a pesquisa: é muito difícil para todos nós responder com precisão a perguntas de estimativa de tempo, e alguns pesquisadores já questionaram a utilidade desse tipo de dado; ver Sewall et al. (2020). No entanto, o padrão de aumento do uso é validado pelo aumento que o Pew encontrou na porcentagem de adolescentes americanos que dizem estar on-line "quase sempre" (Perrin e Atske, 2021).

27. Um relatório de 2023 do Common Sense indica que, entre meninas de 11 a 15 anos que utilizam essas plataformas ativamente, a média de uso diário é a seguinte: 2h39 para o TikTok, 2h23 para o YouTube, 2h para o Snapchat e 1h32 para o Instagram. Ver Nesi et al. (2023).

28. A pergunta referida na pesquisa em 2013 e 2015 foi: "Cerca de quantas horas por semana você passa em sites de redes sociais, como Facebook?". Em 2017, mudou para: "Cerca de quantas horas por semana você passa em sites de redes sociais, como Facebook, Twitter, Instagram etc.?".

29. Chen et al. (2019). Ver também Eagly et al. (2020), que analisaram pesquisas de opinião pública dos Estados Unidos de 1946 a 2018 e descobriram que, com o passar dos anos, as pessoas começaram a ver cada vez mais as mulheres como mais afetuosas e emotivas (traços de comunhão), e continuaram vendo os homens como ambiciosos e corajosos (traços de agência).

30. Guisinger e Blatt (1994).

31. Hsu et al. (2021).

32. Ver Maccoby e Jacklin (1974); Tannen (1990) para uma análise das diferenças de gênero no uso da linguagem; Todd et al. (2017).

33. Kahlenberg e Wrangham (2010); Hassett et al. (2008).

34. "jealousy, jealousy", de Olivia Rodrigo, está disponível no YouTube, é só buscar pelo nome da música e pelo nome dela.

35. Fiske (2011, p. 13).

36. Leary (2005).

37. Agradeço a @josephinelivin por criar essa imagem e permitir que eu a usasse.

38. Josephs, M. (26 jan. 2022). "7 teens on Instagram filters, social media, and mental health." *Teen Vogue*. Disponível em: <www.teenvogue.com/story/7-teens-on-instagram-filters-social-media-and-mental-health>.

39. Curran e Hill (2019) analisaram estudos sobre perfeccionismo nos Estados Unidos, no Reino Unido e no Canadá desde 1989. Descobriram que o perfeccionismo auto-orientado, o perfeccionismo orientado para o outro e o perfeccionismo socialmente prescrito tiveram um aumento linear nesse período, sem nenhuma curva ou aceleração na linha de tendência. No entanto, Zach e eu notamos que os pontos de dados do perfeccionismo socialmente prescrito,

no qual a linha de tendência havia sido baseada, pareciam apresentar uma curvatura e uma rápida recuperação por volta de 2010. Entramos em contato com os autores, e Curran afirmou: "Vocês têm razão em apontar que a tendência no artigo de 2017 parece quadrática. De fato, reanalisei os dados com os números mais atuais de perfeccionismo socialmente prescrito que constam no meu livro e utilizei o modelo quadrático, que funcionou melhor que o linear". O gráfico quadrático atualizado, com a curvatura para cima em 2010, pode ser visto no suplemento on-line.

40. Torres, J. (13 jan. 2019). "How being a social media influencer has impacted my mental health." *HipLatina*. Disponível em: <https://hiplatina.com/being-a-social-media-influencer-has-impacted-my-mental-health>.

41. Chatard et al. (2017). Ver também Joiner et al. (2023), que descobriu que mulheres jovens que viam mulheres magras dançando no TikTok se sentiam pior em relação a seu corpo, enquanto mulheres jovens que viam mulheres gordas dançando no TikTok se sentiam melhor.

42. iamveronika. (10 ago. 2021). "Suicidal because of my looks" [publicação em fórum on-line]. Reddit. Disponível em: <www.reddit.com/r/o_mychest/comments/p22en4/suicidal_because_of_my_looks>.

43. Hobbs, T. D., Barry, R. e Koh, Y. (17 dez. 2021). "'The corpse bride diet': How TikTok inundates teens with eating-disorder videos." *Wall Street Journal*. Disponível em: <www.wsj.com/articles/how-tiktok-inundates-teens-with-eating-disorder-videos-11639754848>.

44. Wells, G., Horwitz, J. e Seetharaman, D. (14 set. 2021). "Facebook knows Instagram is toxic for teen girls, company documents show." *Wall Street Journal*. Disponível em: <www.wsj.com/articles/facebook-knows-instagram-is-toxic-for-teen-girls-company-documents-show-11631620739>.

45. Archer (2004).

46. Crick e Grotpeter (1995); Archer (2004).

47. Kennedy (2021).

48. O número de meninas que relatou ter sofrido cyberbullying nos doze meses anteriores passou de 17% em 2006 para 27% em 2012. Schneider et al. (2015).

49. Li et al. (2020, Tabela 2).

50. Lorenz, T. (10 out. 2018). "Teens are being bullied 'constantly' on Instagram." *Atlantic*. Disponível em: <www.theatlantic.com/technology/archive/2018/10/teens-face-relentless-bullying-instagram/572164>.

51. India, F. (22 jul. 2022). "Social media's not just making girls depressed, it's making us bitchy too." *New Statesman*. Disponível em: <www.newstatesman.com/quickfire/2022/07/social-media-making-young-girls-depressed-bitchy>.

52. Ver o caso de Molly Russell, no Reino Unido. Descobriu-se que seu suicídio foi causado em grande parte por bullying nas redes sociais. Ver também este artigo para uma revisão dos efeitos dessas plataformas numa pessoa jovem: Gevertz, J. (10 fev. 2019). "Social media was my escape as a teenager — now it's morphed into something terrifying." *Independent*. Disponível em: <www.independent.co.uk/voices/facebook-twitter-young-people-mental-health-suicide-molly-russell-a8772096.html>.

53. Ver Fowler e Christakis (2008).

54. Ver Rosenquist et al. (2011).

55. Tierney e Baumeister (2019).

56. Boss (1997). Ela usou o termo "histeria epidêmica". Optei pelo termo "transtorno sociogênico", porque, ao apontar causas sociais, ele é mais preciso em termos descritivos, porque tem sido utilizado mais recentemente por pesquisadores e porque o termo "histeria" com frequência é usado de maneira depreciativa para as mulheres.

57. Waller (2008).

58. Ver Wessely (1987) para um relato acadêmico; para um relato jornalístico das duas variantes e da diferença sexual em geral observada, ver Morley, C. (29 mar. 2015). "Carol Morley: 'Mass hysteria is a powerful group activity.'" *Guardian*. Disponível em: <www.theguardian.com/film/2015/mar/29/carol-morley-the-falling-mass-hysteria-is-a-powerful-group-activity>.

59. Para um exemplo triste, ver o perfil que Gurdwinder fez de Nicholas Perry, um jovem treinado por seu público para comer até atingir a obesidade extrema: Gurwinder (30 jun. 2022). "The perils of audience capture." *The Prism*. Disponível em: <https://gurwinder.substack.com/p/the-perils-of-audience-capture>.

60. Jargon, J. (13 maio 2023). "TikTok feeds teens a diet of darkness." *Wall Street Journal*. Disponível em: <www.wsj.com/articles/tiktok-feeds-teens-a-diet-of-darkness-8f350507>.

61. Müller-Vahl et al. (2022).

62. Para um relato jornalístico desses casos, ver Browne, G. (9 jan. 2021). "They saw a YouTube video. Then they got Tourette's." *Wired*. Disponível em: <www.wired.co.uk/article/tourettes-youtube-jan-zimmermann>.

63. Seus vídeos do TikTok podem ser vistos em: Field, E. M. [@thistrippyhippie]. (s.d.). [Perfil do TikTok]. TikTok. Disponível em: <www.tiktok.com/@thistrippyhippie?lang=en>.

64. O *DSM-5* estima que a prevalência de TDI ao longo de doze meses entre adultos americanos seja de 1,5% (Associação Americana de Psiquiatria, mar. 2022). No entanto, as estimativas ainda estão sendo debatidas, ainda que em geral recaiam entre 1% e 1,5% da população americana. Ver Dorahy et al. (2014); Mitra e Jain (2023). Parte do motivo da variação (que às vezes é relatada como maior que 1,5%) resulta do fato de psiquiatras há muito discutirem se esse é ou não um transtorno real. Alguns acreditam que seja uma forma de transtorno do estresse pós-traumático, uma reação tão severa ao trauma que a mente forma identidades múltiplas para lidar com ele. Outros acreditam que a manifestação de TDI se baseia fortemente em sugestão e em uma predisposição à fantasia e à sugestionabilidade, que pode ocorrer depois de um trauma real. Para uma discussão sobre "mitos" relacionados ao TDI, ver Brand et al. (2016).

65. Rettew, D. (17 mar. 2022). "The TikTok-inspired surge of dissociative identity disorder." *Psychology Today*. Disponível em: <www.psychologytoday.com/gb/blog/abcs-child-psychiatry/202203/the-tiktok-inspired-surge-dissociative-identity-disorder>.

66. Lucas, J. (6 jul. 2021). "Inside TikTok's booming dissociative identity disorder community." *Inverse*. Disponível em: <www.inverse.com/input/culture/dissociative-identity-disorder-did-tiktok-influencers-multiple-personalities>.

67. Styx, L. (27 jan. 2022). "Dissociative identity disorder on TikTok: Why more teens are self-diagnosing with DID because of social media." *Teen Vogue*. Disponível em: <www.teen-vogue.com/story/dissociative-identity-disorder-on-tiktok>.

68. Associação Americana de Psiquiatria (2022, pp. 515, 518); para uma estimativa de 1% da população jovem dos Estados Unidos, ver Turban e Ehrensaft (2018).

69. Block (2023); Kauffman (2022); Thompson et al. (2022). Turban et al. (2022), usando dados do Youth Risk Behavior Surveillance System, aponta uma queda no número de jovens se identificando como trans e gênero diverso de 2017 para 2019.

70. Aitken et al. (2015); De Graaf et al. (2018); Wagner et al. (2021); Zucker (2017). No entanto, alguns pesquisadores defendem que a situação não chegou a se inverter, mas que a relação entre pessoas nascidas homens e pessoas nascidas mulheres agora é de 1,2 para 1; ver Turban et al. (2022).

71. Haltigan et al. (2023); Littman (2018); Marchiano (2017).

72. Coleman et al. (2022); Littman (2018); Littman (2021).

73. Coleman et al. (2022); Kaltiala-Heino et al. (2015); Zucker (2019).

74. Ver *When Men Behave Badly* [Por que os homens se comportam mal], livro de Buss de 2021. Cada capítulo explora elementos da psicologia masculina que parecem ter apresentado uma vantagem adaptativa por um período extenso da evolução humana — um período em que a maioria dos machos nunca tinha a chance de acasalar, o que tornava a concorrência entre eles intensa, de modo que a violência às vezes "compensava", em termos evolutivos, caso levasse a um único acasalamento que fosse. Buss diz repetidamente que o enquadramento evolutivo não desculpa de modo algum a agressão sexual ou implica a impossibilidade de mudança. Na verdade, a psicologia evolutiva pode ajudar a compreender por que a agressão sexual é mais comum entre os homens e o que podemos fazer para reduzi-la.

75. A cultura e a socialização podem desencorajar tais táticas e constranger os homens que se utilizam delas; de fato, do movimento feminista dos anos 1970 ao #MeToo, ocorreram mudanças. No entanto, a sociedade vem se fragmentando em milhões de comunidades on-line, e em algumas delas os homens competem por prestígio tomando atitudes cada vez mais extremas, de modo que essas táticas voltam a parecer admissíveis.

76. Ver Mendez, M., II. (6 jun. 2022). "The teens slipping through the cracks on dating apps." *Atlantic*. Disponível em: <www.theatlantic.com/family/archive/2022/06/teens-minors-using-dating-apps-grindr/661187>.

77. Ver Thorn e Benenson Strategy Group (2021); Bowles, N. e Keller, M. H. (7 dez. 2019). "Video games and online chats are 'hunting grounds' for sexual predators." *New York Times*. Disponível em: <www.nytimes.com/interactive/2019/12/07/us/video-games-child-sex-abuse.html>.

78. Sales (2016, p. 110).

79. Sales (2016, pp. 49-50).

80. Sales (2016, p. 216).

81. DeBoer, F. (7 mar. 2023). "Some Reasons Why Smartphones Might Make Adolescents Anxious and Depressed." Freddie deBoer. Disponível em: <https://freddiedeboer.substack.com/p/some-reasons-why-smartphones-might>.

82. A média agrupada do oitavo ano do ensino fundamental e do primeiro e do terceiro do médio mostra um padrão similar à média do terceiro. Os dados começaram a ser reunidos em 1997. Ver o suplemento on-line.

83. Damour (2016).

7. O QUE ESTÁ ACONTECENDO COM OS MENINOS? [pp. 203-30]

1. Hari (2022, p. 4).

2. National Addiction & HIV Data Archive Program. (s.d.-a). *Monitoring the Future.*

3. Ver discussão sobre suicídio no cap. 1 e em Rausch e Haidt (30 out. 2023).

4. Zach Rausch foi, na prática, coautor deste capítulo. Ele vem mantendo um documento de revisão colaborativo que reúne pesquisas sobre meninos e criou uma linha do tempo detalhada das mudanças da tecnologia a partir da década de 1970, de modo a torná-la mais atraente. Links para ambos os documentos estão no suplemento on-line. Trabalhamos juntos na história contada neste capítulo.

5. The American Institute for Boys and Men.

6. Há uma diferença importante entre os sexos na dimensão "coisas × pessoas", com os homens apresentando maior interesse em coisas e as mulheres, maior interesse em pessoas (Su et al., 2009).

7. Essa citação é de sua palestra no TED sobre seu livro: Rosin, H. "New data on the rise of women." Vídeo. TED, dez 2010. Disponível em: <www.ted.com/talks/hanna_rosin_new_data_on_the_rise_of_women/transcript>.

8. Rosin (2012, p. 4).

9. Ver Parker (2021). O mesmo vale para a pós-graduação (Statista Research Department, 2023). O capítulo se vale das fartas estatísticas disponíveis para os Estados Unidos, porém Reeves diz que a tendência é a mesma em outros países ocidentais.

10. Ver Reeves e Smith (2021) e Reeves et al. (2021).

11. Reeves, R. (22 out. 2022). "The boys feminism left behind." *Free Press.* Disponível em: <www.thefp.com/p/the-boys-feminism-left-behind>.

12. É importante ressaltar que, em muitos sentidos, a vida melhorou para os meninos. Houve uma queda significativa da intolerância em relação a jovens LGBTQIAP+, além de uma queda na violência de todo tipo desde os anos 1980. Os tratamentos para a saúde mental hoje são melhores, e houve uma redução no estigma associado, que costumava ser particularmente forte em se tratando de meninos e homens. Como Steven Pinker (2011) demonstrou, a vida melhorou de muitas maneiras nos séculos recentes, para quase todos, com o avanço da ciência e a luta por direitos. No entanto, uma combinação de forças produz números cada vez mais altos de meninos desconectados da escola, do trabalho e da família.

13. Reeves (2022, p. xi).

14. Ver cap. 1 para mudanças nos índices de saúde mental entre meninos desde o início da década de 2010.

15. Ver Rausch e Haidt (abr. 2023); Rausch e Haidt (mar. 2023).

16. Ver Figuras 6.6 para amigos próximos (cap. 6), 6.7 para solidão (cap. 6), e 7.6 para a falta de sentido (cap. 7).

17. Pew Research Center (2019). Ver gráfico no suplemento on-line.

18. U.K. Office for National Statistics (2022).

19. Cai et al. (2023).

20. Reeves e Smith (2020).

21. De acordo com um relatório publicado pelo Ministério da Saúde, do Trabalho e do Bem-Estar japonês, os *hikikomori* são jovens que não demonstram nenhum interesse no desenvolvimento pessoal ou em amizades por mais de seis meses, e não atendem aos critérios da esquizofrenia ou de outros transtornos mentais. (Ministério da Saúde, do Trabalho e do Bem-Estar, 2003.)

22. Teo e Gaw (2010).

23. Embora as pesquisas tenham nuances e seja necessário considerar diferenças individuais, meninos (na média) que não se envolvem no brincar com risco (por exemplo, brincadeiras nas quais alguém pode se machucar ou se perder) têm maiores chances de apresentar problemas de regulação emocional, competência social e saúde mental. Ver Flanders et al. (2012); Brussoni et al. (2015); ver Sandseter, Kleppe e Sando (2020) para prevalência por gênero do brincar com risco.

24. Ver Twenge (2017) para uma análise.

25. Askari et al. (2022), com dados do Monitoring the Future. Agradeço a Melanie Askari pela permissão para reproduzir esses gráficos. Zach acrescentou as faixas cinza e os nomes das linhas. No eixo *y* a escala dá lugar ao escore Z, que mostra quão alto ou baixo um escore é em relação ao número de desvios-padrão da média.

26. National Addiction & HIV Data Archive Program. (s.d.-a, s.d.-b). Monitoring the Future.

27. O "sim" entre meninos passou de 49,7% em 2010 para 40,8% em 2019. Entre meninas, de 36,4% para 32,4%. Gráficos de frases parecidas podem ser encontrados no suplemento on-line.

28. Centros de Controle e Prevenção de Doenças (s.d.). Dados disponíveis apenas a partir de 2000.

29. Há uma única exceção ao princípio de que o mundo virtual afasta os meninos dos riscos do mundo real: as redes sociais às vezes os incentivam a se colocar em perigo, e a colocar outros em perigo, em troca de prestígio nelas próprias. Exemplos disso são desafios virais do TikTok, que muitas vezes envolvem acrobacias perigosas, como o "Cha Cha Slide", no qual os participantes imitavam os movimentos de dança da música enquanto dirigiam, desviando freneticamente do tráfego no sentido contrário. No desafio "Skull Breaker", adolescentes desavisados são incentivados a pular, só para outros passarem uma rasteira em seus pés no ar, o que culminou em muitas lesões e até em morte. O desafio "Devious Licks" incentivava adolescentes a fazer uma transmissão de vídeo ao vivo enquanto vandalizavam o banheiro da própria escola. Um dos desafios mais mortais até agora foi o "Blackout", no qual os participantes deixavam o celular filmá-los enquanto eles, com uma corda ou outro item que tivessem em casa, se estrangulavam até desmaiar. Depois, eles publicavam o vídeo em que apareciam desmaiando e recobrando os

sentidos (quando os recobravam). Em um intervalo de dezoito meses entre 2021 e 2022, segundo o relato da *Bloomberg Businessweek*, pelo menos quinze crianças com menos de 12 anos e muitas mais velhas morreram em razão desse desafio. Carville, O. (30 nov. 2022). "TikTok's viral challenges keep luring young kids to their deaths." *Bloomberg*. Disponível em: <www.bloomberg.com/news/features/2022-11-30/is-tiktok-responsible-if-kids-die-doing-dangerous-viral-challenges>. Os participantes desses desafios perigosos são na maior parte meninos.

30. Orces e Orces (2020).

31. Como dito no cap. 3, há indícios de que a depressão e a ansiedade vinham aumentando lentamente entre os adolescentes desde a década de 1940.

32. Zendle e Cairns (2019); King e Delfabbro (2019); Bedingfield, W. (28 jul. 2022). "It's not just loot boxes: Predatory monetization is everywhere." *Wired*. Disponível em: <www.wired.com/story/loot-boxes-predatory-monetization-games>.

33. Eu me concentro na dinâmica para meninos heterossexuais porque são eles que a tecnologia torna distanciados e fora de sincronia do sexo por que sentem atração. A pornografia é igualmente popular entre meninos que não são heterossexuais, porém os efeitos em seu desenvolvimento sexual podem ser diferentes. Ver Bőthe et al. (2019) para uma análise da literatura sobre adolescentes LGBTQIAP+ e pornografia, incluindo: "O consumo de pornografia por parte de adolescentes LGBTQIAP+ não parece estar relacionado a resultados mais negativos em comparação com adolescentes heterossexuais; portanto, adolescentes LGBTQIAP+ não parecem mais vulneráveis a materiais pornográficos que adolescentes heterossexuais".

34. Ogas e Gaddam (2011). Os autores sustentam que o número caiu nos últimos anos, com o aumento da diversidade e da complexidade da internet.

35. Donevan et al. (2022).

36. Donevan et al. (2022).

37. Pizzol et al. (2016).

38. Bőthe et al. (2020).

39. Albright (2008); Szymanski e Stewart-Richardson (2014); Sun et al. (2016). É importante destacar que alguns estudos não encontraram essa relação (ver Balzarini et al., 2017). Além disso, a relação entre consumo de pornografia e qualidade do relacionamento é complexa. Alguns estudos sugerem que discrepâncias na quantidade de pornografia consumida por parceiros românticos podem sinalizar conflito subjacente no relacionamento, que leva a consumo exacerbado de pornografia. Ver Willoughby et al. (2016).

40. Vaillancourt-Morel et al. (2017); Dwulit e Rzymski (2019).

41. Wright et al. (2017).

42. Tolentino, D. (12 maio 2023). "Snapchat influencer launches an AI-powered 'virtual girlfriend' to help 'cure loneliness.'" NBC News. Disponível em: <www.nbcnews.com/tech/ai-powered-virtual-girlfriend-caryn-marjorie-snapchat-influencer-rcna84180>.

43. Ver Taylor, J. (21 jul. 2023). "Uncharted territory: Do AI girlfriend apps promote unhealthy expectations for human relationships?" *Guardian*. Disponível em: <www.theguardian.com/technology/2023/jul/22/ai-girlfriend-chatbot-apps-unhealthy-chatgpt>; Murkett, K. (12 maio 2023). "Welcome to the lucrative world of AI girlfriends." *UnHerd*. Disponível em: <https://

unherd.com/thepost/welcome-to-the-lucrative-world-of-ai-girlfriends>; Brooks, R. (21 fev. 2023). "I tried the Replika AI companion and can see why users are falling hard. The app raises serious ethical questions." *Conversation*. Disponível em: <https://theconversation.com/i-tried-the-replika-ai-companion-and-can-see-why-users-are-falling-hard-the-app-raises-serious-ethical-questions-200257>. Ver também: India, F. (2023). "We can't compete with AI girlfriends." *Girls*. Disponível em: <www.freyaindia.co.uk/p/we-cant-compete-with-ai-girlfriends>.

44. Fink, E., Segall, L., Farkas, J., Quart, J., Hunt, R., Castle, T., Hottman, A. K., Garst, B., McFall, H., Gomez, G., e BFD Productions. (s.d.). "Mostly human: I love you, bot." CNN Money. Disponível em: <https://money.cnn.com/mostly-human/i-love-you-bot>.

45. Su et al. (2020).

46. Para evidências de que jogos violentos não causam agressão ou violência entre os usuários, ver Elson e Ferguson (2014); Markey e Ferguson (2017). No entanto, outros pesquisadores descobriram relação entre jogos on-lines e agressividade, com efeitos da ordem de $\beta = 0{,}1$. Ver Bushman e Huesman (2014); Prescott, Sargent e Hull (2016). Ver também Anderson et al. (2010).

47. Ver Alanko (2023) para uma revisão extensa dos efeitos sociais e psicológicos dos jogos on-line nos adolescentes.

48. Kovess-Masfety et al. (2016); Sampalo, Lázaro e Luna (2023).

49. Russoniello et al. (2013).

50. Granic et al. (2014); Greitemeyer e Mügge (2014).

51. Adolescentes com certas condições de saúde mental preexistentes têm maior probabilidade de uso problemático, por exemplo, que aqueles com ansiedade e/ou depressão preexistentes. Ver Lopes et al. (2022).

52. Pallavicini et al. (2022).

53. Os indícios de que o uso problemático de jogos pode, em última instância, exacerbar a solidão ainda são alvo de debate e muitas vezes dependem do espaço que os jogos ocupam na vida da pessoa e até mesmo do tipo de jogo em questão. Ver Luo et al. (2022).

54. Charlton e Danforth (2007); Lemmens et al. (2009); Brunborg et al. (2013).

55. Young (2009).

56. BBC News. (9 dez. 2022). "Children stopped sleeping and eating to play *Fortnite* — lawsuit." BBC News. Disponível em: <www.bbc.com/news/world-us-canada-63911176>.

57. Ver Zastrow (2017); Ferguson et al. (2020).

58. Stevens et al. (2021).

59. Wittek et al. (2016).

60. Brunborg et al. (2013); Fam (2018).

61. *DSM-5* revisado (Associação Americana de Psiquiatria, 2022); o diagnóstico ainda está sendo avaliado. Ver Associação Americana de Psiquiatria (2023 jan.).

62. Segundo Chris Ferguson, autor de *Moral Combat* [Combate moral] e há décadas estudioso dos efeitos dos jogos sobre a saúde mental, parte da dificuldade de determinar a prevalência é a inexistência "de um conjunto de sintomas acordado para o uso problemático dos jogos, ou uma medida única, de modo que as estimativas de prevalência são absolutamente díspares".

63. Ver Männikkö et al. (2020) para evidências de efeitos do uso problemático de jogos on--line sobre a saúde mental. Ver também Brailovskaia, Meier-Faust et al. (2022), que descobriram em um experimento que um período de duas semanas de abstinência de jogos on-line reduziu o estresse, a ansiedade e outros sintomas do transtorno do jogo de jogo pela internet em uma amostra de alemães adultos que passavam pelo menos três horas por semana jogando antes do estudo. Ver também Ferguson, Coulson e Barnett (2011), que argumentam que as evidências encontradas entre o tempo passado jogando e a saúde mental são muito variadas e podem estar enraizadas em problemas subjacentes de saúde mental.

64. Rideout e Robb (2019). Resultados parecidos foram encontrados em um estudo com adolescentes noruegueses (Brunborg et al., 2013) cujo tempo médio dedicado ao jogo por semana era de cinco horas entre as meninas e de 15h42 entre os meninos. Os jogadores com dependência passavam 24 horas por semana jogando.

65. Meninas também jogam, porém em um número muito menor, jogos diferentes, por menos tempo e com menos prazer, na média, que meninos. O relatório de 2019 do Common Sense revelou que 70% dos meninos entre 8 e 18 anos gostam "muito" de video game, em comparação com 23% das meninas (Rideout e Robb, 2019). Quando se trata de jogos no celular, 35% das meninas dizem gostar "muito", contra 48% dos meninos. O relatório também mostra que meninas passam cerca de 47 minutos por dia jogando, a maior parte desse tempo no smartphone. Na média, elas tendem a gostar de gêneros de jogos diferentes dos meninos, demonstrando maior interesse por jogos sociais, de cartas ou quebra-cabeças, de música ou dança, educacionais ou de edutretenimento, ou de simulação (ver Phan et al., 2012; ver também Lucas e Sherry, 2004; Lang et al., 2021). Nos últimos anos, streamers mulheres explodiram em popularidade, reunindo um número impressionante de seguidores (principalmente homens). Ver Patterson, C. (4 jan. 2023). "Most-watched female Twitch streamers in 2022: Amouranth dominates, VTubers rise up." *Dexerto*. Disponível em: <www.dexerto.com/entertainment/most-watched-female-twitch-streamers-in-2022-amouranth-dominates-vtubers-rise-up-2023110>.

66. Peracchia e Curcio (2018).

67. Cox (2021).

68. Durkheim (1897/1951, p. 213).

8. ELEVAÇÃO ESPIRITUAL E DEGRADAÇÃO [pp. 231-51]

1. DeSteno (2021).

2. A pesquisa de DeSteno confirma a ideia de Søren Kierkegaard (1847/2009), filósofo existencialista dinamarquês, de que "a função da oração não é influenciar Deus, mas mudar a natureza de quem reza".

3. Ver minha descrição de um jogo de futebol americano na Universidade da Virgínia no cap. 11 de *A mente moralista* (Haidt, 2012).

4. Em pesquisas sobre o uso do tempo, estar "atrasado" em relação aos outros ou não seguir "normas temporais" previu satisfação menor com a vida: Kim (2023).

5. Ver minha discussão sobre a "psicologia da colmeia" no cap. 10 de *A mente moralista*, que contém muitas citações acadêmicas.

6. Ver uma revisão de pesquisas sobre sincronia, incluindo a do próprio autor, na Introdução de DeSteno (2021).

7. DeSteno (2021) discute a importância de compartilhar comida em rituais e banquetes religiosos.

8. A alegação de que os humanos evoluíram para ser religiosos é contestada. Em *A mente moralista*, explico como religião, moralidade e circuitos neurais para a sincronia e a autoperda coevoluíram, com base no trabalho de David Sloan Wilson (2002) e muitos outros. Outros estudiosos, como Richard Dawkins (2006), contestam essa alegação.

9. Eime et al. (2013); Pluhar et al. (2019). Ver também Hoffmann et al. (2022). Uma parte dessa relação pode ser correlação reversa, ou seja, talvez crianças sociáveis se envolvam mais com esporte.

10. Davidson e Lutz (2008).

11. Goyal et al. (2014).

12. Economides et al. (2018).

13. Buchholz (2015); Kenge et al. (2011).

14. Citação de Maezumi e Cook (2007).

15. Essa acusação é feita desde o advento do rádio e depois da televisão, claro, porém smartphones e redes sociais exigem mais atenção e levam a um comportamento mais dependente que rádios e walkmans costumavam levar.

16. Filipe et al. (2021).

17. Hamilton et al. (2015).

18. Ver Keltner (2022, p. 37) e Carhart-Harris et al. (2012). Para um estudo mostrando que a admiração reduz a atividade RMP, ver Van Elk et al. (2019).

19. Keltner (2022, p. 37).

20. Ver Wang et al. (2023), que descobriram que "variações individuais do medo de ficar de fora estão associadas com a arquitetura estrutural do cérebro do pré-cúneo direito, um centro importantíssimo de uma rede funcional de larga escala que lembra a RMP, envolvido em processos sociais e autorreferentes". Maza et al. (2023) conduziu um estudo longitudinal de ressonâncias funcionais de jovens passando pela puberdade e descobriu que o cérebro de usuários assíduos de rede social havia mudado com o tempo, tornando-se mais sensível (reativo) a informações sobre recompensas e punições sociais iminentes em comparação com o de usuários leves.

21. Aqui, eu me baseio em Minoura (1992), assim como em pesquisas sobre a aquisição de uma segunda língua.

22. Berkovitch et al. (2021).

23. Mateus 7,1-2 (*Bíblia de Jerusalém*).

24. Mateus 7,3.

25. Seng-ts'an, *Hsin hsin ming*. In: Conze (1954).

26. Levítico 19,18 (*Bíblia de Jerusalém*).

27. Martin Luther King Jr. (1957/2012).

28. *Dhammapada* (Roebuck, 2010).

29. Emerson (1836).

30. Keltner e Haidt (2003). Há muitas percepções ou apreciações adicionais que compõem as muitas nuances da admiração profunda, incluindo ameaça (como em uma tempestade com trovões ou uma divindade furiosa), beleza, habilidade extraordinária ou sobre-humana, virtude e causa sobrenatural.

31. Tippett, K. (apresentador). (2 fev. 2023). "Dacher Keltner — the thrilling new science of awe", episódio de podcast. *The On Being Project*. Disponível em: <https://onbeing.org/programs/dacher-keltner-the-thrilling-new-science-of-awe>.

32. Monroy e Keltner (2023).

33. Wilson (1984).

34. Grassini (2022); Lee et al. (2014).

35. A citação inteira é: "O que mais esse anseio, e esse desamparo, proclamam, se não que outrora existiu no homem uma felicidade verdadeira, da qual tudo o que resta agora são a marca e o traço vazios, que ele busca em vão preencher com tudo à sua volta, procurando em coisas que não estão ali a ajuda que não pode encontrar naquelas que estão, embora nenhuma possa ajudar, uma vez que esse abismo infinito apenas pode ser preenchido por um objetivo infinito e imutável, em outras palavras, Deus em si?". Pascal (1966), p. 75.

36. Darwin (1871/1998); Wilson (2002).

37. *Dhammapada* (Roebuck, 2010).

38. Marco Aurélio (século II d. C./2002, p. 59).

9. PREPARATIVOS PARA A AÇÃO COLETIVA [pp. 255-60]

1. Como Lenore Skenazy fez em 2008, o que lhe rendeu o apelido de "pior mãe dos Estados Unidos".

2. Skenazy (2009).

3. Por exemplo, o Outsideplay.ca é "uma ferramenta de reenquadramento de risco para que cuidadores e educadores da primeira infância lidem com os próprios medos e desenvolvam um plano para a mudança de modo que seus filhos tenham mais oportunidades de brincar com risco". O play:groundNYC se dedica a "transformar a cidade através da brincadeira". Eles têm um "parquinho ferro-velho" incrível em Governors Island, que meus filhos adoravam.

4. Assinatura disponível em: <www.afterbabel.com>.

10. O QUE GOVERNOS E EMPRESAS DE TECNOLOGIA PODEM FAZER AGORA [pp. 261-82]

1. Pandey, E. (9 nov. 2017). "Sean Parker: Facebook was designed to exploit human 'vulnerability'". *Axios*. Disponível em: <www.axios.com/2017/12/15/sean-parker-facebook-was-designed-to-exploit-human-vulnerability-1513306782>.

2. Ver Roser et al. (2019) para a tendência de queda na mortalidade infantil.

3. A apresentação de Harris está disponível em: <www.minimizedistraction.com>.

4. Um exemplo dessa corrida é o formato de vídeos curtos do TikTok, que provaram ser altamente eficazes em manter as pessoas engajadas e logo foram copiados pelo Reels do Instagram e do Facebook, pelo Shorts do YouTube e pelo Spotlight do Snapchat — o que Harris chama de Tiktokização das redes sociais. Agradeço a Jamie Neikrie pelo exemplo.

5. Harris, T. Disponível em: <www.commerce.senate.gov/services/files/96E3A739-DC8D-45F1-87D7-EC70A368371D>.

6. Ver a seção de verificação de idade em "Social Media Reform: A Collaborative Review" [Melhorias nas redes sociais: uma revisão colaborativa], disponível em: <www.anxiousgeneration.com/reviews>.

7. Heath, A. (15 out. 2021). "Facebook's lost generation." *Verge*. Disponível em: <www.theverge.com/22743744/facebook-teen-usage-decline-frances-haugen-leaks>.

8. Wells, G. e Horwitz, J. (28 set. 2021). "Facebook's effort to attract preteens goes beyond Instagram kids, documents show." *Wall Street Journal*. Disponível em: <www.wsj.com/articles/facebook-instagram-kids-tweens-attract-11632849667>.

9. Meta. (29 jun. 2023). "Instagram Reels Chaining AI system." Disponível em: <www.transparency.fb.com/features/explaining-ranking/ig-reels-chaining/?referrer=1>.

10. Hanson, L. (11 jun. 2021). "Asking for a friend: What if the TikTok algorithm knows me better than I know myself?" *GQ Australia*. Disponível em: <www.gq.com.au/success/opinions/asking-for-a-friend-what-if-the-tiktok-algorithm-knows-me-better-than-i-know-myself/news-story/4eea6d6f23f9ead544c2f773c9a13921>; Barry, R., Wells, G., West, J., Stern, J. e French, J. (8 set. 2021). "How TikTok serves up sex and drug videos to minors." *Wall Street Journal*. Disponível em: <www.wsj.com/articles/tiktok-algorithm-sex-drugs-minors-11631052944>.

11. Equipe de dados. (18 maio 2018). "How heavy use of social media is linked to mental illness. *The Economist*. Disponível em: <www.economist.com/graphic-detail/2018/05/18/how-heavy-use-of-social-media-is-linked-to-mental-illness>.

12. É pouco provável que essas leis entrem em vigor nos próximos anos, se é que vão entrar um dia. As plataformas estão impedindo a implementação de códigos de design em variados estados entrando com processos que alegam que a maior parte das provisões do AADC viola a Primeira Emenda à Constituição dos Estados Unidos. Basicamente, o argumento das plataformas é que elas não podem ser reguladas, porque qualquer regulação teria um efeito no discurso veiculado nelas.

13. Zach e eu estamos colaborando com o Center for Humane Technology a fim de reunir e analisar as muitas abordagens que estão sendo propostas ou implementadas por governos e legislaturas dos Estados Unidos e de outros países. O link está disponível em: <www.anxiousgeneration.com/reviews>. Ver também Rausch e Haidt (nov. 2023).

14. Newton, C. (4 ago. 2023). "How the kids online safety act puts us all at risk." *The Verge*. Disponível em: <www.theverge.com/2023/8/4/23819578/kosa-kids-online-safety-act-privacy-danger>. Para outro exemplo, ver: The Free Press (15 dez. 2022). "Twitter's secret blacklists." The Free Press. Disponível em: <www.thefp.com/p/twitters-secret-blacklists>.

15. Para uma discussão mais completa dos limites da moderação de conteúdo, ver Iyer, R. (7 out. 2022). "Content moderation is a dead end." *Designing Tomorrow*, Substack. Disponível em: <https://psychoftech.substack.com/p/content-moderation-is-a-dead-end>.

16. Para uma discussão mais completa do design de plataforma, incluindo vários exemplos, ver Howell et al. (27 mar. 2023). "Ravi Iyer on how to improve technology through design." *The Lawfare Podcast*. Disponível em: <www.lawfaremedia.org/article/lawfare-podcast-ravi-iyer-how-improve-technology-through-design>.

17. Evans, A. e Sharma, A. (12 ago. 2021). "Furthering our safety and privacy commitments for teens on TikTok." TikTok. Disponível em: <https://newsroom.tiktok.com/en-us/furthering-our-safety-and-privacy-commitments-for-teens-on-tiktok-us>.

18. Instagram. (27 jul. 2021). "Giving young people a safer, more private experience." Instagram. Disponível em: <https://about.instagram.com/blog/announcements/giving-young-people-a-safer-more-private-experience>.

19. Também há uma neutralidade de língua, enquanto pedidos para moderar o conteúdo dificilmente serão bem implementados em quase todas as centenas de línguas que o Facebook atende. Frances Haugen vem falando abertamente da importância de mudanças de design que possam ser implementadas facilmente em todas as línguas.

20. Jargon, J. (18 jun. 2019). "How 13 became the internet's age of adulthood." *Wall Street Journal*. Disponível em: <www.wsj.com/articles/how-13-became-the-internets-age-of-adulthood-11560850201>.

21. Ibid.

22. Orben et al. (2022).

23. Mesmo que a empresa que verifica a idade seja hackeada, desde que os dados tenham sido armazenados com cuidado, não haverá nada que ligue seus clientes a qualquer site em particular.

24. A Age Verification Providers Association [Associação dos Provedores de Verificação de Idade], <https://avpassociation.com>.

25. Para como a Meta começou a oferecer opções de verificação de idade aos usuários, ver Meta (23 jun. 2022). "Introducing new ways to verify age on Instagram." *Meta*. Disponível em: <www.about.fb.com/news/2022/06/new-ways-to-verify-age-on-instagram>.

26. A próxima geração da internet pode e deve ser construída de modo que as pessoas controlem seus próprios dados e decidam como eles serão usados. Ver <ProjectLiberty.io> para ver um exemplo.

27. Pais podem usar programas de monitoramento e filtro, além do roteador de casa, para realizar esses bloqueios. Falarei mais sobre esses programas no Substack. No entanto, os passos envolvidos são um tanto complicados, o que significa que apenas um subconjunto pequeno de pais fará isso. O que proponho são padrões aplicados automaticamente, a menos que os pais façam mudanças de configuração específicas.

28. Skenazy, L. (14 jul. 2014). "Mom jailed because she let her 9-year-old daughter play in the park unsupervised." *Reason*. Disponível em: <www.reason.com/2014/07/14/mom-jailed-because-she-let-her-9-year-ol>.

29. Skenazy, L. (8 dez. 2022). "CPS: Mom can't let her 3 kids — ages 6, 8, and 9 — play outside by themselves." *Reason*. Disponível em: <www.reason.com/2022/12/08/emily-fields-pearsiburg-virginia-cps-kids-outside-neglect>.

30. St. George, D. (22 jun. 2015). "'Free range' parents cleared in second neglect case after kids walked alone." *Washington Post*. Disponível em: <www.washingtonpost.com/local/education/free-range-parents-cleared-in-second-neglect-case-after-children-walked-alone/2015/06/22/82283c24-188c-11e5-bd7f-4611a60dd8e5_story.html>.

31. Flynn et al. (2023).

32. "Mom issued misdemeanor for leaving 11-year-old in car." (9 jul. 2014). NBC Connecticut. Disponível em: <www.nbcconnecticut.com/news/local/mom-issued-misdemeanor-for-leaving-11-year-old-in-car/52115>.

33. Para os interessados em ajudar seu estado (ou cidade) a aprovar um projeto de lei pela independência razoável na infância, a Let Grow oferece gratuitamente em seu site uma "caixa de ferramentas" para medidas legislativas. Disponível em: <www.letgrow.org/legislative-toolkit>.

34. Ver "Free Play and Mental Health: A Collaborative Review" [Brincar livre e saúde mental: uma revisão colaborativa], disponível em: <www.jonathanhaidt.com/reviews>.

35. Os Centros de Controle e Prevenção de Doenças dos Estados Unidos recomendam a manutenção do recreio em todos os anos de escola, inclusive no ensino médio. Ver Centros de Controle e Prevenção de Doenças dos Estados Unidos (s.d.). "Recess." CDC Healthy Schools. Disponível em: <www.cdc.gov/healthyschools/physicalactivity/recess.htm>.

36. Young et al. (2023).

37. Sanderson, N. (30 maio 2019). "What are school streets?" 880 Cities. Disponível em: <www.880cities.org/what-are-school-streets>.

38. Outra maneira de cidades serem mais amigáveis com as crianças é tornando o transporte público mais acessível e receptivo. Tim Gill, autor de "Urban Playground: How Child-Friendly Planning and Design Can Save Cities" [Parquinho urbano: Como o planejamento e o projeto amigável às crianças pode salvar cidades], diz que, em Londres, crianças entre 5 e 10 anos podem usar ônibus e metrô desacompanhadas e sem pagar.

39. Ver revisão de pesquisa em Reeves (2022, cap. 10).

40. Um exemplo: nos Estados Unidos, devido à National Apprenticeship Act, investem-se 3,5 bilhões de dólares ao longo de cinco anos para criar quase 1 milhão de vagas de jovem aprendiz.

41. Bowen et al. (2016); Gillis et al. (2016); Bettmann et al. (2016); Wilson e Lipsey (2000); Beck e Wong (2022); Davis-Berman e Berman (1989); Gabrielsen et al. (2019); Stewart (1978).

42. Trata-se do DCF Wilderness School. Para saber mais, visite <https://portal.ct.gov/DCF/Wilderness-School/Home>. Outros estados oferecem programas similares. Ver o Montana Wilderness School, em: <www.montanawildernessschool.org>.

11. O QUE AS ESCOLAS PODEM FAZER AGORA [pp. 283-304]

1. St. George, D. (28 abr. 2023). "One school's solution to the mental health crisis: Try everything." *Washington Post*. Disponível em: <www.washingtonpost.com/education/2023/04/28/school-mental-health-crisis-ohio>.

2. Brundin, J. (5 nov. 2019). "This Colorado middle school banned phones 7 years ago. They say students are happier, less stressed, and more focused." Colorado Public Radio. Disponível em: <www.cpr.org/2019/11/05/this-colorado-middle-school-banned-phones-seven-years-ago-they-say-students-are-happier-less-stressed-and-more-focused>.

3. A política era esta: "Da primeira vez que um celular era encontrado fora da mochila, o/a aluno/a recebia um aviso. Na segunda infração, o celular era confiscado e só era devolvido aos pais. Na terceira, o/a aluno/a passava a ter que entregar o celular na diretoria na entrada e ir buscar na saída, por um tempo predeterminado".

4. Walker, T. (3 fev. 2023). "Cellphone bans in school are back. How far will they go?" *NEA Today*. Disponível em: <www.nea.org/advocating-for-change/new-from-nea/cellphone-bans-school-are-back-how-far-will-they-go>.

5. Em 2023, a Federação de Professores dos Estados Unidos divulgou um relatório acusando as plataformas de redes sociais de "debilitar a aprendizagem em sala de aula, elevar os custos do sistema escolar e ser 'uma das principais causas' da crise nacional de saúde mental entre os jovens". Ver American Federation of Teachers. (20 jul. 2023). "New report calls out social media platforms for undermining schools, increasing costs, driving youth mental health crisis." Disponível em: <www.aft.org/press-release/new-report-calls-out-social-media-platforms-undermining-schools-increasing-costs>.

6. Ver citação de Ken Trump neste ensaio: Walker, T. (3 fev. 2023). "Cellphone bans in school are back. How far will they go?" *NEA Today*. Disponível em: <www.nea.org/advocating-for-change/new-from-nea/cellphone-bans-school-are-back-how-far-will-they-go>. Também vale registrar que a escola de ensino fundamental de Newtown, cidade de Connecticut onde um terrível ataque a tiros ocorreu em 2012 na escola de ensino básico, decidiu em 2022 exigir que os alunos mantivessem os celulares guardados no armário o dia todo. O manual dos pais e responsáveis da escola está disponível em: Newtown Public School District. (s.d.). *Newtown middle school, 2022-2023 student/parent handbook*, <https://nms.newtown.k12.ct.us/_theme/«les/2022-2023/2022-2023%20Student_Parent%20Handbook_docx.pdf>.

7. Ver Unesco (2023). *Technology in education: A tool on whose terms?* Disponível em: <www.unesco.org/gem-report/en/technology>. Ver um resumo das recomendações envolvendo celulares em: Butler, P. e Farah, H. (25 jul. 2023). "'Put learners first': Unesco calls for global ban on smartphones in schools." *Guardian*. Disponível em: <www.theguardian.com/world/2023/jul/26/put-learners-first-unesco-calls-for-global-ban-on-smartphones-in-schools>.

8. Zach Rausch e eu estamos reunindo evidências relacionadas a escolas sem celular em um documento de revisão colaborativo, disponível em: <www.jonathanhaidt.com/reviews>.

9. Richtel, M. (22 out. 2011). "A Silicon Valley school that doesn't compute." *New York Times*. Disponível em: <www.nytimes.com/2011/10/23/technology/at-waldorf-school-in-silicon-valley-technology-can-wait.html>; Bowles, N. (26 out. 2018). "The digital gap between rich and poor kids is not what we expected." *New York Times*. Disponível em: <www.nytimes.com/2018/10/26/style/digital-divide-screens-schools.html>.

10. Ver gráficos no suplemento on-line, ou aqui: National Center for Education Statistics (s.d.). A queda nas notas do ano letivo de 2020 (antes do distanciamento social em virtude da

pandemia de covid) para o ano letivo de 2022 foi de nove pontos em matemática e quatro pontos em leitura. A queda de 2012 a 2020 foi de cinco pontos em matemática e três pontos em leitura.

11. Twenge, Wang et al. (2022). Ver também Nagata, Singh et al. (2022).

12. Não sei de nenhum distrito escolar que tenha testado a hipótese em um experimento, designando aleatoriamente a proibição do celular em algumas escolas do ensino médio, enquanto em outras permaneciam as regras anteriores. Esse seria o mais importante estudo que me ocorre para lidar com a crise de saúde mental. Falo mais sobre como esse estudo poderia ser realizado em "Social Media and Mental Health: A Collaborative Review", disponível no suplemento on-line.

13. Ver "Khanmingo", assistente pessoal com IA da Khan Academy. Khan Academy. (s.d.). *World-class AI for education*. Disponível em: <www.khanacademy.org/khan-labs>.

14. Stinehart, K. (23 nov. 2021). "Why unstructured free play is a key remedy to bullying." *eSchool News*. Disponível em: <www.eschoolnews.com/sel/2021/11/23/why-unstructured-free-play-is-a-key-remedy-to-bullying>.

15. Para uma lista mais longa de sugestões e atualizações, ver o suplemento on-line.

16. Todos os materiais da Let Grow são disponibilizados gratuitamente. Ver: <www.letgrow.org/program/the-let-grow-project>.

17. Soave, R. (20 nov. 2014). "Schools to parents: Pick up your kids from the bus or we'll sic child services on you." *Reason*. Disponível em: <https://reason.com/2014/11/20/child-services-will-visit-parents-who-le>.

18. Skenazy, L. (7 nov. 2016). "Local library will call the cops if parents leave their kids alone for 5 minutes." *Reason*. Disponível em: <https://reason.com/2016/11/07/local-library-will-call the-cops-if-pare>.

19. Centros de Controle e Prevenção de Doenças dos Estados Unidos (2015, p. 134).

20. Ver Martinko, K. (11 out. 2018). "Children spend less time outside than prison inmates." *Treehugger*. Disponível em: <www.treehugger.com/children-spend-less-time-outside-prison-inmates-4857353>. Ver também, para a pesquisa por trás dessa reivindicação: Edelman, R. (4 abr. 2016). "Dirt is good: The campaign for play." *Edelman*. Disponível em: <www.edelman.co.uk/insights/dirt-good-campaign-play>.

21. O relatório foi emitido pela Comissão Nacional Americana pela Excelência na Educação. Ver Gray et al. (2023).

22. A No Child Left Behind Act impulsionou amplamente o foco no resultado dos exames. Os Common Core State Standards foram desenvolvidos em 2009 e lançados em 2010. A adoção foi rápida por 45 estados e o distrito de Colúmbia. No entanto, cinco desses estados depois revogaram ou substituíram os padrões. Ver a implementação dos Common Core estado a estado em: *Wikipedia*. Disponível em: <https://en.wikipedia.org/wiki/Common_Core_implementation_by_state>.

23. "Atlanta public schools cheating scandal." Wikipédia. Disponível em: <https://en.wikipedia.org/wiki/Atlanta_Public_Schools_cheating_scandal>.

24. Murray e Ramstetter (2013). Ver também Singh et al. (2012) para pesquisas quanto à ligação entre atividade física e desempenho escolar.

25. Haapala et al. (2016).

26. Centers for Disease Control (jan. 2017). "Strategies for recess in schools. U.S. Department of Health and Human Services." Disponível em: <www.cdc.gov/healthyschools/physical-activity/pdf/2019_04_25_SchoolRecess_strategies_508tagged.pdf>.

27. Brooklyn Bridge Parents (7 maio 2017). "A look inside the junk yard playground on Governors Island." Disponível em: <https://brooklynbridgeparents.com/a-look-inside-the-junk-yard-playground-on-governors-island>.

28. Keeler (2020).

29. Foto de Jonathan Haidt.

30. Agradeço a Adam Bienenstock pela foto. Bienenstock construiu o parquinho a partir do projeto da arquiteta de parquinhos dinamarquesa Helle Nebelong.

31. Fyfe-Johnson et al. (2021).

32. Vella-Brodrick e Gilowska (2022).

33. Lahey, J. (28 jan. 2014). "Recess without rules." *Atlantic*. Disponível em: <www.theatlantic.com/education/archive/2014/01/recess-without-rules/283382>; ver também Saul, H. (28 jan. 2014). "New Zealand school bans playground rules and sees less bullying and vandalism." *Independent*. Disponível em: <www.independent.co.uk/news/world/australasia/new-zealand-school-bans-playground-rules-and-sees-less-bullying-and-vandalism-9091186.html>.

34. Ibid.

35. Brussoni et al. (2017).

36. O brincar saudável não deixa de envolver certa dose de dor. Brigas, xingamentos, arranhões e hematomas fazem parte do brincar natural, e são necessários para os efeitos de antifragilidade do brincar. Eliminar isso do recreio para manter as crianças "seguras" é como eliminar todos os nutrientes do trigo e alimentar as crianças apenas com pão branco. Não estou dizendo que devemos aceitar bullying. Na maior parte das definições, bullying envolve um padrão, com uma criança tentando machucar a mesma criança ao longo de mais de um dia. Cabe aos adultos estabelecer políticas que reduzam o bullying e reagir a ele quando acontece. No entanto, a vasta maioria dos conflitos e casos de provocação e xingamento não são bullying, e os adultos não deveriam se apressar a interferir.

37. Dee (2006); Mullola et al. (2012).

38. Partelow (2019, p. 3).

39. Ver Reeves (2022 set.); Casey e Nzau (2019); Torre (2018).

40. Esses dois parágrafos foram tirados de um ensaio que escrevi para a *Atlantic*, no qual defendi a proibição de celulares nas escolas: Haidt, J. (6 jun. 2023). "Get phones out of schools now." *Atlantic*. Disponível em: <www.theatlantic.com/ideas/archive/2023/06/ban-smartphones-phone-free-schools-social-media/674304>.

41. Reconheço que isso pode representar um risco aumentado de responsabilização e implicar um valor mais alto de seguro. Espero que os governos aprovem reformas que liberem as escolas para se concentrar na educação, em vez de em possíveis processos judiciais. Ver Howard (2014) para uma discussão de como isso pode ser feito.

42. Isso corrigiria uma das maiores falhas da literatura científica: o foco nos efeitos em nível individual, porque quase não há pesquisas envolvendo escolas inteiras que promoveram enor-

memente o brincar livre e a autonomia e proibiram celulares. É preciso medir os efeitos dessas políticas em nível de grupo.

43. Se o número de escolas for grande, a divisão aleatória funcionará. Caso se trate apenas de dezesseis escolas, vamos dizer, e se elas diferirem em termos de raça ou classe social dos alunos, por exemplo, será melhor separar escolas parecidas para garantir a melhor comparação possível entre os grupos. Depois que os grupos forem separados, a atribuição de uma condição experimental pode ser feita usando um método aleatório, como sortear números.

44. Antes que o experimento tenha início, é preciso reunir variáveis-chave acordadas, ou criá-las, caso não existam, que sejam significativas para a escola, como desempenho escolar, número de encaminhamentos a profissionais de psicologia ou psiquiatria, avaliação dos próprios alunos de sua saúde mental e seu envolvimento com a escola, números relativos a bullying e problemas de comportamento, relatos de professores em termos de cultura da sala, incluindo a capacidade dos alunos de se ater à tarefa e se envolver com a aula. As variáveis seriam reunidas mensalmente, se possível, ou no mínimo três vezes ao longo do ano letivo.

45. Em escolas de ensino básico, onde celulares talvez ainda não sejam um grande problema, um distrito pode optar por versões mais simples do experimento, com apenas duas opções: com clube do brincar e sem clube do brincar, ou com projeto Let Grow ou sem projeto Let Grow. Experimentos assim deveriam ser conduzidos em diferentes regiões e países, para verificar os resultados em condições variadas.

12. O QUE OS PAIS PODEM FAZER AGORA [pp. 305-28]

1. Gopnik (2016, p. 18).

2. Lenore Skenazy escreveu seções desse capítulo comigo, com base em sua experiência como presidente da LetGrow.org, que fundamos junto com Peter Gray e Daniel Shuchman em 2017. Para uma lista de sugestões mais abrangente e atualizações posteriores à publicação desse livro, veja o suplemento on-line e acesse: <www.letgrow.org>.

3. Scarr (1992).

4. Ver o apêndice on-line para o número cada vez mais alto de alunos do último ano do ensino médio nos Estados Unidos que acreditam que sua "vida não tem muita utilidade".

5. Para resumos e links relacionados a essas recomendações, ver o documento de revisão colaborativa "The Impact of Screens on Infants, Toddlers, and Preschoolers" [O impacto das telas em bebês, crianças pequenas e na pré-escola], disponível em: <www.anxiousgeneration.com/reviews>.

6. Myers et al. (2017); Kirkorian e Choi (2017); Roseberry et al. (2014).

7. Ou pelo menos essa posição é consistente considerando as autoridades médicas de Estados Unidos (Council on Communications and Media, 2016), Canadá (Ponti et al., 2017) e Austrália (Joshi e Hinkley, 2021). No Reino Unido, ela é um pouco mais vaga (Viner et al., 2019).

8. A lista é uma citação direta de American Academy of Child & Adolescent Psychiatry (2020).

9. Na minha opinião, ver programas de TV ou filmes ao longo de um trecho de uma longa viagem de carro ou avião também é razoável acima dos 2 ou 3 anos.

10. Harris (1989).

11. Let Grow (s.d.). "Kid license". Disponível em: <www.letgrow.org/printable/letgrowlicense>.

12. Safe Routes to School, disponível em: <www.saferoutesinfo.org>.

13. Para uma lista de acampamentos de verão nos Estados Unidos e no Canadá que apoiam infâncias livres, ver Skenazy, L. (14 ago. 2023). "Phonefree camps. Let Grow." Disponível em: <www.letgrow.org/resource/phone-free-camps>.

14. Certifique-se de que os celulares ficam mesmo trancados; muitos acampamentos dizem proibi-los, porém, como acontece em muitas escolas, isso só significa que as crianças não podem deixar que um adulto as veja tirando o aparelho do bolso.

15. Ver este perfil dos playborhoods: Thernstrom, M. (16 out. 2016). "The antihelicopter parent's plea: Let kids play!" *New York Times*. Disponível em: <www.nytimes.com/2016/10/23/magazine/the-anti-helicopter-parents-plea-let-kids-play.html>. Ver também o livro de Lanza e seu site, disponível em: <www.playborhood.com>.

16. Alguns pais temem ser responsabilizados se uma criança se machucar. O medo de processos judiciais pode ser paralisante. No entanto, Lanza diz que decidiu não fazer nenhum tipo de contrato nem contratar um seguro adicional. Apenas retirou tudo o que havia de mais perigoso no quintal, instalou alguns brinquedos — Lanza indica balanços, casinhas, um espaço para fazer arte — e confiou que os vizinhos não o processariam. Funcionou. As crianças estão podendo ter um gostinho da infância baseada no brincar. Uma opção sem custos e com menos riscos de responsabilização é os pais estarem presentes no parque ou parquinho, num esquema de rodízio, enquanto as crianças brincam. Assim as famílias sabem que há um adulto disponível que só se envolverá em caso de emergência.

17. Lin, H. (2023). "Your first device." *The New Yorker* © Condé Nast.

18. Crianças dessa faixa etária notam e copiam o comportamento adulto; assim, é importante dar o exemplo do uso saudável da tecnologia. Ninguém é perfeito, mas procure mostrar a seus filhos como estabelecer limites saudáveis, para que eles vejam que você se esforça para manter as telas em seu devido lugar e estar totalmente presente quando é hora de estar totalmente presente. Para diretrizes práticas de como dar o exemplo do uso da tecnologia para seus filhos, ver Nelson (28 set. 2023). "How parents can model appropriate digital behavior for kids." Disponível em: <www.brightcanary.io/parents-digital-role-model>.

19. Rideout (2021).

20. Nesi (2023).

21. Especificamente, Knorr, C. (9 mar. 2021). "Parents' ultimate guide to parental controls." Common Sense Media. Disponível em: <www.commonsensemedia.org/articles/parents-ultimate-guide-to-parental-controls>.

22. Ver Sax, L. (7 set. 2022). "Is your son addicted to video games?" Institute for Family Studies. Disponível em: <https://ifstudies.org/blog/is-your-son-addicted-to-video-games>. Sax também sugere que pais usem o Common Sense Media para aprender sobre os jogos que seus filhos jogam. É só digitar o nome do jogo e o site fornece um resumo e a faixa etária para a qual é apropriado.

23. Melanie Hempe, da ScreenStrong, incentiva os pais a não permitir *nenhum* dispositivo no quarto. Segundo ela, "a maior parte das atividades de tela escura acontece dentro do quarto com porta fechada".

24. Ver, por exemplo: <www.healthygamer.gg>, <www.gamequitters.com> e <www.screenstrong.org>.

25. Ver a Screen Time Action Network, da FairPlay. Disponível em: <www.screentimenetwork.org>.

26. Kremer, W. (23 mar. 2014). "What medieval Europe did with its teenagers." BBC. Disponível em: <www.bbc.com/news/magazine-26289459>.

27. American Exchange Project, <americanexchangeproject.org/about-us>.

28. American Field Service, <www.afsusa.org/study-abroad>.

29. Ver o suplemento on-line para mais links e para programas fora dos Estados Unidos.

30. CISV International, <https://cisv.org/about-us/our-story>.

31. Há muitos outros programas de expedição na natureza para adolescentes nos Estados Unidos, inclusive através de YMCA (ver <https://ycamp.org/wilderness-trips> e <www.ymcanorth.org/camps/camp_menogyn/summer_camp>), Wilderness Adventures (<www.wildernessadventures.com>), Montana Wilderness School (<www.montanawildernessschool.org>), NOLS (<https://nols.edu/en>) e Outward Bound (<www.outwardbound.org>).

32. Ver DCF Wilderness School em <https://portal.ct.gov/DCF/Wilderness-School/Home>.

33. Indico mais sites no suplemento on-line.

34. Ver Center for Humane Technology (s.d.). "Youth toolkit." Disponível em: <www.humanetech.com/youth>. Ver também Screensense, <www.screensense.org> e Screen Time Action Network, Fairplay, <www.screentimenetwork.org>.

CONCLUSÃO [pp. 329-35]

1. Ver "Alternative Hypotheses to the Adolescent Mental Illness Crisis: A Collaborative Review" [Hipóteses alternativas para a crise de transtornos mentais entre adolescentes], disponível em: <www.anxiousgeneration.com/reviews>.

2. Escolas de ensino fundamental 2 deverão ver melhoras substanciais dentro de dois anos, uma vez que essas quatro reformas tornariam a vida diária mais sociável e divertida, e menos baseada no celular. Os pais encontram mais dificuldade para garantir que seus filhos não usam as redes sociais no ensino médio, porque eles já estão nelas. Escolas de ensino médio provavelmente verão benefícios imediatos ao proibir smartphones e afins. No entanto, os maiores efeitos talvez não sejam perceptíveis até que cheguem alunos cujas escolas de ensino fundamental e famílias adiaram a introdução do smartphone até o nono ano.

3. Latane e Darley (1968). Havia uma terceira condição, em que o sujeito real ficava na sala de espera com dois outros alunos trabalhando para os pesquisadores. Eles tinham apenas que continuar preenchendo os formulários. Sob essa condição, apenas 10% dos alunos se levantaram

para avisar da fumaça. Essa é a descoberta deste experimento que costuma ser mais utilizada, porém na minha opinião a versão com três sujeitos reais é mais importante.

4. Dióxido de titânio causa danos variados. Esse experimento nunca seria conduzido nos dias de hoje. (Os pesquisadores provavelmente não sabiam de seu efeito prejudicial na época.)

5. Ver <www.letgrow.org>, <www.outsideplay.ca>, <www.fairplayforkids.org>, e outras que listo no suplemento on-line disponível em: <www.anxiousgeneration.com/supplement>. Admiro a abordagem da Wait Until 8th [Espere até o oitavo ano] (<www.waituntil8th.org>), mas ainda acho que deveriam mudar seu nome para Wait Until 9th [Espere até o nono ano].

6. Ver <www.humanetech.com>, <www.commonsense.org>, <www.screenstrong.org>, <www.screensense.org> e outras que listarei no suplemento on-line.

7. Ver <www.designitforus.org> e as outras organizações listadas no suplemento on-line.

8. Keaggy, D. T. (14 fev. 2023). "Lembke testifies before Senate committee on online safety." *The Source — Washington University in St. Louis*. Disponível em: <www.source.wustl.edu/2023/02/lembke-testifies-before-senate-committee-on-online-safety>.

Referências bibliográficas

AHMED, G. K.; ABDALLA, A. I.; MOHAMED, A. W.; MOHAMED, L. K.; SHAMAA, H. A. "Relationship between time spent playing internet gaming apps and behavioral problems, sleep problems, alexithymia, and emotion dysregulations in children: A multicentre study." *Child and Adolescent Psychiatry and Mental Health*, v. 16, art. 67, 2022. Disponível em: <doi.org/10.1186/s13034-022-00502-w>.

AICHNER, T.; GRÜNFELDER, M.; MAURER, O.; JEGENI, D. "Twenty-five years of social media: A review of social media applications and definitions from 1994 to 2019." *Cyberpsychology, Behavior, and Social Networking*, v. 24, n. 4, pp. 215-22, 2021. Disponível em: <doi.org/10.1089/cyber.2020.0134>.

AITKEN, M.; STEENSMA, T. D.; BLANCHARD, R.; VANDERLAAN, D. P.; WOOD, H.; FUENTES, A.; ZUCKER, K. J. "Evidence for an altered sex ratio in clinic-referred adolescents with gender dysphoria." *The Journal of Sexual Medicine*, v. 12, n. 3, pp. 756-63, 2015. Disponível em: <doi.org/10.1111/jsm.12817>.

ALANKO, D. "The health effects of video games in children and adolescents." *Pediatrics In Review*, v. 44, n. 1, pp. 23-32, 2023. Disponível em: <doi.org/10.1542/pir.2022-005666>.

ALAVI, S. S.; FERDOSI, M.; JANNATIFARD, F.; ESLAMI, M.; ALAGHEMANDAN, H.; SETARE, M. "Behavioral addiction versus substance addiction: Correspondence of psychiatric and psychological views." *International Journal of Preventive Medicine*, v. 3, n. 4, pp. 290-4, 2012.

ALBRIGHT, J. M. "Sex in America online: An exploration of sex, marital status, and sexual identity in internet sex seeking and its impacts." *Journal of Sex Research*, v. 45, n. 2, pp. 175-86, 2008. Disponível em: <doi.org/10.1080/00224490801987481>.

ALIMORADI, Z.; LIN, C.-Y.; BROSTRÖM, A.; BÜLOW, P. H.; BAJALAN, Z.; GRIFFITHS, M. D.; OHAYON, M. M.; PAKPOUR, A. H. "Internet addiction and sleep problems: A systematic review and meta-analysis." *Sleep Medicine Reviews*, v. 47, pp. 51-61, 2019. Disponível em: <doi.org/10.1016/j.smrv.2019.06.004>.

ALONZO, R.; HUSSAIN, J.; STRANGES, S.; ANDERSON, K. K. "Interplay between social media use, sleep quality, and mental health in youth: A systematic review." *Sleep Medicine Reviews*, v. 56, n. 101 414, 2021. Disponível em: <doi.org/10.1016/j.smrv.2020.101414>.

AMERICAN Academy of Child & Adolescent Psychiatry. *Screen time and children*. fev. 2020. Disponível em: <www.aacap.org/AACAP/Families_and_Youth/Facts_for_Families/FFF-Guide/Children-And-Watching-TV-054.aspx>.

AMERICAN College Health Association. *National College Health Assessment*. s.d. Disponível em: <www.acha.org/NCHA/About_ACHA_NCHA/Survey/NCHA/About/Survey.aspx?hkey=7e9f-6752-2b47-4671-8ce7-ba7a529c9934>.

AMERICAN College of Pediatricians. *Media use and screen time — its impact on children, adolescents, and families*. Maio 2020. Disponível em: <https://acpeds.org/position-statements/media-use- and-screen-time-its-impact-on-children-adolescents-and-families>.

AMERICAN Psychiatric Association. *Diagnostic and statistical manual of mental disorders*. 5 ed. rev. mar. 2022. Disponível em: <doi.org/10.1176/appi.books.9780890425787>.

______. "Internet gaming." Jan. 2023. Disponível em: <www.psychiatry.org/patients-families/internet-gaming>.

AMES, L. B.; ILG, F. L. *Your six-year-old: Defiant but loving*. Delacorte, 1979.

ANDERSON, C. A.; SHIBUYA, A.; IHORI, N.; Swing, E. L.; BUSHMAN, B. J.; SAKAMOTO, A.; ROTHSTEIN, H. R.; SALEEM, M. "Violent video game effects on aggression, empathy, and prosocial behavior in Eastern and Western countries: A meta-analytic review." *Psychological Bulletin*, v. 136, n. 2, pp. 151-73, 2010. Disponível em: <doi.org/10.1037/a0018251>.

ARCHER, J. "Sex differences in aggression in real-world settings: A meta-analytic review." *Review of General Psychology*, v. 8, n. 4, pp. 291-322, 2004. Disponível em: <doi.org/10.1037/1089-2680.8.4.291>.

ARENAS-ARROYO, E.; FERNÁNDEZ-KRANZ, D.; NOLLENBERGER, N. "High speed internet and the widening gender gap in adolescent mental health: Evidence from hospital records." *IZA Discussion Papers*, n. 15 728, 2022. Disponível em: <www.iza.org/publications/dp/15728/high-speed-internet-and-the-widening-gender-gap-in-adolescent-mental-health-evidence from-hospital-records>.

ASKARI, M. S.; RUTHERFORD, C.; MAURO, P. M.; KRESKI, N. T.; KEYES, K. M. "Structure and trends of externalizing and internalizing psychiatric symptoms and gender differences among adolescents in the US from 1991 to 2018." *Social Psychiatry and Psychiatric Epidemiology*, v. 57, n. 4, pp. 737-48, 2022. Disponível em: <doi.org/10.1007/s00127-021-02189-4>.

ASSARI, S. "American children's screen time: Diminished returns of household income in Black families." *Information*, v. 11, n. 11, p. 538, 2020. Disponível em: <doi.org/10.3390/info11110538>.

ATSKE, S.; PERRIN, A. "Home broadband adoption, computer ownership vary by race, ethnicity in the U.S. Pew Research Center." 16 jul. 2021. Disponível em: <www.pewresearch.org/short-reads/2021/07/16/home-broadband-adoption-computer-ownership-vary-by-race-ethnicity-in-the-u-s>.

AUSTRALIAN Institute of Health and Welfare. *Australia's health snapshots 2022: Mental health of young Australians*. 2022. Disponível em: <www.aihw.gov.au/getmedia/ba6da461-a046-44ac-9a7f-29d08a2bea9f/aihw-aus-240_Chapter_8.pdf.aspx>.

AUXIER, M.; ANDERSON, M.; PERRIN, A.; TURNER, E. "Parenting children in the age of screens. Pew Research Center." 28 jul. 2020. Disponível em: <www.pewresearch.org/internet/2020/07/28/parenting-children-in-the-age-of-screens>.

BALZARINI, R. N.; DOBSON, K.; CHIN, K.; CAMPBELL, L. "Does exposure to erotica reduce attraction and love for romantic partners in men? Independent replications of Kenrick, Gutierres, and Goldberg (1989) study 2." *Journal of Experimental Social Psychology*, v. 70, pp. 191-7, 2017. Disponível em: <doi.org/10.1016/j.jesp.2016.11.003>.

BARRICK, E. M.; BARASCH, A.; TAMIR, D. I. "The unexpected social consequences of diverting attention to our phones." *Journal of Experimental Social Psychology*, v. 101, n. 104344, 2022. Disponível em: <doi.org/10.1016/j.jesp.2022.104344>.

BAUER, M.; BLATTMAN, C.; CHYTILOVÁ, J.; HENRICH, J.; MIGUEL, E.; MITTS, T. "Can war foster cooperation?" *Journal of Economic Perspectives*, v. 30, n. 3, pp. 249-74, 2016. Disponível em: <doi.org/10.1257/jep.30.3.249>.

BAUMGARTNER, S. E.; VAN DER SCHUUR, W. A.; LEMMENS, J. S.; TE POEL, F. "The relationship between media multitasking and attention problems in adolescents: Results of two longitudinal studies." *Human Communication Research*, v. 44, n. 1, pp. 3-30, 2018. Disponível em: <doi.org/10.1093/hcre.12111>.

BECK, N.; WONG, J. S. "A meta-analysis of the effects of wilderness therapy on delinquent behaviors among youth." *Criminal Justice and Behavior*, v. 49, n. 5, pp. 700-29, 2022. Disponível em: <doi.org/10.1177/00938548221078002>.

BERGER, M. N.; TABA, M.; MARINO, J. L.; LIM, M. S. C.; COOPER, S. C.; LEWIS, L.; ALBURY, K.; CHUNG, K. S. K.; BATESON, D.; SKINNER, S. R. "Social media's role in support networks among LGBTQ adolescents: A qualitative study." *Sexual Health*, v. 18, n. 5, pp. 421-31, 2021. Disponível em: <doi.org/10.1071/SH21110>.

BERGER, M. N.; TABA, M.; MARINO, J. L.; LIM, M. S. C.; SKINNER, S. R. "Social media use and health and well-being of lesbian, gay, bisexual, transgender, and queer youth: Systematic review." *Journal of Medical Internet Research*, v. 24, n. 9, art. e38449, 2022. Disponível em: <doi.org/10.2196/38449>.

BETTMANN, J. E.; GILLIS, H. L.; SPEELMAN, E. A.; PARRY, K. J.; CASE, J. M. "A meta-analysis of wilderness therapy outcomes for private pay clients." *Journal of Child and Family Studies*, v. 25, n. 9, pp. 2659-73, 2016. Disponível em: <doi.org/10.1007/s10826-016-0439-0>.

BIJTTEBIER, P.; BECK, I. M.; CLAES, L.; VANDEREYCKEN, W. "Gray's reinforcement sensitivity theory as a framework for research on personality-psychopathology associations." *Clinical Psychology Review*, v. 29, n. 5, pp. 421-30, 2009. Disponível em: <doi.org/10.1016/j.cpr.2009.04.002>.

BLACK, J. E.; JONES, T. A.; NELSON, C. A.; GREENOUGH, W. T. "Neuronal plasticity and the developing brain." In: *Handbook of Child and Adolescent Psychiatry*, v. 6, 1998. pp. 31-53.

BLOCK, J. "Gender dysphoria in young people is rising — and so is professional disagreement." *BMJ*, v. 380, p. 382, 2023. Disponível em: <doi.org/10.1136/bmj.p382>.

BOER, M.; STEVENS, G.; FINKENAUER, C.; VAN DEN EIJNDEN, R. "Attention defficit hyperactivity disorder-symptoms, social media use intensity, and social media use problems in adolescents: Investigating directionality." *Child Development*, v. 91, n. 4, pp. e853-65, 2019. Disponível em: <doi.org/10.1111/cdev.13334>.

BORCA, G.; BINA, M.; KELLER, P. S.; GILBERT, L. R.; BEGOTTI, T. "Internet use and developmental tasks: Adolescents' point of view." *Computers in Human Behavior*, v. 52, pp. 49-58, 2015. Disponível em: <doi.org/10.1016/j.chb.2015.05.029>.

BOSS, L. P. "Epidemic hysteria: A review of the published literature." *Epidemiologic Reviews*, v. 19, n. 2, pp. 233-43, 1997. Disponível em: <doi.org/10.1093/oxfordjournals.epirev.a017955>.

BOTELLA, C.; FERNÁNDEZ-ÁLVAREZ, J.; GUILLÉN, V.; GARCÍA- PALACIOS, A.; BAÑOS, R. "Recent progress in virtual reality exposure therapy for phobias: A systematic review." *Current Psychiatry Reports*, v. 19, n. 7, art. 42, 2017. Disponível em: <doi.org/10.1007/s11920-017-0788-4>.

BŐTHE, B.; VAILLANCOURT-MOREL, M.-P.; BERGERON, S.; DEMETROVICS, Z. "Problematic and non-problematic pornography use among LGBTQ adolescents: A systematic literature review." *Current Addiction Reports*, v. 6, pp. 478-94, 2019. Disponível em: <doi.org/10.1007/s40429-019-00289-5>.

BŐTHE, B.; VAILLANCOURT-MOREL, M.-P.; GIROUARD, A.; ŠTULHOFER, A.; DION, J.; BERGERON, S. "A large-scale comparison of Canadian sexual/gender minority and heterosexual, cisgender adolescents' pornography use characteristics." *Journal of Sexual Medicine*, v. 17, n. 6, 2020. Disponível em: <doi.org/10.1016/j.jsxm.2020.02.009>.

BOWEN, D. J.; NEILL, J. T.; CRISP, S. J. R. "Wilderness adventure therapy effects on the mental health of youth participants." *Evaluation and Program Planning*, v. 58, pp. 49-59, 2016. Disponível em: <doi.org/10.1016/j.evalprogplan.2016.05.005>.

BOYD, R.; RICHERSON, P. J. *Culture and the evolutionary process*. University of Chicago Press, 1985.

BRADY, W. J.; WILLS, J. A.; JOST, J. T.; TUCKER, J. A.; VAN BAVEL, J. J. "Emotion shapes the diffusion of moralized content in social networks." *Proceedings of the National Academy of Sciences of the United States of America*, v. 114, n. 28, pp. 7313-8, 2017. Disponível em: <doi.org/10.1073/pnas.1618923114>.

BRAGHIERI, L.; LEVY, R.; MAKARIN, A. "Social media and mental health." *American Economic Review*, v. 112, n. 11, pp. 3660-93, 2022. Disponível em: <doi.org/10.1257/aer.20211218>.

BRAILOVSKAIA, J.; KRASAVTSEVA, Y.; KOCHETKOV, Y.; TOUR, P.; MARGRAF, J. "Social media use, mental health, and suicide-related outcomes in Russian women: A cross-sectional comparison between two age groups." *Women's Health*, v. 18, 2022. Disponível em: <doi.org/10.1177/17455057221141292>.

BRAILOVSKAIA, J.; MEIER-FAUST, J.; SCHILLACK, H.; MARGRAF, J. "A two-week gaming abstinence reduces internet gaming disorder and improves mental health: An experimental longitudinal intervention study." *Computers in Human Behavior*, v. 134, 2022. Disponível em: <doi.org/10.1016/j.chb.2022.107334>.

BRAND, B. L.; SAR, V.; STAVROPOULOS, P.; KRÜGER, C.; KORZEKWA, M.; MARTÍNEZ-TABOAS, A.; MIDDLETON, W. "Separating fact from fiction: An empirical examination of six myths about dissociative identity disorder." *Harvard Review of Psychiatry*, v. 24, n. 4, pp. 257-70, 2016. Disponível em: <doi.org/10.1097/hrp.0000000000000100>.

BROWN, D. *Human universals*. McGraw-Hill, 1991.

BRUNBORG, G. S.; MENTZONI, R. A.; MELKEVIK, O. R.; TORSHEIM, T.; SAMDAL, O.; HETLAND, J.; ANDREASSEN, C. S.; PALLESON, S. "Gaming addiction, gaming engagement, and psychological health complaints among Norwegian adolescents." *Media Psychology*, v. 16, n. 1, pp. 115-28, 2013. Disponível em: <doi.org/10.1080/15213269.2012.756374>.

BRUSSONI, M.; GIBBONS, R.; GRAY, C.; ISHIKAWA, T.; SANDSETER, E. B. H.; BIENENSTOCK, A.; CHABOT, G.; FUSELLI, P.; HERRINGTON, S.; JANSSEN, I.; PICKETT, W.; POWER, M.; STANGER, N.; SAMPSON, M.; TREMBLAY, M. S. "What is the relationship between risky outdoor play and health in children? A Systematic Review." *International Journal of Environmental Research and Public Health*, v. 12, n. 6, pp. 6423-54, 2013. Disponível em: <doi.org/10.3390/ijerph120606423>.

BRUSSONI, M.; ISHIKAWA, T.; BRUNELLE, S.; HERRINGTON, S. "Landscapes for play: Effects of an intervention to promote nature-based risky play in early childhood centres." *Journal of Environmental Psychology*, v. 54, pp. 139-50, 2017. Disponível em: <doi.org/10.1016/j.jenvp.2017.11.001>.

BRUSSONI, M.; OLSEN, L. L.; PIKE, I.; SLEET, D. A. "Risky play and children's safety: Balancing priorities for optimal child development." *International Journal of Environmental Research and Public Health*, v. 9, n. 9, pp. 3134-48, 2012. Disponível em: <doi.org/10.3390/ijerph9093134>.

BUCHHOLZ, L. "Exploring the promise of mindfulness as medicine." *JAMA*, v. 314, n. 13, pp. 1327-9, 2015. Disponível em: <doi.org/10.1001/jama.2015.7023>.

BULIUNG, R. N.; MITRA, R.; FAULKNER, G. "Active school transportation in the Greater Toronto Area, Canada: An exploration of trends in space and time (1986-2006)." *Preventive Medicine*, v. 48, n. 6, pp. 507-12, 2009. Disponível em: <doi.org/10.1016/j.ypmed.2009.03.001>.

BUSHMAN, B. J.; HUESMANN, L. R. "Twenty-five years of research on violence in digital games and aggression revisited." *European Psychologist*, v. 19, n. 1, pp. 47-55, 2014. Disponível em: <doi.org/10.1027/1016-9040/a000164>.

BUSS, D. M. *When men behave badly: The hidden roots of sexual deception, harassment, and assault*. Little, Brown Spark, 2021.

CAI, J. Y.; CURCHIN, E.; COAN, T.; FREMSTAD, S. *Are young men falling behind young women? The NEET rate helps shed light on the matter*. Center for Economic and Policy Research, 30 mar. 2023. Disponível em: <https://cepr.net/report/are-young-men-falling-behind-young-women-the-neet-rate-helps-shed-light-on-the- m atter/>.

CARHART-HARRIS, R. L.; ERRITZOE, D.; WILLIAMS, T.; STONE, J. M.; REED, L. J.; COLASANTI, A.; TYACKE, R. J.; LEECH, R.; MALIZIA, A. L.; MURPHY, K.; HOBDEN, P.; EVANS, J.; FEILDING, A.; WISE, R. G.; NUTT, D. J. "Neural correlates of the psychedelic state as determined by FMRI studies with psilocybin." *Proceedings of the National Academy of Sciences*, v. 109, n. 6, pp. 2138-43, 2012. Disponível em: <doi.org/ 10.1073/pnas.1119598109>.

CARR, N. *The shallows: What the internet is doing to our brains*. W. W. Norton, 2012. [Ed. bras.: *A geração superficial: O que a internet está fazendo com os nossos cérebros*. Trad. de Mônica Gagliotti Fortunato Friaça. Rio de Janeiro: Agir, 2019.]

CASEY, M.; NZAU, S. "The differing impact of automation on men and women's work." Brookings Institution, 11 set. 2019. Disponível em: <www.brookings.edu/articles/the-differing-impact-of-automation-on-men-and-womens-work>.

CENTROS de Controle e Prevenção de Doenças dos Estados Unidos. *WISQARS fatal and nonfatal injury reports*. s.d. Disponível em: <wisqars.cdc.gov/reports>.

______. *School health policies and practices study 2014*. 2015. Disponível em: <www.cdc.gov/healthyyouth/data/shpps/pdf/shpps-508-final_101315.pdf>.

CHANG, A.-M.; AESCHBACH, D.; DUFFY, J. F.; CZEISLER, C. A. "Evening use of light emitting eReaders negatively affects sleep, circadian timing, and next-morning alertness." *Proceedings of the National Academy of Sciences of the United States of America*, v. 112, n. 4, pp. 1232-7, 2014. Disponível em: <doi.org/10.1073/pnas.1418490112>.

CHARLTON, J. P.; DANFORTH, I. D. W. "Distinguishing addiction and high engagement in the context of online game playing." *Computers in Human Behavior*, v. 23, n. 3, pp. 1531-48, 2007. Disponível em: <doi.org/10.1016/j.chb.2005.07.002>.

CHATARD, A.; BOCAGE- BARTHÉLÉMY, Y.; SELIMBEGOVIĆ, L.; GUIMOND, S. "The woman who wasn't there: Converging evidence that subliminal social comparison affects self-evaluation." *Journal of Experimental Social Psychology*, v. 73, pp. 1-13, 2017. Disponível em: <doi.org/10.1016/j.jesp.2017.05.005>.

CHEN, X.; LI, M.; WEI, Q. "Agency and communion from the perspective of self versus others: The moderating role of social class." *Frontiers in Psychology*, v. 10, 2019. Disponível em: <doi.org/10.3389/fpsyg.2019.02867>.

COHN, J. F.; TRONICK, E. Z. "Mother-infant face-to-face interaction: The sequence of dyadic states at 3, 6, and 9 months." *Developmental Psychology*, v. 23, n. 1, pp. 68-77, 1987. Disponível em: <doi.org/10.1037/0012-1649.23.1.68>.

COLEMAN, E.; RADIX, A. E.; BOUMAN, W. P.; BROWN, G. R.; DE VRIES, A. L.; DEUTSCH, M. B.;

ARCELUS, J. "Standards of care for the health of transgender and gender diverse people, version 8." *International Journal of Transgender Health*, v. 23, supl. 1, pp. S1- S259, 2022. Disponível em: <doi.org/10.1080/26895269.2022.2100644>.

COMMON Sense Media. *Parenting, media, and everything in between*. s.d. Disponível em: <www.commonsensemedia.org/articles/social-media>.

CONNER, J. O.; CRAWFORD, E.; GALIOTO, M. "The mental health effects of student activism: Persisting despite psychological costs." *Journal of Adolescent Research*, v. 38, n. 1, pp. 80-109, 2023. Disponível em: <doi.org/10.1177/07435584211006789>.

CONZE, E. *Buddhist texts through the ages*. Philosophical Library, 1954.

COSMA, A.; STEVENS, G.; MARTIN, G.; DUINHOF, E. L.; WALSH, S. D.; GARCIA-MOYA, I.; KÖLTŐ, A.; GOBINA, I.; CANALE, N.; CATUNDA, C.; INCHLEY, J.; DE LOOZE, M. "Crossnational time trends in adolescent mental well-being from 2002 to 2018 and the explanatory role of schoolwork pressure." *Journal of Adolescent Health*, v. 66, n. 6S, pp. S50-S58, 2020. Disponível em: <doi.org/10.1016/j.jadohealth.2020.02.010>.

COUNCIL on Communications and Media. "Media and Young minds." *Pediatrics*, v. 138, n. 5, art. e20162591, 2016. Disponível em: <doi.org/10.1542/peds.2016-2591>.

COX, D. A. "Men's social circles are shrinking. Survey Center on American Life", 29 jun. 2021. Disponível em: <www.americansurveycenter.org/why-mens-social-circles-are-shrinking>.

COYNE, S. M.; HURST, J. L.; DYER, W. J.; HUNT, Q.; SCHVANAVELDT, E.; BROWN, S.; JONES, G. "Suicide risk in emerging adulthood: Associations with screen time over 10 years." *Journal of Youth and Adolescence*, v. 50, pp. 2324-38, 2021. Disponível em: <doi.org/10.1007/s10964-020-01389-6>.

CRICK, N. R.; GROTPETER, J. K. "Relational aggression, gender, and social-psychological adjustment." *Child Development*, v. 66, n. 3, pp. 710-22, 1995. Disponível em: <doi.org/10.2307/1131945>.

CURRAN, T.; HILL, A. P. "Perfectionism is increasing over time: A meta-analysis of birth cohort differences from 1989 to 2016." *Psychological Bulletin*, v. 145, n. 4, pp. 410-29, 2019. Disponível em: <doi.org/10.1037/bul0000138>.

CYBULSKI, L.; ASHCROFT, D. M.; CARR, M. J.; GARG, S.; CHEW-GRAHAM, C. A.; KAPUR, N.; WEBB, R. T. "Temporal trends in annual incidence rates for psychiatric disorders and self-harm among children and adolescents in the UK, 2003-2018." *BMC Psychiatry*, v. 21, n. 1, 2021. Disponível em: <doi.org/10.1186/s12888-021-03235-w>.

DAHL, R. E. "Biological, developmental, and neurobehavioral factors relevant to adolescent driving risks." *American Journal of Preventive Medicine*, v. 35, n. 3, pp. S278-S284, 2008. Disponível em: <doi.org/10.1016/j.amepre.2008.06.013>.

DAMOUR, L. *Untangled: Guiding teenage girls through the seven transitions into adulthood*. Random House, 2016.

DARWIN, C. *The descent of man and selection in relation to sex*. Amherst, NY: Prometheus, 1998 (1871).

DAVIDSON, R. J.; LUTZ, A. "Buddha's brain: Neuroplasticity and meditation." *IEEE Signal Processing Magazine*, v. 25, n. 1, pp. 176-4, 2008. Disponível em: <doi.org/10.1109/msp.2008.4431873>.

DAVIS-BERMAN, J.; BERMAN, D. S. "The wilderness therapy program: An empirical study of its effects with adolescents in an outpatient setting." *Journal of Contemporary Psychotherapy*, v. 19, n. 4, pp. 271-81, 1989. Disponível em: <doi.org/10.1007/BF00946092>.

DAWKINS, R. *The God delusion*. Houghton Mifflin, 2006. [Ed. bras.: *Deus, um delírio*. Trad. de Fernanda Ravagnani. São Paulo: Companhia das Letras, 2007.]

DEE, T. S. "The why chromosome. How a teacher's gender affects boys and girls." *Education Next*, v. 6, n. 4, pp. 68-75, 2006. Disponível em: <https://eric.ed.gov/?id=EJ763353>.

DE GRAAF, N. M.; GIOVANARDI, G.; ZITZ, C.; CARMICHAEL, P. "Sex ratio in children and adolescents referred to the Gender Identity Development Service in the UK (2009-2016)." *Archives of Sexual Behavior*, v. 47, pp. 1301-4, 2018. Disponível em: <doi.org/10.1007/s10508-018-1204-9>.

DELOACHE, J.; CHIONG, C.; SHERMAN, K.; ISLAM, N.; VANDERBORGHT, M.; TROSETH, G.; STROUSE, G. A.; O'DOHERTY, K. "Do babies learn from baby media?" *Psychological Science*, v. 21, n. 11, pp. 1570-4, 2010. Disponível em: <doi.org/10.1177/0956797610384145>.

DESCORMIERS, K.; CORRADO, R. R. "The right to belong: Individual motives and youth gang initiation rites." *Deviant Behavior*, v. 37, n. 11, pp. 1341-59, 2016. Disponível em: <doi.org/1.1080/01639625.2016.1177390>.

DESTENO, D. *How God works: The science behind the benefits of religion*. Simon & Schuster, 2021.

DIAZ, S.; BAILEY, J. M. "Rapid onset gender dysphoria: Parent reports on 1655 possible cases." *Archives of Sexual Behavior*, v. 52, n. 3, pp. 1031-43, 2023. Disponível em: <doi.org/10.1007/s10508-023-02576-9>.

DODD, H. F.; FITZGIBBON, L.; WATSON, B. E.; NESBIT, R. J. "Children's play and independent mobility in 2020: Results from the British children's play survey." *International Journal of Environmental Research and Public Health*, v. 18, n. 8, p. 4334, 2021. Disponível em: <doi.org/10.3390/ijerph18084334>.

DOEPKE, M.; SORRENTI, G.; ZILIBOTTI, F. "The economics of parenting. *Annual Review of Economics*, v. 11, pp. 55-84, 2019. Disponível em: <doi.org/10.1146/annurev-economics-080218-030156>.

DONEVAN, M.; JONSSON, L.; BLADH, M.; PRIEBE, G.; FREDLUND, C.; SVEDIN, C. G. "Adolescents' use of pornography: Trends over a ten-year period in Sweden." *Archives of Sexual Behavior*, v. 51, pp. 1125-40, 2022. Disponível em: <doi.org/10.1007/s10508-021-02084-8>.

DORAHY, M. J.; BRAND, B. L.; ŞAR, V.; KRÜGER, C.; STAVROPOULOS, P.; MARTÍNEZ-TABOAS, A.; LEWIS-FERNÁNDEZ, R.; MIDDLETON, W. "Dissociative identity disorder: An empirical overview." *Australian and New Zealand Journal of Psychiatry*, v. 48, n. 5, pp. 402-17, 2014. Disponível em: <doi.org/10.1177/0004867414527523>.

DURKHEIM, É. *Suicide, a study in sociology*. Trad. de J. A. Spaulding e G. Simpson. Free Press,

1951 (1897). [Ed. bras.: *O suicídio: Estudo de sociologia*. Trad. de Monica Stahel. São Paulo: Martins Fontes, 2000]

DURKHEIM, E. The *elementary forms of religious life*. Trad. de C. Cosman. Oxford University Press, 2008 (1912). [Ed. bras.: *Formas elementaries da vida religiosa*. Trad. de Paulo Neves. São Paulo: Martins Fontes, 1996]

DWULIT, A. D.; RZYMSKI, P. "The potential associations of pornography use with sexual dysfunctions: An integrative literature review of observational studies." *Journal of Clinical Medicine*, v. 8, n. 7, p. 914, 2019. Disponível em: <doi.org/10.3390/jcm8070914>.

DWYER, R. J.; KUSHLEV, K.; DUNN, E. W. "Smartphone use undermines enjoyment of face-to-face social interactions." *Journal of Experimental Social Psychology*, v. 78, pp. 233-9, 2018. Disponível em: <doi.org/10.1016/j.jesp.2017.10.007>.

EAGLY, A. H.; NATER, C.; MILLER, D. I.; KAUFMANN, M.; SCZESNY, S. "Gender stereotypes have changed: A cross-temporal meta-analysis of U.S. public opinion polls from 1946 to 2018." *American Psychologist*, v. 75, n. 3, pp. 301-5, 2020. Disponível em: <doi.org/10.1037/amp0000494>.

ECONOMIDES, M.; MARTMAN, J.; BELL, M. J.; SANDERSON, B. "Improvements in stress, affect, and irritability following brief use of a mindfulness-based smartphone app: A randomized controlled trial." *Mindfulness*, v. 9, n. 5, pp. 1584-93, 2018. Disponível em: <doi.org/10.1007/s12671-018-0905-4>.

EDMONDSON, A. "Psychological safety and learning behavior in work teams." *Administrative Science Quarterly*, v. 44, n. 2, pp. 350-83, 1999. Disponível em: <doi.org/10.2307/2666999>.

EHRENREICH, B. *Dancing in the streets: A history of collective joy*. Metropolitan/Henry Holt, 2006.

EIME, R. M.; YOUNG, J. A.; HARVEY, J. T.; CHARITY, M. J.; PAYNE, W. R. "A systematic review of the psychological and social benefits of participation in sport for children and adolescents: Informing development of a conceptual model of health through sport." *International Journal of Behavioral Nutrition and Physical Activity*, v. 10, n. 1, art. 98, 2013. Disponível em: <doi.org/10.1186/1479-5868-10-98>.

ELSON, M.; FERGUSON, C. J. "Twenty-five years of research on violence in digital games and aggression: Empirical evidence, perspectives, and a debate gone astray." *European Psychologist*, v. 19, n. 1, pp. 33-46, 2014. Disponível em: <doi.org/10.1027/1016-9040/a000147>.

EMERSON, R. W. *Nature*. 1836. Disponível em: <https://archive.vcu.edu/english/engweb/transcendentalism/authors/emerson/nature.html>.

EPICTETUS. *The Enchiridion*. Trad. de G. Long. George Bell and Sons, 1890 (*c*. 125).

EYAL, N. *Hooked: How to build habit-forming products*. Portfolio, 2014. [Ed. bras.: *Hooked (Engajado): Como construir produtos e serviços formadores de hábitos*. Trad. de Edson Furmankiewicz. São Paulo: AlfaCon, 2021.]

______. *Indistractable: How to control your attention and choose your life*. Ben-Bella, 2019. [Ed.

bras.: *Indistraível: Como dominar sua atenção e assumir o controle de sua vida*. Trad. de Cristina Yamagami. São Paulo: AlfaCon, 2019.]

FAM, J. Y. "Prevalence of internet gaming disorder in adolescents: A meta-analysis across three decades." *Scandinavian Journal of Psychology*, v. 59, n. 5, pp. 524-31, 2018. Disponível em: <doi.org/10.1111/sjop.12459>.

FERGUSON, C. J.; BEAN, A. M.; NIELSEN, R. K. L.; SMYTH, M. P. "Policy on unreliable game addiction diagnoses puts the cart before the horse." *Psychology of Popular Media*, v. 9, n. 4, pp. 533-40, 2020. Disponível em: <doi.org/10.1037/ppm0000249>.

FERGUSON, C. J.; COULSON, M.; BARNETT, J. "A meta-analysis of pathological gaming prevalence and comorbidity with mental health, academic, and social problems." *Journal of Psychiatric Research*, v. 45, n. 12, pp. 1573-8, 2011. Disponível em: <doi.org/10.1016/j.jpsychires.2011.09.005>.

FILIPE, M. G.; MAGALHÃES, S.; VELOSO, A. S.; COSTA, A. F.; RIBEIRO, L.; ARAÚJO, P.; CASTRO, S. L.; LIMPO, T. "Exploring the effects of meditation techniques used by mindfulness-based programs on the cognitive, social-emotional, and academic skills of children: A systematic review." *Frontiers in Psychology*, v. 12, art. 660650, 2021. Disponível em: <doi.org/ 10.3389/fpsyg.2021.660650>.

FINLAY, B. B.; ARRIETA, M.-C. *Let them eat dirt: Saving your child from an oversanitized world*. Algonquin, 2016.

FISKE, S. T. *Envy up, scorn down: How status divides us*. Russell Sage Foundation, 2011.

FLANDERS, J. L.; LEO, V.; PAQUETTE, D.; PIHL, R. O.; SÉGUIN, J. R. "Rough-and-tumble play and the regulation of aggression: An observational study of father-child play dyads." *Aggressive Behavior*, v. 35, n. 4, pp. 285-95, 2009. Disponível em: <doi.org/10.1002/ab.20309>.

FLYNN, R. M.; SHAMAN, N. J.; REDLEAF, D. L. "The unintended consequences of 'lack of supervision' child neglect laws: How developmental science can inform policies about childhood independence and child protection." *Social Policy Report*, v. 36, n. 1, pp. 1-38, 2023. Disponível em: <doi.org/10.1002/sop2.27>.

FOOD and Drug Administration. "Regulations restricting the sale and distribution of cigarettes and smokeless tobacco to protect children and adolescents." *Federal Register*, v. 75, n. 53, pp. 13225-32, 19 mar. 2010. Disponível em: <www.govinfo.gov/content/pkg/FR-2010-03-19/pdf/2010-6087.pdf>.

FOWLER, J. H.; CHRISTAKIS, N. A. "Dynamic spread of happiness in a large social network: Longitudinal analysis over 20 years in the Framingham Heart Study." *BMJ*, v. 337, art. a2338, 2008. Disponível em: <doi.org/10.1136/bmj.a2338>.

FUHRMANN, D.; KNOLL, L. J.; BLAKEMORE, S. "Adolescence as a sensitive period of brain development." *Trends in Cognitive Sciences*, v. 19, n. 10, pp. 558-66, 2015. Disponível em: <doi.org/10.1016/j.tics.2015.07.008>.

FUREDI, F. *Paranoid parenting: Abandon your anxieties and be a good parent*. Allen Lane. 2001.

FYFE-JOHNSON, A. L.; HAZLEHURST, M. F.; PERRINS, S. P.; BRATMAN, G. N.; THOMAS, R.; GARRETT, K. A.; HAFFERTY, K. R.; CULLAZ, T. M.; MARCUSE, E. K.; TANDON, P. S. "Nature and children's health: A systematic review." *Pediatrics*, v. 148, n. 4, art. e2020049155, 2021. Disponível em: <doi.org/10.1542/peds.2020-049155>.

GABRIELSEN, L. E.; ESKEDAL, L. T.; MESEL, T.; AASEN, G. O.; HIRTE, M.; KERLEFSEN, R. E.; PALUCHA, V.; FERNEE, C. R. "The effectiveness of wilderness therapy as mental health treatment for adolescents in Norway: A mixed methods evaluation." *International Journal of Adolescence and Youth*, v. 24, n. 3, pp. 282-96, 2019. Disponível em: <doi.org/10.1080/02673843.2018.1528166>.

GARBARINO, S.; LANTERI, P.; BRAGAZZI, N. L.; MAGNAVITA, N.; SCODITTI, E. "Role of sleep deprivation in immune-related disease risk and outcomes." *Communications Biology*, v. 4, p. 1304, 2021. Disponível em: <doi.org/10.1038/s42003-021-02825-4>.

GARRIDO, E. C.; ISSA, T.; ESTEBAN, P. G.; DELGADO, S. C. "A descriptive literature review of phubbing behaviors." *Heliyon*, v. 7, n. 5, art. e07037, 2021. Disponível em: <doi.org/10.1016/j.heliyon.2021.e07037>.

GARRIGUET, D. *Portrait of youth in Canada: Data report — Chapter 1: Health of youth in Canada.* Catálogo n. 42-28-0001. Statistics Canada, 2021. Disponível em: <www150.statcan.gc.ca/n1/en/pub/42-28-0001/2021001/article/00001-eng.pdf?st=ZQk8_2Sl>.

GARRISON, M. M.; CHRISTAKIS, D. A. "The impact of a healthy media use intervention on sleep in preschool children." *Pediatrics*, v. 130, n. 3, pp. 492-9, 2012. Disponível em: <doi.org/10.1542/peds.2011-3153>.

GEMMELL, E.; RAMSDEN, R.; BRUSSONI, M.; BRAUER, M. "Influence of neighborhood built environments on the outdoor free play of young children: A systematic, mixed-studies review and thematic synthesis." *Journal of Urban Health*, v. 100, n. 1, pp. 118-50, 2023. Disponível em: <doi.org/10.1007/s11524-022-00696-6>.

GILLIS, H. L.; SPEELMAN, E.; LINVILLE, N.; BAILEY, E.; KALLE, A.; OGLESBEE, N.; Sandlin, J.; THOMPSON, L.; JENSEN, J. "Meta-analysis of treatment outcomes measured by the Y-OQ and Y--OQ-SR comparing wilderness and non-wilderness treatment programs." *Child and Youth Care Forum*, v. 45, n. 6, pp. 851-63, 2016. Disponível em: <doi.org/10.1007/s10566-016-9360-3>.

GLOBALWEBINDEX. *Social flagship report 2018.* 2018. Disponível em: <www.gwi.com/hubfs/Downloads/Social-H2-2018-report.pdf>.

______. *Social media by generation.* 2021. Disponível em: <https://304927.fs1.hubspotusercontent-na1.net/hubfs/304927/Social%20media%20by%20generation%20-%20Global%20-%20Web_Friendly_6.pdf>.

GOLDSTONE, A.; JAVITZ, H. S.; CLAUDATOS, S. A.; BUYSSE, D. J.; HASLER, B. P.; DE ZAMBOTTI, M.; CLARK, D. B.; FRANZEN, P. L.; PROUTY, D. E.; COLRAIN, I. M.; BAKER, F. C. "Sleep disturbance predicts depression symptoms in early adolescence: Initial findings from the adolescent brain cognitive development study." *Journal of Adolescent Health*, v. 66, n. 5, pp. 567-74, 2020. Disponível em: <doi.org/10.1016/j.jadohealth.2019.12.005>.

GOPNIK, A. *The gardener and the carpenter: What the new science of child development tells us about the relationship between parents and children*. Farrar, Straus and Giroux, 2016.

GÖTZ, F. M.; GOSLING, S. D.; RENTFROW, P. J. "Small effects: The indispensable foundation for a cumulative psychological science." *Perspectives on Psychological Science*, v. 17, n. 1, pp. 205-15, 2022. Disponível em: <doi.org/10.1177/1745691620984483>.

GOYAL, M.; SINGH, S.; SIBINGA, E. M. S.; GOULD, N. F.; ROWLAND-SEYMOUR, A.; SHARMA, R.; BERGER, Z.; SLEICHER, D.; MARON, D. D.; SHIHAB, H. M.; RANASINGHE, P. D.; LINN, S.; SAHA, S.; BASS, E. B.; HAYTHORNTHWAITE, J. A. "Meditation programs for psychological stress and well-being." *JAMA Internal Medicine*, v. 174, n. 3, pp. 357-68, 2014. Disponível em: <doi.org/10.1001/jamainternmed.2013.13018>.

GRANIC, I.; LOBEL, A.; ENGELS, R. C. M. E. "The benefits of playing video games." *American Psychologist*, v. 69, n. 1, pp. 66-78, 2014. Disponível em: <doi.org/10.1037/a0034857>.

GRANT, J. E.; POTENZA, M. N.; WEINSTEIN, A.; GORELICK, D. A. "Introduction to behavioral addictions." *The American Journal of Drug and Alcohol Abuse*, v. 36, n. 5, pp. 233-41, 2010. Disponível em: <doi.org/10.3109/00952990.2010.491884>.

GRASSINI, S. "A systematic review and meta-analysis of nature walk as an intervention for anxiety and depression." *Journal of Clinical Medicine*, v. 11, n. 6, p. 1731, 2022. Disponível em: <doi.org/10.3390/jcm11061731>.

GRAY, J. A. *The neuropsychology of anxiety: An enquiry into the functions of the septo-hippocampal system*. Clarendon Press/Oxford University Press, 1982.

GRAY, P. "The decline of play and the rise of psychopathology in children and adolescents." *American Journal of Play*, v. 3, n. 4, pp. 443-63, 2011. Disponível em: <www.psycnet.apa.org/record/2014-22137-001>.

______. "The value of a play-filled childhood in development of the hunter-gatherer individual." In: D. Narvaez, J. Panksepp, A. N. Schore; T. R. Gleason (Orgs.), *Evolution, early experience and human development: From research to practice and policy*. Oxford University Press: 2013. pp. 352-70

______. "Evolutionary functions of play: Practice, resilience, innovation, and cooperation." In: P. K. Smith e J. L. Roopnarine (Orgs.), *The Cambridge handbook of play: Developmental and disciplinary perspectives*. Cambridge University Press, 2018. pp. 84-102.

______. "The special value of age-mixed play I: How age mixing promotes learning." *Play Makes Us Human*. 2023. Disponível em: <https://petergray.substack.com/p/10-the-special-value-of-age-mixed>.

GRAY, P.; LANCY, D. F.; BJORKLUND, D. F. "Decline in independent activity as a cause of decline in children's mental wellbeing: Summary of the evidence." *Journal of Pediatrics*, v. 260, n. 2, p. 113 352, 2023. Disponível em: <doi.org/10.1016/j.jpeds.2023.02.004>.

GREEN, A.; COHEN-ZION, M.; HAIM, A.; DAGAN, Y. "Evening light exposure to computer screens disrupts human sleep, biological rhythms, and attention abilities." *Chronobiology International*, v. 34, n. 7, pp. 855-65, 2017. Disponível em: <doi.org/10.1080/07420528.2017.1324878>.

GREITEMEYER, T.; MÜGGE, D. O. "Video games do affect social outcomes: A meta-analytic review of the effects of violent and prosocial video game play." *Personality and Social Psychology Bulletin*, v. 40, n. 5, pp. 578-89, 2014. Disponível em: <doi.org/10.1177/0146167213520459>.

GRIGORIEV, A. I.; EGOROV, A. D. "General mechanisms of the effect of weight-lessness on the human body." *Advances in Space Biology and Medicine*, v. 2, pp. 1-42, 1992. Disponível em: <doi.org/10.1016/s1569-2574(08)60016-7>.

GUISINGER, S.; BLATT, S. J. "Individuality and relatedness: Evolution of a fundamental dialectic." *American Psychologist*, v. 49, n. 2, pp. 104-11, 1994. Disponível em: <doi.org/10.1037/0003-066X.49.2.104>.

GUO, N.; TSUN LUK, T.; WU, Y.; LAI, A. Y.; LI, Y.; CHEUNG, D. Y. T.; WONG, J. Y.; FONG, D. Y. T.; WANG, M. P. "Between- and within-person associations of mobile gaming time and total screen time with sleep problems in young adults: Daily assessment study." *Addictive Behaviors*, v. 134, p. 107 408, 2022. Disponível em: <doi.org/10.1016/j.addbeh.2022.107408>.

HAAPALA, E. A.; VÄISTÖ, J.; LINTU, N.; WESTGATE, K.; EKELUND, U.; POIKKEUS, A.-M.; BRAGE, S.; LAKKA, T. A. "Physical activity and sedentary time in relation to academic achievement in children." *Journal of Science and Medicine in Sport*, v. 20, n. 6, pp. 583-9, 2017. Disponível em: <doi.org/10.1016/j.jsams.2016.11.003>.

HAIDT, J. *The righteous mind: Why good people are divided by politics and religion*. Pantheon, 2012. [Ed. bras.: *A mente moralista*. Trad. de Wendy Campos. Rio de Janeiro: AltaCult, 2020.]

______. "Social media is a major cause of the mental illness epidemic in teen girls. Here's the evidence." *After Babel*. 23 fev. 2023. Disponível em: <www.afterbabel.com/p/social-media-mental-illness-epidemic>.

______. "Why the mental health of liberal girls sank first and fastest." *After Babel*. 9 mar. 2023. Disponível em: <www.afterbabel.com/p/mental-health-liberal-girls>.

______. "Why some researchers think I'm wrong about social media and mental illness." *After Babel*. 17 abr. 2023. Disponível em: <www.afterbabel.com/p/why-some-researchers-think-im-wrong>.

HAIDT, J.; GEORGE, E. "Do the kids think they're alright?" *After Babel*. 12 abr. 2023. Disponível em: <www.afterbabel.com/p/do-the-kids-think-theyre-alright>.

HAIDT, J.; PARK, Y. J.; BENTOV, Y. "Free play and mental health: A collaborative review." Manuscrito não publicado, Universidade de Nova York. Disponível em: <https://anxiousgeneration.com/reviews>.

HAIDT, J.; RAUSCH, Z. "Alternative hypotheses to the adolescent mental illness crisis: A collaborative review." Manuscrito não publicado, Universidade de Nova York. Disponível em: <https://anxiousgeneration.com/reviews>.

HAIDT, J.; RAUSCH, Z. "The coddling of the Canadian mind? A collaborative review." Manuscrito não publicado, Universidade de Nova York. Disponível em: <https://anxiousgeneration.com/reviews>.

HAIDT, J.; RAUSCH, Z. "The effects of phone-free schools: A collaborative review." Manuscrito não publicado, Universidade de Nova York. Disponível em: <https://anxiousgeneration.com/reviews>.

HAIDT, J.; RAUSCH, Z. "The impact of screens on infants, toddlers, and preschoolers: A collaborative review." Manuscrito não publicado, Universidade de Nova York. Disponível em: <https://anxiousgeneration.com/reviews>.

HAIDT, J.; RAUSCH, Z.; TWENGE, J. "Adolescent mood disorders since 2010: A collaborative review." Manuscrito não publicado, Universidade de Nova York. Disponível em: <https://anxiousgeneration.com/reviews>.

HAIDT, J.; RAUSCH, Z.; TWENGE, J. "Social media and mental health: A collaborative review." Manuscrito não publicado, Universidade de Nova York. Disponível em: <https://tinyurl.com/SocialMediaMentalHealthReview>.

HALLDORSDOTTIR, T.; THORISDOTTIR, I. E.; MEYERS, C. C. A.; ASGEIRSDOTTIR, B. B.; KRISTJANSSON, A. L.; VALDIMARSDOTTIR, H. B.; ALLEGRANTE, J. P.; SIGFUSDOTTIR, I. D. "Adolescent well-being amid the COVID-19 pandemic: Are girls struggling more than boys?" *JCPP Advances*, v. 1, n. 2, art. e12027, 2021. Disponível em: <doi.org/10.1002/jcv2.12027>.

HALTIGAN, J. D.; PRINGSHEIM, T. M.; RAJKUMAR, G. "Social media as an incubator of personality and behavioral psychopathology: Symptom and disorder authenticity or psychosomatic social contagion?" *Comprehensive Psychiatry*, v. 121, art. 152 362, 2023. Disponível em: <doi.org/10.1016/j.comppsych.2022.152362>.

HAMILTON, J. P.; FARMER, M.; FOGELMAN, P.; GOTLIB, I. H. "Depressive rumination, the default-mode network, and the dark matter of clinical neuroscience." *Biological Psychiatry*, v. 78, n. 4, pp. 224-30, 2015. Disponível em: <doi.org/10.1016/j.biopsych.2015.02.020>.

HAMM, P. B.; BILLICA, R. D.; JOHNSON, G. S.; WEAR, M. L.; POOL, S. L. "Risk of cancer mortality among the Longitudinal Study of Astronaut Health (LSAH) participants." *Aviation, Space, and Environmental Medicine*, v. 69, n. 2, pp. 142-4, 1º fev. 1998. Disponível em: <https://pubmed.ncbi.nlm.nih.gov/9491253>.

HANCOCK, J.; LIU, S. X.; LUO, M.; MIECZKOWSKI, H. "Psychological well-being and social media use: A meta-analysis of associations between social media use and depression, anxiety, loneliness, eudaimonic, hedonic, and social well-being." 2022. Disponível em: <doi.org/10.2139/ssrn.4053961>.

HARI, J. *Stolen focus: Why you can't pay attention — and how to think deeply again*. Crown, 2022. [Ed. bras.: *Foco roubado: Os ladrões de atenção da vida moderna.* Trad. de Luis Reyes Gil. Belo Horizonte: Vestígio, 2023.]

HARRIS, P. L. *Children and emotion: The development of psychological understanding*. Basil Blackwell, 1989.

HASLAM, N. "Concept creep: Psychology's expanding concepts of harm and pathology." *Psychological Inquiry*, v. 27, n. 1, pp. 1-17, 2016. Disponível em: <doi.org/10.1080/1047840X.2016.1082418>.

HASSETT, J. M.; SIEBERT, E. R.; WALLEN, K. "Sex differences in rhesus monkey toy preferences parallel those of children." *Hormones and Behavior*, v. 54, n. 3, pp. 359-64, 2008. Disponível em: <doi.org/10.1016/j.yhbeh.2008.03.008>.

HEALTH Behaviour in School-Aged Children (HBSC). *HBSC study*. Universidade de Bergen. 2002-18. Disponível em: <www.uib.no/en/hbscdata/113290/open-access>.

HEBB, D. O. *The organization of behavior: A neuropsychological theory*. Wiley, 1949.

HENRICH, J. *The secret of our success: How culture is driving human evolution, domesticating our species, and making us smarter*. Princeton University Press, 2015.

HENRICH, J.; GIL-WHITE, F. J. "The evolution of prestige: Freely conferred deference as a mechanism for enhancing the benefits of cultural transmission. *Evolution and Human Behavior*, v. 22, n. 3, pp. 165-96, 2001. Disponível em: <doi.org/10.1016/s1090-5138(00)00071-4>.

HIGHER Education Research Institute (HERI). *CIRP freshman survey trends: 1966 to 2008*. 2023. Disponível em: <https://heri.ucla.edu/data-archive>.

HILLMAN, M.; ADAMS, J.; WHITELEGG, J. *One false move...: A study of children's independent mobility*. PSI, 1990.

HISLER, G.; TWENGE, J. M.; KRIZAN, Z. " Associations between screen time and short sleep duration among adolescents varies by media type: Evidence from a cohort study." *Sleep Medicine*, v. 66, pp. 92-102, 2020. Disponível em: <doi.org/10.1016/j.sleep.2019.08.007>.

HOFFERTH, S. L.; SANDBERG, J. F. "How American children spend their time." *Journal of Marriage and Family*, v. 63, n. 2, pp. 295-308, 2001. Disponível em: <doi.org/10.1111/j.1741-3737.2001.00295.x>.

HOFFMANN, M. D.; BARNES, J. D.; TREMBLAY, M. S.; GUERRERO, M. D. "Associations between organized sport participation and mental health difficulties: Data from over 11,000 US children and adolescents." *PLoS ONE*, v. 17, n. 6, art. e0268583, 2022. Disponível em: <doi.org/10.1371/journal.pone.0268583>.

HOWARD, P. K. *The rule of nobody: Saving America from dead laws and broken government*. W. W. Norton, 2014.

HSU, N.; BADURA, K. L.; NEWMAN, D. A.; SPEACH, M. E. P. "Gender, 'masculinity,' and 'femininity': A meta-analytic review of gender differences in agency and communion." *Psychological Bulletin*, v. 147, n. 10, pp. 987-1011, 2021. Disponível em: <doi.org/10.1037/bul0000343>.

HUMMER, D. L.; LEE, T. M. "Daily timing of the adolescent sleep phase: Insights from a cross--species comparison." *Neuroscience and Biobehavioral Reviews*, v. 70, pp. 171-81, 2016. Disponível em: <doi.org/10.1016/j.neubiorev.2016.07.023>.

HUNT, M. G.; MARX, R.; LIPSON, C.; YOUNG, J. "No more FOMO: Limiting social media decreases loneliness and depression." *Journal of Social and Clinical Psychology*, v. 37, n. 10, pp. 751-68, 2018. Disponível em: <doi.org/10.1521/jscp.2018.37.10.751>.

ISHIZUKA, P. "Social class, gender, and contemporary parenting standards in the United States: Evidence from a national survey experiment." *Social Forces*, v. 98, n. 1, pp. 31-58, 2018. Disponível em: <doi.org/10.1093/sf/soy107>.

JAMES, W. *The principles of psychology*. Classics in the History of Psychology. 1890. Disponível em: <https://psychclassics.yorku.ca/James/Principles/index.htm>.

JEFFERSON, T. *From Thomas Je§erson to Robert Skipwith, with a list of books for a private library, 3 August 1771*. Founders Online, National Archives. 3 ago. 1771. Disponível em: <www.founders.archives.gov/documents/Jefferson/01-01-02-0056>.

JOHNSON, J. S.; NEWPORT, E. L. "Critical period effects in second language learning: the influence of maturational state on the acquisition of English as a second language." *Cognitive Psychology*, v. 21, n. 1, pp. 60-99, 1989. Disponível em: <doi.org/10.1016/0010-0285(89)90003-0>.

JOINER, R.; MIZEN, E.; PINNELL, B.; SIDDIQUE, L.; BRADLEY, A.; TREVALYEN, S. "The effect of different types of TikTok dance challenge videos on young women's body satisfaction." *Computers in Human Behavior*, v. 147, art. 107 856, 2023. Disponível em: <doi.org/10.1016/j.chb.2023.107856>.

JOSHI, A.; HINKLEY, T. *Too much time on screens? Screen time effects and guidelines for children and young people*. Australian Institute of Family Studies. ago. 2021. Disponível em: <https://aifs.gov.au/resources/short-articles/too-much-time-screens>.

KAHLENBERG, S. M.; WRANGHAM, R. W. "Sex differences in chimpanzees' use of sticks as play objects resemble those of children." *Current Biology*, v. 20, n. 24, pp. R1067-R1068, 2010. Disponível em: <doi.org/10.1016/j.cub.2010.11.024>.

KALTIALA- HEINO, R.; SUMIA, M.; TYÖLÄJÄRVI, M.; LINDBERG, N. "Two years of gender identity service for minors: overrepresentation of natal girls with severe problems in adolescent development." *Child and Adolescent Psychiatry and Mental Health*, v. 9, n. 1, pp. 1-9 . Disponível em: <doi.org/10.1186/s13034-015-0042-y>.

KANNAN, V. D.; VEAZIE, P. J. "US trends in social isolation, social engagement, and companionship — nationally and by age, sex, race/ethnicity, family income, and work hours, 2003--2020." *SSM-Population Health*, v. 21, art. 101 331, 2023. Disponível em: <doi.org/10.1016/j.ssmph.2022.101331>.

KAUFMANN, E. "Born this way? The rise of LGBT as a social and political identity. Center for the Study of Partisanship and Ideology." 30 maio 2022. Disponível em: <www.cspicenter.com/p/born-this-way-the-rise-of-lgbt-as-a-social-and-political-identity>.

KEELER, R. *Adventures in risky play. What is your yes?* Exchange Press, 2022.

KELLY, Y.; ZILANAWALA, A.; BOOKER, C.; SACKER, A. "Social media use and adolescent mental health: Findings from the UK millennium cohort study." *eClinicalMedicine*, v. 6, pp. 59-68, 2018. Disponível em: <doi.org/10.1016/j.eclinm.2018.12.005>.

KELTNER, D. *Awe: The new science of everyday wonder and how it can transform your life*. Penguin, 2023.

KELTNER, D.; HAIDT, J. "Approaching awe, a moral, spiritual, and aesthetic emotion." *Cognition and Emotion*, v. 17, n. 2, pp. 297-314, 2003. Disponível em: <doi.org/10.1080/02699930302297>.

KEMPLE, K. M.; OH, J.; KENNEY, E.; SMITH-BONAHUE, T. "The power of outdoor play and play in natural environments." *Childhood Education*, v. 92, n. 6, pp. 446-54, 2016. Disponível em: <doi.org/10.1080/00094056.2016.1251793>.

KENG, S.-L.; SMOSKI, M. J.; ROBINS, C. J. "Effects of mindfulness on psychological health: A review of empirical studies." *Clinical Psychology Review*, v. 31, n. 6, pp. 1041-56, 2011. Disponível em: <doi.org/10.1016/j.cpr.2011.04.006>.

KENNEDY, R. S. "Bullying trends in the United States: A meta-regression. *Trauma, Violence, and Abuse*, v. 22, n. 4, pp. 914-27, 2021. Disponível em: <doi.org/10.1177/1524838019888555>.

KHAN, A.; REYAD, M. A. H.; EDWARDS, E.; HORWOOD, S. "Associations between adolescent sleep difficulties and active versus passive screen time across 38 countries." *Journal of Affective Disorders*, v. 320, pp. 298-304, 2023. Disponível em: <doi.org/10.1016/j.jad.2022.09.137>.

KIERKEGAARD, S. *Upbuilding discourses in various spirits*. Trad. de H. V. Hong e E. H. Hong. Princeton University Press, 2009 (1847).

KIM, I.; KIM, R.; KIM, H.; KIM, D.; HAN, K.; LEE, P. H.; MARK, G.; LEE, U. "Understanding smartphone usage in college classrooms: A long-term measurement study." *Computers and Education*, v. 141, p. 103 611, 2019. Disponível em: <doi.org/10.1016/j.compedu.2019.103611>.

KIM, S. "Doing things when others do: Temporal synchrony and subjective wellbeing." *Time and Society*. 2023. Disponível em: <doi.org/10.1177/0961463X231184099>.

KIM, S.; FAVOTTO, L.; HALLADAY, J.; WANG, L.; BOYLE, M. H.; GEORGIADES, K. "Differential associations between passive and active forms of screen time and adolescent mood and anxiety disorders." *Social Psychiatry and Psychiatric Epidemiology*, v. 55, n. 11, pp. 1469-78, 2020. Disponível em: <doi.org/10.1007/s00127-020-01833-9>.

KING, D. L.; DELFABBRO, P. H. "Video game monetization (e.g.; 'loot boxes'): A blueprint for practical social responsibility measures." *International Journal of Mental Health and Addiction*, v. 17, pp. 166-79, 2019. Disponível em: <doi.org/10.1007/s11469-018-0009-3>.

KING, M. L., Jr. *A gift of love: Sermons from strength to love and other preachings*. Prefácio de C. S. King e R. G. Warnock). Beacon Press, 2012. [Ed. bras.: *A dádiva do amor*. Trad. de Claudio Carina. São Paulo: Planeta, 2021.]

KIRKORIAN, H. L.; CHOI, K. "Associations between toddlers' naturalistic media experience and observed learning from screens." *Infancy*, v. 22, n. 2, pp. 271-7, 2017. Disponível em: <doi.org/10.1111/infa.12171>.

KLAR, M.; KASSER, T. "Some benefits of being an activist: Measuring activism and its role in psychological well-being." *Political Psychology*, v. 30, n. 5, pp. 755-77, 2009. Disponível em: <doi.org/10.1111/j.1467-9221.2009.00724.x>.

KLEEMANS, M.; DAALMANS, S.; CARBAAT, I.; ANSCHÜTZ, D. "Picture perfect: The direct effect of manipulated Instagram photos on body image in adolescent girls." *Media Psychology*, v. 21, n. 1, pp. 93-110, 2018. Disponível em: <doi.org/10.1080/15213269.2016.1257392>.

KOVESS-MASFETY, V.; KEYES, K.; HAMILTON, A.; HANSON, G.; BITFOI, A.; GOLITZ, D.; KOÇ, C.; KUIJPERS, R.; LESINSKIENE, S.; MIHOVA, Z.; OTTEN, R.; FERMANIAN, C.; PEZ, O. "Is time spent playing video games associated with mental health, cognitive, and social skills in young children?" *Social Psychiatry and Psychiatric Epidemiology*, v. 51, pp. 349-57, 2016. Disponível em: <doi.org/10.1007/s00127-016-1179-6>.

KOWERT, R.; OLDMEADOW, J. A. "Playing for social comfort: Online video game play as a social accommodator for the insecurely attached." *Computers in Human Behavior*, v. 53, p. 556, 2015. Disponível em: <doi.org/10.1016/j.chb.2014.05.004>.

KRISTENSEN, J. H.; PALLESEN, S.; KING, D. L.; HYSING, M.; EREVIK, E. K. "Problematic gaming and sleep: A systematic review and meta-analysis. *Frontiers in Psychiatry*, v. 12, 2021. Disponível em: <doi.org/10.3389/fpsyt.2021.675237>.

LACEY, T. J. *The Blackfeet*. Chelsea House, 2006.

LANGE, B. P.; WÜHR, P.; SCHWARZ, S. "Of time gals and mega men: Empirical findings on gender differences in digital game genre preferences and the accuracy of respective gender stereotypes." *Frontiers in Psychology*, v. 12, art. 657 430, 2021. Disponível em: <doi.org/10.3389/fpsyg.2021.657430>.

LAREAU, A. *Unequal childhoods: Class, race, and family life*. University of California Press, 2003.

LATANE, B.; DARLEY, J. M. "Group inhibition of bystander intervention in emergencies." *Journal of Personality and Social Psychology*, v. 10, n. 3, pp. 215-21, 1968. Disponível em: <doi.org/10.1037/h0026570>.

LATKIN, C.; DAYTON, L.; SCHERKOSKE, M.; COUNTESS, K.; THRUL, J. "What predicts climate change activism? An examination of how depressive symptoms, climate change distress, and social norms are associated with climate change activism." *Journal of Climate Change and Health*, v. 8, art. 100 146, 2022. Disponível em: <doi.org/10.1016/j.joclim.2022.100146>.

LAURICELLA, A. R.; CINGEL, D. P.; BEAUDOIN-RYAN, L.; ROBB, M. B.; SAPHIR, M.; WARTELLA, E. A. *The Common Sense census: Plugged-in parents of tweens and teens*. Common Sense Media, 2016.

LEARY, M. R. "Sociometer theory and the pursuit of relational value: Getting to the root of self-esteem." *European Review of Social Psychology*, v. 16, pp. 75-111, 2005. Disponível em: <doi.org/10.1080/10463280540000007>.

LEDOUX, J. *The emotional brain: The mysterious underpinnings of emotional life*. Simon & Schuster, 1996.

LEE, J.; TSUNETSUGU, Y.; TAKAYAMA, N.; PARK, B.-J.; LI, Q.; SONG, C.; KOMATSU, M.; IKEI, H.; TYRVÄINEN, L.; KAGAWA, T.; MIYAZAKI, Y. "Influence of forest therapy on cardiovascular relaxation in young adults." *Evidence-Based Complementary and Alternative Medicine*, art. ID 834 360, 2014. Disponível em: <doi.org/10.1155/2014/834360>.

LEMBKE, A. *Dopamine nation: Finding balance in the age of indulgence*. Dutton, 2021. [Ed. bras.: *Nação dopamina*. Trad. de Elisa Nazarian. Belo Horizonte: Vestígio, 2022]

LEMMENS, J. S.; VALKENBURG, P. M.; PETER, J. "Development and validation of a game addiction scale for adolescents." *Media Psychology*, v. 12, n. 1, pp. 77-95, 2009. Disponível em: <doi.org/10.1080/15213260802669458>.

LENHART, A. “Teens, smartphones & texting.” Pew Research Center. 12 mar. 2012. Disponível em: <www.pewresearch.org/internet/2012/03/19/cell-phone-ownership>.

______. “Teen, social media, and technology overview 2015: Smartphones facilitate shifts in communication landscape for teens.” Pew Research Center. 9 abr. 2015. Disponível em: <www.pewresearch.org/internet/2015/04/09/teens-social-media-technology-2015>.

LESTER, D. “The effect of war on suicide rates.” *European Archives of Psychiatry and Clinical Neuroscience*, v. 242, n. 4, pp. 248-9, 1993. Disponível em: <doi.org/10.1007/bf02189971>.

LI, R.; LIAN, Q.; SU, Q.; LI, L.; XIE, M.; HU, J. “Trends and sex disparities in school bullying victimization among U.S. youth, 2011-2019.” *BMC Public Health*, v. 20, n. 1, art. 1583, 2020. Disponível em: <doi.org/10.1186/s12889-020-09677-3>.

LIEBER, R. *The opposite of spoiled: Raising kids who are grounded, generous, and smart about money*. HarperCollins, 2015.

LITTMAN, L. “Rapid-onset gender dysphoria in adolescents and young adults: A study of parental reports.” *PLoS ONE*, v. 13, n. 8, e0202330, 2018. Disponível em: <doi.org/10.1371/journal.pone.0202330>.

LIU, H.; CHEN, X.; HUANG, M.; YU, X.; GAN, Y.; WANG, J.; CHEN, Q.; NIE, Z.; GE, H. “Screen time and childhood attention deficit hyperactivity disorder: A meta-analysis. *Reviews on Environmental Health*. 2023. Disponível em: <doi.org/10.1515/reveh-2022-0262>.

LOPES, L. S.; VALENTINI, J. P.; MONTEIRO, T. H.; COSTACURTA, M. C. de F.; SOARES, L. O. N.; TELFAR-BARNARD, L.; NUNES, P. V. “Problematic social media use and its relationship with depression or anxiety: A systematic review.” *Cyberpsychology, Behavior, and Social Networking*, v. 25, n. 11, 2022, pp. 691-702. Disponível em: <doi.org/10.1089/cyber.2021.0300>.

LOWE, C. J.; SAFATI, A.; HALL, P. A. “The neurocognitive consequences of sleep restriction: A meta-analytic review.” *Neuroscience and Biobehavioral Reviews*, v. 80, pp. 586-604, 2017. Disponível em: <doi.org/10.1016/j.neubiorev.2017.07.010>.

LUCAS, K.; SHERRY, J. L. “Sex differences in video game play: A communication based explanation.” *Communication Research*, v. 31, n. 5, pp. 499-523, 2004. Disponível em: <doi.org/10.1177/0093650204267930>.

LUKIANOFF, G.; HAIDT, J. *The coddling of the American mind: How good intentions and bad ideas are setting up a generation for failure*. Penguin, 2018.

LUO, Y.; MOOSBRUGGER, M.; SMITH, D. M.; FRANCE, T. J.; MA, J.; XIAO, J. “Is increased video game participation associated with reduced sense of loneliness? A systematic review and meta-analysis.” *Frontiers in Public Health*, v. 10, 2022. Disponível em: <www.frontiersin.org/articles/10.3389/fpubh.2022.898338>.

MACCOBY, E. E.; JACKLIN, C. N. *The psychology of sex differences*. Stanford University Press, 1974.

MADORE, K. P.; WAGNER, A. D. “Multicosts of multitasking.” *Cerebrum*, mar./abr., cer-04-19, 2019. Disponível em: <www.ncbi.nlm.nih.gov/pmc/articles/PMC7075496>.

MAEZUMI, T.; COOK, F. D. “The eight awarenesses of the enlightened person: Dogen Zenji’s Hachidainingaku.” In: T. Maezumi e B. Glassman (Orgs.), *The hazy moon of enlightenment*. Wisdom, 2007.

MANDRYK, R. L.; FROMMEL, J.; ARMSTRONG, A.; JOHNSON, D. "How passion for playing World of Warcraft predicts in-game social capital, loneliness, and wellbeing." *Frontiers in Psychology*, v. 11, art. 2165, 2020. Disponível em: <doi.org/10.3389/fpsyg.2020.02165>.

MÄNNIKKÖ, N.; RUOTSALAINEN, H.; MIETTUNEN, J.; PONTES, H. M.; KÄÄRIÄINEN, M. "Problematic gaming behaviour and health-related outcomes: A systematic review and meta-analysis." *Journal of Health Psychology*, v. 25, n. 1, pp. 67-81, 2020. Disponível em: <doi.org/10.1177/1359105317740414>.

MARANO, H. E. *A nation of wimps: The high cost of invasive parenting*. Crown Archetype, 2008.

MARCHIANO, L. "Outbreak: on transgender teens and psychic epidemics." *Psychological Perspectives*, v. 60, n. 3, pp. 345-66, 2017. Disponível em: <doi.org/10.1080/00332925.2017.1350804>.

MARCUS AURELIUS. *Meditations*. Trad. de G. Hays. Random House, 2002.

MARKEY, P. M.; FERGUSON, C. J. *Moral combat: Why the war on violent video games is wrong*. BenBella, 2017.

MARKSTROM, C. A. *Empowerment of North American Indian girls: Ritual expressions at puberty*. University of Nebraska Press, 2008.

MAZA, M. T.; FOX, K. A.; KWON, S.; FLANNERY, J. E.; LINDQUIST, K. A.; PRINSTEIN, M. J.; TELZER, E. H. "Association of habitual checking behaviors on social media with longitudinal functional brain development." *JAMA Pediatrics*, v. 177, n. 2, pp. 160-7, 2023. Disponível em: <doi.org/10.1001/jamapediatrics.2022.4924>.

MCCABE, B. J. "Visual imprinting in birds: Behavior, models, and neural mechanisms." *Frontiers in Physiology*, v. 10, 2019. Disponível em: <doi.org/10.3389/fphys.2019.00658>.

MCLEOD, B. D.; WOOD, J. J.; WEISZ, J. R. "Examining the association between parenting and childhood anxiety: A meta-analysis." *Clinical Psychology Review*, v. 27, n. 2, pp. 155-72, 2006. Disponível em: <doi.org/10.1016/j.cpr.2006.09.002>.

MCNEILL, W. H. *Keeping together in time: Dance and drill in human history*. Harvard University Press, 1995.

MERCADO, M. C.; HOLLAND, K. M.; LEEMIS, R. W.; STONE, D. L.; WANG, J. "Trends in emergency department visits for nonfatal self-inflicted injuries among youth aged 10 to 24 years in the United States, 2001-5. *JAMA*, v. 318, n. 19, pp. 1931-3, 2017. Disponível em: <doi.org/10.1001/jama.2017.13317>.

MILDER, C. M.; ELGART, S. R.; CHAPPELL, L.; CHARVAT, J. M.; VAN BAALEN, M.; HUFF, J. L.; SEMONES, E. J. "Cancer risk in astronauts: A constellation of uncommon consequences." *NASA Technical Reports Server (NTRS)*. 23 jan. 2017. Disponível em: <https://ntrs.nasa.gov/citations/20160014586>.

MINDELL, J. A.; SEDMAK, R.; BOYLE, J. T.; BUTLER, R.; WILLIAMSON, A. A. "Sleep well! A pilot study of an education campaign to improve sleep of socioeconomically disadvantaged children." *Journal of Clinical Sleep Medicine*, v. 12, n. 12, pp. 1593-9, 2016. Disponível em: <https://jcsm.aasm.org/doi/10.5664/jcsm.6338>.

MINISTÉRIO DA SAÚDE, DO TRABALHO E DO BEM-ESTAR. 「ひきこもり」対応ガイドライン（最終版）の作成・通知について [Criação e notificação da versão final das diretrizes de resposta "Hikikomori"]. 28 jul. 2003. Disponível em: <www.mhlw.go.jp/topics/2003/07/tp0728-1.html>.

MINOURA, Y. "A sensitive period for the incorporation of a cultural meaning system: A study of Japanese children growing up in the United States." *Ethos*, v. 20, n. 3, pp. 304-39, 1992. Disponível em: <doi.org/ 10.1525/eth.1992.20.3.02a00030>.

MITRA, P.; JAIN, A. "Dissociative identity disorder." In: *StatPearls*. 2023. Disponível em: <www.ncbi.nlm.nih.gov/books/NBK568768>.

MONROY, M.; KELTNER, D. "Awe as a pathway to mental and physical health." *Perspectives on Psychological Science*, v. 18, n. 2, pp. 309-20, 2023. Disponível em: <doi.org/10.1177/17456916221094856>.

MULLAN, K. "Technology and children's screen-based activities in the UK: The story of the millennium so far." *Child Indicators Research*, v. 11, n. 6, pp. 1781-800, 2018. Disponível em: <doi.org/10.1007/s12187-017-9509-0>.

______. "A child's day: Trends in time use in the UK from 1975 to 2015." *British Journal of Sociology*, v. 70, n. 3, pp. 997-1024, 2019. Disponível em: <doi.org/10.1111/1468- 4 446.12369>.

MÜLLER-VAHL, K. R.; PISARENKO, A.; JAKUBOVSKI, E.; FREMER, C. "Stop that! It's not Tourette's but a new type of mass sociogenic illness." *Brain*, v. 145, n. 2, pp. 476-80, 2022. Disponível em: <doi.org/10.1093/brain/awab316>.

MULLOLA, S.; RAVAJA, N.; LIPSANEN, J.; ALATUPA, S.; HINTSANEN, M.; JOKELA, M.; KELTIKANGAS--JÄRVINEN, L. "Gender differences in teachers' perceptions of students' temperament, educational competence, and teachability." *British Journal of Educational Psychology*, v. 82, n. 2, pp. 185-206, 2012. Disponível em: <doi.org/10.1111/j.2044-8279.2010.02017.x>.

MURRAY, R.; RAMSTETTER, C. "The crucial role of recess in school." *Pediatrics*, v. 131, n. 1, pp. 183-8, 2013. Disponível em: <doi.org/10.1542/peds.2012-2993>.

MYERS, L. J.; LEWITT, R. B.; GALLO, R. E.; MASELLI, N. M. "Baby FaceTime: Can toddlers learn from online video chat?" *Developmental Science*, v. 20, n. 4, art. e12430, 2017. Disponível em: <doi.org/10.1111/desc.12430>.

NAGATA, J. M.; CORTEZ, C. A.; DOOLEY, E. E.; BIBBINS-DOMINGO, K.; BAKER, F. C.; GABRIEL, K. P. "Screen time and moderate-to-vigorous intensity physical activity among adolescents during the COVID-19 pandemic: Findings from the Adolescent Brain Cognitive Development Study." *Journal of Adolescent Health*, v. 70, n. 4, p. S6, 2022. Disponível em: <doi.org/10.1016/j.jadohealth.2022.01.014>.

NAGATA, J. M.; GANSON, K. T.; IYER, P.; CHU, J.; BAKER, F. C.; PETTEE GABRIEL, K.; GARBER, A. K.; MURRAY, S. B.; BIBBINS-DOMINGO, K. "Sociodemographic correlates of contemporary screen time use among 9- and 10-year-old children." *Journal of Pediatrics*, v. 240, pp. 213-20, 2022. Disponível em: <doi.org/10.1016/j.jpeds.2021.08.077>.

NAGATA, J. M.; LEE, C. M.; YANG, J.; AL-SHOAIBI, A. A. A.; GANSON, K. T.; TESTA, A.; JACKSON, D. B. "Associations between sexual orientation and early adolescent screen use: Findings from the Adolescent Brain Cognitive Development (ABCD) Study." *Annals of Epidemiology*, v. 82, pp. 54-8, 2023. Disponível em: <doi.org/10.1016/j.annepidem.2023.03.004>.

NAGATA, J. M.; SINGH, G.; SAJJAD, O. M.; GANSON, K. T.; TESTA, A.; JACKSON, D. B.; ASSARI, S.; MURRAY, S. B.; BIBBINS-DOMINGO, K.; BAKER, F. C. "Social epidemiology of early adolescent problematic screen use in the United States." *Pediatric Research*, v. 92, n. 5, pp. 1443-9, 2022. Disponível em: <doi.org/10.1038/s41390-022-02176-8>.

NATIONAL Addiction & HIV Data Archive Program. "Monitoring the future: A continuing study of American youth [8th- and 10th- grade data sets]." s.d.-a. Disponível em: <www.icpsr.umich.edu/web/NAHDAP/series/35>.

______. "Monitoring the future: A continuing study of American youth [12th- grade data sets]". s.d.-b. Disponível em: <www.icpsr.umich.edu/web/NAHDAP/series/35/

NATIONAL Center for Education Statistics. "National Assessment of Educational Progress (NAEP). U.S. Department of Education. Disponível em: <www.nationsreportcard.gov/ndecore/xplore/ltt>.

NAUTA, J.; MARTIN-DIENER, E.; MARTIN, B. W.; VAN MECHELEN, W.; VERHAGEN, E. "Injury risk during different physical activity behaviours in children: A systematic review with bias assessment." *Sports Medicine*, v. 45, pp. 327-36, 2014. Disponível em: <doi.org/10.1007/s40279-014-0289-0>.

NESI, J.; MANN, S.; ROBB, M. B. *Teens and mental health: How girls really feel about social media.* Common Sense. 2023. Disponível em: <www.commonsensemedia.org/sites/default/files/research/report/how-girls-really-feel-about-social-media-researchreport_web_final_2.pdf>.

NEW Revised Standard Version Bible. National Council of the Churches of Christ in the U.S.A. 1989.

NUWER, H. *Wrongs of passage: Fraternities, sororities, hazing, and binge drinking*. Indiana University Press, 1999.

O'BRIEN, J.; SMITH, J. "Childhood transformed? Risk perceptions and the decline of free play." *British Journal of Occupational Therapy*, v. 65, n. 3, pp. 123-8, 2002. Disponível em: <doi.org/10.1177/030802260206500304>.

OFFICE for National Statistics. *Young people not in education, employment, or training (NEET), UK: February 2022*. 24 fev. 2022. Disponível em: <www.ons.gov.uk/employmentandlabourmarket/peoplenotinwork/unemployment/bulletins/youngpeoplenotineducationemploymentortrainingneet/february2022>.

OGAS, O.; GADDAM, S. *A billion wicked thoughts: What the world's largest experiment reveals about human desire*. Dutton, 2011.

ORBEN, A. "Teenagers, screens, and social media: A narrative review of reviews and key studies." *Social Psychiatry and Psychiatric Epidemiology*, v. 55, pp. 407-14, 2020. Disponível em: <doi.org/10.1007/s00127-019-01825-4>.

ORBEN, A.; PRZYBYLSKI, A. K. "The association between adolescent well-being and digital technology use." *Nature Human Behaviour*, v. 3, pp. 173-82, 2019. Disponível em: <doi.org/10.1038/s41562-018-0506-1>.

ORBEN, A.; PRZYBYLSKI, A. K.; BLAKEMORE, S.; KIEVIT, R. A. "Windows of developmental sensitivity to social media." *Nature Communications*, v. 13, art. 1649, 2022. Disponível em: <doi.org/10.1038/s41467-022-29296-3>.

ORCES, C. H.; ORCES, J. "Trends in the U.S. childhood emergency department visits for fall-related fractures, 2001- 2015." *Cureus*, v. 12, n. 11, art. e11629, 2020.

ORGANIZAÇÃO para Cooperação e Desenvolvimento Econômico (OCDE). *PISA survey*. Disponível em: <www.oecd.org/pisa/data>.

OWENS, J.; AU, R.; CARSKADON, M.; MILLMAN, R.; WOLFSON, A.; BRAVERMAN, P. K.; ADELMAN, W. P.; BREUNER, C. C.; LEVINE, D. A.; MARCELL, A. V.; MURRAY, P. J.; O'BRIEN, R. F. "Insufficient sleep in adolescents and young adults: An update on causes and consequences." *Pediatrics*, v. 134, n. 3, pp. e921-32, 2014. Disponível em: <dx.doi.org/10.1542/peds.2014-1696>.

PALLAVICINI, F.; PEPE, A.; MANTOVANI, F. "The effects of playing video games on stress, anxiety, depression, loneliness, and gaming disorder during the early stages of the COVID-19 pandemic: PRISMA systematic review." *Cyberpsychology, Behavior, and Social Networking*, v. 25, n. 6, pp. 334-54, 2022. Disponível em: <doi.org/10.1089/cyber.2021.0252>.

PARKER, K. "Why the gap between men and women finishing college is growing." Pew Research Center. 8 nov. 2021. Disponível em: <www.pewresearch.org/short-reads/2021/11/08/whats-behind-the-growing-gap-between-men-and-women-in-college-completion>.

PARKER, K.; IGIELNIK, R. "On the cusp of adulthood and facing an uncertain future: What we know about Gen Z so far." Pew Research Center. 14 maio 2020. Disponível em: <www.pewresearch.org/social-trends/2020/05/14/on-the-cusp-of-adulthood-and-facing-an-uncertain-future-what-we-know-about-gen-z-so-far-2>.

PARODI, K. B.; HOLT, M. K.; GREEN, J. G.; PORCHE, M. V.; KOENIG, B.; XUAN, Z. "Time trends and disparities in anxiety among adolescents, 2012-2018." *Social Psychiatry and Psychiatric Epidemiology*, v. 57, n. 1, pp. 127-37, 2022. Disponível em: <doi.org/10.1007/s00127-021-02122-9>.

PARTELOW, L. *What to make of declining enrollment in teacher preparation programs*. Center for American Progress. 2019. Disponível em: <www.americanprogress.org/wp-content/uploads/sites/2/2019/11/TeacherPrep-report1.pdf>.

PARUTHI, S.; BROOKS, L. J.; D'AMBROSIO, C.; HALL, W. A.; KOTAGAL, S.; LLOYD, R. M.; MALOW, B. A.; MASKI, K.; NICHOLS, C.; QUAN, S. F.; ROSEN, C. L.; TROESTER, M. M.; WISE, M. S. "Recommended amount of sleep for pediatric populations: A consensus statement of the American Academy of Sleep Medicine." *Journal of Clinical Sleep Medicine*, v. 12, n. 6, pp. 785-6, 2016. Disponível em: <doi.org/10.5664/jcsm.5866>.

PASCAL, B. *Pensées*. Penguin, 1966.

PEDERSEN, J. *Recreational screen media use and its effect on physical activity, sleep, and mental health in families with children*. Universidade do Sul da Dinamarca. 2022. Disponível em: <doi.org/10.21996/dn60-bh82>.

PERACCHIA, S.; CURCIO, G. "Exposure to video games: Effects on sleep and on post-sleep cognitive abilities: A systematic review of experimental evidences." *Sleep Science*, v. 11, n. 4, pp. 302-14, 2018. Disponível em: <dx.doi.org/10.5935/1984-0063.20180046>.

PEREZ-LLORET, S.; VIDELA, A. J.; RICHAUDEAU, A.; VIGO, D.; ROSSI, M.; CARDINALI, D. P.; PEREZ-CHADA, D. "A multi-step pathway connecting short sleep duration to daytime somnolence, reduced attention, and poor academic performance: An exploratory cross-sectional study in teenagers." *Journal of Clinical Sleep Medicine*, v. 9, n. 5, pp. 469-73, 2013. Disponível em: <doi.org/10.5664/jcsm.2668>.

PERRAULT, A. A.; BAYER, L.; PEUVRIER, M.; AFYOUNI, A.; GHISLETTA, P.; BROCKMANN, C.; SPIRIDON, M.; VESELY, S. H.; HALLER, D. M.; PICHON, S.; PERRIG, S.; SCHWARTZ, S.; STERPENICH, V. "Reducing the use of screen electronic devices in the evening is associated with improved sleep and daytime vigilance in adolescents." *Sleep*, v. 42, n. 9, 2019. Disponível em: <doi.org/10.1093/sleep/zsz125>.

PERRIN, A.; ATSKE, S. "About three-in-ten U.S. adults say they are 'almost constantly' online." Pew Research Center. 26 mar. 2021. Disponível em: <www.pewresearch.org/short-reads/2021/03/26/about-three-in-ten-u-s-adults-say-they-are-almost-constantly-online>.

PEW Research Center. *Parenting in America: Outlook, worries, aspirations are strongly linked to financial situation*. 17 dez. 2015. Disponível em: <www.pewresearch.org/social-trends/wp-content/uploads/sites/3/2015/12/2015-12-17_parenting-in-america_FINAL.pdf>.

______. *Majority of Americans say parents are doing too much for their young adult children*. out. 2019. Disponível em: <www.pewresearch.org/social-trends/2019/10/23/majority-of-americans-say-parents-are-doing-too-much-for-their-young-adult-children>.

______. *Parenting children in the age of screens*. jul. 2020. Disponível em: <www.pewresearch.org/internet/2020/07/28/parenting-children-in-the-age-of-screens>.

______. *Internet/broadband fact sheet*. 7 abr. 2021. Disponível em: <www.pewresearch.org/internet/fact-sheet/internet-broadband>.

PHAN, M.; JARDINA, J. R.; HOYLE, W. S.; CHAPARRO, B. S. "Examining the role of gender in video game usage, preference, and behavior." *Proceedings of the Human Factors and Ergonomics Society Annual Meeting*, v. 56, n. 1, pp. 1496-500, 2012. Disponível em: <doi.org/10.1177/1071181312561297>.

PHELAN, T. W. *1-2-3 magic: Effective discipline for children 2-12*. 2010. Parentmagic.

PINKER, S. *The better angels of our nature: Why violence has declined*. Viking, 2011.

PIZZOL, D.; BERTOLDO, A.; FORESTA, C. "Adolescents and web porn: A new era of sexuality." *International Journal of Adolescent Medicine and Health*, v. 28, n. 2, pp. 169-73, 2016. Disponível em: <doi.org/10.1515/ijamh-2015-0003>.

PLUHAR, E.; MCCRACKEN, C.; GRIFFITH, K. L.; CHRISTINO, M. A.; SUGIMOTO, D.; MEEHAN, W. P., III. "Team sport athletes may be less likely to suffer anxiety or depression than individual sport athletes." *Journal of Sports Science and Medicine*, v. 18, n. 3, p. 490-6, 2019.

PONTI, M.; BÉLANGER, S.; GRIMES, R.; HEARD, J.; JOHNSON, M.; MOREAU, E.; NORRIS, M.; SHAW, A.; STANWICK, R.; VAN LANKVELD, J.; WILLIAMS, R. "Screen time and young children: Promoting health and development in a digital world." *Paediatrics and Child Health*, v. 22, n. 8, pp. 461-8, 2017. Disponível em: <doi.org/10.1093/pch/pxx123>.

POULTON, R.; MENZIES, R. G. "Non-associative fear acquisition: A review of the evidence from retrospective and longitudinal research." *Behaviour Research and Therapy*, v. 40, n. 2, pp. 127-49, 2002a. Disponível em: <doi.org/10.1016/s0005-7967(01)00045-6>.

POULTON, R.; MENZIES, R. G. "Fears born and bred: Toward a more inclusive theory of fear acquisition." *Behaviour Research and Therapy*, v. 40, n. 2, pp. 197-208, 2002b. Disponível em: <doi.org/10.1016/s0005-7967(01)00052-3>.

PRESCOTT, A. T.; SARGENT, J. D.; HULL, J. G. "Metaanalysis of the relationship between violent video game play and physical aggression over time." *Proceedings of the National Academy of Sciences*, v. 115, n. 40, pp. 9882-8, 2018. Disponível em: <doi.org/10.1073/pnas.1611617114>.

PRICE-FEENEY, M.; GREEN, A. E.; DORISON, S. "Understanding the mental health of transgender and nonbinary youth." *Journal of Adolescent Health*, v. 66, n. 6, pp. 684-90, 2020. Disponível em: <doi.org/10.1016/j.jadohealth.2019.11.314>.

PRIMACK, B. A.; SHENSA, A.; SIDANI, J. E.; ESCOBAR-VIERA, C. G.; FINE, M. J. "Temporal associations between social media use and depression." *American Journal of Preventive Medicine*, v. 60, n. 2, pp. 179-88, 2021. Disponível em: <doi.org/10.1016/j.amepre.2020.09.014>.

PRZYBYLSKI, A. K. "Digital screen time and pediatric sleep: Evidence from a preregistered cohort study." *Journal of Pediatrics*, v. 205, pp. 218-23, 2019. Disponível em: <doi.org/10.1016/j.jpeds.2018.09.054>.

PRZYBYLSKI, A. K.; WEINSTEIN, N. "Can you connect with me now? How the presence of mobile communication technology influences face-to-face conversation quality." *Journal of Social and Personal Relationships*, v. 30, n. 3, pp. 237-46, 2013. Disponível em: <doi.org/10.1177/0265407512453827>.

PULKKI-RÅBACK, L.; BARNES, J. D.; ELOVAINIO, M.; HAKULINEN, C.; SOURANDER, A.; TREMBLAY, M. S.; GUERRERO, M. D. "Parental psychological problems were associated with higher screen time and the use of mature-rated media in children." *Acta Paediatrica*, v. 111, n. 4, pp. 825-33, 2022. Disponível em: <doi.org/10.1111/apa.16253>.

PUTNAM, R. D. *Bowling alone: The collapse and revival of American community*. Simon & Schuster, 2000.

RAMEY, G.; RAMEY, V. A. "The rug rat race." *Brookings Papers on Economic Activity*, v. 41, pp. 129-99, 2010. Disponível em: <www.brookings.edu/wp-content/uploads/2010/03/2010a_bpea_ramey.pdf>.

RASMUSSEN, M. G. B.; PEDERSEN, J.; OLESEN, L. G.; BRAGE, S.; KLAKK, H.; KRISTENSEN, P. L.; BRØND, J. C.; GRØNTVED, A. "Short-term efficacy of reducing screen media use on physical activity, sleep, and physiological stress in families with children aged 4-14: Study protocol for the SCREENS randomized controlled trial." *BMC Public Health*, v. 20, p. 380, 2020. Disponível em: <doi.org/10.1186/s12889-020-8458-6>.

RAUDINO, A.; FERGUSSON, D. M.; HORWOOD, L. J. "The quality of parent/child relationships in adolescence is associated with poor adult psychosocial adjustment." *Journal of Adolescence*, v. 36, n. 2, pp. 331-40, 2013. Disponível em: <doi.org/10.1016/j.adolescence.2012.12.002>.

RAUSCH, Z.; CARLTON, C.; HAIDT, J. "Social media reforms: A collaborative review." Manuscrito não publicado, disponível em: <https://docs.google.com/document/d/1ULUWW1roAR3b_EtC98eZUxYu69K_cpW5j0JsJUWXgHM/edit?usp=sharing>.

RAUSCH, Z.; HAIDT, J. "The teen mental illness epidemic is international, part 1: The Anglosphere." *After Babel*. 29 mar. 2023. Disponível em: <www.afterbabel.com/p/international-mental-illness-part-one>.

RAUSCH, Z.; HAIDT, J. "The teen mental illness epidemic is international, part 2: The Nordic nations." *After Babel*. 19 abr. 2023. Disponível em: <www.afterbabel.com/p/international-mental-illness-part-two>.

RAUSCH, Z.; HAIDT, J. "Suicide rates are up for Gen Z across the anglosphere, especially for girls." *After Babel*. 30 abr. 2023. Disponível em: <www.afterbabel.com/p/anglo-teen-suicide>.

RAUSCH, Z.; HAIDT, J. "Solving the social dilemma: Many paths to reform." *After Babel*. Nov. 2023. Disponível em: <www.afterbabel.com/p/solving-the-social-dilemma>.

REED, P. "Impact of social media use on executive function." *Computers in Human Behavior*, v. 141, art. 107 598, 2023. Disponível em: <doi.org/10.1016/j.chb.2022.107598>.

REEVES, R. *Of Boys and Men: Why the modern male is struggling, why it matters, and what to do about it*. Brookings Institution Press, 2022.

______. "Men can HEAL." *Of Boys and Men*. 25 set. 2022. Disponível em: <https://ofboysandmen.substack.com/p/men-can-heal>.

______. "The underreported rise in male suicide." *Of Boys and Men*. 13 mar. 2023. Disponível em: <https://ofboysandmen.substack.com/p/the-underreported-rise-in-male-suicide>.

REEVES, R.; BUCKNER, E.; SMITH, E. "The unreported gender gap in high school graduation rates." Brookings. 12 jan. 2021. Disponível em: <www.brookings.edu/articles/the-unreported-gender-gap-in-high-school-graduation-rates>.

REEVES, R.; SMITH, E. "Americans are more worried about their sons than their daughters." Brookings. 7 out. 2020. Disponível em: <www.brookings.edu/articles/americans-are-more-worried-about-their-sons-than-their-daughters>.

REEVES, R.; SMITH, E. "The male college crisis is not just in enrollment, but completion." Brookings. 8 out. 2021. Disponível em: <www.brookings.edu/articles/the-male-college-crisis-is-not-just-in-enrollment-but-completion>.

RICHERSON, P. J.; BOYD, R. *Not by genes alone: How culture transformed human evolution*. University of Chicago Press, 2004.

RIDEOUT, V. *The Common Sense census: Media use by tweens and teens in America, a Common Sense Media research study, 2015*. ICPSR. 2021. Disponível em: <doi.org/10.3886/ICPSR38018.v1>.

RIDEOUT, V.; LAURICELLA, A.; WARTELLA, E. *State of the science conference report: A roadmap for research on biological markers of the social environment*. Center on Social Disparities and Health, Institute for Policy Research, Northwestern University, 2011. Disponível em: <https://cmhd.northwestern.edu/wp-content/uploads/2011/06/SOCconfReportSingleFinal-1.pdf>.

RIDEOUT, V.; PEEBLES, A.; MANN, S.; ROBB, M. B. *Common Sense census: Media use by tweens and teens, 2021*. Common Sense. 2022. Disponível em: <www.commonsensemedia.org/sites/default/files/research/report/8-18-census-integrated-report-final-web_0.pdf>.

RIDEOUT, V.; ROBB, M. B. *The Common Sense census: Media use by tweens and teens, 2019*. Common Sense Media. 2019. Disponível em: <www.commonsensemedia.org/sites/default/files/research/report/2019-census-8-to-18-full-report-updated.pdf>.

ROEBUCK, V. J. *The Dhammapada*. Penguin UK, 2010.

ROJCEWICZ, S. "War and suicide." *Suicide and Life Threatening Behavior*, v. 1, n. 1, pp. 46-54, 1971. Disponível em: <https://onlinelibrary.wiley.com/doi/abs/10.1111/j.1943-278X.1971.tb00598.x>.

ROSEBERRY, S.; HIRSH-PASEK, K.; GOLINKOFF, R. M. "Skype me! Socially contingent interactions help toddlers learn language." *Child Development*, v. 85, n. 3, pp. 956-70, 2014. Disponível em: <doi.org/10.1111/cdev.12166>.

ROSENQUIST, J. N.; FOWLER, J. H.; CHRISTAKIS, N. A. "Social network determinants of depression." *Molecular Psychiatry*, v. 16, pp. 273-81, 2011. Disponível em: <doi.org/10.1038/mp.2010.13>.

ROSER, M.; RITCHIE, H.; DADONAITE, B. *Child and infant mortality*. Our World in Data. 2019. Disponível em: <https://ourworldindata.org/child-mortality>.

ROSIN, H. *The end of men: And the rise of women*. Riverhead, 2012.

ROYAL Society for Public Health. *Status of mind: Social media and young people's mental health and wellbeing*. 2017. Disponível em: <www.rsph.org.uk/static/uploaded/d125b27c-0b-62-41c5-a2c0155a8887cd01.pdf>.

RUIZ PARDO, A. C.; MINDA, J. P. "Reexamining the 'brain drain' effect: A replication of Ward et al." *Acta Psychologica*, v. 230, p. 103717, 2022. Disponível em: <doi.org/10.106/j.actpsy.2022.103717>.

RUSSONIELLO, C. V.; FISH, M.; O'BRIEN, K. "The efficacy of casual videogame play in reducing clinical depression: A randomized controlled study." *Games for Health Journal*, v. 2, n. 6, pp. 341-6, 2013. Disponível em: <doi.org/10.1089/g4h.2013.0010>.

SALES, N. J. *American girls: Social media and the secret lives of teenagers*. Knopf, 2016.

SAMPALO, M.; LÁZARO, E.; LUNA, P.-M. "Action video gaming and attention in young adults: A systematic review." *Journal of Attention Disorders*, v. 27, n. 5, pp. 530-8, 2023. Disponível em: <doi.org/10.1177/10870547231153878>.

SANDSETER, E. B. H.; KENNAIR, L. E. O. "Children's risky play from an evolutionary perspective: The anti-phobic effects of thrilling experiences." *Evolutionary Psychology*, v. 9, n. 2, pp. 257-84, 2011. Disponível em: <doi.org/10.1177/147470491100900212>.

SANDSETER, E. B. H.; KLEPPE, R.; KENNAIR, L. E. O. "Risky play in children's emotion regulation, social functioning, and physical health: An evolutionary approach." *International Journal of Play*, v. 12, n. 1, pp. 127-39, 2023. Disponível em: <doi.org/10.1080/21594937.2022.2152531>.

SANDSETER, E. B. H.; KLEPPE, R.; SANDO, O. J. "The Prevalence of Risky Play in Young Children's Indoor and Outdoor Free Play." *Early Childhood Education Journal*, v. 49, n. 2, pp. 303-12, 2021. Disponível em: <doi.org/10.1007/s10643-020-01074-0>.

SANTOS, R. M. S.; MENDES, C. G.; MIRANDA, D. M.; ROMANO-SILVA, M. A. "The association between screen time and attention in children: A systematic review." *Developmental Neuropsychology*, v. 47, n. 4, pp. 175-92, 2022. Disponível em: <doi.org/10.1080/87565641.2022.2064863>.

SAPIEN LABS. *Age of first smartphone/tablet and mental wellbeing outcomes*. 14 maio 2023. Disponível em: <https://sapienlabs.org/wp-content/uploads/2023/05/Sapien-Labs-Age-of-First-Smartphone-and-Mental-Wellbeing-Outcomes.pdf>.

SCARR, S. "Developmental theories for the 1990s: Development and individual differences." *Child Development*, v. 63, pp. 1-19, 1992.

SCHNEIDER, S. K.; O'DONNELL, L.; Smith, E. "Trends in cyberbullying and school bullying victimization in a regional census of high school students, 2006-2012." *Journal of School Health*, v. 85, n. 9, pp. 611-20, 2015. Disponível em: <doi.org/10.1111/josh.12290>.

SEWALL, C. J. R.; BEAR, T. M.; MERRANKO, J.; ROSEN, D. "How psychosocial wellbeing and usage amount predict inaccuracies in retrospective estimates of digital technology use." *Mobile Media and Communication*, v. 8, n. 3, pp. 379-99, 2020. Disponível em: <doi.org/10.1177/2050157920902830>.

SHAKYA, H. B.; CHRISTAKIS, N. A. "Association of Facebook use with compromised well-being: A longitudinal study." *American Journal of Epidemiology*, v. 185, n. 3, pp. 203-11, 2017. Disponível em: <doi.org/10.1093/aje/kww189>.

SHAW, B.; BICKET, M.; ELLIOTT, B.; FAGAN-WATSON, B.; MOCCA, E.; HILLMAN, M. *Children's independent mobility: An international comparison and recommendations for action*. Policy Studies Institute. 2015. Disponível em: <www.nuffieldfoundation.org/sites/default/files/files/7350_PSI_Report_CIM_final.pdf>.

SHERMAN, G. D.; HAIDT, J.; COAN, J. "Viewing cute images increases behavioral carefulness." *Emotion*, v. 9, n. 2, pp. 282-6, 2009. Disponível em: <doi.org/10.1037/a0014904>.

SINGH, A.; UIJTDEWILLIGEN, L.; TWISK, J. W. R.; VAN MECHELEN, W.; CHINAPAW, M. J. M. "Physical activity and performance at school: A systematic review of the literature including a methodological quality assessment." *Archives of Pediatrics & Adolescent Medicine*, v. 166, n. 1, pp. 49-55, 2012. Disponível em: <doi.org/10.1001/archpediatrics.2011.716>.

SHOEBRIDGE, P.; GOWERS, S. "Parental high concern and adolescent-onset anorexia nervosa: A case-control study to investigate direction of causality." *British Journal of Psychiatry*, v. 176, n. 2, pp. 132-7, 2020. Disponível em: <doi.org/10.1192/bjp.176.2.132>.

SKENAZY, L. *Free-range kids*. Jossey-Bass, 2009.

SKOWRONEK, J.; SEIFERT, A.; LINDBERG, S. "The mere presence of a smartphone reduces basal attentional performance." *Scientific Reports*, v. 13, n. 1, p. 9363, 2023. Disponível em: <doi.org/10.1038/s41598-023-36256-4>.

SNODGRASS, J. G.; LACY, M. G.; COLE, S. W. "Internet gaming, embodied distress, and psychosocial well-being: A syndemic-syndaimonic continuum." *Social Science and Medicine*, v. 295, art. 112 728, 2022. Disponível em: <doi.org/10.1016/j.socscimed.2019.112728>.

STATISTA Research Department. "Post-baccalaureate enrollment numbers U.S. 1976-2030, by gender." Statista. 2 jun. 2023. Disponível em: <www.statista.com/statistics/236654/us-post-baccalaureate-enrollment-by-gender>.

STEIN, D. "Facebook expansion: Invisible impacts?" *The Shores of Academia*. 4 set. 2023. Disponível em: <www.shoresofacademia.substack.com/p/facebook-expansion-invisible-impacts>.

STEINBERG, L. *Adolescence*. 13. ed. McGraw Hill, 2023.

STEVENS, M. W. R.; DORSTYN, D.; DELFABBRO, P. H.; KING, D. L. "Global prevalence of gaming disorder: A systematic review and meta-analysis." *Australian and New Zealand Journal of Psychiatry*, v. 55, n. 6, pp. 553-68, 2021. Disponível em: <doi.org/10.1177/0004867420962851>.

SU, R.; ROUNDS, J.; ARMSTRONG, P. I. "Men and things, women and people: A meta-analysis of sex differences in interests." *Psychological Bulletin*, v. 135, n. 6, pp. 859-84, 2009. Disponível em: <doi.org/10.1037/a0017364>.

SU, W.; HAN, X.; YU, H.; WU, Y.; POTENZA, M. N. "Do men become addicted to internet gaming and women to social media? A meta-analysis examining gender related differences in specific internet addiction." *Computers in Human Behavior*, v. 113, p. 106 480, 2020. Disponível em: <doi.org/10.1016/j.chb.2020.106480>.

SUBSTANCE Abuse and Mental Health Services Administration. *2021 NSDUH detailed tables*. 4 jan. 2023. Disponível em: <www.samhsa.gov/data/report/2021-nsduh-detailed-tables>.

SUN, C.; BRIDGES, A.; JOHNSON, J. A.; EZZELL, M. B. "Pornography and the male sexual script: An analysis of consumption and sexual relations." *Archives of Sexual Behavior*, v. 45, n. 4, pp. 983-94, 2016. Disponível em: <doi.org/10.1007/s10508-014-0391-2>.

SZUHANY, K. L.; SIMON, N. M. "Anxiety disorders: A review." *JAMA*, v. 328, n. 24, pp. 2431-45, 2022. Disponível em: <doi.org/10.1001/jama.2022.22744>.

SZYMANSKI, D. M.; STEWART-RICHARDSON, D. N. "Psychological, relational, and sexual correlates of pornography use on young adult heterosexual men in romantic relationships." *Journal of Men's Studies*, v. 22, n. 1, pp. 64-82, 2014. Disponível em: <doi.org/10.3149/jms.2201.64>.

TALEB, N. N. (2012). *Antifragile: Things That Gain from Disorder*. Random House, 2012. [Ed. bras.: *Antifrágil: Coisas que se beneficiam com o caos*. Trad. de Renato Marques. Rio de Janeiro: Objetiva, 2020.]

TAMANA, S. K.; EZEUGWU, V.; CHIKUMA, J.; LEFEBVRE, D. L.; AZAD, M. B.; MORAES, T. J.; SUBBARAO, P.; BECKER, A. B.; TURVEY, S. E.; SEARS, M. R.; DICK, B. D.; CARSON, V.; RASMUSSEN, C.; CHILD STUDY INVESTIGATORS; PEI, J.; MANDHANE, P. J. "Screentime is associated with inattention problems in preschoolers: Results from the CHILD birth cohort study." *PLoS ONE*, v. 14, n. 4, art. e0213995, 2019. Disponível em: <doi.org/10.1371/journal.pone.0213995>.

TANIL, C. T.; YONG, M. H. "Mobile phones: The effect of its presence on learning and memory." *PLoS ONE*, v. 15, n. 8, art. e0219233, 2020. Disponível em: <doi.org/10.1371/journal.pone.0219233>.

TANNEN, D. *You just don't understand: Women and men in conversation*. Ballantine, 1990.

TANNER, J. M. *Fetus into man: Physical growth from conception to maturity*. Harvard University Press, 1990.

TAROKH, L.; SALETIN, J. M.; CARSKADON, M. A. "Sleep in adolescence: Physiology, cognition, and mental health." *Neuroscience and Biobehavioral Reviews*, v. 70, pp. 182-8, 2016. Disponível em: <doi.org/10.1016/j.neubiorev.2016.08.008>.

TEO, A. R.; GAW, A. C. "Hikikomori, a Japanese culture-bound syndrome of social withdrawal?" *Journal of Nervous and Mental Disease*, v. 198, n. 6, pp. 444-9, 2010. Disponível em: <doi.org/10.1097/nmd.0b013e3181e086b1>.

THOMPSON, L.; SAROVIC, D.; WILSON, P.; SÄMFJORD, A.; GILLBERG, C. "A PRISMA systematic review of adolescent gender dysphoria literature: 1) Epidemiology." *PLoS Global Public Health*, v. 2, n. 3, art. e0000245, 2022. Disponível em: <doi.org/10.1371/journal.pgph.0000245>.

THOREAU, H. D. *Walden*. Il. de C. Johnsen. Thomas Y. Crowell, 1910.

THORN & Benenson Strategy Group. *Responding to online threats: Minors' perspectives on disclosing, reporting, and blocking*. maio 2021. Disponível em: <https://info.thorn.org/hubfs/Research/Responding%20to%20Online%20.reats_2021-Full-Report.pdf.>

THORNDIKE, E. L. "Animal intelligence: An experimental study of the associative processes in animals." *Psychological Review: Monograph Supplements*, v. 2, n. 4, pp. i-109, 1898. Disponível em: <doi.org/10.1037/h0092987>.

TIERNEY, J.; Baumeister, R. F. *The power of bad: How the negativity effect rules us and how we can rule it*. Penguin, 2019.

TOMASELLO, M. "The question of chimpanzee culture." In: R. W. Wrangham, W. C. McGrew, F. B. M. de Waal e P. G. Heltne (Orgs.), *Chimpanzee cultures*. Harvard University Press, 1994. pp. 301-17.

TORRE, M. "Stopgappers? The occupational trajectories of men in female dominated occupations." *Work and Occupations*, v. 45, n. 3, pp. 283-312, 2018. Disponível em: <doi.org/10.1177/0730888418780433>.

TURBAN, J. L.; DOLOTINA, B.; KING, D.; KEUROGHLIAN, A. S. "Sex assigned at birth ratio among transgender and gender diverse adolescents in the United States." *Pediatrics*, v. 150, n. 3, 2022. Disponível em: <doi.org/10.1542/peds.2022-056567>.

TURBAN, J. L.; EHRENSAFT, D. "Research review: Gender identity in youth: Treatment paradigms and controversies." *Journal of Child Psychology and Psychiatry*, v. 59, n. 12, pp. 1228-43, 2018. Disponível em: <doi.org/10.1111/jcpp.12833>.

TURKLE, S. *Reclaiming conversation: The power of talk in a digital age*. Penguin, 2015.

TWENGE, J. M. *iGen: Why today's super-connected kids are growing up less rebellious, more tolerant, less happy — and completely unprepared for adulthood — and what that means for the rest of us*. Atria, 2017. [Ed. bras.: *iGen: Por que as crianças de hoje estão crescendo menos rebeldes, mais tolerantes, menos felizes e completamente despreparadas para vida adulta*. Trad. de Thaís Costa. São Paulo: nVersos, 2018.]

TWENGE, J. M. "Here are 13 other explanations for the adolescent mental health crisis. None of them work." *After Babel*. 24 out. 2023. Disponível em: <www.afterbabel.com/p/13-explanations-mental-health-crisis>.

TWENGE, J. M. *Generations: The real differences between Gen Z, Millennials, Gen X, Boomers, and Silents — and what they mean for America's future*. Atria, 2023a.

TWENGE, J. M. "The mental health crisis has hit millennials." *After Babel*. 2023b. Disponível em: <www.afterbabel.com/p/the-mental-illness-crisis-millenials>.

TWENGE, J. M.; GENTILE, B.; DEWALL, C. N.; MA, D.; LACEFIELD, K.; SCHURTZ, D. R. "Birth cohort increases in psychopathology among young Americans, 1938-2007: A cross-temporal meta-analysis of the MMPI." *Clinical Psychology Review*, v. 30, n. 2, pp. 145-54, 2010. Disponível em: <doi.org/10.1016/j.cpr.2009.10.005>.

TWENGE, J. M.; HAIDT, J.; BLAKE, A. B.; MCALLISTER, C.; LEMON, H.; LE ROY, A. "Worldwide increases in adolescent loneliness." *Journal of Adolescence*, v. 93, n. 1, pp. 257-69, 2021. Disponível em: <doi.org/10.1016/j.adolescence.2021.06.006>.

TWENGE, J. M.; HAIDT, J.; LOZANO, J.; CUMMINS, K. M. "Specification curve analysis shows that social media use is linked to poor mental health, especially among girls." *Acta Psychologica*, v. 224, p. 103512, 2022. Disponível em: <doi.org/10.1016/j.actpsy.2022.103512>.

TWENGE, J. M.; MARTIN, G. N.; CAMPBELL, W. K. "Decreases in psychological well-being among American adolescents after 2012 and links to screen time during the rise of smartphone technology." *Emotion*, v. 18, n. 6, pp. 765-80, 2018. Disponível em: <doi.org/10.1037/emo0000403>.

TWENGE, J. M.; MARTIN, G. N.; SPITZBERG, B. H. "Trends in U.S. adolescents' media use, 1976-2016: The rise of digital media, the decline of TV, and the (near) demise of print." *Psychology of Popular Media Culture*, v. 8, n. 4, pp. 329-45, 2019. Disponível em: <doi.org/10.1037/ppm0000203>.

TWENGE, J. M.; SPITZBERG, B. H.; CAMPBELL, W. K. "Less in-person social interaction with peers among U.S. adolescents in the 21st century and links to loneliness." *Journal of Social and Personal Relationships*, v. 36, n. 6, pp. 1892-913, 2019. Disponível em: <doi.org/10.1177/0265407519836170>.

TWENGE, J. M.; WANG, W.; ERICKSON, J.; WILCOX, B. "Teens and tech: What difference does family structure make?" *Institute for Family Studies/Wheatley Institute*, 2022. Disponível em: <www.ifstudies.org/ifs-admin/resources/reports/teensandtech-final-1.pdf>.

TWENGE, J. M.; ZHANG, L.; Im, C. "It's beyond my control: A cross-temporal meta-analysis of increasing externality in locus of control, 1960-2002." *Personality and Social Psychology Review*, v. 8, n. 3, pp. 308-19, 2004. Disponível em: <doi.org/10.1207/s15327957pspr0803_5>.

UHLS, Y. T.; ELLISON, N. B.; SUBRAHMANYAM, K. "Benefits and costs of social media in adolescence." *Pediatrics*, v. 140, supl. 2, pp. S67-S70, 2017. Disponível em: <doi.org/10.1542/peds.2016-1758e>.

U.S. Bureau of Labor Statistics. *Civilian unemployment rate*. s.d. Disponível em: <www.bls.gov/charts/employment-situation/civilian-unemployment-rate.htm>.

U.S. Department of Health and Human Services. *Social media and youth mental health: The U.S. surgeon general's advisory*. 2023. Disponível em: <www.hhs.gov/surgeongeneral/priorities/youth-mental-health/social-media/index.html>.

VAILLANCOURT-MOREL, M.-P.; BLAIS-LECOURS, S.; LABADIE, C.; BERGERON, S.; SABOURIN, S.; GODBOUT, N. "Profiles of cyberpornography use and sexual well-being in adults." *Journal of Sexual Medicine*, v. 14, n. 1, pp. 78-85, 2017. Disponível em: <doi.org/10.1016/j.jsxm.2016.10.016>.

VAN ELK, M.; ARCINIEGAS GOMEZ, M. A.; VAN DER ZWAAG, W.; VAN SCHIE, H. T.; SAUTER, D. "The neural correlates of the awe experience: Reduced default mode network activity during feelings of awe." *Human Brain Mapping*, v. 40, n. 12, pp. 3561-74, 2019. Disponível em: <doi.org/10.1002/hbm.24616>.

VELLA-BRODRICK, D. A.; GILOWSKA, K. "Effects of nature (greenspace) on cognitive functioning in school children and adolescents: A systematic review." *Educational Psychology Review*, v. 34, n. 3, pp. 1217-54, 2022. Disponível em: <doi.org/10.1007/s10648-022-09658-5>.

VERDUYN, P.; LEE, D. S.; PARK, J.; SHABLACK, H.; ORVELL, A.; BAYER, J.; YBARRA, O.; JONIDES, J.; KROSS, E. "Passive Facebook usage undermines affective well-being: Experimental and longitudinal evidence." *Journal of Experimental Psychology: General*, v. 144, n. 2, pp. 480-8, 2015. Disponível em: <doi.org/10.1037/xge0000057>.

VERMEULEN, K. *Generation disaster: Coming of age post-9/11*. Oxford University Press, 2021.

VINER, R.; DAVIE, M.; FIRTH, A. *The health impacts of screen time: A guide for clinicians and parents*. Royal College of Paediatrics and Child Health. 2019. Disponível em: <www.rcpch.ac.uk/sites/default/«les/2018-12/rcpch_screen_time_guide_-_final.pdf>.

VOGELS, E. A. "Digital divide persists even as Americans with lower incomes make gains in tech adoption." Pew Research Center. 22 jun. 2021. Disponível em: <www.pewresearch.org/short-reads/2021/06/22/digital-divide-persists-even-as-americans-with-lower-incomes-make-gains-in-tech-adoption>.

VOGELS, E. A. "Teens and cyberbullying 2022." Pew Research Center. 15 dez. 2022. Disponível em: <www.pewresearch.org/internet/2022/12/15/teens-and-cyberbullying-2022>.

VOGELS, E. A.; GELLES-WATNICK, R. "Teens and social media: Key findings from Pew Research Center surveys." Pew Research Center. 24 abr. 2023. Disponível em: <www.pewresearch.org/short-reads/2023/04/24/teens-and-social-media-key-findings-from-pew-research-center-surveys>.

VOGELS, E. A.; GELLES-WATNICK, R.; MASSARAT, N. "Teens, social media, and technology 2022." Pew Research Center. 10 ago. 2022. Disponível em: <www.pewresearch.org/internet/ 2022/08/10/teens-social-media-and-technology-2022>.

WAGNER, S.; PANAGIOTAKOPOULOS, L.; NASH, R.; BRADLYN, A.; GETAHUN, D.; LASH, T. L.; ROBLIN, D.; SILVERBERG, M. J.; TANGPRICHA, V.; VUPPUTURI, S.; GOODMAN, M. "Progression of gender dysphoria in children and adolescents: A longitudinal study." *Pediatrics*, v. 148, n. 1, art. e2020027722, 2021. Disponível em: <doi.org/10.1542/peds.2020-027722>.

WALKER, R. J.; HILL, K.; BURGER, O. F.; HURTADO, A. "Life in the slow lane revisited: Ontogenetic separation between chimpanzees and humans." *American Journal of Physical Anthropology*, v. 129, n. 4, pp. 577-83, 2006. Disponível em: <doi.org/10.1002/ajpa.20306>.

WALLER, J. *A time to dance, a time to die: The extraordinary story of the dancing plague of 1518*. Icon, 2008.

WANG, L.; ZHOU, X.; SONG, X.; GAN, X.; ZHANG, R.; LIU, X.; XU, T.; JIAO, G.; FERRARO, S.; BORE, M. C.; YU, F.; ZHAO, W.; MONTAG, C.; BECKER, B. "Fear of missing out (FOMO) associates with reduced cortical thickness in core regions of the posterior default mode network and higher levels of problematic smartphone and social media use." *Addictive Behaviors*, v. 143, p. 107 709, 2023. Disponível em: <doi.org/10.1016/j.addbeh.2023.107709>.

WARD, A. F.; DUKE, K.; GNEEZY, A.; BOS, M. W. "Brain drain: The mere presence of one's own smartphone reduces available cognitive capacity." *Journal of the Association for Consumer Research*, v. 2, n. 2, pp. 140-54, 2017. Disponível em: <doi.org/10.1086/691462>.

WASS, S. V.; WHITEHORN, M.; MARRIOTT HARESIGN, I.; PHILLIPS, E.; LEONG, V. "Interpersonal neural entrainment during early social interaction." *Trends in Cognitive Sciences*, v. 24, n. 4, pp. 329-42, 2020. Disponível em: <doi.org/10.1016/j.tics.2020.01.006>.

WEBB, C. *How to have a good day: Harness the power of behavioral science to transform your working life*. National Geographic Books, 2016.

WESSELY, S. "Mass hysteria: Two syndromes?" *Psychological Medicine*, v. 17, n. 1, pp. 109-120, 1987. Disponível em: <doi.org/10.1017/S0033291700013027>.

WHEATON, A. G.; OLSEN, E. O.; MILLER, G. F.; CROFT, J. B. "Sleep duration and injury-related risk behaviors among high school students — United States, 2007-2013." *Morbidity and Mortality Weekly Report*, v. 65, n. 13, pp. 337-41, 2016. Disponível em: <www.jstor.org/stable/24858002>.

WIEDEMANN, K. "Anxiety and anxiety disorders." In: *International Encyclopedia of the Social and Behavioral Sciences*, pp. 804-10, 2015. Disponível em: <doi.org/10.1016/B978-0-08-097086-8.27006-2>.

WILLOUGHBY, B. J.; CARROLL, J. S.; BUSBY, D. M.; BROWN, C. C. "Differences in pornography use among couples: Associations with satisfaction, stability, and relationship processes." *Archives of Sexual Behavior*, v. 45, n. 1, pp. 145-58, 2016. Disponível em: <doi.org/10.1007/s10508-015-0562-9>.

WILSON, D. S. *Darwin's cathedral: Evolution, religion, and the nature of society*. University of Chicago Press, 2022.

WILSON, E. O. *Biophilia: The human bond with other species*. Harvard University Press, 1984.

WILSON, S. J.; LIPSEY, M. W. "Wilderness challenge programs for delinquent youth: A meta-analysis of outcome evaluations." *Evaluation and Program Planning*, v. 23, n. 1, pp. 1-12, 2000. Disponível em: <doi.org/10.1016/S0149-7189(99)00040-3>.

WILTERMUTH, S. S.; HEATH, C. "Synchrony and cooperation." *Psychological Science*, v. 20, n. 1, pp. 1-5, 2009. Disponível em: <doi.org/10.1111/j.1467-9280.2008.02253.x>.

WITTEK, C. T.; FINSERÅS, T. R.; PALLESEN, S.; MENTZONI, R. A.; HANSS, D.; GRIFFITHS, M. D.; MOLDE, H. "Prevalence and predictors of video game addiction: A study based on a national representative sample of gamers." *International Journal of Mental Health and Addiction*, v. 14, pp. 672-86, 2016. Disponível em: <doi.org/10.1007/s11469-015-9592-8>.

WOLFSON, A. R.; CARSKADON, M. A. "Understanding adolescents' sleep patterns and school performance: A critical appraisal." *Sleep Medicine Reviews*, v. 7, n. 6, pp. 491-506, 2003. Disponível em: <doi.org/10.1016/s1087-0792(03)90003-7>.

WRIGHT, P. J.; TOKUNAGA, R. S.; KRAUS, A.; KLANN, E. "Pornography consumption and satisfaction: A meta-analysis." *Human Communication Research*, v. 43, n. 3, pp. 315-43, 2017. Disponível em: <doi.org/10.1111/hcre.12108>.

YOUNG, D. R.; MCKENZIE, T. L.; ENG, S.; TALAROWSKI, M.; HAN, B.; WILLIAMSON, S.; GALFOND, E.; COHEN, D. A. "Playground location and patterns of use." *Journal of Urban Health*, v. 100, n. 3, pp. 504-12, 2023. Disponível em: <doi.org/10.1007/s11524-023-00729-8>.

YOUNG, K. "Understanding online gaming addiction and treatment issues for adolescents." *American Journal of Family Therapy*, v. 37, n. 5, pp. 355-72, 2009. Disponível em: <doi.org/10.1080/01926180902942191>.

ZAHN-WAXLER, C.; SHIRTCLIFF, E. A.; MARCEAU, K. "Disorders of childhood and adolescence: Gender and psychopathology." *Annual Review of Clinical Psychology*, v. 4, n. 1, pp. 275-303, 2008. Disponível em: <doi.org/10.1146/annurev.clinpsy.3.022806.091358>.

ZASTROW, M. "Is video game addiction really an addiction?" *Proceedings of the National Academy of Sciences*, v. 114, n. 17, pp. 4268-72, 2017. Disponível em: <doi.org/10.1073/pnas.1705077114>.

ZEANAH, C. H.; GUNNAR, M. R.; MCCALL, R. B.; KREPPNER, J. M.; FOX, N. A. "Sensitive periods." *Monographs of the Society for Research in Child Development*, v. 76, n. 4, pp. 147-62, 2011. Disponível em: <doi.org/10.1111/j.1540-5834.2011.00631.x>.

ZENDLE, D.; CAIRNS, P. "Video game loot boxes are linked to problem gambling: Results of a large-scale survey." *PLoS ONE*, v. 13, n. 11, art. e0206767, 2018. Disponível em: <doi.org/10.1371/journal.pone.0206767>.

ZUCKER, K. J. "Adolescents with gender dysphoria: Reflections on some contemporary clinical and research issues." *Archives of Sexual Behavior*, v. 48, pp. 1983-92, 2019. Disponível em: <doi.org/10.1007/s10508-019-01518-8>.

ZUCKER, K. J. "Epidemiology of gender dysphoria and transgender identity." *Sexual Health*, v. 14, n. 5, pp. 404-11, 2017. Disponível em: <doi.org/10.1071/sh17067>.

Índice remissivo

As páginas indicadas em *itálico* referem-se às figuras.

1ª EDIÇÃO [2024] 6 reimpressões

ESTA OBRA FOI COMPOSTA PELO ACQUA ESTÚDIO EM MINION E IMPRESSA EM OFSETE PELA LIS GRÁFICA SOBRE PAPEL PÓLEN DA SUZANO S.A. PARA A EDITORA SCHWARCZ EM MARÇO DE 2025

A marca FSC® é a garantia de que a madeira utilizada na fabricação do papel deste livro provém de florestas que foram gerenciadas de maneira ambientalmente correta, socialmente justa e economicamente viável, além de outras fontes de origem controlada.